Veröffentlichungen
der Europäischen Märchengesellschaft

KÖNIGS FURT

Im Auftrag
der Europäischen Märchengesellschaft
herausgegeben von
Ingrid Jacobsen, Harlinda Lox und Sabine Lutkat

Sprachmagie und Wortzauber

Traumhaus und Wolkenschloss

Forschungsbeiträge
aus der Welt der Märchen

Königsfurt

Veröffentlichungen der Europäischen Märchengesellschaft, Band 29

Bibliografische Information Der Deutschen Bibliothek:
Die Deutsche Bibliothek verzeichnet diese Publikation in Der Deutschen Nationalbibliografie; detaillierte bibliografische Daten sind im Internet über http://dnb.ddb.de abrufbar.

Originalausgabe
Krummwisch bei Kiel 2004

D-24796 Krummwisch
www.koenigsfurt.com

Umschlaggestaltung und -motiv: Werkstatt München, Weiss und Zembsch
Satz: Satzbüro Noch, Balve
Druck und Bindung: FVA, Fulda

ISBN 3-89875-130-9

Inhalt

Traumhaus und Wolkenschloss – das Märchen und seine Räume

Ingrid Jacobsen

Vorwort

Im Anfang war das Wort«, so steht es im Johannesevangelium – das göttliche Schöpferwort, das alles schafft und Welt begründet. Über die Sprache haben auch wir Menschen teil an der schöpferischen Kraft der Phantasie. Sie ist in Märchen geheimnisvoll bewahrt, sie vermag zu verzaubern und Magisches zu bewirken.

Im ersten Teil des vorliegenden Doppelbandes geht es um »Sprachmagie und Wortzauber – die Sprache im Märchen« und um die Referate zu diesem Thema, die auf dem Frühjahrskongress 2003 der Europäischen Märchengesellschaft in Flensburg gehalten wurden.

Der Märchenheld wundert sich nicht, dass auch Tiere, Pflanzen und Dinge sprechen, dass sie ihm raten und helfen, wenn auch er ihnen freundschaftlich begegnet. Verständigungsschwierigkeiten kennt das Märchen nicht. Wenn sich an entscheidenden Stellen der Handlung die Sprache zum Vers verdichtet, kommt Übernatürliches ins Spiel. Magische Kraft haben auch Zauber- und Beschwörungsformeln, die in orientalischen Märchen ein ganz anderes Lebens- und Weltverständnis widerspiegeln als europäische Märchen. Die Märchenhelden der europäischen Zaubermärchen reden nicht viel. Lange Dialoge etwa zwischen Ehepaaren und Brautleuten, wie sie in Novellenmärchen und Schwänken oft herzerfrischend und witzig zu finden sind, gibt es in diesen Märchen kaum; die Märchenhelden und -heldinnen der Zaubermärchen handeln, ohne viele Worte zu machen.

Nicht nur die Sprache, die in den Märchen gesprochen wird, sondern auch die Sprache, in der die Märchen erzählt werden, ist von großem Forschungsinteresse. Die Sprache Hans Christian Andersens beispielsweise, die ganz unauffällig daherkommt und oft etwas ganz anderes meint, als sie zu sagen scheint. Andersens Märchen sind sprachliche Kunstwerke wie die Kinder- und Hausmärchen der Brüder Grimm, deren Sprache und Stil die Grimms jahrzehntelang ständig überarbeiteten und zur klassischen Märchensprache formten.

Sprache dient nicht nur der Kommunikation, sie kann lebendig machen, was unsere Phantasie uns träumen lässt, sie kann Welten erschaffen. Viele Volksmärchen erzählen von Traumhäusern, in denen wir zu uns kommen und neuen Lebensmut schöpfen – manchmal aber auch von Wolkenschlössern, in denen wir uns verlieren können. Der vorliegende Kongressband stellt in seinem zweiten Teil die Referate vor, die auf dem Herbstkongress 2003 der Europäischen Märchengesellschaft in Potsdam zum Thema »Traumhaus und Wolkenschloss – das Märchen und seine Räume« gehalten wurden.

Welch eine Vielfalt von Räumen kennt das Volksmärchen. Armselige Hütten und verwunschene Schlösser, Erdhöhlen und goldene Paläste, tief-tiefe Brunnen und hohe Türme, Kammern hinter verborgenen Türen, Wälder voller Gefahren und Gärten als Landschaftsutopien, dämmrig grüne Räume, in denen Feen im Zwielicht des Landes oder Wassers leben.

In der bildenden Kunst gewinnen diese Räume Gestalt: Neuschwansteins Traum vom mittelalterlichen Wolkenschloss; die Sagrada Familia Gaudís und seiner Nachfolger. Die babylonischen Türme Pieter Bruegels verwandeln den Traum zum Albtraum. Und Potsdams Schlösser spiegeln sich in Teichen und Seen – spiegeln eine Welt des schönen Scheins.

Die Schlösser des Märchens sind meist schwer erreichbar: auf steil abstürzenden Felsen, auf einsamen Inseln im Meer oder auf gläsernen Bergen. Auf dem Wege vom väterlichen Haus zum Schloss seiner Sehnsucht oder seines Auftrags entwickelt und erweitert der Märchenheld mit jedem entscheidenden Schritt sein Bewusstsein.

Grenzen werden überschritten beim Betreten der verbotenen Kammer, hier entscheidet sich Schicksal. Das Brautgemach, in das das Märchen nur selten einen Blick werfen lässt, kann beides sein, ein Ort liebender Sehnsucht oder ein Ort des Schreckens und letzter Wahrheit zwischen zwei Menschen.

Mit den Referaten nicht nur deutscher, sondern auch zahlreicher Wissenschaftler anderer Länder Europas dokumentiert das vorliegende Buch das europäische Anliegen der Veranstalter beider Märchenkongresse des Jahres 2003. Die Herausgeberinnen wünschen den Leserinnen und Lesern vielfältige Anregungen.

Sprachmagie und Wortzauber – die Sprache im Märchen

Heinrich Dickerhoff

Im Anfang war das Wort

Mit diesem geheimnisvoll-feierlichen Satz beginnt das Johannesevangelium, eine frühchristliche Meditation über den Weg, die Wahrheit und das Leben.

»Im Anfang war das Wort« – das ist auch der Leitgedanke meiner Überlegungen zu Sprachmagie und Wortzauber.

Die eher meditative Titel-Vorgabe hat nun zur Folge, dass auch diese Überlegungen eher meditativ oder spekulativ sind, Gedankenspiele um das Wort, das im Anfang war und ist.

Dabei möchte ich erstens dem keineswegs selbstverständlichen Sinn des Satzes »Im Anfang war das Wort« nachspüren, dann zweitens andeuten, was im Märchen Anfangs-Worte sind und sollen, und schließlich drittens daran erinnern, dass die Wort gewordene, zu Sprache verdichtete Phantasie ein Anfang ist und Welten erschafft.

Geheimnis Wort – Gedankenspiele mit dem Unbegreiflichen

»Im Anfang war das Wort«, schreibt Johannes (Joh 1,1), und er greift damit zurück auf den ersten Satz der Heiligen Schrift Israels: »Im Anfang schuf Gott Himmel und Erde.« Im Anfang war das Wort – dieser Satz ist nun keine schlichte Sachinformation, und die beiden Begriffe, die Johannes hier zusammen denkt, »Anfang« und »Wort«, meinen weit mehr als das, was sie in heutiger Umgangssprache bedeuten.

Wäre »Anfang« nur eine Bezeichnung für den frühesten Zeitpunkt, so wäre der Satz »Im Anfang war das Wort« eindeutig falsch. Denn das Wort, die Sprache, ist ein sehr junges Kind der Evolution. Nach heutigem Kenntnisstand ist unser Weltall 15 bis 20 Milliarden Jahre alt – eine unvorstellbar lange Zeit.

Rechnen wir, um ein Gefühl für die Zeitdimension zu bekommen, diese Jahrmilliarden um in den Maßstab eines Jahres, dann entspricht jeder Tag 50 Millionen Jahren, jede Minute gut 30.000 Jahren, jede

Sekunde 500 Jahren. Lebensformen zwischen Menschenaffe und Vormensch treffen wir am späten 31. Dezember, den Neandertaler am Silvesterabend um 23.30 Uhr, und unsere Menschenart dominiert erst seit etwa drei Minuten, richtig greifbar in Europa erst seit einer Minute. Und die ältesten bekannten Menschenworte sind dann – wie die Schrift, mit der sie bewahrt wurden – gerade zehn Sekunden alt, in Echtzeit: 5000 Jahre.

Und auch in der individuellen Entwicklung steht das Wort keineswegs zeitlich am Anfang. Lange bevor ein Kind die ersten Worte lernt, ja, längst bevor es das Licht der Welt erblickt, ist sein Gehirn tätig, fühlt und empfindet es, »denkt« es, aber noch ohne Worte und Begriffe, sondern in Sinnesempfindungen, Bildern, Gerüchen. Und auch die erste Kommunikation, die zwischen Mutter und Kind, ist vor allem Körpersprache, Körperkontakt. Im Anfang war das Wort – wenn dieser Satz wahr ist, dann nicht als Zeitaussage.

Und in der Tat ist das Wort, das wir hier mit »Anfang« übersetzen, nicht nur und nicht einmal zuerst eine Zeitangabe. Eν αρχη ην ο λογοσ heißt es im griechischen Urtext. *In principio erat verbum* lautet die alte lateinische Übertragung. Was im Deutschen mit »Anfang« übersetzt ist, heißt also im Griechischen αρχη und im Lateinischen *principium.*

αρχη wie *principium* meinen aber weniger den frühesten Zeitpunkt als vielmehr einen grundlegenden Wesenszug, das, was »im Grunde« gilt, »im Prinzip« eben. Und dieser Anfang ist zugleich auch das Ende, das Ziel, die Bestimmung: Das Alpha und das Omega berühren sich, am Ende wird offenkundig, was von Anfang an galt.

Ähnliche Ahnungen bewahrt auch die germanische Mythologie: Zwei der drei schicksalswebenden Nornen heißen Urd und Verdandi, das heißt: Vergangenheit und Zukunft, oder wörtlich: »das Gewordene« und »das, was im Werden ist«. Und beide Wörter – *urd* und *verdandi* – wurzeln im indoarischen Grundwort *vert*, »Wort«, aus dem sich aber auch »Wurzel« entwickelt hat.

Im Anfang war das Wort – das Wort ist die Wurzel der Welt, die geworden und immer im Werden ist, und der Schlüssel zu ihr, so könnten wir den Satz übersetzen.

Anschaulich wird dieses alte Wissen für mich an meiner Klangschale. Was war zuerst: die Schale oder der Klang? Natürlich die Schale, kann man ganz nüchtern in der Tradition des Aristoteles feststellen, denn erst die Schale ermöglicht mir, hier und jetzt einen Klang zu erzeugen. Nein, erst war der Klang, kann man durchaus begründet mit Platon dagegenhalten: Denn derjenige, der diese Schale, ein Instrument, in Indien schuf, der formte das Metall so lange, bis es stimmte, bis der Ton, den er im Ohr hatte und hören wollte, der Schale ein-gebildet war und durch sie Laut wurde. Um den vorgegebenen Klang neu ertönen zu lassen, wurde die Schale geschaffen.

In genau diesem Sinne meint der Satz, dem wir nachdenken, dass im Anfang ein Wort steht, nein, nicht *ein* Wort, eine beliebige Verbindung von Klang und Bedeutung, sondern *das* Wort, das göttliche, maßgebende, Welt begründende Wort, Gottes ausgesprochene Ur-Idee, die der Welt tief ein-gebildet ist und in ihr und durch sie hörbar werden soll.

Aber nicht nur »Anfang«, auch »Wort« meint in den alten Deutetexten mehr und anderes als eines der vielen Wörter. In dem griechischen λογοσ steckt »Logik«, Sinn, es ist in der Sprachwurzel aber auch verwandt mit dem lateinischen *lux*, Licht, und *lex*, Gesetz. Im Wort tritt etwas ans Licht der Welt, nämlich ihr Sinn, ihre Logik, ihr inneres Gesetz, das zugleich ihren Grund und ihr Ziel bestimmt.

Was ist nun der Sinn und die Logik des Wortes? Jedes Wort hat eine »trinitarische Logik«, einen dreifachen Sinn.

Das Wort ist zunächst ein Wort-Laut, der mit einem bestimmten Wort-Sinn verbunden ist. Der Wort-Sinn ist dabei nicht zwangsläufig und unabänderlich an einen bestimmten Wort-Laut gebunden, der Sinn wird in verschiedenen Sprachen zu einem unterschiedlichen Laut: *Melech – basileus – rex – roi – king – kuning – König.*

Aber immer muss das Wort Fleisch werden, und das Fleisch des Wortes ist der konkrete Wort-Laut, der zunächst als Klang, dann auch als Schrift-Bild Gestalt annimmt.

Doch während Klänge wie das Wehen des Windes oder das Rauschen der Klimaanlage laut werden können ohne die Absicht, uns etwas mitzuteilen, entsteht das Wort nie absichtslos. Hinter jedem sinnvollen Wort steht, das ist sein zweites Merkmal, ein Bewusstsein, eine Absicht, ein Ich, das sich mitteilen will. Und schließlich will dieser Wort gewordene Wille etwas bewirken und wirksam werden in einem Du, das angesprochen ist. Darum ist der wahre Sinn des Logos der Dialog: dass das Ich sich seiner selbst bewusst wird und sich aussprechen und mitteilen kann. Das Ich gewinnt seinen letzten Sinn durch das Du, welches das Wort hört, aufnimmt, beherzigt, beantwortet, so dass Neues wächst zwischen Ich und Du.

Da ich mich nun schon einmal mit Spekulation befasse, möchte ich mir eine ganz und gar spekulative Frage gestatten, die nach dem Ur-Wort, dem Anfangswort. Nicht viel weiter hilft die dogmatisch korrekte Antwort, das Wort, der Logos, sei selbstverständlich Christus. Gewiss ist für Johannes das göttliche Ur- und Anfangswort im Leben Jesu, des Christus, des Königs im Bettlerkleid, Fleisch geworden, begreifbar und anschaulich. Aber welches Wort ist nun im Leben Jesu Fleisch geworden?

Johannes gibt uns in seinem Prolog Hinweise, er sagt über das Anfangswort: »Alles ist dadurch geworden, und ohne dies wurde nichts, was geworden ist. In ihm war Leben, und das Leben war das Licht der Menschen ...«

Das Wort ruft ans Licht, ruft ins Leben, ruft zum Werden. »Werde« – so könnte das Ur-Wort lauten, die göttliche Logik allen Seins.

Auch Joachim Ernst Berendt, der große Musikkenner und New-Age-Theoretiker, hat in seinem beeindruckenden Hörwerk »Nadha Brahma – die Welt ist Klang« dem Ur-Wort der Welt nachgelauscht. Er als Klangspezialist findet es im tibetischen OM. Und dieses OM hält Berendt für die ostasiatische und tiefere, aus dem Bauch kommende Ausformung eines Urlautes, der im Hebräischen, mehr aus Brust und Kehle klingend, Amen heißt. Amen aber bedeutet: »So sei es!«, bedeutet »Werde!« – »Sei« – »Ja«.

Welches Wort auch immer gesprochen wurde am Anfang der Welt, um ihr und unserem Leben Grund zu geben, es muss, so denke ich, ein Ja-Wort sein, ein Ja-Wort, das auf Antwort wartet. Und Menschsein fängt da wirklich an, wo wir uns als Ich und Du aussprechen, ansprechen, entsprechen.

Anfangs-Worte im Märchen

Auch im Märchen gibt es alles begründende Anfangs-Worte. Ich meine damit nicht die Worte, mit denen ein Märchen beginnt, obwohl es Märchenanfänge gibt, die wirklich Ur- und Grund-Worte sind und in denen die dem ganzen Märchen zugrunde liegende, es begründende Logik anklingt.

Das wohl beste und bekannteste Beispiel ist der Anfang des Anfangsmärchens der klassischen grimmschen Sammlung: »In den alten Zeiten, wo das Wünschen noch geholfen hat ...« Dieser so wunderschöne wie weise Satz (vgl. dazu Vonessen, Franz: »Das kleine Welttheater«. Zug 1998, S. 27–51), den die Grimms aus dem »Eisenofen« entlehnt und ihrem Anfangsmärchen, dem »Froschkönig«, vorangestellt haben, könnte für mich das Anfangs-Wort, das *principium*, des Märchens schlechthin sein.

Und Ursula Heindrichs zitiert immer wieder und mit gutem Grund den Anfang des bretonischen Märchens »Dreißig aus Paris«: »Es war einmal, es wird einmal sein. Das ist aller Märchen Anfang. Es gibt kein Wenn und kein Vielleicht: Der Dreifuß hat unbestreitbar drei Füße!«

Ähnlich grundsätzlich klingt für mich der Anfang des schwedischen Zigeunermärchens »Der Tod und das Knäckebrot«: »Es war einmal. Oder war es nicht? Es muss doch etwas gewesen sein, wenn man davon erzählt!«

Gemeinsam ist diesen drei Märchenanfängen, dass sie die Logik der ganzen Gattung Märchen verdichten – darum könnten sie am Beginn fast jeden Märchens stehen.

Andere Märchenanfänge stimmen uns grundsätzlich auf die nun folgende Geschichte ein. So beginnt das norwegische Märchen »Der siebte Vater im Haus«: »Es war einmal ein Wanderer, der war schon lange unterwegs …« – und wir ahnen, hier geht es um unser Leben als Weg, Bewegung, Prozess.

Dass, wer lebt, bedürftig ist, dass diese Armut der Anfang unserer Suche ist, daran erinnern Märchenanfänge mit Bildern von schlichtem Elend wie in »Hänsel und Gretel«: »Es war einmal ein armer Holzhacker, der hatte nichts zu beißen und zu brechen …« Aber manchmal deuten sie auch an, welche Bedürftigkeit und Armut hinter allem Glanz und Reichtum lauert, so etwa im »Eselein«: »Es lebten einmal ein König und eine Königin, die waren reich und hatten alles, was sie sich wünschten, nur keine Kinder …«

Und immer hören wir wieder gleich am Anfang die Welt-Erfahrung vom Unterschied zwischen Schein und Sein, etwa im slowakischen Märchen »Die Reise zur Sonne«: »Am Hofe eines Königs lebte einst ein Küchenjunge, und wenn's auch nur ein Küchenjunge war, er war der schönste und beste Junge im ganzen Land. Nur dass keiner seine Schönheit sah unter dem hässlichen grauen Küchenkittel …«[1]

Und doch sind diese Anfangs-Worte noch nicht das, was dem Logos entspricht, den Johannes meint. Es sind noch nicht die Zauber-Worte, in denen sich die Logik des Märchens verdichtet. Dieses eine geheime

Wort, vor dem nach Novalis »das ganze verkehrte Wesen« fortfliegt, das Zauber-Wort, von dem Eichendorff schrieb, dass es das in all den träumenden Dingen schlafende Lied weckt und die Welt zum Singen bringt, dieses Zauber-Wort ist das wirkliche Anfangs-Wort, der Klang in der Schale des Märchens und sein wahrer Grund.

Im schon erwähnten norwegischen Märchen »Der siebte Vater im Haus« fragt der Wanderer einen Alten nach einem Nachtquartier: »Vater, kann ich heut Nacht in Eurem Hause bleiben?«, aber sechsmal wird er weitergeschickt: »Ich bin nicht der Hausvater hier ... sprich mit meinem Vater!« Endlich hat er sich durchgefragt bis zu einem Uralten, der ist nur noch eine Hand voll Asche in einem Horn: »... dem Wanderer war ganz schlecht vor Angst und er stammelte: ›Vater, kann ich heut Nacht in Eurem Hause bleiben?‹ ...« Und diesmal bekommt er die alles lösende Antwort: »Ja, mein Kind!« Und das ganze Märchen gründet in diesem Ja-Wort, nur um dieses Zauber-Wort auszusprechen, wird es erzählt.

Freilich gründet und wurzelt nicht jedes Märchen in einem so schönen und wahren Klang, in einem Ja-Wort. Vor allem die schwankhaften Märchen tönen auch anders, gerade dann, wenn das weibliche Element fehlt oder nur verächtlich gemacht wird. Verweisen möchte ich auf »Tischlein deck dich!« In dieser Geschichte, in der das Weibliche bezeichnenderweise reduziert ist auf die hinterhältige, ewig meckernde Ziege, die den schönen Männerbund zwischen Vater und Söhnen zerstört, in dieser Geschichte heißt das erlösende Schlüsselwort »Knüppel aus dem Sack!« Ich will diesen Satz gar nicht in der Perspektive Siegmund Freuds verstehen, sondern ganz buchstäblich als Ausdruck der primitiven Vorstellung, wir könnten uns unseren Lebensweg einfach freiprügeln. Am Ende bleibt aber doch nur ein ärmliches Dasein: Wohl haben Vater und Brüder Essen und Geld, mehr als genug, und dazu noch den Knüppel im Sack, aber es gibt keine Hochzeit, kein Kind, keine Zukunft, auch kein bedingungsloses »Ja, mein Kind«, sondern nur mühsam verdiente Anerkennung für die Cleveren und Erfolgreichen.

Der Grundton der meisten Zaubermärchen aber ist ein Ja-Wort. »Hat Gott ihn gegeben, so soll er auch mein Sohn und Erbe seyn«, sagt der königliche Vater des Eseleins, als die Mutter die Missgeburt ins Wasser werfen will. »Eselein, komm her zu mir«, sagt der König, an dessen Hof es später kommt. »Ich will ihn mein Lebtag behalten«, sagt seine Tochter, die Braut des Eseleins. »Bleib hier; du bist ein so schöner Mann, du sollst nicht wieder von mir!«, sagt wiederum ihr Vater, als das Eselein, aus seiner Haut gefahren, fliehen will.

Schon der Anfangssatz dieses wunderschönen Märchens zeigt uns, was niemand kaufen kann, »die waren reich und hatten alles, was sie sich wünschten, nur keine Kinder ...« Aber sein Grund- und Ur- und Anfangs-Wort, sein *principium*, ist das in immer neuen Wendungen ausgesprochene liebevolle Ja: »Komm her! Ich will ihn! Bleib hier!«

Hingegen klingt immer gleich und beschwörend das Zauber-Wort im »Fundevogel«, das vielleicht schönste grimmsche Ja-Wort: »Verlässt du mich nicht, so verlass ich dich auch nicht – nun und nimmermehr!«

Aber auch, wo das Ja-Wort nicht ausgesprochen und verdichtet ist, ist es doch in vielen Märchen da als das geheime Wort, vor dem alles Verkehrte verfliegt. Als unser slowakischer Küchenjunge zurückkehrt von der Reise zur Sonne, nicht mehr in einen hässlichen Küchenkittel gehüllt, sondern in ein Sonnenkleid aus lichten Strahlen und gleich wieder erkannt von der Königstochter, die ihn schon im grauen Kittel geliebt hat, »da trat der Küchenjunge in seinem Sonnenkleid vor den König und erzählte von seiner Reise und warum die Sonne steigt und sinkt, und die Königstochter stand an seiner Seite, und sie ließ seine Hand nicht los!« Der Junge kann mit dem Gesetz der Sonne leben, das besagt, dass alles, was aufgegangen ist, auch untergeht, denn die Königstochter lässt seine Hand nicht los, und ich höre, was ihre Hand sagt: Ja und Amen.

So zeigt sich mir auch in vielen Märchen das Zauber-Wort, die Lebens-Logik, von der auch Johannes spricht: dass der Logos Dialog werden will, dass die wahre Logik des Ichs das Du ist, dass jedes wahre Wort nach Antwort ruft, dass aber jedes aufgenommene Ja-Wort uns unsere königliche Würde ahnen lässt. Denn, so dichtet Johannes vom Kommen des Logos, des ewigen Ja-Wortes, zu denen, deren Ohren und Herzen offen sind: »All die, die ihn aufgenommen, die hat er ermächtigt, Kinder Gottes zu werden! ... die, die an seinen Namen glauben, die nicht aus Blut (– das heißt: aus dem Opfer, der Berechnung, dem Handel mit dem Himmel –) und nicht aus des Fleisches Willen (– nicht aus der Trägheit und Verzagtheit eines kleinen Horizontes –) und nicht aus des Mannes Willen (– nicht aus der Haltung des Machers und des Herren der Welt, nicht mit der Logik des »Knüppel aus dem Sack« –), sondern aus Gott gezeugt sind.« Und Gott ist für Johannes keine Allmachtsphantasie, kein absolutes Über-Ich, sondern jenes Lebens-Geheimnis, das wir da am besten verstehen können, wo wir lieben. Denn, so schreibt derselbe frühchristliche Mystiker im 1. Johannesbrief: »Gott ist Liebe. Und wer in der Liebe wohnt, der wohnt in Gott und Gott wohnt in ihm« (1. Joh 4, 15). Und der Prolog, das Vor- und Grundwort seines Evangeliums, endet mit dem Satz: »Und das Wort ist Fleisch geworden und hat sein Zelt bei uns aufgeschlagen. Und wir haben sein Leuchten gesehn, Leuchten als des einen, der vom Vater stammt, voll Gnade und Wahrheit.« Und die Gnade und Wahrheit dieses Vaters ist nichts anderes als ein unendliches »Ja, mein Kind«.

Sprache als Anfang – die schöpferische Kraft der Phantasie

Im dritten und letzten Gedankengang möchte ich nun der im Wort und als Sprache »Fleisch gewordenen Phantasie« nachgehen und erinnern, wie die ausgesprochene Phantasie Anfang ist, auch in und durch Märchen.

Das Wort, die Fähigkeit, die Welt ins Wort zu bringen, die Sprache also, gibt uns Menschen eine magische Macht. Die menschliche Sprache dient keineswegs nur der Information, dem Austausch von sachdienlichen Hinweisen wie etwa die hoch entwickelte Tänzelsprache der Bienen, sie ist auch keineswegs nur Ausdruck akuter Befindlichkeit wie viele Signale im Tierreich. Natürlich nutzen wir Menschen unsere Sprachfähigkeit auch zur Weitergabe von Informationen und zum Ausdruck von Stimmungen. Aber Sprache kann viel mehr: Sie kann nicht nur benennen, was jetzt gerade ist oder zu tun wäre, sie kann Vergangenes herauf- oder Zukünftiges herbeibeschwören, sie weitet und übersteigt den Horizont der sichtbaren Welt; sie kann zum Ausdruck bringen, was uns unsere Phantasie eingibt und träumen lässt.

Wenn ich kleinen Kindern Märchen erzähle, sage ich ihnen oft, jeder Mensch sei ein kleines Königreich, und der Kopf sei das Schloss. Und dann frage ich die Kinder, ob sie seltsame Tiere kennen, die unterm Dach in Schlössern und alten Gemäuern leben, und fast immer wird das richtige Tier genannt: die Fledermaus.

»Jeder von uns«, sage ich dann, »hat im Kopf eine unsichtbare Fledermaus, die Erwachsenen nennen das auch Phantasie oder Seele, und diese Fledermaus kann ganz schnell dahin fliegen, wohin wir selbst sehr lange brauchten – erinnere dich an deinen Urlaubsort, schon ist deine Fledermaus da. Und sie kann dahin fliegen, wo wir nicht wieder oder noch nicht hingelangen, in unsere Vergangenheit und in unsere Zukunft, und dahin, wo wir alle Königskinder sind.«

Märchen bringen unsere Fledermaus zum Fliegen, darum öffnen viele Kinder eine unsichtbare Klappe im Kopf, wenn das Märchen beginnt.

Wenn wir eine phantastische Geschichte lesen oder hören, so nehmen wir Anteil an der ausgesprochenen Phantasie anderer. Ausgesprochen, ins Wort gebracht, schafft die Phantasie eine Realität, wenn auch eher eine Sur-Realität. Denn kaum ist das Wort ausgesprochen, da wird es denkbar oder doch träumbar als Möglichkeit hinter der oberflächlichen Wirklichkeit oder auch gegen sie. Freilich ist es nicht genug, dass die Phantasie einst zu Worte kam in Geschichten, die uns erzählt wurden. Die Geschichten, die Wörter, müssen auch wieder zur Phantasie werden, sie müssen Phantasie freisetzen.

Und hier möchte ich eine Beobachtung von Walter Benjamin zitieren über die »Kunst zu erzählen«:

> Jeder Morgen unterrichtet uns über die Neuigkeiten des Erdkreises. Und doch sind wir an merkwürdigen Geschichten arm ... Das kommt, weil keine Begebenheit uns mehr erreicht, die nicht schon mit Erklärungen durchsetzt ist ... Es ist nämlich schon die halbe Kunst des Erzählens, eine Geschichte, indem man sie wiedergibt, von Erklärungen freizuhalten (in: Benjamin, Walter: »Illuminationen«. Frankfurt a. M. 1977, S. 314 ff.).

Und als Beispiel führt Benjamin eine Erzählung Herodots aus dem 14. Kapitel im dritten Buch seiner Geschichten an: Um den besiegten Ägypterkönig Psammenit zu demütigen, lässt der siegreiche Perserkönig Kambyses den Triumphzug mit den Gefangenen an ihm vorbeiziehen; regungslos sieht Psammenit seine Tochter als Sklavin vorübergehen, regungslos bleibt er, als sein Sohn vorbeigeführt wird zur Hinrichtung. Doch als ein armer alter Mann, einer seiner Diener, gefangen abgeführt wird, da schlägt sich der König, von der Trauer übermannt, mit Fäusten. Herodot gibt keine Erklärung, gerade darum, meint Benjamin,

> ist diese Geschichte aus dem alten Ägypten nach Jahrtausenden noch imstande, Staunen und Nachdenken zu erregen. Sie ähnelt

den Samenkörnern, die jahrtausendelang luftdicht verschlossen in Kammern der Pyramiden gelegen und ihre Keimkraft bis auf den heutigen Tag bewahrt haben.

Was Benjamin über Herodots Geschichte sagt, gilt gewiss auch für die wirklichen Märchen, die vom Zauber erzählen, ihn aber nicht erklären: Sie mästen unsere Phantasie nicht, sondern locken sie mit ein paar Körnchen Wahrheit heraus ins Freie. Alle Sprache, die Phantasie weckt und Welten schafft, ist knapp und karg und dicht.

Gottes erstes Schöpferwort heißt nach dem Buch Genesis: »Licht!«, schon die gängige deutsche Übersetzung »Es werde Licht« wirkt da betulich und kraftlos. Dichte ist Merkmal einer Sprache, die aus Worten besteht und nicht aus Wörtern, die Phantasie speichert und sät, wachsen und blühen lässt.

Ein anderes Kennzeichen solcher Sprache verdanke ich der verstorbenen Theologin und Dichterin Dorothee Sölle. Sie wollte so schreiben, »dass das Abwesende vermisst wird und anwesend ist«.

Denn das, was wir auf der ersten Ebene der Wirklichkeit vermissen, wird im Vermissen auf einer zweiten surrealen Ebene anwesend und wirklich, weil es in uns und auf uns wirkt.

Darin liegt die Magie der Sprache: Wir können am offenen Grab vom ewigen Leben sprechen, mitten im Krieg vom Frieden, im Gefängnis von der Freiheit, in der Verlassenheit von der Liebe. Wir können in allem Unglück von Glück erzählen, mit Trauer, ohne Lüge und Schönfärberei, aber im Vertrauen auf eine Hoffnung, die in uns ist und wirkt. Unsere Worte können Zauber-Worte sein, die das in der Welt schlafende Lied wecken, die Möglichkeit hinter den Möglichkeiten.

Die wichtigsten Zauber-Worte meines Lebens waren Liebeserklärungen, dann Gebete, aber auch Gedichte und Märchen haben Zauberkraft. Und ich möchte mit einem Ausschnitt aus einem Märchen und mit einem Gedicht meinen Vortrag ausklingen lassen.

In dem altirischen Sagenmärchen »Wie König Cormac zu den Feen ging«[2] gerät Cormac, der Held, in die Anderswelt und – ohne es zu wissen – ins Haus des Feenkönigs Mannanan MacLir.

Der stand auf, ging hinaus und kam bald wieder herein, auf dem Rücken trug er einen riesigen Eber, geschlachtet und ausgenommen, und in der Hand einen mächtigen Holzklotz. Er warf das Schwein und den Klotz auf den Boden: ›Da ist Fleisch‹, sagte er zum König. ›Kochen musst du es schon selbst!‹ – ›Ja, wie soll ich das denn machen?‹, fragte Cormac. ›Das kann ich dir wohl beibringen‹, sagte der Mann. ›Spalte den Klotz in vier Teile und vierteile auch das Schwein, lege unter jedes Schweineviertel ein Stück Holz und dann erzähle eine wahre Geschichte – und das Fleisch ist gar!‹

Also spaltete Cormac den Holzklotz, zerteilte das Schwein und legte einen Scheit unter jedes Schweineviertel. ›Erzähl du doch die erste Geschichte‹, sagte er dann zu dem Hausherrn. ›Gut‹, sagte der. ›Ich habe sieben solcher Schweine, und mit diesen sieben Schweinen könnte ich die ganze Welt ernähren. Denn hab' ich eins der Schweine geschlachtet, so muss ich nur seine Knochen über Nacht in den Schweinekoben werfen, und am nächsten Morgen ist das Schwein wieder lebendig, fett und prall.‹

Die Geschichte war wahr, und das erste Schweineviertel gar.

Dieses immer neu lebendig werdende, pralle Schwein ist für mich wie das Leben schlechthin, und es wird gar durch eine wahre Geschichte, ein wahres Wort.

Aber die treffendste Beschreibung der Magie der Sprache und zugleich die für mich beste Begründung, warum ich Märchen erzähle, habe ich gefunden in dem Gedicht »Bevor ich sterbe« von Erich Fried:

Noch einmal sprechen
von der Wärme des Lebens
damit doch einige wissen:
Es ist nicht warm
aber es könnte warm sein

Bevor ich sterbe
noch einmal sprechen
von Liebe
damit doch einige sagen:
Das gab es
das muß es geben

Noch einmal sprechen
vom Glück der Hoffnung auf Glück
damit doch einige fragen:
Was war das
wann kommt es wieder?

Erzählen wir also Märchen von der Hoffnung auf Glück, und das Glück der Hoffnung auf Glück ist schon da! Und das ist immerhin ein Anfang.

Anmerkungen:

1 In: Dickerhoff, Heinrich: *Trau deiner Sehnsucht mehr als deiner Verzweiflung*. Die Botschaft der Märchen verstehen. Mainz 2001.
2 Aus: Dickerhoff, Heinrich (Hrsg.): ... *und webte etwas, das niemals stirbt*. Keltische Märchen zum erzählen und Vorlesen. Krummwisch 2004.

Ingrid Jacobsen

Sprachmagie und Wortzauber

Es gab eine Zeit, da die Tiere noch sprachen.« So beginnen viele Märchen, vor allem jene, die in eine mythische Zeit verweisen.

Die Märchenhelden scheinen alle dieselbe Sprache zu sprechen, unabhängig von Zeit und Raum, ob sie nun hinter 7 × 7 Zarenreiche gelangen oder bis ans Ende der Welt, ob sie bei Sonne, Mond und Sternen anfragen oder aus einem Land kommen, in dem man nicht stirbt, in dem der Tod keine Macht hat und aus dem sie erst nach 700 Jahren in die Heimat zurückkehren – Sprachprobleme kennen sie, kennt das Märchen nicht, oder nur sehr selten. Ist das nicht eigentlich seltsam? Denn die, welche die Märchen erdacht haben oder sie weitertrugen – Seefahrer und Kaufleute, Eroberer und Siedler, Sklaven und Gefangene –, sie hatten es doch immer wieder erlebt, dass sie zu Menschen kamen, die eine andere Sprache sprachen.

Da heißt es in einem ungarischen Märchen: »27 Sprachen konnte der Königssohn sprechen; aber niemand verstand ihn«[1], bis er einen Landsmann trifft. Aber schon wenig später ist dieses Problem vergessen: Die Königin des Landes spricht mit ihm, und die Frage nach dem Verstehen stellt sich nicht mehr. In einem brasilianischen Märchen wird wohl bemerkt, die Sprache der schwarzen Sklavin sei liederlich und ungepflegt; das heißt hier, sie beherrsche noch nicht die Sprache der Herren. In den venezolanischen Hochanden wird nach jemandem geschickt, der noch die Sprache der Alten spricht – es gab also vordem eine andere Sprache –, damit er mit den Geistern des Ortes rede, und die machen dann wenigstens zur Auflage, dass nicht geflucht werde beim Bau der Kapelle.

Verständigungsschwierigkeiten gibt es weder mit den Winden noch mit den Alten, die seit 100, 200, 300 Jahren keinen Menschen mehr sahen, auch nicht mit den Wesen, die unter der Erde hausen oder am Himmel wohnen.

Sogar die Sprache der Tiere wird meistens ohne weiteres verstanden. Viel seltener hören wir, dass sie erst erlernt wird: Er muss lernen, »was ein König wissen muss, vor allem die Sprache der Vögel«[2], heißt es im brasilianischen Märchen; bei Grimm lernt ein Junge bei drei Meistern drei Jahre, »was die Hunde bellen«, »die Vögli sprechen« und »die Frösche quaken«[3], und ein anderes grimmsches Märchen erzählt: »Der Genuss der Schlange hatte ihm die Fähigkeit verliehen, die Sprache der Tiere zu verstehen.«[4] Ja, nicht einmal im Tod verlieren besondere Tiere ihre Sprache: »Wenn das deine Mutter wüßte, das Herz tät ihr zerspringen«[5], antwortet der Kopf des Königspferdes Falada unter dem Tor.

Auch die Dinge sprechen eine Sprache, die verstanden wird; und das wissen die Märchenmenschen. Die Königin fragt: »Spieglein, Spieglein an der Wand, wer ist die Schönste im ganzen Land?«[6] Wir kennen die Antwort. Da ist der Stein in der Schwelle, der die Wahrheit kundtut, oder das Wasser im Brunnen: »Wer aus mir trinkt, wird ein Reh.«[7]

Und die Dinge reagieren auf die Sprache der Menschen, wenn es denn die richtigen Worte sind: »Sesam öffne dich!«[8] »Töpfchen koche, Töpfchen steh!«[9]

An dieser Stelle wird die Sprache zur Magie, das Wort zum Zauber.

Der Mensch, der sich ihrer bedient, braucht nicht einmal ein Zauberer zu sein, eine Hexe, ein Geist, ein Über- oder Außerirdischer. Die Königstochter, die mit »Weh, weh Windchen«[10] den Wind beschwört, Kürdchens Hütchen zu erfassen, ist beileibe keine Zauberin.

Ähnlich ist es mit den Verwünschungen, auch sie sind nicht unbedingt an die Zaubermächtigen gebunden. Die Worte des Vaters: »Ich wollte, daß die Jungen alle Raben würden«[11] sind ein unbedachter Ausruf des Ärgers, keineswegs ein bewusster Zauber. Und dennoch hat das Wort Zauberkraft.

Die Märchenhelden wundern sich nicht einmal, dass das alles so ist – höchstens der Erzähler selbst hält es manchmal für nötig, seinen Zuhörern eine Erklärung zu geben: »Sie hatte von ihrer Mutter die Hexenkünste erlernt« oder »er verstand die Sprache der Tiere« oder »hier ist alles verzaubert«.

Die Märchenhelden leiden nicht unter Sprachschwierigkeiten; Sprachprobleme kennen sie nicht. Problematisch wird es erst, wenn das Sprechen verboten ist. Es ist belastend, ja lebensbedrohend, die Botschaft zu kennen, aber sie nicht in Worte fassen zu dürfen.

Der treue Johannes weiß: »Wenn er das Geheimnis ausspricht, wird er ganzen Leibes zu Stein vom Wirbel bis zur Fußzehe.«[12]

Er unterliegt dem Schweigegebot. Der Barbier, der dieses Gebot nicht aushalten kann, spricht das Geheimnis in ein Erdloch. Doch das Schilfrohr, das dort aufwächst, bringt es an den Tag.

Die treuen opferbereiten Schwestern geraten mit den Hemden, an denen sie aus Sternenblumen oder Brennnesseln für ihre verzauberten Schwanenbrüder arbeiten, bis auf den Scheiterhaufen. Ohne Sprache, sprachlos, können sie sich nicht gegen Intrigen und Verleumdungen der bösen Schwiegermütter verteidigen, nicht ihr Tun erklären, nicht ihre Unschuld beweisen.

Dann spüren sie die Macht der Sprache und die Übermacht der Sprachlosigkeit. Erinnern wir uns an das Andersen-Märchen von der kleinen Meerjungfrau, die ihre Sprache hingibt, um volle menschliche Gestalt zu gewinnen – und scheitert.

Um die Sprache, in der die Märchen erzählt werden, und um die Sprache, wie sie in Märchen gesprochen wird, darum ging es auf dem Internationalen Frühjahrskongress der EMG 2003 in Flensburg. Es ging um »Sprachmagie und Wortzauber«.

Anmerkungen

1 »Vom Königssohn, der unsterblich sein wollte«. Aus: Ortulay, Gyala: *Ungarische Volksmärchen.* Berlin 1966.
2 »Die Prinzessin von Bambuluá«. Aus: Jacobsen, Ingrid: *Von noch einem, der auszog das Fürchten zu lernen.* Brasilianische Zaubermärchen. São Paulo 1999.
3 »Die drei Sprachen« (KHM 33).
4 »Die weiße Schlange« (KHM 17).
5 »Die Gänsemagd« (KHM 89).
6 »Sneewittchen« (KHM 53).
7 »Brüderchen und Schwesterchen« (KHM 11).
8 »Aly Baba und die 40 Räuber«. Aus: *Erzählungen aus 1001 Nacht.* Weimar 1915.
9 »Der süße Brei« (KHM 103).
10 »Die Gänsemagd« (KHM 89).
11 »Die sieben Raben« (KHM 25).
12 »Der treue Johannes« (KHM 6).

Ursula Heindrichs

Von den magischen Versen im Märchen

»Als Fragment erscheint das Unvollkommene noch am erträglichsten – und also ist diese Form der Mittheilung dem zu empfehlen, der noch nicht im Ganzen fertig ist – und doch einzelne Merckwürdige Ansichten zu geben hat.«

Novalis

Das Ei, das immer größer wurde

Ein Mann hatte elf Söhne. Der Jüngste war der Sohn der zweiten Frau. Bevor der Mann starb, überließ er jedem der zehn älteren Söhne drei Rinder. Dem jüngsten Sohn übergab er ein kleines Ei und sprach zu ihm: »Bewahre es auf, draußen weit weg vom Kraal, und jeden Tag sollst du ihm etwas vorsingen.« Dann starb der Mann.

Der jüngste Sohn ging nun jeden Tag zu seinem Ei und sang ihm etwas vor: »Oventane, on, on, on ...«, und das Ei wuchs und wuchs. Bald war es größer als eine Hütte, aber es wuchs immer noch. Da fürchtete sich der jüngste Sohn vor dem Ei, aber er sang weiter: »Oventane, on, on, on, Oventane!« Und er kletterte auf einen Baum, wenn er sang.

Endlich, eines Tages, als er wieder sang, da platzte das Ei, und Tiere kamen daraus hervor: Rinder, Schafe und Ziegen. Da baute der jüngste Sohn seinen eigenen Kraal und lebte glücklich darin.[1]

»Oventane, on, on, on!« Der jüngste Sohn singt, wie ihm der sterbende Vater geboten hatte, er singt an jedem Tag dem Geschenk des Vaters das Lied vor, und das Ei wächst; es wird furchterregend groß, aber dennoch singt der Jüngste weiter, gehorsam, gläubig trotz seiner Angst; von der Höhe eines Baumes aus besingt er das Ei, das immer weiter wächst. Und eines Tages – als er wieder singt – springt die Eischale auf und entlässt Schöpfung: Rinder, Schafe, Ziegen, welch eine

Fülle! Ist es das Weltenei, an das die Südafrikaner denken bei diesem Märchen?

Ohne dass wir die Verse verstehen, spüren wir die Magie der Sprache, den Wortzauber, und wir erleben das Schöpfungswunder, das sie hervorbringen!

In unserem kleinen Märchen aus Südafrika scheint mir aufs Beste verwirklicht, was Novalis in seinem Text über die Sprache, dem er den Titel »Monolog« gibt, postuliert.[2] Der Dichter nennt die Sprache »ein wunderbares und fruchtbares Geheimnis«, und er sagt: »Wer ein feines Gefühl ihrer Applicatur, ihres Takts, ihres musikalischen Geistes hat, wer in sich das zarte Wirken ihrer innern Natur vernimmt und danach seine Zunge oder seine Hand bewegt, der wird ein Prophet sein.« Und später fährt Novalis fragend fort: »Wie, wenn ich reden müßte? und dieser Sprachtrieb zu sprechen das Kennzeichen der Eingebung der Sprache, der Wirksamkeit der Sprache in mir wäre? und mein Wille nur auch alles wollte, was ich müßte, so könnte dies ja am Ende ohne mein Wissen und Glauben ein Geheimnis der Sprache verständlich machen?«

Eckhard Heftrich nennt den »Monolog« des Novalis »die Quintessenz seiner Meditationen über die Sprache«, die der Dichter in vielen Passagen seiner Werke hinterlassen hat.[3] Es geht dem Dichter um das Geheimnis der Sprache: »Indem er, der Sprache gehorchend, ihrer eigensten Natur im Spiel der Worte zum Ausdruck verhilft, wird er zum Verkündiger des Geheimnisses der Sprache.«[4] Novalis ist ein »Sprachbegeisterter«, ein »von der Sprache Inspirierter«, ein Dichter und Prophet, »durch dessen Mund der Geist der Sprache selber spricht«. Er »darf und muß sich der Sprache überlassen. Denn nur, wenn die Sprache sich um sich selbst bekümmert, spielt sie mit sich selbst und drückt so ihre wunderbare Natur aus. Die traumartigen assoziativen Erzählungen sind nichts anderes als die echten Märchen« nach Novalis, und Eckhard Heftrich sagt dazu: »In den Märchen ist ja alles wunderbar, geheimnisvoll. Als prophetische Darstellung führen sie auf die künftige, vollendete Schöpfung hin.«[5]

Die Worte, die der Jüngste in unserem südafrikanischen Märchen singt, machen ihn zum Schöpfer, zum Magier, zum Zauberer, und eine künftige, neue Schöpfung bricht auf, bricht ein in die Wüste und Einsamkeit, in die er gebannt war: Nun kann er seinen eigenen Kraal bauen und glücklich darin leben. Welch ein Wunder der Sprache!

Allein, der Jüngste hatte seine Worte, dem Gebot des Vaters gemäß, gesungen, und darum möchte ich an Dietz-Rüdiger Moser erinnern, der im Mai 1991 in Trier bei unserer Frühjahrstagung zum Thema »Volksmärchen und Volkslied« ein spannendes Referat über die »Singverse im Märchen« gehalten hat. Moser hatte bereits 1968 eine bahnbrechende Untersuchung im Jahrbuch für Volksliedforschung veröffentlicht, auf die ich mich im Folgenden stütze: Diese Arbeit heißt »Märchensingverse in mündlicher Überlieferung«.[6] Moser hat damals alle als authentisch anzusehenden Märchen mit gesungenen Versen – nicht nur aus dem deutschen Sprachraum – erfasst und vergleichend untersucht. Er konnte nur wenige echte Singverse nachweisen, und er betonte, dass es kaum des Hinweises bedürfe, dass bei den Brüdern Grimm Melodie-Notierungen fehlen.

In Trier stellte Dietz-Rüdiger Moser 1991 fest: »Das Lied konzentriert, es verdichtet stärker« als das gesprochene Wort; »von Märchensingversen sprechen wir nur, wenn die jeweiligen Verse mit dem Stoff der Erzählung eng verflochten sind ... Das ist bei solchen Märchen der Fall, in denen ein Lied am Kulminationspunkt der Handlung unmittelbar zur Lösung hinführt wie etwa im Märchen vom ›Singenden Knochen‹ (KHM 28).«[7]

Ein Hirte findet ein schneeweißes Knöchelchen und denkt, das gäbe ein gutes Mundstück für sein Horn. »Als er zum ersten Mal darauf geblasen hatte, so fing das Knöchlein zu großer Verwunderung des Hirten von selbst an zu singen:

»Ach, du liebes Hirtelein,
du bläst auf meinem Knöchelein,
mein Bruder hat mich erschlagen,
unter der Brücke begraben,
um das wilde Schwein,
für des Königs Töchterlein.«

Dieser Reimvers bringt – quasi mit der Stimme des Erschlagenen – auf magische Weise den Brudermord an den Tag. Moser nennt ihn »animistisch« und sagt: »Es ist bekannt, daß solche eingestreuten Reimverse an bedeutungsvollen Stellen, wo die gewöhnliche Rede nicht ausreicht, erscheinen.« Sie sind gerade für das europäische Zaubermärchen charakteristisch, sie haben eine magische Funktion. Moser zitiert Felix Karlinger, der »das Singen den außergewöhnlichen Zuständen und Umständen« zuerkennt, das heißt, das Singen lässt auf »besonders geeignete Weise das Wunderbare und Übernatürliche in Erscheinung treten«.[8]

Das bestätigt sich ebenso in dem Märchen »Von dem Machandelboom« (KHM 47). Es ist bekanntlich durch Philipp Otto Runge aufgezeichnet worden; das Märchen ist mundartlich niedergeschrieben, aber die Verse, die der Ermordete in seiner Metamorphose als Vogel singt, sind hochdeutsch. Durch dieses Hinüberwechseln heben sich die Singverse deutlich ab von der Umgangssprache, und so betonen sie das Magische des Vorgangs. Und was singt der Vogel?

»Mein Mutter, der mich schlacht,
mein Vater, der mich aß,
mein Schwester, der Marlenichen,
sucht alle meine Benichen,
bind't sie in ein seiden Tuch,
legt's unter den Machandelbaum.
Kywitt, kywitt, wat vör'n schöön Vagel bün ik!«

Die Geschichte seines furchtbaren Leidens, seines Todes singt der Vogel, aber er singt auch von der Obhut seiner Schwester, die alle seine Gebeine unter dem Tisch, wohin der nichts ahnende Vater sie geworfen hatte, zusammensucht und – ohne irgendwelche Weisung – die Knochen des Bruders »ünner den Machandelboom in dat gröne Gras« legt. Unter dem Machandelboom hatte ihr Vater nach der Geburt des Sohnes seine erste Frau begraben, die gestorben war, als sie das erwünschte Kind »so witt as Snee un so rood as Blood« geboren hatte.

Aus dem Schamanenglauben wissen wir, dass in den Knochen das eigentliche Leben eines Menschen beheimatet ist: Solange die Knochen da sind, ist das Wesentliche präsent. (Auch die Reliquienverehrung in der katholischen Kirche beruht ohne Frage noch auf dieser Vorstellung: Die Kraft, auf die es ankommt, dauert in den Gebeinen fort.) Die Erfahrung des Pars pro Toto wirkt hier ebenso wie in den Märchen, in denen zum Beispiel die Blutstropfen (»Der liebste Roland«, KHM 56 und »Die Gänsemagd«, KHM 89) oder gar der Speichel (»Wassilissa die Allweise und der Meereszar«) mit der Stimme dessen sprechen, zu dem sie gehören.

Das Wunder der Verwandlung erleben wir, wenn der Machandelboom beginnt, »sik to bewegen ... so recht as wenn sik eener so recht freut«, ein

Nebel von ihm ausgeht, in dem es wie Feuer brennt, »un uut dem Führ dar flöög so'n schönen Vagel heruut, de süng so herrlich und flöög hoog in de Luft …« Danach ist das seidene Tuch mit den Knochen fort, und Marleenken ist vergnügt, so »as wenn de Broder noch leewd«. Der Vogel singt sein Lied, und er bezaubert damit trotz des traurigen Inhaltes den Goldschmied, den Schuster mit dessen Familie und Gesellen und schließlich auch die 20 Müllerburschen, die einen Mühlstein »hackden«; er ersingt sich mit seinem Lied die Geschenke für Vater und Schwester, aber auch den Mühlstein, mit dem er seine Mörderin töten wird.

Welche Wunder ersingt das Lied dieses Vogels! Alle, die es hören, erbitten es wieder und wieder: »Vagel, wo schöön kanst du singen! Sing my dat Stück nochmaal«, und diese »Singverse« sind den Zuhörern so kostbar, dass sie den Sänger reich beschenken mit der goldenen Kette für den Vater, den roten Schuhen für Marleenken, und die 20 Müllerburschen bezahlen die Wiederholung des Liedes mit dem schweren Mühlstein. – Was bricht ein in die Welt dieser Menschen, wenn sie das Lied hören? Eine höhere Gewalt, ein Faszinosum, das Numinose, ein bestauntes, unfassbares Etwas, dem sie begegnen und das sie unwiderstehlich in Bann hält: Das Wunderbare, das Übernatürliche tritt in Erscheinung.

Eigentlich liegt ja das Wunder nicht in den ersungenen Gaben, das Wunder ist vielmehr der Vogel selbst, ist sein Lied; dieser Dimension wegen scheint mir das so grausame Märchen eines der mystischsten zu sein, die ich kenne. Es erzählt uns von Tod und Auferstehung, von Lohn und Strafe, von der Wehrlosigkeit des Kindes in der Hand der Bösen, aber eben auch von seiner Rettung im Wunder der Singverse.

»Singverse stehen an Zentralpunkten« eines Märchens, sagt Dietz-Rüdiger Moser [9], aber »es entzieht sich unserer Kenntnis, ob es zu diesen Versen wirklich immer Melodien gegeben hat oder nicht«. Moser stellt fest: »Insgesamt sind die aus der Tradition aufgezeichneten Märchensingverse, was Melodiestruktur und Form angeht, außerordentlich einfach gehalten«; er verweist außerdem auf Ludwig Tiecks »Liebesgeschichte von der Schönen Magelone und dem Grafen Peter aus Provence« und bestaunt »an diesem Werk die Souveränität, mit der hier an entscheidenden Stellen der Handlung das gesungene Lied eingesetzt wird … Was sich an Seelischem ereignet, wird in die bannende Kraft des Liedes gezwungen, die Erzählung selbst steigernd. Johannes Brahms hat diese Romanzen mit allen Mitteln des romantischen Liedsatzes ausgestaltet.«[10] Später formuliert Moser, seine Untersuchung von 1991 abschließend: »Die Märchensingverse erreichen durch die Wesenheit des Lyrischen eine metaphorische Überhöhung, welche die umdeutende Bindung zweier Wortfelder in einer gemeinsamen Ebene schaffte«, und er beruft sich dabei auf Felix Karlinger. »Das Märchen als ein epischer Gattungstyp und die gesungenen Verse als Zeugnisse des Lyrischen verbinden Getrenntes zu einem höheren Ganzen. Vielleicht liegt in dieser Ganzheit das Faszinierende, das die Märchen mit den gesungenen Versen auf uns alle ausüben.«[11]

In der Sammlung Grimm finden wir gesungene Verse außer den betrachteten zum Beispiel in »Jorinde und Joringel« (KHM 69). Jorinde singt:

»Mein Vöglein mit dem Ringlein rot
singt Leide, Leide, Leide:
es singt dem Täubelein seinen Tod,
singt Leide, Lei – zicküth, zicküth, zicküth«,

und bei den letzten Worten, die sie singt, ist sie in eine Nachtigall verwandelt; ihr trauriges Lied nimmt, so denke ich, das eigene Schicksal ahnend vorweg; Joringel, wie ein Stein unbeweglich, wird von der Erzzauberin »losgebunden« mit einem merkwürdigen Zauberspruch: »Grüß dich, Zachiel, wenn's Möndel ins Körbel scheint, bind los, Zachiel, zu guter Stund.«

Zachiel, ist es der Teufel, der eigentlich aktiviert wird, dem das alte Weib hier befiehlt? Und ist die gute Stunde für solche Zauberei etwa der Vollmond, der in den Korb der Hexe scheinen muss, damit sie gelingt? Spielt in den Versen der Alten nicht aber ein Grauen mit, dem wir unterworfen sind beim Zuhören, ohne es verstehen zu können?

Im Märchen »De drei Vügelkens« (KHM 96) töten die zwei bösen Schwestern, die keine Kinder bekommen, aus Neid die beiden neugeborenen Söhne und die kleine Tochter ihrer königlichen Schwester; als aber die Bösen die Kinder ins Wasser geworfen haben, fliegt jedes Mal ein Vöglein in die Höhe und singt:

»Tom Daude bereit,
up wietern Bescheid
tom Lilienstrus:
wacker Junge (Mäken), bist du's?«

Ist das nicht ein Sprachspiel, das uns Rätsel aufgibt? Singend fragt der Seelenvogel; obwohl uns aus dem Handlungsverlauf die Antwort klar ist, fragt der Sänger nach den Jungen und nach dem Mädchen. Er beschwört die lebendige Existenz des ins Wasser geworfenen Kindes, seine junge Identität, und damit, so denke ich, hält er es »im Leben«. In ihren »Originalanmerkungen« schreiben die Brüder Grimm zu diesen Versen, wenn »jedesmal, wie das Kind hineingeworfen ist (ins Wasser), ein Vögelchen aufsteigt«, dann deutet das an, »daß der Geist das Leben bewahrt (denn die Seele ist ein Vogel)«; darauf »beziehen sich auch die Worte im Vers zum Lilienstrauß. Sie wollen sagen, das Kind war zum Tode bereit, bis auf weitern Bescheid (Gottes) aber ist es gerettet; die Lilie ist auch der unsterbliche Geist.«[12] Die Singverse bezeugen – wie im Märchen »Von dem Machandelboom« – das Weiterleben der Getöteten, ja ihre Erlösung und Rettung: Ein kinderloser Fischer hatte die drei Geschwister aus dem Wasser geholt und sie aufgezogen; der Vogel aus dem Schloss, in dem das Wasser des Lebens quillt, singt schließlich dem betrogenen königlichen Vater der Kinder Verse vor, die die Wahrheit an den Tag bringen und dem Leiden ein Ende bereiten:

»De Möhme sitt allein,
wol in dat Kerkerlein.
O Künig, edeles Blod,
dat sind dine Kinner god.
De falsken Süstern beide,
de dehen de Kinnerkes Leide,
wol in des Waters Grund,
wo se de Fisker fund.«

Dieser hellsichtige, wissende Vogel wendet mit seinem Lied das Geschehen, er singt an der Nahtstelle, wenn das Entscheidende bevorsteht: die Erlösung. Sein Lied verkündet verkürzt die Untaten und nimmt die Unwissenheit von dem betrogenen, verblendeten König, der nun seine Frau aus dem Kerker befreien und seine Kinder dankbar annehmen kann.

Zweiäuglein (aus KHM 130) weiß den Schlafvers, den es seiner bösen Schwester Einäuglein wieder und wieder singt, so dass Einäuglein sein Auge schließt:

»Einäuglein, wachst du?
Einäuglein, schläfst du?«

Und wenn Einäuglein schläft, kann Zweiäuglein seine Ziege mit dem Zauberspruch, den die weise Frau es gelehrt hatte, bitten:

»Zicklein, meck,
Tischlein, deck«,

und wenn es sich satt gegessen hat, ruft es:

»Zicklein, meck,
Tischlein, weg«,

und alles ist »augenblicklich verschwunden«. Wie keck, wie lustig, wie knapp ist der Zauberspruch, der dem gepeinigten Zweiäuglein sein köstliches Mahl schenkt und es auch wieder abräumt!

Gisela Just hat in ihrer Dissertation »Magische Musik im Märchen« auch das magische Singen untersucht.[13] Sie erinnert an die große Rolle, die »magische Schlummerlieder, auch Zaubergesänge aller Art im Kalevala, dem Nationalepos des finnischen Volkes«, spielen. Väinämöinens Zaubergesang schläfert Louhi, die Herrin des Nordlandes, ein; durch sein süßes Singen »ermattet er die Menschen,/ so ermüdet rasch das Volk er,/ nicht nur nickten alle Hörer,/ eingeschläfert sank der Gaffer;/ Alt' und Junge, beide schliefen/ durch sein Zauberlied bezwungen«. Und erst nach drei Tagen »erwacht Louhi aus dem magischen Schlaf«, nachdem Väinämöinen mit seinen Gefährten längst das Boot der Heimat zusteuert, in dem sie den geraubten Sampo, die wunderbare Handmühle, die auf drei Seiten mahlt, heimführen. (Der Sampo mahlt Mehl, Salz und Geld.)

Gisela Just zitiert aus Martin Bubers Nachwort zur Übertragung der Kalevala ins Deutsche:

> Mehr als von irgendeinem Volk gilt es vom finnischen, daß das Singen älter ist als das Reden. Eine andere, heiligere Sprache hat der finnische Dichter Zachris Topelius den Gesang genannt, aber er ist mehr als das; er ist die Ursache. Im Singen äußert der Mensch von je sein Verhältnis zu den Gewalten, den Ganzheiten des Lebens ... Der Gesang ist Magie, die Rede Kausalität.[14]

In dieser Bestimmung Bubers scheint mir etwas Wichtiges formuliert: »Der Gesang ist Magie, die Rede Kausalität.« Das Profane der bloßen Rede, des Berichtes, kennen auch unsere Märchen, mögen sie noch so Wunderbares erzählen; der Einbruch des Anderen, der Magie, des Grenzüberschreitenden, des Transzendierenden ereignet sich indessen in den Versen.

Nun wissen wir alle, dass Verse, die in die Märchenhandlung eingewoben sind, nur selten Singverse sind; häufiger begegnen uns (in der Sammlung Grimm) Verse, die gesprochen werden, und solchen Beispielen wollen wir uns nun zuwenden.

»Weh, weh, Windchen,
nimm Kürdchen sein Hütchen,
und laß 'n sich mit jagen,
bis ich mich geflochten und geschnatzt
und wieder aufgesatzt.«

Wenn die Gänsemagd (KHM 89) so spricht, dann muss Kürdchen, der Hütejunge, seinem Hütchen nachlaufen, weil ein so starker Wind kommt, dass er es »wegwehte über alle Land«. Die wahre Königsbraut hatte ja auf der Wiese, wo beide die Gänse zu hüten haben, ihre Haare aufgemacht, und »die waren eitel Gold«, Kürdchen aber »freute sich, wie die glänzten und wollte ihr ein paar ausraufen«. Die erniedrigte Königstochter spricht einen Zaubervers, der sie vor dem Zugriff des Jungen schützt, dem es gewiss nicht nur ihre offenen goldenen Haare angetan haben. Die erotische Bedeutung der Haare ist von alters her bekannt, aber der begehrliche, zudringliche Hütejunge wird durch »Windzauber« fern gehalten. Die Gänsemagd ist also Herrin über den Wind, der ihre Jungfräulichkeit schützt. – Dass sie diesen Zaubervers sprechen kann, muss uns verwundern, ist sie doch sonst schwach und wehrlos. Weiß sie den Vers von ihrer Mutter, der alten Königin, die der Tochter zum Abschied ein weißes Läppchen mitgegeben hatte, auf das sie drei Tropfen ihres Blutes hatte tropfen lassen? »Liebes Kind, verwahre sie wohl, sie werden dir unterwegs not tun«, hatte sie gesagt. Wir wissen, dass diese drei Blutstropfen zu der Gepeinigten sprechen: »Wenn das deine Mutter wüßte, das Herz im Leibe tät ihr zerspringen«; und als die Königstochter sie verliert, ist sie »schwach und machtlos geworden«; so hat fortan die böse Kammerfrau »Gewalt über die

Braut«. Die königliche Mutter hatte ihrer Tochter aber auch ein Pferd mitgegeben, das »hieß Falada und konnte sprechen«. Welch eine offenkundig zauberkräftige Frau ist die alte Königin, über welch magische Kräfte verfügt sie! Es liegt nahe, dass die wahre Braut solche Gaben, solche Begabungen von ihrer Mutter hat und auch den Windzauber durch sie kennt.

Das Spielen mit dem Reim scheint mir in dem Fünfzeiler, den die Gänsemagd spricht, von entscheidender Bedeutung: Die Verse sind herausgehoben aus der Sprache, in der das Märchen erzählt wird. Die Diminutiva Windchen, Kürdchen, Hütchen geben dem Ganzen etwas Kindliches, Heiteres, Spielerisches; nur die Zeile »und laß 'n sich mit jagen« bleibt als Achsenzeile ohne Reim; in dieser dritten Zeile verdichtet sich der Befehl an den Wind, während dem Wind in den beiden abschließenden Zeilen der Grund für die Aufforderung gesagt wird: »... bis ich mich geflochten und geschnatzt/ und wieder aufgesatzt«. Auch die Reimbindung »geschnatzt und aufgesatzt« wirkt als Wortbildung lustig. (Die Schwälmer Mädchen zum Beispiel tragen auf ihren hochgesteckten Haaren eine Art Haube, den »Schnatz«.) Wir wissen, dass der Windzauberspruch sich erfüllt und die »Königsjungfer« unberührt bleibt. – Wortzauber, Wortwunder, Wortmagie!

Dürfen, ja müssen wir nicht wieder an Novalis denken, der zum Verkünder des Geheimnisses der Sprache wird, indem er, der Sprache gehorchend, ihrer eigensten Natur im Spiel der Worte zum Ausdruck verhilft, und der uns so sagt, dass die Sprache Wunder vollbringt?

Franz Vonessen erinnert in seinem Aufsatz »Von der Seele des Worts«[15] an Gorgias, den Redner aus der Zeit des Sokrates: »Die Rede ist ein großer Herrscher; mit dem kleinsten und unscheinbarsten Körper vollbringt sie die größten aller denkbaren Taten«, sagt Gorgias, und Vonessen verbessert die Übersetzung in ihrer eigentlichen Bedeutung: von den göttlichsten Taten hieße es bei Gorgias, und er meine damit, es gehe um Zauberkraft und Magie, wozu es »der Hilfe der Götter« bedürfe.

Wenn die Gänsemagd dem Wind gebietet mit ihrem Vers, mit ihrem Wort, dann, so denke ich, ist das durchaus eine göttliche Tat, ein großes schöpferisches Wunder. Das Geheimnis liegt darin, dass das Wort gesprochen werden muss: »Im Sprechen, nicht im bloßen Wort, liegt jener Zauber, über den das Weltwesen mit dem unscheinbarsten Körper verfügt; denn sein Leben erhält das Wort durch das Sprechen«, sagt Vonessen, und er fährt fort: »Wenn der biblische Schöpfungsbericht auf dem Glauben beruht, daß der Schöpfer sprach und daß das Gesprochene ward, dann folgt zwingend, daß die Welt für die Genesis eine gesprochene ist, daß jedes Ding den Charakter des Wortes hat.«[16] Novalis sagt: »Alles ist eine Mittheilung. So ist die Welt in der Tath eine Mittheilung – Offenbarung des Geistes.« Und im selben Fragment klagt er: »Die Zeit ist nicht mehr, wo der Geist Gottes verständlich war. Der Sinn der Welt ist verlohren gegangen. Wir sind beym Buchstaben stehn geblieben. Wir haben das Erscheinende über der Erscheinung verlohren.«[17]

Dürfen wir vermuten, dass in der Sprache der Märchen, vorzüglich in ihren magischen Versen, etwas erhalten geblieben ist von dieser Mitteilung, dieser Offenbarung des Geistes, wenn die gesprochenen Worte Wunder vollbringen, wenn sich »ein so starker Wind« erhebt, »daß er dem Kürdchen sein Hütchen wegwehte über alle Land«, weil die Gänsemagd ihr »Weh, weh, Windchen« spricht? »Das Wissen um die Sprache der Welt und der Dinge«, jene Mitteilung des Geistes, von der Novalis spricht, »haben die Märchen besser, reichlicher und konkreter bewahrt als alle anderen Texte, die literarisch bekannt sind«, meint Franz Vonessen, und er beantwortet so eigentlich unsere Frage.[18]

In unserem Märchen von der Gänsemagd spricht aber nicht nur die wahre Königsbraut ihre schöpferischen, »göttlichen« Verse; was die Blutstropfen der Mutter gesprochen hatten, das übernimmt später der Kopf des hingeschlachteten Falada. Den Schinderknecht hatte die Königstochter gebeten, er möchte »dem Falada seinen Kopf (unter das finstere Tor) hinnageln«, wo sie »abends und morgens mit den Gänsen durch mußte, ... daß sie ihn doch noch mehr als einmal sehen könnte«. Walter Scherf sieht in dieser Bitte der so tief Erniedrigten, Geschwächten das Erwachen ihrer Widerstandskräfte: »Die Königstochter erkennt das Unzerstörbare« in ihrem toten Pferd; sie findet »zu sich selbst durch die Zwiesprache im finsteren Tor auf dem Weg zur täglichen Arbeit«.[19] Sie spricht im Vorbeigehen:

»O du Falada, da du hangest«,

und der Kopf antwortet ihr:

»O du Jungfer Königin, da du gangest,
wenn das deine Mutter wüßte,
das Herz tät ihr zerspringen.«

Der Kopf des toten Pferdes antwortet auf die Klage der Jungfrau, indem er ihren Vers durch einen Reim vollendet, der ihre wahre Identität ausspricht. Das Wunder seines Sprechens erschüttert uns, und die Magie dieser Verse trifft ins Herz des alten Königs, dem sie bestätigen, was er ahnte, als er vom Fenster des Schlosses hoch oben im Hof die wahre Königstochter stehen sah, »wie sie fein war, zart und gar schön«. Die Worte des Falada offenbaren die verborgene Wahrheit und sind so der Schlüssel zur Identitätsfindung der »Jungfer Königin«, zur Erlösung der Gänsemagd: Auf wunderbare Weise schließen sie das Geheimnis auf.

In der Sammlung Grimm gibt es viele Märchen, in denen wir magische Verse finden, Verse, die gesprochen verzaubern, warnen, Wunder vollbringen. Wie aber können wir die Magie dieser Verse genauer bestimmen? Leander Petzoldt sagt in der »Enzyklopädie des Märchens« zum Stichwort Magie:

> Es ist schwierig, Magie von Wunder zu trennen. In der Antike bezeichnete der Terminus dynamis (Kraft) sowohl die Fähigkeit, Wunder zu wirken, als auch die zu zaubern ... Die Kraft kann durch bloße Nennung, also allein durch das Wort übertragen werden; Sprache vermag magische Wirkungen freizusetzen ... Magische Beschwörungsformeln, Zaubersprüche mit appellativem Charakter werden in Märchen manchmal wörtlich zitiert. Sie gehören meist zu den ältesten, konstant gebliebenen Bestandteilen eines Märchentypus ... Die dem Wort innewohnende Kraft bewirkt die magische Veränderung.[20]

Der »Große Brockhaus« nennt die Magie die »Lehre der Zauberer«, eine Sammelbezeichnung »für Praktiken (Handlungen, Worte etc.), durch die der Mensch seinen eigenen Willen auf die Umwelt übertragen und Tun, Wollen und Schicksal anderer Menschen bestimmen will. Dieses der Magie zugrunde liegende magische Denken vertraut auf eine in den magischen Handlungen und Worten wirkende Kraft.«[21]

Wenn »Aschenputtel« (KHM 21) »zu seiner Mutter Grab unter den Haselbaum« geht und ruft:

> »Bäumchen, rüttel dich und schüttel dich
> wirf Gold und Silber über mich«,

wirft ihm »der Vogel ein golden und silbern Kleid herunter und mit Seide und Silber ausgestickte Pantoffeln«. Und dieser Vogel steigert sogar an den beiden folgenden Tagen die ungewöhnliche Kostbarkeit der Kleider und Pantoffeln, aber er tut es nur, besser, er kann es nur, wenn Aschenputtel seinen Vers spricht, denn der aktiviert die wunscherfüllende Kraft, die Magie, das Wunder. Und der Vers, den die zwei Tauben, die am Ende des Märchens auf dem Haselbaum sitzen und rufen, offenbart Betrug und Wahrheit. Es ist bezaubernd, wie dieser Vers der Taubensprache entlockt ist und zugleich magisch wirkt:

»Rucke di guck, rucke di guck,
Blut ist im Schuck:
der Schuck ist zu klein,
die rechte Braut sitzt noch daheim.«

Zwar rufen Tauben ja fast immer »rucke di guck«, aber klingt es hier nicht wie eine Aufforderung, guck hin, du Betrogener? Das Wortspiel rankt sich wie im Binnenreim um das dunkle U, und wir verstehen die hellsichtigen Seelenvögel und danken ihnen für ihren erlösenden Ruf.

Der tote Vater, der aus seinem Grab den jüngsten Sohn, den dummen Iwan, jenen magischen Spruch lehrt, mit dem das Zauberpferd gerufen werden kann, weiß um die Kraft der Verse:

»Siwka Burka,
graubunte Stute,
komm herbei geschwind
wie ein Blatt im Wind.«

Und wenn der dumme Iwan Siwka Burka mit diesem Zauberspruch herbeiruft, verwandelt die Stute den schmutzigen, hässlichen Iwan: Er schlüpft Siwka Burka zum rechten Ohr hinein, und wenn er zum linken wieder herauskommt, dann ist er der schönste, strahlendste, stärkste Held, der mit dem Zauberpferd die Zarewna, die unvergleichliche Schönheit, gewinnt und Zar wird.

Und Gretel (KHM 15) weiß um die magische Kraft ihrer Worte, wenn sie auf dem Heimweg aus dem Reich der Tödin, der menschenfressenden Hexe, mit Hänsel an dem großen Wasser steht, wo keine

Brücke, kein Steg und kein Schiffchen zu sehen ist, denn sie sagt: »Da schwimmt eine weiße Ente, wenn ich die bitte, so hilft sie uns hinüber.« Gewiss ist es eine Bedingung für die Erfüllung der Bitte, dass Gretel ihr Anliegen im Vers vorträgt:

»Entchen, Entchen,
da steht Gretel und Hänsel.
Kein Steg und keine Brücke,
nimm uns auf deinen weißen Rücken.«

Und »das gute Tierchen«, der Seelenvogel, tut das und bringt so die Kinder nacheinander über den Totenstrom, ans Ufer der Lebendigen, nicht weit von »ihres Vaters Haus«.

Solche magischen Verse dürfen wir ihrer Wirkung wegen und weil ein Guter sie spricht, der so genannten weißen Magie, dem Heilzauber, zurechnen. Die Märchen kennen aber auch die schwarze Magie, die mit der Aktivierung dämonisch böser Mächte den Schadenzauber bewirkt.[22] Wenn die arge Stiefmutter in »Brüderchen und Schwesterchen« (KHM 11) alle Brunnen im Walde verwünscht, dann hören wir zwar nicht die Verse, mit denen sie das tut, aber wir hören mit Schwesterchen deren Wirkung, wenn das Wasser im Rauschen spricht: »Wer aus mir trinkt, wird ein Tiger; wer aus mir trinkt, wird ein Tiger«, – später: »Wer aus mir trinkt, wird ein Wolf; wer aus mir trinkt, wird ein Wolf«, – und dann: »Wer aus mir trinkt, wird ein Reh; wer aus mir trinkt, wird ein Reh.« Das sind indessen warnende Verse, die den Schadenzauber verhindern wollen.

Auch der Zauberspruch, mit dem die eitle Stiefmutter in »Sneewittchen« (KHM 53) ihren Spiegel befragt, dient dem Schadenzauber.

»Spieglein, Spieglein an der Wand,
wer ist die schönste im ganzen Land?«

Und wenn der Spiegel in Sneewittchens früher Kindheit einsilbig bestätigt:

»Frau Königin, Ihr seid die schönste im Land«,

antwortet er später auf den Befragungsvers immer mit Versen:

»Frau Königin, Ihr seid die schönste hier,
aber Sneewittchen ist tausendmal schöner als Ihr«,

oder:

»Frau Königin, Ihr seid die schönste hier,
aber Sneewittchen über den Bergen
bei den sieben Zwergen
ist noch tausendmal schöner als Ihr.«

Jedem Kind haben diese Verse sich eingeprägt, ihre Reimbindung und die knappen Worte, die im Märchen so oft wiederholt werden, verfehlen ihre Wirkung nicht auf die neidische Königin wie auf den Zuhörer; die Mordversuche werden durch sie ausgelöst, und diese stehen in grausamem Gegensatz zu der schlichten, hellen Wahrheit, die der Spiegel verkündet.

Und wer hat dem armseligen Fischer den Vers eingegeben, mit dem er den verwünschten Königssohn, den Butt, anruft, um ihm die vielen, immer unverschämteren Wünsche seiner Frau vortragen zu können? Ich weiß es nicht, aber der Fisch und der Mann hatten miteinander schon gesprochen, als sie sich kennen lernten zu Beginn des Märchens »Von dem Fischer un syner Fru« (KHM 19): Es gibt eine magische Verbindung zwischen ihnen, derer sich die Frau hartnäckig und egoistisch zu bedienen weiß; sie selber kann den Butt nicht rufen, ihn nicht bitten. Der sprechende Fisch und der rufende Fischer: eine Wechselrede, die wir als magisch-dämonisches Zentrum in diesem Märchen erleben.

»Manntje, Manntje, Timpe Te,
Buttje, Buttje in der See,
myne Fru, de Ilsebill,
will nich so, as ik wol will.«

Walter Scherf meint, Timpe Te sei der Name des Fischers [23]; also dürfen wir vermuten, dass der Fischer mit dem zweimaligen Manntje sich selber nennt – sich, den armseligen, von der herrschsüchtigen, machtgierigen Frau niedergehaltenen Mann; Buttje dagegen klingt mit der Diminutiv-Formel fast wie eine zärtliche, demütige Anrufung des jenseitigen Helfers, dem sich der Bittende nur zitternd naht. Im Vers nennt Timpe Te nie das Begehren seiner Frau, sondern er betont immer neu den Dissenz zwischen sich und Ilsebill: Er geht nur zum Meer, weil er, trotz seines Widerwillens, seiner Frau »nich to weddern syn wull«; und der Butt kommt, fragt und gewährt in der Sprache des Fischers, in der er gerufen wurde. So magisch diese Wechselrede sein mag, die Rufverse des Mannes prägen sich tiefer in unser Gemüt ob ihrer Reimbindung, wegen ihres Rhythmus', ihrer Beschwörung, und das geschieht umso eindringlicher, je grässlicher sich Meer, Felsen und Himmel unter der anmaßenden Wunschkette verändern; die Wirkung der Magie erfasst die gesamte Natur.

Wer könnte je vergessen, was im Eingangsmärchen der Sammlung Grimm an magischen Versen in seine Seele gedrungen ist? »Königstochter, jüngste, mach mir auf«, ruft der Frosch vor der Tür des königlichen Speisesaals, und als er nicht eingelassen worden ist, wird seine Rede beschwörend:

»Königstochter, jüngste,
mach mir auf,
weißt du nicht, was gestern
du zu mir gesagt
bei dem kühlen Brunnenwasser?
Königstochter, jüngste,
mach mir auf.«

Der in die Froschgestalt verwünschte Königssohn ruft flehentlich und doch befehlend; unwiderstehlich ist seine mahnende Erinnerung an die Weltschönste, die ihr Versprechen von einem auf den andern Tag verdrängt hat. Seinem Ruf fehlt die Reimbindung der Verse, wirkt er darum aber weniger beschwörend auf uns? Dietz-Rüdiger Moser erwähnt in seiner Studie von 1968 eine Bemerkung von Friedrich David Gräter, der bereits 1794 hierzu schreibt: »Diese simplen Verse, die ich mich noch aus meiner Kindheit auch singen gehört zu haben erinnere, haben viel Lebhaftigkeit und Drang.« Und Moser fährt fort: »Es ist der älteste literarische Beleg für Märchensingverse überhaupt.«[24] Natürlich kennen wir nicht die Melodie, an die sich Gräter 1794 erinnert, aber ich bezweifle sehr, dass sie die Eindringlichkeit der vom Frosch gerufenen Verse übertroffen haben könnte: Mir scheint hier der Fall vorzuliegen, dass dem »Wortzauber« und der »Sprachmagie« bei weitem der Vorzug vor dem Singvers zu geben ist. Es wird die Sache des Erzählers sein, Märchensprache und -wunder erlebbar zu machen, vor allem, wenn der treue Heinrich seinem erlösten jungen Herrn am Ende des Märchens erklärt, was die Ursache des bedrohlichen Geräusches ist, das der Königssohn vernommen hat.

»Heinrich, der Wagen bricht«,

ruft der Erlöste, und der eiserne Heinrich spricht, den Endreim aufnehmend, die erschütternden Verse:

»Nein, Herr, der Wagen nicht,
es ist ein Band von meinem Herzen,
das da lag in großen Schmerzen,
als Ihr in dem Brunnen saßt,
als Ihr eine Fretsche (Frosch) wast (wart).«

Franz Vonessen sagt, an diesen Versen »können wir den Zauber des Wortes im guten Sinne erleben. Zwar wird niemand glauben, daß eiserne Bänder um ein lebendiges Herz gelegt werden können. Jedoch drückt uns dieses Bild, in der gültigen Formulierung der Verse, das Wesen von Liebe und Treue tiefer ins Herz, als jedes Lehrbuch – ja jede Katechismus-Definition von Liebe und Treue es tun könnten.«[25]

Welch einen Schatz konnte ich mit diesen keineswegs erschöpfenden Beispielen ausbreiten! Wie dankbar müssen wir dafür sein, dass unsere Märchen allein in den vorgestellten Versen eine Sprachgewalt bewahren, wie sie für uns Heutige immer seltener geworden ist. Seit langem erleben wir einen bedrohlichen Sprachverfall, und der Chandosbrief des Hugo von Hoffmannsthal markiert eine Sprachkrise am Anfang des 20. Jahrhunderts, die beständig fortschreitet im täglichen Wort-, ja Schlagwortgefecht, das uns mit seinen Werbeslogans umgibt. Martin Heidegger hatte gesagt: »Die Sprache ist das Haus des Seins«, und der Mensch wohne in diesem Haus.[26] In der Sprache, im Hause des Seins, wohnt also der Mensch? Ich denke, im alltäglichen Sprachgewimmel und -gewirr droht uns diese Heimat verloren zu gehen, und wären nicht die Dichter, die Lyriker zumal, wir hätten kaum noch einen

Zugang zu ihr: Ernst Meister, Paul Celan, Günter Eich, Ingeborg Bachmann, Nelly Sachs, Rose Ausländer, Peter Handke und, Gott sei Dank, viele andere mehr mühten und mühen sich, selbst wenn sie zu verstummen drohen, um die Sprache. Das Wunderbare an ihren Werken besteht ja auch darin, dass sie alle wieder aus den Märchen schöpfen, ja, dass die Märchen wunderbar verborgen in ihrer Dichtung anwesend sind.

In den Märchen ist Sprache geheimnisvoll bewahrt, erhalten, aufgehoben: Wenn wir sie pflegen und in uns leben lassen, werden wir »das Haus des Seins« bewohnen dürfen, dann werden wir darin die Zukunft haben, an die Novalis denkt in seinem utopischen Entwurf aus dem »Heinrich von Ofterdingen«:

»Wenn nicht mehr Zahlen und Figuren
Sind Schlüssel aller Kreaturen
Wenn die so singen, oder küssen,
Mehr als die Tiefgelehrten wissen,
Wenn sich die Welt ins freye Leben
Und in die (freye) Welt wird zurück begeben,
Wenn dann sich wieder Licht und Schatten
Zu ächter Klarheit wieder gatten,
Und man in Mährchen und Gedichten
Erkennt die (alten) wahren Weltgeschichten,
Dann fliegt vor Einem geheimen Wort
Das ganze verkehrte Wesen fort.«[27]

Anmerkungen

Alle Zitate aus der Sammlung Grimm sind der in Stuttgart erschienenen, von Heinz Rölleke herausgegebenen Ausgabe letzter Hand mit den Originalanmerkungen der Brüder Grimm entnommen: Bd. 1 1995; Bd. 2 1991; Bd. 3 1994.

1 Aus: *Die Geburt der Schlange.* Märchen aus Südafrika. Leipzig/Weimar 1989, S. 201 f. Erzählfassung von Linde Knoch.

2 Novalis: *Werke, Tagebücher und Briefe Friedrich von Hardenbergs.* Herausgegeben von Hans Joachim Mähl und Richard Samuel. Bd. 2. München 1978, S. 438 f.

3 Heftrich, Eckhard: *Novalis, Vom Logos der Poesie*. Frankfurt a. M. 1969, S. 151.
4 Heftrich (wie Anm. 3), S. 153.
5 Heftrich (wie Anm. 3), S. 154 f.
6 Moser, Dietz-Rüdiger: »Märchensingverse in mündlicher Überlieferung«. In: *Jahrbuch für Volksliedforschung 13* (1968), S. 85 ff.
7 Moser, Dietz-Rüdiger: »Singverse im Märchen«. In: *Märchenspiegel.* Zeitschrift für internationale Märchenforschung und Märchenpflege. Juni 1991, S. 9.
8 Moser (wie Anm. 7), S. 9.
9 Moser (wie Anm. 7), S. 9.
10 Moser (wie Anm. 7), S. 11.
11 Moser (wie Anm. 7), S. 11.
12 Brüder Grimm: *Kinder- und Hausmärchen.* Ausgabe letzter Hand mit den Originalanmerkungen der Brüder Grimm. Mit einem Anhang sämtlicher, nicht in allen Auflagen veröffentlichter Märchen und Herkunftsweisen herausgegeben von Heinz Rölleke. Bd. 3, S. 176.
13 Just, Gisela: *Magische Musik im Märchen.* Frankfurt a. M. 1991, S. 87 ff.
14 Just (wie Anm. 13), S. 89.
15 Vonessen, Franz: »Von der Seele des Worts und dem rechten Erzählen«. In: *Das kleine Welttheater, das Märchen und die Philosophie.* Zug/Schweiz 1998, S. 434.
16 Vonessen (wie Anm. 15), S. 437 f.
17 Novalis (wie Anm. 2), Bd. 2, S. 383.
18 Vonessen (wie Anm. 15), S. 441.
19 Scherf, Walter: *Das Märchenlexikon.* Bd. 1, München 1995, S. 385.
20 Petzoldt, Leander: »Magie«. In: *EM 9* (1999), S. 3–13.
21 *Brockhaus Enzyklopädie*: Bd. 14, S. 20 f.
22 Petzoldt (wie Anm. 20), S. 4.
23 Scherf (wie Anm. 19), Bd. 2, S. 1311.
24 Moser (wie Anm. 6), S. 96.
25 Vonessen (wie Anm. 15), S. 442.
26 Heidegger, Martin: »Aus einem Gespräch von der Sprache«. In: *Unterwegs zur Sprache*. Gesamtausgabe Bd. 12. Frankfurt a. M. 1985, S. 85.
27 Novalis (wie Anm. 2), Bd. 1, S. 395.

Weiterführende Literatur

Lüthi, Max: *Das Volksmärchen als Dichtung*. Düsseldorf/Köln 1975.

Lüthi, Max: *Märchen*. Stuttgart 1976.

Lüthi, Max: *Das europäische Volksmärchen*. Form und Wesen. Tübingen/Basel 1997.

Petzoldt, Leander: *Kleines Lexikon der Dämonen und Elementargeister*. München 1990.

Röhrich, Lutz: *Märchen und Wirklichkeit*. Baltmannsweiler, 5. unveränderte Aufl., 2001, hier bes. »Das Märchen und die Wirklichkeit des magischen Weltbildes«, S. 63–158.

Helga Bleckwenn

Formel, Vers und Lied

Über magische Sprache in orientalischen und europäischen Märchen

Der folgende Beitrag versucht, den Gebrauch von imperativen Zauberformeln in orientalischen und europäischen Märchen kontrastiv zu vergleichen und dann Vers und Lied als die Zaubersprache vorzustellen, in der im romantischen Märchen die hilfreiche Kommunikation zwischen Mensch und Natur möglich wird.

In einer der berühmtesten Erzählungen aus »Tausendundeiner Nacht« hängt das Glück des Protagonisten vom richtigen Gebrauch einer Formel ab: Ali Baba erlauscht, im Laub einer Baumkrone verborgen, den Satz, mit dem der Räuberhauptmann für sich und seine 40 Räuber den Zugang zu einer Berghöhle voller Schätze eröffnet: »Sesam, öffne dich«. Der Berg tut sich auf, die Räuber gehen hinein, der Berg schließt sich. Nachdem die Räuber ihre Beute im Innern abgeladen und den Berg wieder verlassen haben, spricht der Hauptmann den zweiten Satz »Sesam, schließe dich«, und sie ziehen ab. Bekanntlich erprobt Ali Baba so erfolgreich wie umsichtig den Gebrauch der Formeln, gelangt in den Berg und wieder hinaus und bringt, sorgfältig getarnt, Schätze mit, von denen er, bislang arm und erfolglos, mit seiner Frau nun angenehm, aber unauffällig weiterlebt – bis die Schwägerin Verdacht schöpft, ihren Mann anstiftet, der seinen Bruder bedrängt, und schließlich das Geheimnis erfährt. Der reiche Bruder Kasim versucht nun, gierig und unbedacht, die Geschichte zu wiederholen. Auch er kann mit dem Satz »Sesam, öffne dich« in den Berg gelangen, der sich, wie zu erwarten, hinter ihm schließt; er rafft Schätze zusammen, und als er die Höhle verlassen will, vermag er sich nicht mehr an das zaubermächtige Wort zu erinnern. So bleibt er gefangen, bis die Räuber zurückkehren und ihn, als er zwischen ihnen hindurch flüchten will, kurzerhand umbringen. Vom Versuch der Räuber, hinter das Geheimnis des Eindringlings zu kommen, und von Ali Babas Bemühungen, den Bruder wiederzufinden und zu bestatten, von den weiteren Nachstellungen der Räuber und listigen Gegenmaßnahmen von Ali Babas schöner Sklavin Morgiane handelt die weitere Geschichte.

So weit die allseits bekannte und einheitliche Überlieferung; die Formel »Sesam öffne dich!« hat längst Aufnahme in den »Duden«[1], in die Nachfolgewerke von Büchmanns »Geflügelten Worten«[2] und in die Konversationslexika[3] gefunden. In der wissenschaftlich orientierten Ausgabe der »Erzählungen aus Tausendundein Nächten« von Enno Littmann wird formuliert »Sesam, öffne dein Tor!« und angemerkt, dass die Sesam-Pflanze bereits in babylonisch-assyrischen Beschwörungsformeln, die zum Lösen eines Zaubers dienen sollen, genannt wird. Hier sei Sesam (arabisch *sumsum*; auch *semsem* lt. Brockhaus) wohl nur ein magisches oder kabbalistisches Wort. »Öffne dein Tor« soll heißen: »Öffne das Tor, für das du wirksam bist.«[4] In manchen Fassungen wird die merkwürdige Logik des Vorgangs, dass sich der Berg hinter den Eindringenden selbst schließt, nach dem Verlassen der Höhle jedoch nochmals durch eine Formel geschlossen werden muss, eigens erläutert:

> Als er [Ali Baba] fertig war, stellte er sich vor die Türe, und kaum hatte er die Worte »Sesam, schließe dich!« ausgesprochen, so schloß sie sich auch wieder; sie hatte sich natürlich jedesmal, wenn er hineingegangen war, von selbst geschlossen und war jedesmal, wenn er herauskam, offengeblieben.[5]

Die Versuche Kasims, das Zauberwort zu erinnern, werden in den Fassungen variabel erzählt, wie überhaupt seine Verzweiflung reiche Möglichkeiten erzählerischer Ausgestaltung eröffnet. So probiert er es mit »Gerste«[6], wobei der Leser den Wortwitz der Verwechslung selbst erschließen muss, oder durch weitere Beispiele, wie Weizen und Kichererbse, und den Hinweis auf »alle Namen von Kornfrüchten«[7] oder »mehrere andere Namen von Getreidearten, aber nur den rechten nicht«[8], über das Wortfeld also, erschlossen bekommt. Oder es wird fabulierend der psychisch angestrengte Suchprozess über klangliche Assonanzen und semantische Assoziationen durchprobiert:

> Da wollte Kasim das Schlüsselwort sprechen, doch siehe, er hatte es vergessen. Und er fischte nach dem Wort im Teiche der Er-

innerung, aber es war, als hätte seine Seele es verschluckt, und er konnte es nicht mehr heraufholen aus der Tiefe seines Inneren, das ganz erfüllt war vom Rausch des Goldes und auch schon von Angst.
Da rief er, denn nur unklar war ihm der Klang jenes Wortes noch im Ohr: »Simsam, öffne dich!«, worauf sich das Tor jedoch nicht im geringsten bewegte. Und in großer Verwirrung rief er ein zweites Mal: »Samson oder Simson oder wie – öffne dich bitte!« Als sich nichts rührte, saß er nieder und grub in seinem Gedächtnis, und es fiel ihm ein, daß das Wort ein Pflanzenname war, denn Sesam ist ja ein Kraut, daraus man im Lande Indien kostbares Öl gewinnt. Plötzlich glaubte er, es zu haben, sprang auf und rief: »Sisal, öffne dich!« Und es war wieder nichts.
Da probierte er alle Pflanzen durch, die er kannte, und begann mit den Getreidesorten: »Gerste, öffne dich!« Und er fuhr fort über die Hülsenfrüchte »Kichererbse, tu dich auf!« Und er ging zu den Gewürzen über und meinte, schon ganz nahe daran zu sein, als er rief: »Safran, öffne dich!« Und er endete bei den Blumen: »Lilie, öffne dich!« und rief dann verzweifelt durcheinander: »Gurke, geh auf!« und »Klatschmohn, öffne dich!« und »Saubohne, mach die Tür auf!« Das letzte, das er seufzend sagte, war: »Öffne dich, Spinat!«[9]

In der Märchen-Sammlung der Brüder Grimm findet sich, auch das ist längst bekannt, ein Text, der offensichtlich auf die Überlieferung von Ali Babas Geschichte rekurriert: »Simeliberg«[10]. Auch hier: der arme und der reiche Bruder; der arme beobachtet eines Tages im Wald, an einem kahlen Berg, »zwölf wilde große Männer daherkommen«, vor denen er sich versteckt, da er sie für Räuber hält. Er beobachtet nun, wie die Männer vor dem Berg rufen »Berg Semsi, Berg Semsi, tu dich auf«[11], wie der Berg sich öffnet und hinter ihnen schließt, wie sie nach einiger Zeit schwer beladen herauskommen, »Berg Semsi, Berg Semsi, tu dich zu« sprechen, und der Berg dadurch wiederum verschlossen wird. Neugierig erprobt auch er die Formel und erkundet die Höhle, füllt sich zaudernd die Taschen mit Gold und lebt von nun an »fröhlich und redlich«[12]. Wie Ali Baba leiht er sich nach einiger Zeit beim Bruder einen Scheffel; der kommt mit List und Drohung hinter das Geheimnis und versucht nun das Glück auf seine Weise. Auch er gelangt in den Berg, aber nicht wieder hinaus, weil er, wie es im Text heißt, den Namen des Berges vergessen hat. Er versucht es mit »Berg Simeli, Berg Simeli, tu dich auf«[13], aber nichts rührt sich, und abends kommen die Räuber – und lassen ihn trotz allen Bittens nicht entkommen, sondern töten ihn.

Die grimmsche Fassung ist ganz auf das Wiederholungsmärchen konzentriert, ohne die fabulierende Ausgestaltung der orientalischen Vorlagen. Das Wort Sesam ist in Semsi zwar phonetisch konserviert, aber weder in seiner semantischen Bedeutung noch in seiner magischen Funktion verstanden und deshalb als Eigenname des Berges interpretiert worden. Der reiche Bruder sucht daher auch nur nach einem klangähnlichen Namen. In seinem Versuch *Simeli* klingt das lateinische *similis* / deutsch »ähnlich« an und ermöglicht immerhin den Sprachkundigen eine Bedeutungsassoziation.

Eine solche gelehrte Formel wird auch in einem der orientalischen Märchen in Wilhelm Hauffs Almanachen handlungsbestimmend: Sie ermöglicht die Verwandlung des Kalifen Chasid von Bagdad und seines Großwesirs Mansor in Störche und – unter Komplikationen zwar, aber mit Hilfe der in eine Eule verzauberten Prinzessin – wieder zurück in Menschen. Das Märchen ist so populär wie viele der Brüder Grimm und Hans Christian Andersens. So haben wir uns an die Handlung gewöhnt und kennen wohl auch Adaptionen, etwa als Schattentheater oder Schulspiel, die gerade die verhängnisvolle Lächerlichkeit der Störche beim Tanz ausdrucksstark vermitteln. Die Besonderheit als Abweichung vom Vorbild der orientalischen Erzählungen wird dabei selten bewusst. Sie wird im Gebrauch magischer Formeln deutlich.

Der Kalif hat bei einem Krämer, den wir uns eher als Antiquitätenhändler vorstellen sollten, ein altes Manuskript und eine Dose mit schwärzlichem Pulver gekauft. Um das Manuskript zu entziffern, wird der sprachkundige Gelehrte Selim herbeigeholt. Der vermag denn auch den Text zu lesen und aus dem Lateinischen zu übersetzen:

> Mensch, der du dieses findest, preise Allah für seine Gnade. Wer von dem Pulver in dieser Dose schnupft und dazu spricht: mutabor, der kann sich in jedes Tier verwandeln, und versteht auch die Sprache der Tiere. Will er wieder in seine menschliche Gestalt zurückkehren, so neige er sich dreimal gen Osten und spreche dieses Wort; aber hüte dich, wenn du verwandelt bist, daß du

> nicht lachest, sonst verschwindet das Zauberwort gänzlich aus deinem Gedächtnis, und du bleibst ein Tier.[14]

Eine merkwürdige Figur ist dieser Zauberer aus dem Okzident: Zauberer kommen aus anderen Kulturen, aus Vorzeiten oder für uns üblicherweise aus orientalischer Ferne. Bei Hauff ist diese Beziehung umgekehrt: Der Zauberer Kaschnur bietet durch seinen Sohn Mizra, den betrügerischen Händler, einen Zauber an, der auf einer fremden (westlichen) Sprache und einem fremden Zaubermittel beruht. Die Metamorphose von Menschen in Störche wird von den beiden im gegenseitigen Anblick als komisch empfunden; die Begegnung mit einem Storchenpaar, dessen Gespräch sie belauschen, bringt sie zum Lachen, das ihnen doch im Hinblick auf eine Rückverwandlung verboten war. Und so schwindet ihnen das Zauberwort aus der Erinnerung und fällt ihnen auch nicht ein, sooft sie sich nach Osten bücken und Mu-Mu rufen. Sie begreifen bald, dass sie Opfer einer Intrige geworden sind, damit in ihrer Abwesenheit Mizra als neuer Herrscher installiert werden kann. Durch die Begegnung mit der in eine Eule verwandelten indischen Prinzessin – mit der sie übrigens »in gutem menschlichen Arabisch«[15] kommunizieren können, zeichnet sich ein Weg zur Erlösung ab, wozu allerdings der Kalif der Eule die spätere Heirat versprechen muss. Sie belauschen ein Treffen der Zauberer, bei dem der vermeintliche Krämer die Geschichte vom Kalifen und seinem Wesir erzählt und auch das Zauberwort »mutabor« ausplaudert. Die Rückverwandlung, die glückliche Rückkehr und die Bestrafung der betrügerischen Zauberer werden knapp erzählt; überraschend in der Erzählung und doch märchentypisch ist, dass auch die Nachteule sich in eine schöne und reich geschmückte Dame verwandelt und damit das Verwandlungsunglück nachträglich zum großen Glück des Kalifen macht.

Nicht nur die Bewegungen der Störche, die anthropomorphe Konversation und ein gelegentlich despektierlicher Umgang mit den Attributen orientalischer Kultur[16] machen die Komik dieses Märchens aus; scheinbar vollzieht sich alles nach den Regeln der Verwandlungsmärchen: Menschen werden Tiere, und zwar zu zweit, wodurch schwankhafte Episoden ermöglicht werden, sie vergessen das Zauberwort, können es mit Hilfe eines anderen verwandelten Tieres wiederfinden und werden, da sie das gegebene Versprechen halten, mit einer unerwartet schönen verwandelten Braut belohnt. Es ist also zugleich die Rück-Übertragung eines Märchentyps in orientalisches Ambiente. Hauffs Märchen gerät zum intertextuellen Spiel, und die spielerischen Elemente im Umgang mit den Erzählungen aus »Tausendundeiner Nacht« sollten in der Märchentradition des 19. Jahrhunderts folgenreich werden, besonders bei Hans Christian Andersen.

Bisher war von dem *Satz* und der *Formel* die Rede, wobei wohl selbstverständlich die magische Kraft der *»Zauber- oder Beschwörungsformel«* mitgedacht wurde. Dies sind keine beliebigen Code-Wörter, sondern kulturell festgelegte Formulierungen mit einem zumindest assoziativ erschließbaren Sinnhorizont. Dieser eröffnet auch einen mythisch-religiösen Interpretationsansatz, der im Vergleich zu unseren Märchenvorstellungen ein Spezifikum der orientalischen Erzähltradition ausmacht. Was wir in den grimmschen Märchen nacherzählt fanden, hat vielleicht die gleiche Funktion, nicht aber die entsprechende Bedeutung. Diese ist, trotz der enormen Popularität der ursprünglichen Zauberformel, in den Adaptionen verloren gegangen.

Es gibt aber auch Märchen, in denen nicht eine Formel oder ein Satz magische Handlungen auslöst, sondern der *Dialog des Protagonisten mit einem Geist* die Handlung vorantreibt. Und wiederum finden sich in den Fassungen der Grimms Verkürzungen und Vereinfachungen gegenüber den orientalischen Vorlagen. In dem Märchen »Der Geist im Glas«[17] hört der arme Holzhackersohn und mittellose Scholar bei der Arbeit im Wald eine Stimme rufen: »Laß mich heraus, laß mich heraus.« In einer kleinen Höhlung zwischen Wurzeln findet er eine Glasflasche, darin »ein Ding, gleich einem Frosch gestaltet, auf und niederspringt«[18]. Er öffnet die Flasche, und heraus quillt ein Geist, »ein entsetzlicher Kerl, so groß wie der halbe Baum«[19], und beginnt den jungen Mann zu bedrohen, er werde ihn umbringen:

> »Denkst du, ich wäre aus Gnade so lange Zeit eingeschlossen worden, nein es war zu meiner Strafe; ich bin der großmächtige Merkurius, wer mich losläßt, dem muß ich den Hals brechen.«[20]

Der Scholar reagiert geschickt in der Art eines Schwankmärchens: Er bezweifelt die Behauptung des Geistes, will dem erst glauben, wenn er sich wieder in die Flasche zurückzöge, was dieser in seinem Hochmut tut, woraufhin der Schüler die Flasche zustöpselt und an den Fundplatz zurücklegt. Nun beginnt das Rufen von neuem, und der Geist verspricht große Belohnung. Der Schüler wagt es, ohne weitere Sicherheit, dem Geist zu glauben, öffnet die Flasche und erhält zum Dank einen kleinen Lappen, der durch Bestreichen Wunden heilt und Eisen in Silber verwandelt. Nach gegenseitigem Dank zwischen Geist und Schüler geht dieser zurück zu seinem Vater; von jenem hören wir nichts mehr. Des Weiteren wird erzählt, wie der Sohn, dem der Vater nichts zutraute, zu Reichtum durch viel Silber kommt und zu Ansehen als berühmter Doktor.

In den deutschsprachigen Überlieferungen der Erzählungen aus »Tausendundeiner Nacht« gehört die Geschichte »Vom Fischer und dem Geiste« zu den populärsten. Hier ist es ein Fischer, der nach mehrmaligem Auswerfen der Netze, jeweils mit wertlosem Fang, beim vierten Mal eine versiegelte Flasche in seinem Netz findet. Die Handlungsstruktur vom Fund der Flasche und deren zweimaliger Öffnung ist also fest vorgegeben; nach dem zweiten Entweichen ist der Geist freilich so umsichtig und zerstört die Flasche oder rollt sie ins Meer, so dass eine Wiederholung der ersten List nicht möglich ist. Wesentlich breiter ausgeführt als in der grimmschen Version, zu mimisch-gestischer Inszenierung anregend, sind in allen Fassungen die Gespräche zwischen dem Fischer und dem Geist, besonders die Bitten des Fischers um sein Leben bis zur Rückverwandlung des Geistes und die Verhandlungen vor der zweiten Öffnung der Flasche. Und mehr oder weniger ausführlich wird auch die Vorgeschichte erzählt, die zur Bannung des *Ifrît* (= Dämon, Teufel) oder *Mârid* (= Rebell, Empörer, auch Bezeichnung für einen bösen Geist) geführt hat. Ein Erzählbeispiel:

> Da sprach der Dämon: »Wisse, o Fischer, ich bin einer von den ketzerischen Dämonen«, und ich empörte mich wider Salomo, den Sohn Davids, über beiden sei Heil! – zusammen mit Sachr, dem Dämon; darauf sandte der Prophet seinen Minister Asaf zu mir, den Sohn des Barachija; und der schleppte mich wider meinen Willen und führte mich in Fesseln vor, wobei ich Angst zeigte, ohne daß ich es wollte; und er stellte mich vor ihn hin. Als Salomo mich sah, sprach er über mich die Beschwörungsformel und hieß mich den wahren Glauben annehmen und seinen Befehlen gehorchen; ich aber weigerte mich, und da verlangte er nach dieser Flasche, schloß mich darin ein und versiegelte sie mit Blei, in das er den höchsten Namen preßte, und gab den Dämo-

> nen Befehl, mich fortzutragen und mich mitten ins Meer zu werfen. Dort lag ich hundert Jahre, während ich in meinem Herzen sagte: »Wer immer mich befreit, den will ich auf ewig reich machen.« Aber das ganze Jahrhundert verstrich, ohne daß mich einer befreite. Und als das zweite Jahrhundert begann, sagte ich: »Wer mich erlöst, dem will ich die Schätze der Erde öffnen.« Aber wieder befreite mich niemand, und so verstrichen vierhundert Jahre. Da sprach ich: »Wer immer mich erlöst, dem will ich drei Wünsche erfüllen.« Aber niemand befreite mich. Da geriet ich in große Wut und sprach zu mir selber: »Wer mich hinfort noch erlöst, den will ich töten, und ich will ihm die Wahl geben, welchen Tod er sterben will; und da nun also du mich erlöst hast, so gebe ich dir die Wahl, welchen Tod du sterben willst.«[21]

So gewinnt der Fund des Fischers eine mythische Dimension. Auch kann er sich, in der Angst, dass sich der zum zweiten Mal befreite Geist an ihm rächen werde, religiöses Wissen beschwörend und weitere Erzählungen parabolisch einfügend, an ihn wenden:

> O Dämon, Allah der Erhabene spricht: Haltet euren Vertrag; denn einst wird über die Erfüllung des Vertrages Rechenschaft gefordert. Du hast gelobt und geschworen, keinen Verrat an mir zu üben, damit Allah keinen Verrat an dir übe; denn wahrlich, er ist ein eifersüchtiger Gott, der dem Sünder Frist gibt, ihn aber nicht entschlüpfen läßt. Ich sage zu dir, wie der Weise Dubân zu König Junân sagte: Verschone mich, so wird Allah dich verschonen![22]

Der Geist schenkt ihm daraufhin vier bunte Fische – die zum Anlass der folgenden Erzählungen werden – und trennt sich von ihm, meist mit guten Ratschlägen, in manchen Fassungen auch mit der religiösen Abschiedsformel »Allah gebe, daß wir uns wiedersehen«[23], jedenfalls aber mit dem Fuß aufstampfend und in der Erde versinkend.

Im Vergleich mit der orientalischen Vorlage nimmt sich auch dieses Märchen der Sammlung Grimm eher wortkarg und verknappt aus, auch und speziell im Bereich der magischen Formelsprache.

Als dritter Beispielbereich unter den Erzählungen von »Tausendundeiner Nacht« sind hier, sozusagen als negative Komplementärbeispiele, solche zu erwähnen, die von *magischen Gegenständen* handeln, die ohne Worte, sondern *über magische Handlungen* ihrem jeweiligen Besitzer zu Diensten sind. Das wohl bekannteste Beispiel ist Alaeddins Wunderlampe, deren Geist durch Reiben beschworen wird; für den Handlungsverlauf ebenso wichtig ist ein Ring, nach dessen Drehung ebenfalls ein Geist zur Verfügung steht. Eingeschlossen in die unterirdische Höhle entdeckt Alaeddin die Macht des Rings, den ihm der Zauberer mitgegeben hatte: Als er ihn, unter verzweifelten Gebeten, dreht, steht ein Diener[24] vor ihm und fragt nach seinen Wünschen: So kann Alaeddin wieder an die Oberfläche der Erde, nach Hause, zu seiner Mutter kommen, mit Schätzen, die ein neues, angenehmes Leben ermöglichen. Die Mutter entdeckt durch Zufall die Zauberkraft der Lampe: Wenn sie gerieben wird, erscheint ein Geist, ohne einschränkende Bedingungen wie der Geist des Rings, der in neun Tagen nur dreimal gerufen werden will.

Diese Geister dienen also jedem, der, wie und wodurch auch immer, im Besitz der Gegenstände ist und die erforderlichen Bewegungen auszuführen vermag: Die Funktion ist mechanisch seitens des Besitzers, automatisch durch den Geist. Dabei wird Wunderbares bewerkstelligt, besonders in der Überwindung großer Distanzen, wie etwa Alaeddins Schloss nach Afrika versetzt wird (durch den Lampen-Geist) und wieder zurück nach Bagdad (durch den Ring-Geist). Ähnlich ist es mit dem Teppich, dem Stab und den Pantoffeln, die in weniger bekannten Erzählungen enthalten, aber uns über die Märchen von Hauff (»Der kleine Muck«) und Andersen (»Der fliegende Koffer«, »Die Galoschen des Glücks«) vertraut sind. Sie scheinen uns die technischen Möglichkeiten der Moderne zu präformieren.

Doch bei genauer Lektüre finden sich auch in dieser Erzählung formelhafte Elemente: Alaeddin kann den Messingring und damit die Platte zur unterirdischen Höhle erst heben, nachdem er auf Geheiß des afrikanischen/maghrebinischen Zauberers »einen Zauberspruch, der aus unbekannten Worten bestand«[25] oder »den Namen deines Vaters und deines Großvaters«[26] oder »den [die] Namen deines Vaters und deiner Mutter«[27] ausgesprochen hat. Als Alaeddin, durch das Verhalten des vorgeblichen Onkels misstrauisch geworden, von ihm verlangt, »bei Allah und allen Engeln schwören«[28], und dieser erkennt, dass er sich nicht, wie geplant der Lampe bemächtigen kann, verschließt er die Platte wieder »durch die Macht seines Zaubers«[29] durch »zwei Zauberworte«[30], am dramatischsten in dieser Fassung:

> Schließlich verlor der Maghrebiner in seiner rasenden Wut alle Hoffnung, die Lampe von Aladdin zu bekommen und hob Schwur- und Zauberformeln zu sprechen an und warf mitten ins Feuer Räucherwerk, worauf sich die Steinplatte von selbst durch die Kraft des Zaubers über die Öffnung legte und die Erde die Platte wie zuvor bedeckte, so daß Aladdin unter der Erde blieb und nicht herauskommen konnte.[31]

Eine solche Hierarchie von Geistern, die durch Zauberformeln zuverlässig beschworen werden können oder die durch bestimmte Bewegungen magischer Gegenstände ihren jeweiligen Besitzern zu Diensten stehen, gibt es im mitteleuropäischen Märchen nicht. Die in den grimmschen Märchen nachweisbaren orientalischen Erzählmotive (die noch nicht konsequent erforscht sind) haben, gerade im Bereich des Sprachhandelns, weitgehend ihre typischen Merkmale verändert; sie sind geläufigen Erzählstrukturen angepasst worden, üblicherweise als Umformung eines komplexen Zaubermärchens in ein eher pointiertes Schwankmärchen. Das Kräftepotential der orientalischen Geisterwelt ist erst in den expressionistischen Märchen des frühen 20. Jahrhunderts wiederentdeckt worden.

Hier jedoch soll es um die Sprache gehen, und da werden, gerade im Vergleich, spezifische Formen des europäischen Märchens in der Tradition der Grimms deutlich: *Besonders zwischen Menschen und Tieren, aber auch mit Bäumen und Brunnen findet eine unvermittelte Kommunikation statt.*

Das arme Aschenputtel[32] bittet die Tauben, ihr bei der unlösbaren Aufgabe des Linsen-Auslesens zu helfen:

> »(...)
> Die guten ins Töpfchen,
> Die schlechten ins Kröpfchen.«

Und sie ruft den Haselbaum auf dem Grab ihrer Mutter an um ein Festgewand:

> »Bäumchen, rüttel dich und schüttel dich,
> Wirf Gold und Silber über mich.«

Die Tauben wiederum warnen den Prinzen, der seine Tanzpartnerin wiederfinden will, vor den falschen Stiefschwestern:

»Rucke di guck, rucke di guck,
Blut ist im Schuck:
Der Schuck ist zu klein
Die rechte Braut sitzt noch daheim.«

Sie führen ihn auf die richtige Spur zu Aschenputtel:

»(...)
Der Schuck ist nicht zu klein,
Die rechte Braut, die führt er heim.«

Brüderchen und Schwesterchen[33] wissen, dass sie nicht trinken dürfen, als sie im Wald unterwegs sind, denn die Brunnen haben gewarnt:

»Wer aus mir trinkt, wird ein Tiger; wer aus mir trinkt, wird ein Tiger.«[34]

Oder:

»Wer aus mir trinkt, wird ein Wolf; wer aus mir trinkt, wird ein Wolf.«[35]

Aber schließlich hält Brüderchen den Durst nicht mehr aus, überhört die Warnung:

»Wer aus mir trinkt, wird ein Reh; wer aus mir trinkt, wird ein Reh.«[36]

und wird in ein Reh verwandelt, das einträchtig mit dem Schwesterchen zusammenlebt, bis das Schwesterchen von einem König entdeckt wird und mit dem Reh auf sein Schloss zieht. Dort wird sie von der bösen Stiefmutter verfolgt, und erst nach langen Leiden, getrennt von ihrem Kind und dem Reh, findet sie Erlösung, und auch das Reh erlangt seine menschliche Gestalt zurück.

Zuvor kann sie, eigentlich erstickt, nur in der Nacht sich zeigen:

»Was macht mein Kind? Was macht mein Reh?
Nun komm ich noch zweimal [einmal, diesmal] und dann
nimmermehr.«[37]

In diesen Versen, dreifach variiert, findet die Ausgestoßene, Gemordete ihre Sprache.

Die Sprache solcher Natur- und Geisterkommunikation ist der Vers, eine besondere Form der Sprache also, die durch Rhythmisierung und Klangbindung sowie durch Eigenarten der Syntax Distanz zur Alltagssprache hält und die Verständnisfähigkeit des Menschen für die Sprache der Natur sinnfällig macht: Wer so zu kommunizieren vermag, zuhörend und antwortend, dem wird Warnung, Hilfe, Rettung zuteil. Das klingt sehr anspruchsvoll für die oft einfachen Verschen, ist aber zugleich evident und einprägsam für jeden, der sich auf Märchen einlässt, für die Kinder ebenso wie für die Interpreten romantischer Literatur.

In Versen wird auch gesprochen, wo magische Formeln möglich wären. So beschwört der Fischer den Butt (»Von dem Fischer un syner Fru« KHM 19) mit dem Verslein:

»Manntje, Manntje, Timpe Te,
Buttje, Buttje in der See,
Myne Frau, de Ilsebill,
Will nich so, as ik wol will.«[38]

Ein Sonderfall der Kombination von Beschwörungsformel (Namenszauber) und Zaubervers findet sich im Märchen vom Rumpelstilzchen.[39] Die junge Königin sieht die einzige Möglichkeit, ihr dem einst hilfreichen Kobold versprochenes Kind zu behalten, wenn sie innerhalb von drei Tagen dessen Namen herausfindet. Sie schickt Boten über Land, und nach dem ersten Tag beginnt sie mit den Namen (der Heiligen Drei Könige) »Kaspar, Melchior, Balzer«, tags drauf versucht sie es mit den »ungewöhnlichsten und seltsamsten Namen«, nämlich »Rippenbiest, Hammelswade oder Schnürbein«. (Ansatzweise finden wir also Sprachspiele wie im orientalischen Erzählgut.) Am dritten Tag ist sie besser vorbereitet, denn ein Bote hat ihr von dem am Feuer hüpfenden Männchen berichtet, das selbst seinen Namen verriet:

»Heute back ich,
Morgen brau ich,
Übermorgen hol ich der Königin ihr Kind;
Ach, wie gut ist, daß niemand weiß,
Daß ich Rumpelstilzchen heiß!«[40]

Die Königin fragt zunächst die Zwillingsnamen Hinz und Kunz ab, und dann

»Heißt du etwa Rumpelstilzchen?«[41]

und daraufhin stößt sich das Männlein mit dem rechten Fuß in die Erde (wie der Geist aus der Flasche) und packt vor Wut den linken Fuß und reißt sich selbst entzwei. Die Überlistung des Kobolds – durch Bitte um Aufschub, planmäßige Suche und Belauschen – gelingt; mit dem Bekanntwerden des Namens verliert er seine Macht.

Häufig sind die Verse Zweizeiler, manchmal auch erweitert zum kleinen erzählenden Lied, wie im Märchen vom Machandelbaum [42]:

»Mein Mutter, der mich schlacht,
Mein Vater, der mich aß,
Mein Schwester, der Marlenichen,
Sucht alle meine Benichen,
Bind't sie in ein seiden Tuch,
Legt's unter den Machandelbaum.
Kywitt, kywitt, wat vör'n schöön Vagel bün ik!«[43]

Wenn die Lieder richtig gut klingen und der Handlung angepasst sind, ist eine bewusste künstlerische Gestaltung zu vermuten, wie etwa im Märchen von Jorinde und Joringel, das die Grimms aus Johann Heinrich Jung-Stillings »Lebensgeschichte« übernommen haben[44]: Die beiden Brautleute sind im Wald in die Nähe des Schlosses der Erzzauberin geraten, und Jorinde wird todbang. Sie beginnt zu singen, und während des Gesanges wird sie in eine Nachtigall verwandelt:

»Mein Vöglein mit dem Ringlein rot
Singt Leide, Leide, Leide:

Es singt dem Täubelein seinen Tod,
Singt Leide, Lei – zicküth, ziküth, ziküth.«

Joringel kann sie erst erlösen, indem er mit einer roten Zauberblume in das Schloss eindringt und Jorinde in ihrem Käfig berührt.

In gleicher Form und Funktion wird die Verssprache zu magischer Kommunikation auch in anderen romantischen Märchen gebraucht.

Erinnert sei an das Lied des Vogels in Ludwig Tiecks Märchen »Der blonde Eckbert«, das die Handlung motiviert und deutet, zunächst lokkend:

»Waldeinsamkeit,
Die mich erfreut,
So morgen wie heut
In ew'ger Zeit,
O wie mich freut
Waldeinsamkeit.«[45]

Dann erinnernd:

»Waldeinsamkeit,
Wie liegst du weit!
Oh, dich gereut
Einst mit der Zeit. –
Ach, einz'ge Freud',
Waldeinsamkeit.«[46]

Und verzaubernd:

»Waldeinsamkeit,
Mich wieder freut,
Mir geschieht kein Leid,
Hier wohnt kein Neid,
Von neuem mich freut
Waldeinsamkeit.«[47]

Als weiteres Beispiel sei angeführt, wie Clemens Brentano in seinem Märchen von Gockel, Hinkel und Gackeleia virtuos die Möglichkeiten des Klangs und wortspielender Verse zur Figurenrede nutzt, in der die verarmte Adelsfamilie von Hennegau in ihrem Waldexil mit den Tieren kommuniziert.

Ein Ausblick soll noch gegeben werden auf ein Märchen aus der Epoche des poetischen Realismus, das unseren Überlegungen einen neuen Aspekt vermittelt: Theodor Storm hat in seinem Mittsommermärchen »Die Regentrude« *dem vergessenen Zaubervers* eine handlungsbestimmende Bedeutung gegeben, jedoch *nicht als individualpsychologische Blockade* (wie ich das Vergessen der Zauberformel in den orientalischen Erzählungen bezeichnen möchte), *sondern als kollektiven Wissensverlust.*

Andrees darf Maren, die Tochter des reichen Wiesenbauern, freien, wenn er das Land von der vernichtenden Hitze und Dürre befreit. Dazu, so wird in dieser Not eine alte Überlieferung vage erinnert, müsste die Regentrude aufgeweckt werden. Andrees hat auf der Heide den Feuermann belauscht, eine Rumpelstilzchen-Gestalt, mit einem »Kürbiskopf und Spindelbeinen«[48], die »mit seiner schnarrenden, quäkenden Stimme ein seltsames Sprüchlein rückwärts singt«, das Andrees zu memorieren sucht und doch immer wieder vergisst, aber schließlich mit Hilfe seiner Mutter, die sich plötzlich zu erinnern vermag, doch noch zusammenbekommt:

»Dunst ist die Welle,
Staub ist die Quelle.
Stumm sind die Wälder,
Feuermann tanzet über die Felder!
Nimm dich in acht!
Eh' du erwacht,
Holt dich die Mutter
Heim in die Nacht!«[49]

Mit Maren macht er sich auf den Weg in die Unterwelt, und sie sagt am Brunnen der Regentrude diesen Spruch und weckt sie tatsächlich auf. Mit deren guten Wünschen machen sich beide auf den Heimweg und finden die Felder und Wiesen bereits regennass vor. Bald kann die Hochzeit gefeiert werden, und Liebe und Reichtum kommen durchaus zeitgemäß aufs Beste zusammen.

Alle Möglichkeiten bleiben uns: Sowohl das Nacherzählen der alten Märchen, fabulierend oder auf die Fabel verknappt, als auch das Neuerzählen in moderner Zeit – mit den alten Formeln, Versen und Liedern.

Anmerkungen

1 Z. B. *Duden Rechtschreibung der deutschen Sprache.* Mannheim/Leipzig/Wien/Zürich 1980, S. 630; 21. völlig neu bearb. und erw. Aufl. 1996, S. 679.
2 VEB Bibliograph. Institut. Leipzig 1982², Nr. 2532, S. 392.
3 Z. B. *Brockhaus Enzyklopädie,* Bd. 17. Wiesbaden, 17. Aufl., 1973, S. 335; *Meyers Enzyklopädisches Lexikon,* Bd. 21. Mannheim/Wien/Zürich 1977, S. 617; *Brockhaus: Die Enzyklopädie*, Bd. 20, Leipzig/Mannheim, 20. Aufl., 1998, S. 99.
4 *Die Erzählungen aus den Tausendundein Nächten.* Zum ersten Mal nach dem arabischen Urtext der Calcuttaer Ausgabe vom Jahre 1835, übertragen von Enno Littmann, mit einer Einleitung von Hugo von Hofmannsthal. 6 Bde. Leipzig 1921–28 u. ö., Bd. 2, S. 841.
5 *Die schönsten Märchen aus 1001 Nacht.* Nach der Übersetzung von Gustav Weil, ausgewählt von Hans-Jörg Uther. Kreuzlingen/München: 2002, S. 514.
6 *Tausend und eine Nacht.* Arabische Erzählungen. Zum ersten Male aus dem Urtext vollständig und neu übersetzt von Gustav Weil. 7. vollständig umgearbeitete, mit Einleitung und Anmerkung versehene Auflage 1865. Nachdruck: 4 Bde. in 2, Wiesbaden 1978, Bd. 3, S. 199.
7 Littmann (wie Anm. 4), Bd. 2, S. 853.
8 Uther 2002 (wie Anm. 5), S. 518.
9 *Erzählungen aus Tausend und eine Nacht.* Neu erzählt von Gunter Groll. München 1953 u. ö., S. 228.
10 KHM 142: »Simeliberg«.
11 Brüder Grimm: *Kinder und Hausmärchen.* Nach der Großen Ausgabe von 1857, textkritisch revidiert, kommentiert und durch Register erschlossen. Herausgegeben von Hans-Jörg Uther. 4 Bde. München 1996, Bd. 2, S. 345.
12 Uther 1996 (wie Anm. 11), Bd. 2, S. 346.
13 Uther 1996 (wie Anm. 11), Bd. 2, S. 347.
14 Hauff, Wilhelm: *Sämtliche Märchen.* Herausgegeben von Hans-Heino Ewers. Stuttgart 1986 (= Reclams Universal Bibliothek, Nr. 301), S. 18.

15 Hauff (wie Anm. 14), S. 23.
16 »Potz Mekka und Medina«, ruft der Großwesir, als ihm die Folge des Gelächters klar wird. Hauff (wie Anm. 14), S. 20.
17 KHM 99: »Der Geist im Glas«.
18 Uther 1996 (wie Anm. 11), Bd. 2, S. 168.
19 Uther 1996 (wie Anm. 11), Bd. 2, S. 168.
20 Uther 1996 (wie Anm. 11), Bd. 2, S. 169.
21 Littmann (wie Anm. 4), Bd. 1, S. 52 f.
22 Littmann (wie Anm. 4), Bd. 1, S. 74 f.
23 Littmann (wie Anm. 4), Bd. 1, S. 76.
24 *Ein Mârid, gleich einem Dschânn unseres Herrn Salomo,* vgl. in: *Geschichten aus Tausend und einer Nacht.* Aus dem Arabischen übersetzt von Max Hennig. Herausgegeben von Christoph Bürgel und Marianne Chenou. Stuttgart 1995 [Auswahl aus der Edition von Max Henning aufgrund des Bulâker Textes = ägyptische Rezension, 1895–97], S. 568; ähnlich Littmann (wie Anm. 4); vgl. auch ein *Sklave des Rings* in Weil (wie Anm. 6), Bd. 3, S. 75.
25 Groll (wie Anm. 9), S. 275.
26 Weil (wie Anm. 6), Bd. 3, S. 71; entsprechend Uther 2002 (wie Anm. 5), S. 394.
27 Nach ausführlichem Vorgespräch, s. Bürgel/Chenou (wie Anm. 24), S. 561 oder Littmann (wie Anm. 4), Bd. 2, S. 714.
28 Nur Groll (wie Anm. 9), S. 278.
29 Littmann (wie Anm. 4), Bd. 2, S. 719.
30 Weil (wie Anm. 6), Bd. 3, S. 73; ebenso Uther 2002 (wie Anm. 5), S. 398.
31 Bürgel/Chenou (wie Anm. 24), S. 565.
32 Uther 1996 (wie Anm. 11), Bd. 1, S. 122–127.
33 KHM 11: »Brüderchen und Schwesterchen«.
34 Uther 1996 (wie Anm. 11), Bd. 1, S. 61.
35 Uther 1996 (wie Anm. 11), Bd. 1, S. 61.
36 Uther 1996 (wie Anm. 11), Bd. 1, S. 61.
37 Uther 1996 (wie Anm. 11), Bd. 1, S. 66 f.
38 Uther 1996 (wie Anm. 11), Bd. 1, S.102 ff.
39 KHM 55: »Rumpelstilzchen«.
40 Uther 1996 (wie Anm. 11), Bd. 1, S. 282.
41 Uther 1996 (wie Anm. 11), Bd. 1, S. 282.
42 KHM 47: »Von dem Machandelboom«.

43 Uther 1996 (wie Anm. 11), Bd. 1, S. 234 ff.

44 KHM 69: »Jorinde und Joringel«.

45 Tieck, Ludwig: »Der blonde Eckbert«. In: Schmitt, Hans-Jürgen (Hrsg.): *Romantik II*. Stuttgart: 1974 u. ö. (= Die deutsche Literatur, Bd. 9), S. 31–53; hier S. 39.

46 Tieck (wie Anm. 43), S. 46.

47 Tieck (wie Anm. 43), S. 52.

48 Storm, Theodor: *Märchen*. [nach den Erstdrucken].Text, Entstehungsgeschichte, Quellen. Herausgegeben von Gert Eversberg. Heide 1992. Darin: »Die Regentrude«, S. 53–84; hier S. 59.

49 Storm (wie Anm. 46), S. 60.

Katalin Horn

Do köhm de Butt answemmen un säd …

Die Sprache der Tiere, Pflanzen und Dinge im Märchen

Ich gehe im Ödfeld;
Froststaub, erfrorenes Grün, betrachte
den täglich tieferen Himmel,
der die Erde so still macht,
dass die Raben wieder
die Sprache finden,
die sie im Märchen
vom Treuen Johannes gesprochen,
weissagend Dunkles, belauscht
von einem, der wusste,
in Trauer, doch mutig,
den Ort und die Stunde,

und wie zu handeln
in heilloser Zeit.

Erika Burkart: Drei Raben[1]

Die Schweizer Dichterin Erika Burkart beschreibt hier ein Erlebnis sehr anschaulich: Sie evoziert eine winterliche Landschaft, eine große Stille, in der die Raben ihre für Menschen verständliche Sprache wieder verlauten lassen. Und sie spielt auf ein uns allen bekanntes Märchen an: Auf die sechste Erzählung in den grimmschen »Kinder- und Hausmärchen«, auf »Der treue Johannes«.

Und da sind wir bereits mitten in unserem Thema: bei der Sprache der Tiere.

Ja, wie sprechen denn die Tiere im Märchen? Sprechen sie in der Schweiz Schweizerdeutsch und in Ungarn Ungarisch? (Der Butt im Märchen »Von dem Fischer un syner Frau« (KHM 19) spricht jedenfalls vorpommersches Plattdeutsch.) Oder hat ihre Sprache mit den Lauten der wirklichen Tiere Ähnlichkeit?

In einem tschechischen Märchen vom Typ AaTh 531 (»Ferenand getrü un Ferenand ungetrü«) muss der Held die Jungfrau Goldhaar für seinen Herrn, den König, bringen. Weil er von einer magischen Schlange gekostet hatte, versteht er die Sprache der Tiere, der Tiere in der Luft, auf der Erde und im Wasser. Und so kann er später die Nöte der Tiere wahrnehmen und – wenn er selbst Hilfe braucht – sich von ihnen helfen lassen.

Sehen wir also zu, was man über die Tiersprachen in diesem Märchen erfährt: Die kleinen, sonst für uns stummen Ameisen *riefen* verzweifelt: »Ach, hilf uns, Jiřik, hilf!« Die aus dem Nest gefallenen »zwei Rabenjungen, [...] *piepten* und klagten«. Später heißt es: ›Solltest du uns einmal nötig haben‹, *krächzten* sie freudig, ›erinnere dich unser, wir helfen dir auch.‹ In einem grimmschen Märchen wiederum *schnarrte* der Rabe (KHM 191: »Das Meerhäschen«). Und ein geretteter Fisch »plätscherte lustig, tauchte unter, steckte aber unweit des Ufers noch einmal den Kopf heraus: ›Solltest du mich einmal brauchen, Jiřik, erinnere dich meiner, ich erweise dir gern einen Gegendienst.‹«[2]

Hier begegnen wir also bei den Tieren, die wir auch in der Wirklichkeit hören können, zwei lautmalerischen und einer menschlichen Stimme(n) (piep[s]ten, krächzten, schnarrte, riefen). Der Fisch aber plätschert nur und spricht, ohne dass diese Sprache lautmalerisch wiedergegeben würde. Das ist weiter nicht verwunderlich, denn Fische sind (angeblich) stumm. Und doch sprechen sie sehr oft im Märchen, ja, gerade dieses stumme Tier wird die Hauptfigur eines beinahe 700 Seiten dicken Romans! »Der Butt« heißt dieser Roman, und der Verfasser ist Günter Grass. Der Untertitel des Romans hätte ursprünglich »Ein Märchen« heißen sollen.[3]

In einem Gespräch hat Grass seine Wahl des Märchens für den Roman damit begründet, »dass im Märchen in bündiger Form oft mehr Realität eingefangen ist als zum Beispiel im [...] psychologischen Roman«[4]. Nun ist dieser Fisch nicht eine eindeutig sympathische Figur, aber er wird »der Allwissende« genannt (S. 172), und sprechen kann er allemal, und das muss er wohl, wird er doch von Feministinnen vor ein Tribunal gestellt, wo er sich verteidigen muss:

> »Es war einmal ein Butt. Der glich dem aus dem Märchen. Als er eines Tages von Frauen, die ihn gefangen hatten, vor ein Tribunal gestellt wurde, wollte er kein Wörtchen sagen [...]. Doch weil ihn sein dröhnendes Schweigen auf die Dauer langweilte, begann er immerhin mit den Seitenflossen zu spielen. Und als ihn die Anklägerin [...] fragte, ob er das plattdeutsche Märchen »Von dem Fischer un syner Fru« bewußt in Umlauf gesetzt und so seine nachgewiesene, seit der Jungsteinzeit anhaltende *Beratertätigkeit* [Hervorhebung der Autorin] verharmlost [...] habe, konnte sein Schiefmaul nicht anders.
> Der Butt sagte ...«[5]

Hier hören wir also von einem sprechenden Fisch, mit Beratertätigkeit, und können wieder bei den drei Raben anknüpfen. Denn wie sich auch immer die sprechenden Tiere im Märchen mitteilen, eine ihrer wichtigsten Aufgaben besteht im Ratgeben. Ob diese Hilfe nun freiwillig oder unfreiwillig ist, spielt funktionell keine Rolle.

Tiere sind also oft Ratgeber der Märchenhelden. Dabei kennen wir das Tier, das direkte Ratschläge gibt, wie etwa der Fuchs im grimmschen Märchen »Der goldene Vogel« (KHM 57), der regelrecht ein Geschäft anbietet: »Schieß mich nicht, ich will dir dafür einen guten Rat geben.« Er gibt indessen nicht nur einen guten Rat, vielmehr eine ganze Reihe von Verhaltensregeln. Er kann aber auch tadeln wie ein guter Lehrer und immer wieder helfen, wenn der jüngste Königssohn seinem Rat nicht gefolgt ist. Seine Sprache ist also ratend, tadelnd, belehrend.

Auch der sprechende Schimmel in »Ferenand getrü un Ferenand ungetrü« (KHM 126) rät dem Helden bei seinen Aufgaben, auch hier sind wir Zeugen eines direkten Dialogs. Das Pferd ist überhaupt das häufigste Begleittier des Helden: Redend steht es ihm als Helfer, Ratgeber, Warner, als der beste Freund und Kamerad bei. Sogar der Kopf des getöteten Pferdes kann sprechen und die Untat der falschen Königin beklagen (AaTh 533, KHM 89: »Die Gänsemagd«).[6] Die drei Raben aber reden nicht direkt mit dem treuen Johannes, sie reden vielmehr untereinander: »Es trug sich aber zu, während sie auf dem hohen Meere dahinfuhren, daß der getreue Johannes, als er vorn auf dem Schiffe saß und Musik machte, in der Luft drei Raben erblickte, die dahergeflogen kamen. Da hörte er auf zu spielen und horchte, was sie miteinander sprachen, denn er verstand das wohl.« Und dann erfährt er – wie bekannt – von den weissagenden Vögeln die Gefahren, die dem jungen Paar drohen, aber auch, wie man diese Gefahren abwendet. Oder wie die Dichterin eben sagt: »... wie zu handeln/ in heilloser Zeit.«

Das Belauschen der Tiere ist ein bedeutsames Motiv in vielen Märchen, denn meistens geht es nicht (nur) um persönliche Heilung und um persönliches Glück, sondern auch um Hilfe in der Not einer Gemeinschaft: Der Held erfährt etwa, wie einer Stadt in Wassernot geholfen werden kann.[7] Plaudern nun Vögel Geheimnisse aus, nur weil sie sie wissen, oder sprechen sie einfach untereinander wie im grimmschen Märchen »Die beiden Wanderer« (KHM 107)? Ganz anders in einem Zigeunermärchen, in dem drei Gänse ein blindes Mädchen überfliegen und die älteste es direkt anredet:

> »He, jenes Mädchen dort ist blind. [...] Soll sie zuhören und wissen. Ich werde eine Feder auf sie niederfallen lassen. Sie soll wissen und hören. Sie soll ringsum nach der Feder suchen. Ich werde die Feder fallen lassen, ganz in ihrer Nähe, sie soll sich strecken und suchen und ringsum fühlen und die Feder an sich nehmen. Dort ganz nahe ist ein Brunnen, dorthin soll sie gehen und dreimal die Feder ins Wasser tauchen und anfeuchten [...]. Dreimal soll sie die Feder eintauchen und sich mit der Feder die Augen waschen. Und ihre Augen werden zweimal so schön sein, wie sie vorher waren.«[8]

Hier hören wir eine heilkräftige, sozusagen therapeutische Sprache.

Die Beziehung zwischen Tieren und dem Helden ist noch enger im Motiv der dankbaren Tiere, über deren Sprache ich schon vorher kurz berichtet habe. In »Die zwei Brüder« (KHM 60) ist ihre Sprache sogar gereimt: »Lieber Jäger laß mich leben,/ ich will dir auch zwei Junge geben.« Diese Strophe wiederholt sich fünfmal, bis die Brüder zwei Hasen, zwei Füchse, zwei Wölfe, zwei Bären und zwei Löwen als Begleiter haben, welche ihnen später helfen werden.

Das Thema der dankbaren Tiere ist aber so groß, dass wir hier nur darauf anspielen können.[9] Eines ist aber bereits ersichtlich geworden: Es findet nicht nur eine Art Dialog[10] statt, sondern es besteht auch eine *gegenseitige* Abhängigkeit: Die Tiere flehen den Helden an, und der Held darf ihre Hilfe später in Anspruch nehmen. Meistens bitten die

Tiere um Schonung, aber es gibt auch andere Dienstleistungen, die der Held ihnen anbieten kann. Ich möchte hier als Beispiel die Teilung der Beute erwähnen: In einem ungarischen Märchen zum Beispiel wird erzählt, wie ein Löwe, ein Windhund, eine Meise und eine Ameise ratlos vor dem Aas eines Rindes stehen. Ein zufällig vorbeikommender ausgedienter Soldat wird nun angesprochen: »Verteile unter uns vieren dieses Aas und dir soll Gutes mit Gutem vergolten werden.« Er verteilt nun gerecht und weise die Beute und erhält dafür die Fähigkeit, sich in der Not in das jeweilige Tier zu verwandeln.[11] Ein wunderbares Motiv: Die Tiere beherrschen die (menschliche) Sprache und schenken dem Menschen ihre (tierischen) Fähigkeiten! In der Sprache der Tiere wird also die gegenseitige Hilfe gleich formuliert: Wir brauchen deine Weisheit, aber deine gute Tat soll mit Gutem vergolten werden.

Es gibt nun auch ein märchenspezifisches Motiv, das zwar nicht von gegenseitiger Hilfe erzählt, aber schön zeigt, dass das kleinste, schwächste, ja sogar lahme Tier in der Not Rat weiß: Der Herr der Tiere pfeift alle seine Untertanen herbei, aber nur der letzte, hinkende Hase kann mit einem »freilich weiß ich es« auf seine Frage antworten, wo der gläserne Berg sei.[12]

Dass die Tierbraut, der Tierbräutigam, dass der hingemordete Knabe in Vogelgestalt (KHM 47) redebegabt sind, erübrigt sich zu sagen, waren und werden sie doch wieder Menschen, die ihre menschliche Identität und ihre menschliche Sprache beibehalten haben.

Es gibt aber noch ein hübsches Motiv, das erwähnt werden soll, denn es geht hier wiederum um Ratgeber: Sowohl in einem tschechischen als auch in einem ungarischen Frau Holle-Märchen (AaTh 480) bin ich je zwei Tieren – einem Kätzchen und einem Hündchen – begegnet, die der Heldin bei der Verabschiedung von der »alten Großmutter« beziehungsweise von der Hexe Eisennase ins Ohr flüstern, dass sie das unscheinbare, ja hässliche Kästchen wählen solle. Und dies war eine weise Sprache, denn gerade in diesem befinden sich Reichtum, Gold und Silber.[13] Nun hat sich hier ein erster Kreis geschlossen: Wir haben mit den beratenden Tieren angefangen, und hier begegnen wir ihnen wieder. Bevor wir aber weitergehen, soll hier die *Verkündung* erwähnt werden: Wie im grimmschen Frau Holle-Märchen erscheint auch im tschechischen der sprechende Hahn, der sowohl der Vogelsprache als auch der menschlichen Sprache mächtig ist und wiederum in Versen redet:

»Kikeriki,
Da reitet unser Töchterlein,
Bringt Silber und Gold in der Truhe heim!«

Und:

»Kikeriki!
Unsere Tochter reitet ’rein,
Bringt Schlangen, Skorpione in der Truhe heim.«[14]

Manchmal sprechen die Tiere eben verschiedene Sprachen, wie wir Menschen auch! In diesem Fall drückt der Hahn Freude dem guten und Schadenfreude dem schlechten Mädchen gegenüber aus, und zwar sowohl in Vogel- als auch in Menschensprache!

Vögel verkünden auch in »Aschenputtel« (KHM 21), ob die rechte Braut bei dem Königssohn auf dem Pferd sitzt, und ein Vogel warnt die Heldin, dass sie sich in einem Mörderhaus befinde (»Räuberbräutigam« KHM 40). Und auch hier sprechen diese Tiere in Versen (»Rucke di guck./ Blut ist im Schuck:/ der Schuck ist zu klein,/ die rechte Braut sitzt noch daheim.« Und: »Rucke di guck, rucke di guck,/ kein Blut im Schuck:/ Der Schuck ist nicht zu klein,/ die rechte Braut, die führt er heim.« Ferner: »Kehr um, kehr um, du junge Braut,/ du bist in einem Mörderhaus.«)

Kehren wir aber noch einmal zurück zum Butt. Ganz knapp ist seine Sprache im Märchen, im Gegensatz zu der Geschwätzigkeit des grassschen Buttes, des Buttes, der sogar den hegelschen »Weltgeist« verkörpern soll.[15] Im Märchen des Malers Runge, in KHM 19, ist die Sprache kurz und gerade deshalb unheimlich. Die Antwort auf die Vermessenheit der Fischersfrau, die jetzt noch der liebe Gott werden will, heißt nur: »Ga man hen, se sitt all weder in’n Pissputt.« Keine Moralpredigt, kein Wutausbruch, umso unheimlicher das Urteil.

Nicht helfend, ratend oder tadelnd, sondern *verlogen* und *verführerisch* ist die Sprache des Wolfes in »Der Wolf und die sieben jungen Geißlein« (KHM 3, AaTh 123), vor allem aber im Märchen vom »Rotkäppchen« (KHM 26). Wir »hören« zuerst, was das Tier bei sich denkt: »Das junge zarte Ding, das ist ein fetter Bissen, der wird noch besser schmecken als die Alte ...« Und: »Da ging er ein Weilchen neben Rotkäppchen her, dann sprach er: ›Rotkäppchen, sieh einmal die schönen Blumen, die rings herum stehen, warum guckst du dich nicht um?‹« usw. Ja, es ist kein Zufall, dass des unheimlichen Tieres verführerische Sprache bei Charles Perrault (1628–1703), auf dessen Märchen unser Rotkäppchen zurückgeht, eine allegorische ist: Hier ist der Wolf ein Bild für die männlichen Verführer, und die Warnfunktion des Märchens betrifft nicht den kindlichen Ungehorsam ganz allgemein, sondern die Gefahren, die der jungen Leute und insbesondere der kleinen Mädchen seitens der Verführer harren.[16]

Wenn wir schon bei Perrault sind, soll auch kurz »Der gestiefelte Kater« (AaTh 545 B) erwähnt werden. Dieses Märchen erschien noch in der ersten Ausgabe der KHM (Nr. 33), wurde aber wieder herausgenommen. Hier begegnen wir einem sprechenden Tier, das gar menschlich aussieht und agiert, Stiefel trägt und am Ende Minister bei seinem zum König gewordenen Herrn wird – ein Märchentier, das wenig mit den Tieren im »echten« Zaubermärchen zu tun hat ...

E. T. A. Hoffmann hat wiederum 1822 seinen »Meister Floh« nicht nur mit menschlicher Stimme, sondern auch mit philosophischem Verstand begabt.[17]

Wir berichten über Märchen, in denen Tiere der Sprache mächtig sind, ferner über Märchenhelden und Märchenheldinnen, die diese Sprache auch verstehen. In einem Kongressband der Europäischen Märchengesellschaft über »Tiere und Tiergestaltige im Märchen«[18] schreibt Hildegrunde Wöller über »Die hilfreichen Tiere«, dass in einer jüngeren Epoche »nur besondere Menschen [...] noch die Sprache der Tiere [verstehen], so etwa der Diener des weisen Königs, der von der weißen Schlange gegessen hat«[19]. Nun, da muss widersprochen oder eher betont werden, dass Märchenhelden meistens sehr wohl die Sprache der Tiere verstehen, ja sogar die Unhelden tun dies auch, die falschen Brüder. Nur, dass sie ihr nicht folgen oder sie hartherzig beantworten. Und noch interessanter: Die Helden und die Heldinnen verstehen die Tiersprache *selbstverständlich*. Selten wird berichtet, dass sie sie *erlernen*, selten wird betont, dass sie sie verstehen. In diesem Fall handelt es sich oft nicht um eigentliche Zaubermärchen, vielmehr um Sagen-, Legenden- oder schwankhafte Märchen: In »Die drei Sprachen« (KHM 33) lernt der Dummling, »was die Hunde bellen«, »was die Vögli sprechen« und »was die Frösche quaken«. Und er wird am Ende des Märchens zum Papst gewählt ... Auch in dem Schwankmärchen vom tiersprachkundigen Mann wird das Verstehen der Tiersprache thematisiert[20], ja sie ist der eigentliche Gegenstand der Erzählung, einer Erzählung, die in dem folgenden frauenfeindlichen Ratschlag gipfelt:

»Dumm ist der Bauer, dumm,
Die Frau geht mit ihm um
Als wär' er nur ein Trumm,
Als wäre er ihr Federvieh!
Besser wär's, ER hackte sie!
Kikeriki! Kikeriki!«[21]

Hier haben wir also wieder einen »zweisprachigen«, in Versen redenden Hahn ...

Wir müssen uns jedoch bewusst sein, dass diese Sprachfähigkeit der Tiere einer märchenspezifischen Anthropomorphisierung entspricht, dass die Sprachfähigkeit für die Märchenerzähler etwas Selbstverständliches ist.[22]

Rudolf Schenda berichtet in seinem »Who's Who der Tiere«[23] sehr schön über »tatsächlich« sprechende Tiere, wie etwa Papageien oder Elstern, er berichtet auch über den Menschheitstraum, die Sprache der Tiere verstehen zu können, und schließlich darüber, dass Tierverhaltensforscher nun viel über die Mitteilungstechniken der Tiere wissen, aber er betont auch, dass wir uns trotzdem noch am Anfang eines Verständnisses der Tiersprachen befinden[24] – fügen wir hinzu: im realen Leben, im Gegensatz zu den Märchen! Denn im Märchen – wie wir gesehen haben – können Tiere selbstverständlich erstens sprechen und werden zweitens auch verstanden. Und das beweist uns, dass zumindest *Motive* im Märchen sehr alt sind. Dies wurde mir wieder einmal bewusst, als ich bei Sigrid Schmidt, Märchensammlerin und -forscherin, die in Namibia (Südafrika) Märchen aufgezeichnet und herausgegeben hat, Folgendes gelesen habe:

»Einst [...] sah die Welt noch ganz anders aus [meinen die Damara und Nama]. [...] Die Menschen, die in jener Urzeit lebten, waren auch anders als wir heutige Menschen. Sie gehörten zur [...] Urrasse. [...] Demnach waren in jener Urzeit auch die Tiere noch Menschen. Sie lebten genau wie die Menschen, *sprachen* [Hervorhebung der Autorin], jagten, aßen, tanzten genau wie diese. Sie besaßen jedoch schon den Namen der Tiere, die sie später werden sollten ...«[25]

Hier wird eindrücklich gezeigt, dass Tiere und Menschen als »entwicklungsgeschichtlich« verwandt gedacht sind. Und so überrascht es nicht, dass sie in Märchen und Geschichten auch sprechen können.

Viel verwunderlicher ist noch indessen, dass auch Pflanzen, ja Dinge im Märchen »zu Wort kommen«! Um dies zu veranschaulichen, kehren wir zu dem guten und zu dem schlechten Mädchen (AaTh 480) zurück. Ich möchte über ein schönes ungarisches Märchen vom Typ Frau Holle berichten, über ein Märchen, das ein 11-jähriges Mädchen (!) in Siebenbürgen erzählt hat. Dies ist ein echtes Bauernmärchen, in welchem die Heldin nicht in einen Brunnen springt, sondern – weil sie sehr arm ist – einen Dienst in der Ferne sucht. Außer den Tieren findet sie unterwegs einen Birnbaum, voll Dornen und Raupen, der es bittet: »Kleines Mädchen, willst du mich von den Dornen und Raupen reinigen? Für eine gute Tat erwarte auch Gutes ...« Das Mädchen reinigt den Baum dienstfertig und erlebt eine ähnliche Begegnung mit einem Apfelbaum. Nun aber kommt etwas Neues: Nach den Tieren und Pflanzen erscheinen im Märchen Gegenstände, und diese reden auch! Ein Brunnen, verschmutzt und verschlammt, will vom Mädchen gereinigt werden. Ähnliche Dienste verlangt ein Backofen. (Im grimmschen Märchen »Frau Holle« ist es ein Brot, das spricht: »Ach, zieh mich raus,/ zieh mich raus,/ sonst verbrenn ich:/ ich bin schon längst ausgebacken.«) Und tatsächlich kommt auch das versprochene Gute: Außer den helfenden Tieren zeigen sich auch die Bäume, der Brunnen und der Backofen erkenntlich. Sie erfrischen das Mädchen auf dem Heimweg mit Früchten, mit reinem Wasser aus einem goldenen Becher (!) und mit feinen Kuchen.[26]

Noch notwendiger wird die Dankbarkeit, wenn das Mädchen nicht so brav ist wie bei der grimmschen Frau Holle. Dementsprechend ist auch der Dienst bei der Dämonin nicht gefahrlos, ist doch diese oft eine Hexe, die ja beileibe nicht nur mit Pech straft! In etlichen Märchen betritt nämlich die Heldin ein verbotenes Zimmer und holt sich dort Schätze und Kostbarkeiten. Auf der Flucht nach Hause wird sie aber von der Hexe verfolgt, die nach ihrem Leben trachtet. In einem ungarischen Märchen, wiederum aus Siebenbürgen, leugnen der Backofen und der Birnbaum, das Mädchen gesehen zu haben, während der

Apfelbaum nicht nur leugnet, sondern die Hexe ergreift und so lange festhält, bis sich das Mädchen in Sicherheit bringt.[27] Neben Baum und Backofen spricht und hilft auch ein Fluss.[28]

In all diesen Märchen sind die Dinge und Pflanzen ähnlich in ihrer Funktion wie die dankbaren Tiere: Sie brauchen Hilfe und bieten Hilfe an. Die Bäume, Tiere, Flüsse und Brunnen wollen gesäubert, von Dornen und dürren Ästen, von Schmutz und Schlamm gereinigt (die Tiere oft geheilt) werden. Mir scheint nun aber unter diesen Bittenden der *Backofen* am interessantesten zu sein. Denn Tiere, Pflanzen, Gewässer, mehr oder weniger auch der Brunnen, sind Teile der Natur. Der Backofen aber ist ein Artefakt und erscheint auf einer bereits höheren Stufe der menschlichen Entwicklung. Überblicken wir nun, worum Backöfen das Mädchen bitten: Ein Backofen mit Sprung bittet, dass es seine Risse stopft; ein anderer, der am Zusammenfallen und schmutzig ist, wünscht, ausgebessert und gesäubert zu werden; der dritte möchte nur, dass das Mädchen von seinen Aschenkuchen isst; ein vierter soll wiederum gereinigt werden.[29]

Nun, dass (im Märchen) neben Tieren auch Pflanzen reden können, überrascht – wie gesagt – nicht, wenn man bedenkt, dass »nach populärer Vorstellung [...] Pflanzen mit allen Lebewesen verwandt [sind]. Menschen können aus Pflanzen entstehen [...] oder nach dem Tod in Pflanzen weiterleben«[30]. Zu diesem Thema gehören zahlreiche Märchenmotive. Denken wir nur etwa an die Flöte, die aus der Grabpflanze des ermordeten Sohnes geschnitzt wird[31], an den Baum, der aus dem Blut der getöteten Gattin wächst, oder an die sprechende, helfende Blume, welche die Seele der Mutter ist.[32]

An dieser Stelle sollte auch das Prinzip des *Pars pro Toto* erwähnt werden: Spucke, Bluttropfen, Haare und Knochen können an Stelle ihrer Besitzer sprechen und singen: Bei der Flucht vor den dämonischen Eltern lässt die Tochter auf deren Ruf ihren Speichel oder ihre Haare antworten[33]; die Königinmutter gibt der Tochter drei Tropfen Blut mit auf die Reise, welche dann die Demütigungen der Königstochter durch ihre Magd beklagen (KHM 89: »Die Gänsemagd«): »Wenn das deine Mutter wüßte, das Herz im Leibe tät ihr zerspringen.« Die aus dem Knochen des ermordeten Bruders geschnitzte Flöte singt: »Ach, du liebes Hirtelein,/ du bläst auf meinem Knöchelein,/ mein Bruder hat mich erschlagen,/ unter der Brücke begraben,/ um das wilde Schwein,/ für des Königs Töchterlein.«[34] Täuschen, Klagen, Enthüllung der Wahrheit sind die Funktionen dieser Sachen, die statt der ganzen Person sprechen und singen.

Auch dass Flüsse, Brunnen und Quellen sprechen können, ist innerhalb der Märchenwelt nicht befremdend und hängt möglicherweise auch mit dem natürlichen Laut des Wellenschlages, mit dem Rauschen des Wassers zusammen. Denken wir nur an das Brünnlein in »Brüderchen und Schwesterchen« (KHM 11): »Wer aus mir trinkt, wird ein Tiger; wer aus mir trinkt, wird ein Tiger ...«[35]

Doch dass ein Backofen spricht, ist dies nicht – sogar im Märchen – äußerst seltsam? Und während der stumme Backofen in »Hänsel und Gretel« (KHM 15) brav im Haus bleibt, stehen diese Dinge in den Frau Holle-Märchen auf freiem Feld, auf dem Weg der Heldin! In diesem Zusammenhang ist es bemerkenswert, was in der »Enzyklopädie des Märchens« über den Backofen steht: »Das Garen von Teig in trockener Hitze, auf erhitzten Steinen oder zwischen Tontellern unter heißer Asche (→Aschenkuchen), in Backmulden, Tontöpfen oder in *gemauerten Backöfen* [Hervorhebung der Autorin] gehört zu den wichtigsten, seit dem Neolithikum nachweisbaren Formen der Nahrungszubereitung.«[36] Der Backofen gehört also zu einer sehr frühen Kulturstufe, und ich muss in diesem Zusammenhang daran erinnern, dass es auch eine Theorie gibt – wenn auch nicht unumstritten –, nach der im Märchen jungsteinzeitliche Spuren zu finden sind.[37] Ich wage also die These, dass der sprechende Backofen ein sehr archaisches Motiv ist und aus einer Zeit stammt, in der vielleicht nach der Vorstellung der damaligen Menschen auch die Gegenstände eine Sprache hatten.[38]

Bevor wir nun zu dem vielleicht bekanntesten sprachkundigen Gegenstand kommen, nämlich zu Sneewittchens Spiegel, möchte ich doch ein sehr schönes Motiv erwähnen, ein Motiv vom sprechenden Feigenbaum und von der ebenso begabten Tür. Es geht hier um Varianten von AaTh 408 »Die drei Orangen«, wobei die Mädchen diesmal in Kästchen versteckt und aus der Gewalt einer Riesin entführt werden müssen. Der Held findet unterwegs einen Feigenbaum.

> »Da pflückte er einige Feigen, und ob sie gleich klein und kümmerlich waren, so aß er sie und sprach: ›Wie süß sind diese Feigen.‹ Als er noch ein Weilchen geritten war, kam er zum Palast, in dem die Riesin hauste; die Thüre aber schlug immer auf und

zu. Da stieg er vom Pferd und fasste die Thüre mit fester Hand und hackte sie ein.«

(In anderen Märchen schmiert er sie mit Öl und Fett.) Der Jüngling flieht später nun mit der »Schönen mit den sieben Schleiern« aus dem Palast der Riesin, die sie verfolgt. Unterwegs »sprach [die Riesin] zur Thür: ›Warum hast du ihn durchgelassen?‹ ›So viele Jahre verschließe ich euer Haus‹, antwortete die Thür, ›aber euch ist es nie eingefallen, mich einzuhacken, wenn ich auf- und zuschlage.‹ ›O Feigenbaum‹, rief sie nun, ›warum hast du ihn nicht aufgehalten?‹ ›So viel Jahre seid ihr täglich an mir vorbeigegangen‹, erwiderte der Feigenbaum, ›aber niemals habt ihr eine Feige genommen und sie gegessen.‹«[39]

Das Loben der schlechten Früchte des Feigenbaumes kommt in verschiedenen süditalienischen und griechischen Varianten vor. Außerdem wird noch ein bitteres Wasser, ein blutfließender Strom, ein krätziger Feigenbaum und eine stinkende Quelle gelobt.[40]

Hier begegnet uns also etwas Neues: Es handelt sich nicht um Bäume und Gegenstände, die sozusagen »körperliche« Hilfe brauchen, vielmehr tut »psychologische« Unterstützung Not: Bei der zuschlagenden und quietschenden Tür haben wir das Gefühl, dass es hier gewissermaßen an »Zuwendung«, bei den Bäumen und Gewässern, dass es ihnen an Anerkennung und Wertschätzung fehlt: Sie möchten gelobt werden, obwohl sie kümmerlich und/oder unrein sind. Ich finde diesen Anspruch der Bäume und Gewässer sowie die barmherzige Annäherung seitens des Helden geradezu biblisch oder zumindest legendenhaft (vgl. 1. Korinther 1, 28: »Das Unedle vor der Welt und das Verachtete hat Gott erwählt ...«).[41] Diese Zuwendungen und lobenden Worte sind »unsinnliche Gaben« (ein Ausdruck Max Lüthis), zu denen neben Hilfe, Schonung und Rettung auch der »Liebesdienst« gehört.[42] An anderen Stellen nennt Lüthi dieses Motiv »Emporloben«: Emporloben des Hässlichen zum Schönen, des Unangenehmen zum Angenehmen.[43] Es ist kein sehr bekanntes Motiv, und doch finde ich es wichtig, denn es zeigt, dass in der Sprache der Pflanzen und der Dinge auch wichtige Emotionen zum Ausdruck kommen: zum Beispiel die Sehnsucht nach Anerkennung, auch – oder gerade deshalb – wenn man ein mit Mangel behaftetes Wesen ist. Und in diesem Sinne sind diese kümmerlichen Bäumlein, bitteren Gewässer oder quietschenden Türen verwandt mit den menschlichen *unpromising hero-Gestalten*.

Kommen wir nun zum *Spiegel* im grimmschen Märchen »Sneewittchen« (KHM 53), der in der Werbung, in der Karikatur und in der Dichtung eine unglaubliche Verbreitung genießt.[44]

Des Spiegels Beliebtheit hängt wahrscheinlich unter anderem mit seiner allgemeinen Symbolik zusammen, einer Symbolik, die im Glauben an eine Identität des Spiegelbildes mit seinem Vor-Bild wurzelt. Er hat auch solare Bedeutung im Märchen und Orakel: »Wie die Sonne bringt [auch] der Spiegel die Wahrheit an den Tag.«[45] Oder wie Franz Vonessen zusammenfasst: »Der Spiegel des Verstandes, des Bewusstseins sagt der Königin, sie sei zwar schön, aber Sneewittchen sei schöner …«[46] In diesem Sinne ist der Spiegel auch Sinnbild der Konkurrenz.[47]

»Was ist das für ein Spiegel«, fragt Lutz Röhrich »der mehr weiß als wir, ein Spiegel, der mit uns spricht?« Ferner: »So lässt der Spiegel den stiefmütterlichen Neid zu handfestem Hass eskalieren. […] Zudem bringt die Aussage des Zauberspiegels die Handlung jeweils voran: Immer, wenn der Zauberspiegel befragt wird, steht eine neue Aktion des bösen Gegenspielers bevor.«[48]

Der Spiegel antwortet außerdem in Versen, und Röhrich macht uns darauf aufmerksam, dass »immer […] Übernatürlich-Dämonisches im Spiel [ist], wenn das Märchen von der Prosa zum Vers wechselt.«[49]

Nun, nach all dem Gesagten müssen wir bedenken, dass nach Max Lüthi der Mensch im Märchen »allverbunden«, ferner – und damit im Zusammenhang – dass er in der Welt der Natur gut aufgehoben ist. Es stehen ihm immer Helfer zur Verfügung, und zwar im ganzen Kosmos.[50] So überrascht es nicht, dass auch die Himmelskörper und die Winde reden können. Es ist ein sehr schönes Motiv im grimmschen Märchen »Das singende springende Löweneckerchen« (KHM 88), dass die Heldin auf ihrer Suchwanderung nach dem Tierbräutigam die wegweisende Taube aus dem Auge verlor, »[u]nd weil sie dachte: ›Menschen können dir da nicht helfen‹, so stieg sie zur Sonne hinauf und sagte zu ihr: ›Du scheinst in alle Ritzen und über alle Spitzen, hast du keine weiße Taube fliegen sehen?‹ – ›Nein‹, *sagte* die Sonne …, ›aber …‹«

Es werden nun noch der Mond, der Nachtwind, der Ost- und Westwind gefragt, aber erst der Südwind kann helfen: »… der Südwind *sprach*: ›Die weiße Taube habe ich gesehen …‹«

Sprechen und Helfen gehören also auch hier zusammen. Denn – wie wir immer wieder sehen – die Sprache der Tiere, der Pflanzen, der irdischen Dinge und eben auch die der Himmelskörper vermitteln meistens Beistand, Rat und Wegweisung. Auch wenn diese Redenden Hilferufe aussenden oder eine Bitte um Schonung, so folgt nach der guten Tat der Heldin oder des Helden meistens eben lebensnotwendige Hilfe. Keiner ist zu klein, und keiner ist zu groß, um helfen zu können, um helfen zu wollen: Von der winzigen Ameise bis zu den Himmelskörpern steht die ganze Welt dem Helden und der Heldin redend und mit Rat und Tat zur Verfügung.

Und wenn die Tiere und Dinge – seltener – auch nicht sprechen können, **verstehen** sie allemal, was der Mensch zu ihnen spricht: Das Tischchen deckt sich, das Eselein spuckt Gold (KHM 36), der Schatzberg öffnet sich (KHM 142), das Töpfchen kocht süßen Brei (KHM 103), und die Wundermühle mahlt Reichtum oder Salz (AaTh 565)[51] – wenn man nur das Zauberwort weiß …

Dramatischer handeln im Märchentyp vom »Geduldstein« (AaTh 894) das Mordmesser und der Stein. In einer griechischen Erzählung kommt noch eine Kerze hinzu: Die verdrängte und erniedrigte Braut klagt diesen Gegenständen und fordert das Messer auf, sie zu töten. Doch der Wetzstein verhindert die schreckliche Tat. Und letztlich führt der Dialog – ein Dialog der Sprache und der Handlungen – zum guten Ende: Der Prinz belauscht das Zwiegespräch und erkennt in der Gänsehirtin die wahre Braut, seine Erlöserin.[52]

Wir haben gesehen, dass Tiere, Pflanzen und Dinge zwar oft auf den Menschen angewiesen sind, letzten Endes aber mehr wissen und können als der Mensch. Sie sind im *Zaubermärchen* meistens weise Helfer, und wenn sie auf den ersten Blick eine negative Rolle spielen, wie etwa der Spiegel in »Sneewittchen«, letztlich sind sie unentbehrlich auf dem Entwicklungsweg des Helden und der Heldin.

Ich glaube, dass man Lutz Röhrichs Worte über das Thema der dankbaren Tiere verallgemeinern und auch auf die sprechenden, dankbaren, weisen Pflanzen (und Dinge) anwenden kann: Es handelt sich nämlich in diesen Motiven um »das Gefühl, dass sich hier eine geheime, schwierige, schöne und richtige Ordnung des Kosmos offenbart«[53]. Nur darf man das Zauberwort nicht vergessen, nur soll man auf die Sprache der Natur hören und sie zur Kenntnis nehmen.

Ich möchte mit einem sprechenden Baum schließen. Diesmal hat dieser Baum seine Wurzeln nicht in einem Märchen, sondern in einem Gedicht – aber Märchen sind ja auch Dichtungen:

Ein Zwiegespräch

Wie geht der Trost des Baumes denn?
Des Baumes Trost geht so:
Ich habe Wurzeln gefasst vor Jahren. Ich habe
vom Keim zum Baum mich entwickelt in Jahren. Ich habe
mir Zeit gelassen die Jahre des Reifens. Ich habe
Ring um Ring angesetzt mit den Jahren. Ich habe
all die Jahre mich streckend ausgebreitet. Ich habe
die Jahre hindurch beschirmt und beschattet. Ich habe
es stillschweigend getan durch die Jahre. Ich habe
nun meinen Platz in der Welt. Alle Zeit der Welt. Ich habe
nicht die Absicht, Mensch, dich zu belehren. Ich habe
nur dies zu sagen: Sein geht vor Haben. Ich habe
gesprochen.

Und ich, sagt der Mensch, ich habe
die Säge.
Robert Gernhardt[54]

Es bleibt nun zu hoffen, dass der Mensch nicht zur Säge greift, sondern im Zwiegespräch mit dem Baum bleibt und seine Philosophie sich zu Eigen macht.

Anmerkungen

1 Burkart, Erika: *Langsamer Satz.* Gedichte. Zürich 2002, S. 75.
2 Jech, Jaromír (Hrsg.): *Tschechische Volksmärchen.* Berlin, 2. Aufl., 1984, S. 189–195, hier S. 191 f.
3 Grass, Günter: *Der Butt.* Roman. Darmstadt/Neuwied, 3. Aufl., 1977.
4 Hoesterey, Ingeborg: »Aspekte einer Romanfigur: Der Butt im *Butt*«. In: *German Quarterly 54* (1981) S. 461–471, hier S. 465.
5 Grass (wie Anm. 3), S. 57.
6 Horn, Katalin: *Der aktive und der passive Märchenheld.* Basel 1983, S. 85 f.; Berg, Marcel Van den : »Pferd«. In: *EM 10* (2002), Spalten 909–924, hier bes. Spalten 916–919; Bottigheimer, Ruth B.:«Pferdekopf: Der sprechende P. (AaTh 533)«. In: *EM 10* (2002), Spalten 937–941.

7 Müller-Lisowski, Käte (Hrsg.): *Irische Volksmärchen.* Düsseldorf/Köln 1981 (MdW), Nr. 18.

8 *Zigeunermärchen aus aller Welt.* 1. Sammlung. Herausgegeben von Heinz Mode unter Mitarbeit von Milena Hübschmannová. Wiesbaden 1983, S. 261–271, hier S. 266 f.

9 Vgl. Horn (wie Anm. 6) S. 77–86, 99–105; Lindhal, Carl: »Dankbare (hilfreiche) Tiere«. In: *EM 3* (1981), Spalten 287–299.

10 Lüthi, Max: »Dialog«. In: *EM 3* (1981), Spalten 585–601, hier Spalten 590–593; Lindhal (wie Anm. 9), Spalten 287–299.

11 Kovács, Ágnes (Hrsg.): *Der grüne Recke.* Ungarische Volksmärchen. [Budapest]/Kassel 1986, S. 140–148, hier S. 140 f.; Woeller, Waltraud (Hrsg.): *Deutsche Volksmärchen.* Wiesbaden 1985, S. 363–367, hier S. 364 f.

12 Woeller (wie Anm. 11), S. 364 f.

13 Jech (wie Anm. 2), S. 128–133, hier S. 130 f.; Nagy, Olga: *Elöbb a tánc, aztán a lakoma.* Mezöségi népmesék [Zuerst der Tanz, dann das Festessen. Volksmärchen aus Mezöség]. Bukarest [1953], S. 116–121.

14 Jech (wie Anm. 2), S. 131 f.

15 Hoesterey (wie Anm. 4) S. 462, S. 466.

16 Perrault, Charles: *Märchen aus alter Zeit.* Ill. Von Gustave Doré. Buchschlag 1976, S. 19–23.

17 Vgl. »Der gestiefelte Kater«. In: Scherf, Walter: *Das Märchenlexikon,* Bd. 1. München 1995, S. 491–495; Schenda, Rudolf: *Who's who der Tiere.* Märchen, Mythen und Geschichten. München 1998, S. 10.

18 Esterl, Arnica/Solms, Wilhelm (Hrsg.): *Tiere und Tiergestaltige im Märchen.* Regensburg 1991.

19 Wöller, Hildegrunde: »Die hilfreichen Tiere«. In: Esterl/Solms (wie Anm. 18), S. 146–161, hier S. 151; zum Thema vgl.: Röhrich, Lutz: »Tiererzählungen und ihr Menschenbild«. In: Röhrich, Lutz: *»und weil sie nicht gestorben sind …«* Anthropologie, Kulturgeschichte und Deutung von Märchen. Köln/Weimar/Wien 2002, S. 145–168, hier S. 146–148.

20 Vgl. Röth, Diether: *Kleines Typenverzeichnis der europäischen Zauber- und Novellenmärchen.* 2. erweiterte Auflage, Baltmannsweiler 2004, Typ 670.

21 Bukowska-Grosse, Ewa/Koschmieder, Erwin (Hrsg.): *Polnische Volksmärchen.* Düsseldorf/Köln 1967 (MdW), Nr. 41.

22 Brednich, Rolf Wilhelm: »Anthropomorphisierung«. In: *EM 1* (1977), Spalten 591–596; Schier, Kurt: »Animismus«. In: *EM 1* (1977), Spalten 551–558.

23 Schenda (wie Anm. 17).

24 Schenda (wie Anm. 17), S. 11, 63 f.; 252–256 u.a.; vgl. Röhrich (wie Anm. 19).

25 Schmidt, Sigrid: *Als die Tiere noch Menschen waren.* Urzeit- und Trickstergeschichten der Damara und Nama in Namibia. Köln 1995 (Afrika erzählt, Bd. 3), S. 149.

26 Nagy (wie Anm. 13), S. 116–121.

27 Faragó, József: *A szegényember vására.* Székely népmesék [Jahrmarkt des alten Mannes. Szekler Volksmärchen]. Bukarest 1955, S. 68; vgl. »Die beiden Mädchen und die Hexe«. In: Haltrich, Josef: *Sächsische Volksmärchen aus Siebenbürgen.* Neudruck herausgegeben von Hanni Markel. Bukarest 1972, Nr. 35; vgl. Ward, Donald: »Baum«. In: *EM 1* (1977), Spalten 1366–1374, hier Spalten 1370 f.

28 Berze Nagy, János: *Baranyai magyar néphagyományok 2.* [Volksüberlieferungen aus Baranya 2]. Pécs 1940, S. 198–201; Demandt, Alexander: *Über allen Wipfeln.* Der Baum in der Kulturgeschichte. Köln/Weimar/Wien 2002, S. 99 f.; Beisner, Monika/Michaelis,Tatjana (Hrsg.): *Von fliegenden und sprechenden Bäumen.* Alte und neue Baummärchen. Wien 1994.

29 Dömötör, Ákos: *Csávolyi néphagyományok* [Volksüberlieferungen aus Csávoly]. Budapest 1969, S. 11 f.; Ortutay, Gyula: *Magyar népmesék 2* [Ungarische Volksmärchen 2]. Budapest 1960, S. 161–169; Berze Nagy (wie Anm. 28); Szendrey, Zsigmond: *Nagyszalontai gyüjtés* [Sammlung aus Nagyszalonta]. Budapest 1924, S. 193–196. Vgl. zu den redenden Obstbäumen, Quelle, Backhaus und Pferdchen: Jech (wie Anm. 2), S. 128–133.

30 Meinel, Gertraud: »Pflanzen«. In: *EM 10* (2002), Spalten 941–947, hier Spalten 941 f.; vgl. Petzoldt, Leander: »Magisches Weltbild«. In: *EM 9* (1999), Spalten 19–24; Beit, Hedwig von: *Das Märchen.* Sein Ort in der geistigen Entwicklung. Bern/München 1965, S. 45–48; Demandt (wie Anm. 28), S. 1–18.

31 Just, Gisela: *Magische Musik im Märchen.* Untersuchungen zur Funktion magischen Singens und Spielens in Volkserzählungen. Frankfurt a. M./Bern/New York/Paris 1991 (Artes populares, Bd. 20), S. 167–175.

32 Horn, Katalin: »Der Baum im Zaubermärchen«. In: Heindrichs, Ursula/Heindrichs, Heinz-Albert (Hrsg.): *Zauber Märchen.* München 1998, S. 98–107, hier S. 99; Aichele, Walter/Block, Martin (Hrsg.): *Zigeunermärchen.* Düsseldorf/Köln 1969 (MdW), Nr. 27; zu der redenden Blume vgl.: Meinel, Gertrud: »Blume«. In: *EM 2* (1979), Spalten 483–495, hier Spalte 484.

33 Bebermayer, Renate: »Gegenstände handeln und sprechen«. In: *EM 5* (1987), Spalten 877–881; vgl.: Goldberg, Christine: »Pars pro Toto«. In: *EM 10* (2002), Spalten 590–595; BP 1, S. 499; *Ilona Tausendschön.* Zigeunermärchen und -schwänke aus Ungarn. Aufgezeichnet von Sándor Csenki; ausgewählt von József Vekerdi. Kassel 1980, S. 76 f.; vgl.: Lüthi, Max: *Das Volksmärchen als Dichtung.* Ästhetik und Anthropologie. (Göttingen, 2. Aufl., 1990), Düsseldorf/Köln 1975, S. 131 f. Es können auch hier, statt Spucke und Körperteile, Gegenstände sprechen: In einem sizilianischen Märchen antworten auf den Ruf der Mammadràa ein Tischchen, die Stühle und eine Kommode. (*Märchen aus Sizilien.* Gesammelt von Giuseppe Pitrè. Übersetzt und herausgegeben von Rudolf Schenda und Doris Senn. München 1991 (MdW), Nr. 11. Bei Bechstein sind es das Bettchen der Heldin, die Lade, die Treppe und der Herd. (Bechstein, Ludwig: *Märchenbuch.* Nach der Ausgabe von 1857 herausgegeben von Hans-Jörg Uther. München 1997 (MdW), Nr. 45.

34 Just (wie Anm. 31), S. 159–167.

35 Heindrichs, Ursula: »Der Brunnen«. In: Janning, Jürgen/Gehrts, Heino (Hrsg.): *Die Welt im Märchen.* Kassel 1984, S. 53–74, bes. S. 54.

36 Moser-Rath, Elfriede: »Backen, Backofen, Bäcker«. In: *EM 1* (1977), Spalten 1131–1137, hier Spalte 1131; über die tiefenpsychologische Deutung des Backofens vgl.: Beit, Hedwig von: *Symbolik des Märchens.* Bern/München, 6. Aufl., 1981, S. 672 f.

37 Moser, Dietz-Rüdiger: »Altersbestimmung des Märchens«. In: *EM 1* (1977), Spalten 407–419, hier Spalte 416.

38 Bebermayer (wie Anm. 33).

39 *Sicilianische Märchen.* Aus dem Volksmund gesammelt von Laura Gonzenbach. Mit Anmerkungen von Reinhold Köhler. 1. Thl. Leipzig 1870; Neudruck: Hildesheim/New York 1976, S. 73–84 (Volkskundliche Quellen).

40 Gonzenbach (wie Anm. 39) Thl. 2, S. 211–213; vgl.: Shojaei Kawan, Christine: »Orangen: Die drei O. (AaTh 408)«. In: *EM 10* (2002), Spalten 346–355, hier Spalten 347 f.

41 Siehe versch. Stellen in den Artikeln »Aussatz« von Kurt Schier und Hans-Jörg Uther und »Barmherzigkeit« von Christoph Daxelmüller, In: *EM 1* (1977), Spalten 1033–1040 beziehungsweise Spalten 1253–1257.
42 Lüthi, Max: *Die Gabe im Märchen und in der Sage*. Diss., Zürich 1943, S. 107 f.
43 Lüthi (wie Anm. 33), siehe: Reg. unter »Emporloben«.
44 Röhrich, Lutz: »Schneewittchen«. In: *Märchenspiegel*. Jg. 11 (2000) August, S. 83–88.
45 *Wörterbuch der Symbolik*. ... herausgegeben von Manfred Lurker. Stuttgart, 5., durchges. und erweit. Aufl., 1991, S. 693.
46 Vonessen, Franz: »Zauber Spiegel«. In: Heindrichs/Heindrichs (wie Anm. 32), S. 142–152.
47 Röhrich (wie Anm. 44), S. 83.
48 Röhrich, Lutz: »Märchenspiegel – Spiegelmärchen«. In: *Märchenspiegel*. Jg. 6 (1995) April, S. 5–8, hier S. 6.
49 Röhrich (wie Anm. 44), S. 83.
50 Lüthi, Max: »Familie und Natur im Märchen«. In: Lüthi, Max: *Volksliteratur und Hochliteratur*. Bern/München 1970, S. 63–78.
51 Röth (wie Anm. 20), S. 128 f.
52 Vgl. *Griechische Märchen*. Gesammelt und übersetzt von Johann Georg Hahn. (Die Andere Bibliothek). Nördlingen 1987, Nr. 12: »Vom Mordmesser, dem Wetzstein der Geduld und der Kerze, die nicht schmilzt«, S. 76 f.
53 Röhrich (wie Anm. 19), S. 156.
54 Gernhardt, Robert: *Im Glück und anderswo*. Gedichte. Frankfurt a. M. 2002, S. 77.

Vgl. noch zum Thema: *Märchen und Mythen von Tieren*. Herausgegeben von Maria Christa Maennersdoerfer. Aachen 1994; *Märchen von Katzen*. Herausgegeben und mit einem Nachwort versehen von Barbara Stamer. Frankfurt a. M. 1996; *Vogelmärchen*. Herausgegeben und mit einem Nachwort versehen von Gisela Just. Frankfurt a. M. 1999.

Barbara Gobrecht

»Was sich liebt, das neckt sich«

Die Sprache von Brautleuten und Ehepaaren in Märchen und Schwänken

»O mein Gatte«, spricht sie ihn zweimal an.
»O mein Weib«, sagt er.
»Das ist eine gute Idee«, bestätigen beide einander.

Anscheinend haben wir es hier mit sprachlicher Gleichberechtigung zu tun. Mehr noch: Diese junge Ehefrau erzieht mit höflicher List ihren übellaunigen Mann zu besserem Benehmen. Der kleine Eheschwank stammt – notabene – aus Vorderasien; er wurde 1965 in Beirut auf Englisch publiziert und auf Deutsch 1986 im Büchlein »Löwengleich und Mondenschön. Orientalische Frauenmärchen«[1] unter dem Titel »Das Zeichen der Quaste«.

Aber diese Frau redet ja so viel! – könnte man einwenden. Sie sagt sogar mehr als ihr Mann. Das widerspricht allen neueren Erkenntnissen feministischer Märchenforschung. Frauen im Märchen – das haben uns die Aufsätze beispielsweise der in New York lehrenden Germanistin Ruth B. Bottigheimer gezeigt – sind »silenced women«[2], das heißt, sie werden regelmäßig zum Schweigen gebracht, zum Schweigen gezwungen. Entweder müssen sie sieben Jahre lang stumm bleiben wie etwa die treue Schwester [3], die nur so ihre zwölf in Raben verwandelten Brüder erlösen kann[4], oder ihnen wurde, zwischen handschriftlicher Urfassung und Ausgabe letzter Hand, von Wilhelm Grimm höchstpersönlich nacheinander Satz für Satz aus dem Mund genommen, in die indirekte Rede verlagert beziehungsweise gar durch Weinen, durch Aufschreien ersetzt.[5]

Am Beispiel »Aschenputtel«[6] sei diese Behauptung kurz überprüft. 1812 durfte die Titelheldin 14-mal etwas sagen und sogar ihre Schwestern in einen Dialog verwickeln. 1857 hingegen (und noch heute) beschränken sich ihre verbalen Äußerungen auf nur sechs: nämlich ihren Wunsch nach dem ersten Reis, das dem Vater an den Hut stoße, und fünfmal die bekannten magischen Verse an die Adresse der Täubchen und des Haselbaumes. Die freie Rede in Grimms Märchen ist tendenziell männlichen Figuren vorbehalten.[7] Nur noch die Bösen unter ihren Frauengestalten, zum Beispiel Stiefmütter und Stiefschwestern, dürfen »sprechen«, denn – wie Bottigheimer kritisch anmerkt – »in the world of Wilhelm Grimm a talkative woman meant trouble«[8] (»in der Welt Wilhelm Grimms bedeutete eine geschwätzige Frau Ärger«).

Zwar können in Grimms Märchen einige der guten Mädchen mit den richtigen (magischen) Worten Tauben zum Linsenpicken[9] oder den Wind zum Hütchenfortblasen[10] bringen[11], aber so manche Heldin, nicht nur aus dieser deutschen Sammlung, verliert bei Betrug, Hochzeit oder Kindsgeburt ihre Stimme[12]. Und wenn sie einmal ihr Leid klagen darf, dann nicht ihrem Partner, sondern höchstens einem Ofenrohr[13] oder dem besonders in Mittelmeerländern verbreiteten Geduldstein[14]. Letzterer gehört zum Erzählkreis unschuldig verleumdeter Frauen; er setzt die übergroße Geduld einer unglücklichen Heldin, ihr stummes Ertragen des Unrechts treffend ins Bild.

In einem türkischen Märchen namens »Der Geduldstein«[15] hat ein Mädchen einen schlafenden Königssohn 39 Tage und Nächte lang bewacht und beklagt, ihn aber am 40. Tag, bei seinem Erwachen, an ihre eben gekaufte Sklavin verloren; nun lebt und leidet sie selbst als Sklavin bei dem jungen Paar. Als er eine Reise nach Jemen antritt und die Palastbewohner nach ihren Wünschen fragt, bittet sie um einen Geduldstein. Neugierig, was sie damit wolle, blickt er durchs Schlüsselloch. Die Heldin wirft den zunächst nur linsengroßen Stein auf den Boden und beginnt, ihm ihre Leidensgeschichte zu erzählen. Sie fragt: »Wenn das alles mit dir geschehen wäre, wie würdest du es ertragen, o Geduldstein?« »Puh, puh«, macht der und schwillt an. Sie klagt weiter, bis er schließlich platzt, weil selbst ein Stein soviel Leid nicht erdulden kann. In ihrer Verzweiflung versucht sie, sich aufzuhängen, doch der lauschende Königssohn erbricht die Tür, schließt seine wahre Braut in die Arme und fragt: »Warum hast du es mir so lange nicht gesagt?« (Eine eher rhetorische Frage, auf die sie keine Antwort gibt; vermutlich war beiden der australische Bestseller »Warum Männer nicht zuhören und Frauen schlecht einparken« noch unbekannt.[16]) Der Prinz bestraft die betrügerische Sklavin und heiratet seine Erlöserin.

Märchen vom Geduldstein sind überaus rührend, aber gewiss nicht bar weiblicher List.[17] Wenn eine Heldin ihrem Liebsten nicht sagen kann oder darf, was sie auf dem Herzen hat, offenbart sie ihr Leid einem Gegenstand – durchaus in der Hoffnung, dass jemand sie dabei hört. Der Mann wird neugierig gemacht, die Lauschsituation also herbeigeführt.[18] Ja, ich gehe noch weiter und behaupte, auch die so genannte Ofenbeichte der königlichen »Gänsemagd« sei so naiv und gänzlich ohne Hintergedanken nicht, wie sie vielleicht klingt. Die Höhlung eines Ofenrohrs wirkt mit Sicherheit lautverstärkend[19], und in der Nähe wärmender Öfen hielten sich früher immer Leute auf.

Bis hierher habe ich Beispiele einer *Nicht-Kommunikation* zwischen Mann und Frau genannt und Gespräche beschrieben, die keine sind, die nicht wirklich stattfinden. Habe ich mit meinem Titel »*Die Sprache* von Brautleuten und Ehepaaren« etwa gelogen? Nun, das oben Gesagte trifft vor allem auf die eigentlichen Zaubermärchen zu und in ganz besonderem Maße auf die Sammlung Grimm. Hingegen findet man Texte mit witzigen Dialogen, mit verbalen Auseinandersetzungen unter Paaren jeden Alters viel eher bei den so genannten Novellenmärchen und in Schwänken. Zu Recht gelten unsere Zaubermärchen auf einer tieferen Ebene als *wahr*, während Novellenmärchen und Schwänke sozusagen *aus dem Leben gegriffen*, daher oft herzerfrischend konkret sind.

»Was sich liebt, das neckt sich« oder »Was sich neckt, das liebt sich«, so meint man scherzhaft bei der Beobachtung junger Paare, die sich ihrer Liebe selbst noch kaum bewusst sind.[20] Die »Neckereien« zwischen Leonetta, einer Hoftischlerstochter, und seiner Majestät, dem König, gehen in dem italienischen Novellenmärchen »Der König im Korbe«[21] reichlich weit. Vater Tischler muss verreisen und hat seine drei hübschen Töchter mit genügend Geld, aber hinter vermauerter Tür zurückgelassen. Was sie benötigen, sollen sie bei Straßenhändlern kaufen und mittels eines Korbes heraufziehen. Der junge König sieht sie am Fenster sitzen, verkleidet sich als Kaufmann und preist Stoffe an. Statt Fäden aus reinem Gold ziehen die erstaunten Schwestern ihren König herauf, der sofort anfängt, Süßholz zu raspeln: Ach, wie er bedauere, dass er ihren Vater nicht bitten könne, drei so schöne und sicher auch gute Mädchen zu seinem dreitägigen Fest aufs Schloss zu schicken! Dort würden sie sich glänzend unterhalten! Eine Stunde lang amüsiert er sich aufs Beste in der Gesellschaft der drei Tischlerstöchter.

Am Abend überredet Leonetta, die Jüngste, ihre Schwestern, sie im Korb herabzulassen. Aus der Palastküche stiehlt sie die Speisen für das königliche Fest, Hühnchen, Lämmer, Nudeln und Mandeltorten, am zweiten Abend den besten Wein und am dritten Mäntel, Schleier und Pelze; was sie nicht in ihren Korb stopfen kann, vernichtet sie jeweils. Tagsüber besucht der König die drei Schwestern, auf den Übeltäter fluchend, jammernd über diese Verschwörung gegen seinen Thron, zum Schluss mit dunklen Schatten unter den Augen und bereit abzudanken. Bei so viel Ungemach möchte er von seinen »lieben Mädchen« ein wenig getröstet werden. Und sie bedauern ihn gebührend, besonders scheinheilig Leonetta: »O Majestät, Ihr seid völlig im Recht! So ein guter und lieber König und so schurkische Taten!« Als er nach dem dritten Besuch im Korb abwärts schwebt, entdeckt er die gestohlenen silbernen Pantoffeln, heult laut auf – sie lassen ihn vor Schreck fallen – und sinnt seither auf Rache. Er beordert den Vater zurück und bittet ihn um die Hand einer seiner Töchter; er nehme die, welche ihn haben wolle. Die ängstlichen Älteren lehnen sofort ab, aber die freche Leonetta sagt: »Ich nehme ihn gern!«

Natürlich hat sie nicht vergessen, dass der König damit gedroht hatte, den Bösewicht, falls er ihn erwische, so kleinhacken zu lassen, »dass man ihn durch ein Sieb schütten« könne, oder zu »zermalmen, dass das kleinste Staubkorn größer ist als der größte Teil, der von ihm übrigbleibt«[22]. Daher lässt sie ihre Hofdamen vor der Hochzeit, als »kleinen Spaß mit dem König«, eine Dame aus Kuchenteig mit einem Herzen aus Zucker und Honig herstellen, eine lebensgroße Puppe, die aussieht wie sie, mit dem Kopf nicken kann und ins Brautbett gelegt werden soll. In der Hochzeitsnacht verbirgt sie sich unter dem Bett und hält die Fäden der Kuchenteigdame. Jetzt kommt der König ins Schlafzimmer, schließt die Tür ab und fängt an, mit Leonetta abzurechnen: »Erinnerst du dich noch ...« und: »Wer war es, der mir die Küche verwüstet hat?« Sie gibt unter dem Bett alles zu und lässt die Puppe nicken. Das Ende dieses köstlichen Dialogs möchte ich ungekürzt, in der Übersetzung von Felix Karlinger, wiedergeben[23]:

> »Und glaubst du, dass ich diese Untaten ungestraft hinnehmen werde?«
> »Ich weiß es nicht, Majestät.«
> Und kaum hatte Leonetta das gesagt, da zog der König seinen Degen und stieß ihn der vermeintlichen Braut so in das Herz, dass der Honig herausspritzte.

»So, jetzt habe ich dich getötet«, heulte der König, »du hast es ja so gewollt!« Und dabei leckte er das Blut von den Händen, es war aber Honig. »Süß warst du immer anzuschauen! Wie glücklich hätten wir sein können! Wenn du nur wieder lebendig wärst! Ich würde dir alles verzeihn und dir immer gut sein!«
»Ich bin tot«, murmelte Leonetta unterm Bett mit weinerlicher Stimme.
»Ach, meine Leonetta! Was habe ich getan!« rief der König. »Wenn du noch am Leben wärst, wie gern würde ich dich haben!«
Und Leonetta: »Ich bin tot, ganz tot.«
»Wenn du tot bist«, sagte der König, »dann will ich auch nicht mehr leben! Ich will sterben, damit der Tod uns wieder vereint!« Und damit wollte er sich in sein Schwert stürzen.
»Ich bin lebendig, ich bin lebendig!« schrie da Leonetta und kroch unterm Bett heraus. Da umarmten sie sich herzlich, sie küssten und umhalsten sich, und von da an lebten sie fröhlich und vergnügt.

Auf das bildhafte Motiv der so genannten »Zuckerpuppe« trifft man in Märchen aus dem Mittelmeerraum öfter.[24] So wie Geduldsteine als Kummerkästen für unglückliche Heldinnen dienen, fungieren Zuckerpuppen wunderbar als Blitzableiter für männliche Wut. Sie sind aus Zucker[25], Teig oder Marzipan[26] und haben ein Herz aus Honig oder Sirup[27], oder ihr Herz ist ein Bonbon, der treffsicher in den königlichen Mund fliegt.[28] Sobald der frisch getraute Ehemann die vermeintliche Braut gemordet und ihre »Süße« gekostet hat, bereut er seine Tat und will sie zurückhaben. Glücklicherweise sind die Heldinnen des vorliegenden Erzähltyps – meist einfache Mädchen aus dem Volk – immer gewitzt genug, ihren Prinzen[29], den sie derart herausgefordert haben, durch diesen Trick ganz für sich zu gewinnen – und nebenbei ihr Leben zu retten.

Der Erzähltyp, zu dem »Der König im Korbe« gerechnet wird, trägt die Nummer AaTh 879 und heißt »Das Basilikummädchen«. Warum Basilikummädchen? Von Basilikum war in diesem Beispiel aus Florenz gar keine Rede! Wohl aber in dem verwandten sizilianischen Märchen »Der Basilikumtopf«[30], das von den Frechheiten eines jungen Königs und den Streichen eines Mädchens berichtet und das mit der Ermordung einer Zuckerpuppe – für beide ebenfalls glücklich – mit den Worten endet:

Und die Zuckerpuppe, schau,
Aßen sie als Mann und Frau.

»Russida« heißt hier die hübsche, junge Heldin, die auf einer Terrasse gegenüber dem Königspalast fröhlich singt. Der Königssohn will sie hänseln und ruft:

Russida, toto rum tum tum,
Wie viel Blättchen hat Basilikum?[31]

Zur Antwort erhält er den mindestens ebenso treffend gereimten Zweizeiler:

Und du gekrönter Königssohn,
weißt, wie viel Stern am Himmel stohn?

Die neckische Scherzfrage des Prinzen beantwortet sie mit einem echten Rätsel. Das kommt ihm vor »wie eine Ohrfeige«[32], denn er weiß nicht, was er antworten soll. Um ihr eins »auszuwischen«, verbündet er sich mit ihrer Lehrerin, darf eine Nacht unter Russidas Bett liegen und piekt und plagt sie von dort mit einem Stichel, worauf sie jammert: »Ah, Frau Lehrerin, diese Flöhe! [..] Diese Wanzen!« Am nächsten Morgen auf der Terrasse: »Russida toto rum tum tum … – Und du gekrönter Königssohn …« – und (neu) wieder er: »Frau Lehrerin, der Floh, der sticht, Frau Lehrerin, die Wanze sticht.« Das sitzt! Russida fährt nun gröberes Geschütz auf, reitet auf einem Esel vors Schloss und verspricht, demjenigen einen Gürtel aus purem Gold zu schenken, welcher den A… des Esels ablecke. Dazu lässt sich der Königssohn herab, doch sie jagt sogleich mitsamt goldenem Gürtel davon und hängt anderentags an den bekannten Schlagabtausch einen weiteren Spottvers: »Dem Eselsarsch ’nen Kuss gegeben, muss er doch ohne Gürtel leben.«

Sein letzter Streich, eine Retourkutsche, bringt ihm einen Kuss von ihr ein – für Fische, die sie nicht erhält. Danach zieht sie, um ihn zu ärgern, weg aus dem Haus ihrer Lehrerin. Er wird vor Kummer krank.

Russida gibt sich als fremder Arzt aus und schreit ihn im dunklen Zimmer mit ihrem letzten Zweizeiler an: »Es kommt der Tod mit seiner Hippe /Und packt den Prinzen um die Mitte.« Seinem Vater erzählt sie, er wolle eine junge Frau namens Russida und solle am nächsten Tag zwecks Heilung auf die Terrasse gefahren werden. Dort sieht der Prinz seine Hassliebe wieder, und beide werfen sich erneut sämtliche Streiche in Versform an den Kopf. Jetzt verlangt er sie zu heiraten. Russida bittet um 40 Tage Zeit, denn ihre süße Doppelgängerin, eben die Zuckerpuppe, stellt diese Heldin selbst her.

Intelligente und herausfordernd freche Mädchen wie Russida (»Rose«[33]) oder Viola (»Veilchen«) in einem ähnlichen Märchen bei Basile[34] tragen oft einen Blumennamen, welcher regelmäßig in die erste Frage des jungen Mannes eingeflochten wird.[35] »Basilikummädchen« nennt man sie alle, weil sie fast immer beim Begießen des Basilikums von einem Prinzen beobachtet und mit entsprechenden Versen angesprochen werden.[36] Die Pflege von Blumen und speziell von Basilikum auf einem Balkon – so Michael Meraklis, der griechische Kenner dieses Erzähltyps – bedeute, ja signalisiere dem Helden, dass dieses Mädchen noch frei und heiratslustig sei.[37]

In den genannten Novellenmärchen sind *beide* ausdrücklich junge Menschen. Die laufend zunehmenden Verszeilen spiegeln einen buchstäblich »wachsenden Dialog«[38] zwischen zweien, welche sozial auf ganz verschiedenen Stufen stehen: einem Prinzen und einem Mädchen aus einfachem Hause. Immer beginnt der Dialog mit seiner Scherz- und ihrer Rätselfrage, die er, der sich für gescheit und richtig *cool* hält, zu seinem Ärger nicht beantworten kann.[39] Es folgen mehr oder weniger derbe Tätlichkeiten, die wiederum versprachlicht werden, denn am nächsten Tag, nach Wiederholung aller vorangegangenen Fragen und Gegenfragen, gibt sich der Urheber des Schabernacks durch seinen neuen Vers zu erkennen. Die verschiedenen Verkleidungen und Versteckspiele beider, oft gespickt mit erotischen Handlungen und Anspielungen, dienen als Mittel zur Durchführung neuer Streiche, ja der Austausch von Hänseleien kann als Vorspiel zum ehelichen Herrschaftskampf verstanden werden.[40] Der geraubte Kuss steht für prinzliche Rache und/oder sein erotisches Verlangen, denn seine, oft auch ihre Gefühle schwanken noch unreif bis verworren zwischen Hass und Liebe. Wenn er sich durch sie zutiefst beschämt oder sogar »entehrt« fühlt, kann er sie nur a) heiraten oder b) töten. Er tut beides.

Märchen dieses Typs sind in Italien, Spanien und der Türkei oft belegt und speziell auf Sizilien überaus häufig. In patriarchalisch geprägten Gesellschaften geben vorzugsweise Erzählerinnen Geschichten von derart gewitzten Frauen zum Besten. Den »Basilikumtopf«, dieses 1875 erstmals gedruckte Märchen, hat ein Mädchen dem sizilianischen Sammler Giuseppe Pitrè erzählt.[41] Auch aus Chile kennen wir einige Fassungen, zum Beispiel »Das Basilienkraut«[42], das nach den ersten vier Scherzfragen und Streichen zum Erzähltyp von der »Klugen Bauerntochter« überleitet: mit der Aufgabe, beschuht und barfuß, zu Pferd und zu Fuß zum Schloss zu kommen. Hier erfolgt, ohne Zuckerpuppe, eine Hochzeit des frechen, klugen Mädchens mit dem König und auch die bekannte Fortsetzung: Weil sie einem Armen wider sein königliches Urteil guten Rat gegeben hat, sagt ihr Mann zornig: »Höre, Frau, du wirst ausziehen. Nimm alles mit, was du am meisten brauchst.« Sie greift ein Messer, packt ihn beim Hosenlatz und sagt wörtlich: »Das fehlt mir am meisten.« (Novellenmärchen sind eben oft direkter als unsere poetischen Zaubermärchen.) Seine Reaktion? »Nein doch, alles, was hier ist, ist dein, geh nicht fort.« Mann und Frau verabreden, *sie* solle sich nicht mehr in seine Rechtsprechung mischen und *er* seine Urteile zukünftig richtig fällen, und »sie lebten für immer zusammen«[43]. Wie so oft in chilenischen Märchen herrscht eine einfache Sprache vor, überwiegen Hauptsätze und Dialoge.[44]

Apropos Sprache: Wie sprachlich fein spricht doch die grimmsche »Kluge Bauerntochter«[45] ihren erzürnten Gemahl an, als er erwacht! Die Heldin hatte den König betrunken gemacht, in das Häuschen ihres Vaters geschafft und dort in ihr eigenes Bettchen gelegt. Differenziert siezt beziehungsweise duzt sie ihn und weiß ihn mit ihrem klugen Handeln und Reden zu rühren:

> Als er aufwachte, sah er sich um und sagte: »Ach Gott, wo bin ich denn?« Rief seinen Bedienten, aber es war keiner da. Endlich kam seine Frau vors Bett und sagte: »Lieber Herr König, Ihr habt mir befohlen, ich sollte das Liebste und Beste aus dem Schloss mitnehmen, nun hab ich nichts Besseres und Lieberes als dich, da hab ich dich mitgenommen.« Dem König stiegen die Tränen in die Augen, und er sagte: »Liebe Frau, du sollst mein sein und ich dein.«

Sie fahren zurück aufs Schloss, heiraten noch einmal und werden »ja wohl noch auf den heutigen Tag leben«.

Ob listige Ehefrau eines Fes-Trägers mit Quaste, ob schlagfertiges Basilikummädchen, kluge Bauerntochter oder moderne, nicht auf den Kopf gefallene Frau: Mit klugen Antworten kann sie bei ihrem Partner viel erreichen. Nur sollte, zu ihrer eigenen Sicherheit, keine von ihnen den Mann ihre geistige Überlegenheit allzu deutlich spüren lassen. Um aber bei einem so heiklen Thema »politisch korrekt« zu bleiben, möchte ich auch ein Gegenbeispiel aus Estland vorstellen, die Erzählung von einem klugen Bewerber um die Hand der sehr stolzen und wohl auch eitlen »Schönsten der Welt«, ein überaus langes, echtes Zaubermärchen. Es heißt »Der König des Nordlandes«[46] und wurde 1888 aufgezeichnet von einem Mann, der es vom Großvater hörte[47], könnte also ein klassisches »Männermärchen« sein.[48]

Nach einer langen, entbehrungsreichen Reise erreicht der Held, der junge, sehr reiche und mächtige, zugleich ausdrücklich »gutherzige«[49] König des Nordlands, ausgerüstet nur mit viel Mut[50], Geschenken der drei Tierschwäger und den magischen Tischtüchern seiner Schwestern, sein Ziel, die Stadt des Königs des Südlandes, in der die schöne und weltberühmte Königstochter herrscht. Um sie will er allen Warnungen zum Trotz werben, obwohl sie schon 3000 Freier mit Schande fortgeschickt hat, um allein regieren zu können. Kaum hat er seine Werbung vorgebracht, da lässt sie ihn, diesen »Landstreicher aus dem Nordlande«[51], lebenslänglich ins Gefängnis setzen, wo schon viele kräftige Königssöhne bei Wasser und Brot darben. Er aber schlägt dem Essensträger die Faust ins Gesicht und lädt mit dem Tischleindeckdichtuch seiner ältesten Schwester alle Leidensgenossen zu köstlichem Mahl mitsamt vier königlichen Dienern und vier Musikern. Die Königstochter lässt fragen, ob er ihr das Tischtuch verkaufe. Er antwortet dem Essensträger grob, da müsse sie selber zu ihm kommen und könne noch von Glück sagen, dass »ich, der König des Nordlandes, solche wie sie überhaupt zu mir vorlasse«[52]. Darüber ärgert sie sich tüchtig, doch überwiegt ihr Verlangen nach einem solchen Tischtuch; sie lässt ihn zu sich ins Schloss bitten. Für Geld will er es nicht weggeben, aber frech sagt er ihr ins Gesicht, sie solle der böseste und der schönste Mensch auf der ganzen Welt sein. »Böse bist du zwar, aber ich zweifle, ob du ebenso schön bist, wie du gerühmt wirst – zeige mir also deinen nackten Hals und deine nackten Arme, dann bekommst du das

Tischtuch.«[53] Ihr Ratgeber meint, das könne sie schon tun, ohne sich etwas zu vergeben. Sie entblößt Hals und Arme und sagt zum König: »Da hast du, schau!« Er aber betrachtet sie eine Weile, beriecht alles »kreuz und quer«, schikaniert sie und zieht die Zeit in die Länge. Schließlich entrüstet er sich: »Wo ist sie die Schönste, sie hat genauso einen Körper wie die anderen!« (usw.) Wütend schickt sie ihn ins Gefängnis zurück und befiehlt, ihm drei Tage lang nichts zu essen zu geben. Aber er wiederholt das Spiel mit dem zweiten Tischtuch, aus dem zwölf Diener und zwölf Musiker kommen. Sie gerät in »maßlose Wut«[54]. Was er dafür haben wolle? »Öffne oben dein Hemd und zeige mir deinen Körper von der Brust an«, verlangt der König. »Wen narrst du, bin ich dein Hund?«, schreit sie ihn wütend an. Und er: »Ist der Preis zu hoch, dann handle nicht, das Tischtuch kann ich auch selbst gebrauchen – und ich zweifle, ob dein Gaumen den Geschmack so teurer Speisen überhaupt zu schätzen weiß!«

Er wird immer unverschämter und sie immer wütender; sie schimpft und flucht und muss doch auch das dritte und beste Tischtuch haben. Dafür will er eine Nacht bei ihr schlafen. Sie schilt ihn einen Verrückten, denkt dann nach und befragt wieder ihren Ratgeber, welcher gleichmütig meint: »Was ist denn dabei, schlaf doch mit ihm. Er wird dir ja kein Stück wegnehmen; sollte er dir aber zu nahe treten, dann rufe, es werden die Soldaten schon kommen.«

Helfen ihr die Soldaten, oder schlafen sie etwa? Nein, es kommt anders. Er legt sich in ihr Bett, und sie dreht ihm das Gesicht zu, aber er kehrt sich um. Das wiederholt sich, bis er schimpft: »An deinem Körper ist nichts Lobenswertes, deine Taten sind noch schlimmer. Nun willst du wohl, dass ich dich in die Arme nehme, obwohl du es gar nicht wert bist.« (usw.) Am Ende trägt seine schlaue Strategie Früchte, denn sie bittet ihn, er möge ihr die alte Schuld verzeihen, sie in die Arme und zu seiner Frau nehmen, sie wolle die beste Frau der Welt sein ... Der König des Nordlands sieht, dass er (wörtlich:) »doch gesiegt« hat. Worauf, unter Mitwirkung der freigelassenen Gefangenen und der magischen Tischtücher, eine große und prächtige Hochzeit gefeiert wird, die Erzählung aber noch längst nicht am Ende angelangt ist. Die nun »gute« Ehefrau wird durch des Königs eigene Schuld von einem bösen Hexer entführt, und die Geschichte geht weiter wie das Märchen von »Mar'ja Morevna«, das ich vor einigen Jahren aus dem Russischen übersetzt habe.[55] Der mittlere Teil dieses estnischen Märchens, die

Brautwerbung, ist eine permanente verbale Herausforderung. Raffiniert untergräbt der Held die Selbstsicherheit der schönen Stolzen. Er weiß sich interessant zu machen, indem er sich selbst in Szene und von seinen Mitbewerbern deutlich absetzt sowie der Königstochter männliche Überlegenheit konsequent vorspielt.

Welche Worte und Fragen sich Brautleute und jung verheiratete Pärchen im Märchen an den Kopf werfen, haben wir anhand verschiedener Beispiele betrachtet. Wie aber steht es mit *älteren* Ehepaaren? Ihnen begegnet man vorzugsweise im Schwank, welcher die Ehe, ganz anders als das Märchen, als notwendiges Übel darstellt[56] und seine Komik aus negativen Aspekten der Partnerschaft bezieht. Über Eheschwänke aus internationalem Erzählgut, zum Beispiel zum Thema »Hausarbeit getauscht«[57], könnte ich stundenlang und überaus Spannendes berichten. Ich beschränke mich aber auf zwei für unser Sprachthema besonders interessante Typen, nämlich die »Schweigewette« (AaTh 1351) und »Hans im Glück« (AaTh 1415).

Was ist ein »Hadschi«? Männer, welche diesen islamischen Ehrentitel tragen, haben eine Pilgerfahrt nach Mekka durchgeführt. So ein Hadschi verlangt im Eheschwank »Wer zuerst spricht ...« aus der Sammlung »Persische Märchen«[58] von seiner mit Näharbeiten beschäftigten Frau, sie solle den Schafen Wasser geben. Darüber geraten beide in einen handgreiflichen Streit mit Stock- und Schaufelwerfen. Nun schlägt die Frau vor, wer zuerst etwas sage, müsse diese Arbeit erledigen. Das Stillschweigen wird ihr bald zu langweilig; sie geht auf einen Schwatz zur Nachbarin. Er bleibt stumm sitzen, auch als ein Bartputzer ihm einen Spiegel vorhält, sein Schweigen für ein *Ja* nimmt und anfängt, ihn zu rasieren. Der Hadschi sagt kein Wort, denkt umso mehr und immer nur, seine Frau könne ihn vielleicht hören, bei einem einzigen Wörtlein erwischen: »Nein, lieber halte ich meinen Mund.« Der Barbier, durch den Streit zweier Männer abgelenkt, stutzt versehentlich die eine Bartseite ganz ab. Man bedenke: Der Bart gilt als Symbol männlicher Würde, Autorität und Herrschaft![59] Der orthodoxe Moslem schwört bekanntlich beim Barte des Propheten, und dieser hier ist gar ein Hadschi. Er verliert, hartnäckig schweigend, auch die andere Barthälfte, bekommt stattdessen vom Barbier drei Schönheitsflecken ins Gesicht praktiziert und sieht grimmig mit an, wie dieser auch noch einen Lohn für seine »gründliche Arbeit« aus dem Haus schleppt. Als die Frau heimkehrt, bricht sie ob des merkwürdigen Wesens ohne Bart, dafür mit Schönheitspflästerchen auf den Wangen, in Gelächter aus und ruft: »Aber Mann Gottes, wer hat dich denn so aufgedonnert?« Der Hadschi lacht und tanzt vor Freude darüber, dass sie zuerst gesprochen hat und nun den Schafen Wasser geben muss. Dabei dürfte der Mann ohne Bart und ohne Würde der eigentliche Verlierer in diesem Ehestreit sein. Was beide obendrein verlieren: Der Barbier hat als »Lohn« nicht etwa Brennholz mitgenommen, sondern Schmuckstücke von Gold und Silber. Gewonnen hat das Publikum, denn der Schwank ist trefflich erzählt.

Die kurze Geschichte von den zwei Alterchen »Gosto und Mea« in den »Märchen aus der Toskana«[60] mit ihren lebhaften Dialogen ist sprachlich ähnlich köstlich – wie das persische Beispiel. In »Wer hat die Tauben gegessen?«[62], einer Variante aus der Feder der tschechischen Märchenautorin Božena Němcová, bricht der Mann zuerst das Schweigen. Allerdings: Zimperlich sollten Schwankerzähler und ihr Publikum nicht sein. Schadenfreude gehört zum Eheschwank wie der Bart zum Mann.

Ich möchte jedoch mit einem versöhnlichen Beispiel schließen und nach so viel Südländischem in den hohen Norden führen, zu Hans Christian Andersen, diesem »Phänomen«, um mit Hans Kuhn zu sprechen.[63] Den ungünstig verlaufenden Tauschgeschäften eines Dümmlings[64], dem grimmschen »Hans im Glück«[65], setzte der dänische Märchendichter 1861 seine liebenswerte, fast ebenso bekannte Fassung entgegen. »Was Vadder tut, ist immer das Richtige« war seine letzte Bearbeitung eines Volksmärchenstoffes.[66]

Der Held, ein Bauer, hat sich von seiner Frau das Halstuch knüpfen, den Hut putzen und auf den warmen Mund küssen lassen und ist Richtung Jahrmarkt geritten, um beider einziges Pferd zu verkaufen oder einzutauschen. Der dänische Vadder tauscht es, ähnlich unbekümmert wie der deutsche Hans, gegen eine Kuh, diese gegen ein Schaf, das Schaf gegen eine Gans, die Gans gegen ein Huhn und dieses zu schlechter Letzt gegen einen Sack fauler Schweineäpfel. Den stellt er in der Wirtsstube unbedacht an den Ofen, worauf die Äpfel – »Susss! Sussss!« – zu brutzeln beginnen und die Gäste, darunter zwei reiche Engländer, sich den ganzen Tauschhandel erzählen lassen. Die Engländer wetten einen Zentner Goldstücke, dass Vadder zu Hause einen Rüffel und »schönen Krach« bekommen wird. Er wettet dagegen seine faulen Äpfel, sich selbst und »Mutter«, dass er einen Kuss von ihr kriegt und ein Lob dazu.

Und was tut die Bäuerin, als er zu erzählen beginnt? Eine Kuh? »Gottlob, dann haben wir Milch!«, sagt sie. Ein Schaf? »Du bist wirklich ein umsichtiger Mann!« Eine Gans? »Du denkst doch immer daran, mir eine Freude zu machen!« Ein Huhn? »Das ist ein guter Tausch!« Aber dann: ein Sack voll fauler Äpfel? »Jetzt muss ich dir aber einen Kuss geben!«, sagt diese erstaunliche Frau.

> »Ich danke dir, mein einzig lieber Mann! Jetzt werde ich *dir* etwas erzählen. Als du weg warst, hatte ich mir vorgenommen, dir ein richtig gutes Gericht zu machen: Eierpfannkuchen mit Schnittlauch. Die Eier hatte ich, mir fehlte der Schnittlauch. Da ging ich zur Frau vom Schulmeister rüber; da haben sie Schnittlauch, das weiß ich, aber die Frau ist geizig, die alte Zicke! Ich bat sie, ob sie mir etwas Schnittlauch borgen könnte! ›Borgen?‹, sagte sie. ›Nichts wächst in unserem Garten, nicht einmal ein fauler Apfel! Nicht einmal den kann ich Ihr borgen!‹ Jetzt kann ich ihr zehn Stück borgen, ja, einen ganzen Sack voll! Das ist ein Hauptspaß, Vadder!« Und sie küsst ihn mitten auf den Mund. Den beiden Engländern gefällt das. »Immer bergab und immer gleich fröhlich!«, meinen sie und zahlen Vadder einen Zentner Goldstücke aus.

Damit die Geschichte nicht nur hübsch, aber unwahrscheinlich klingt, sondern auch für uns alle lehrreich ist, fügte Andersen eine kleine Moral hinzu: »O ja, es lohnt sich immer, wenn die Frau einsieht und erklärt, Vadder ist der Klügste, und was er tut, ist immer das Richtige.«[67]

Ich fasse zusammen: Der *klassische* Zaubermärchenheld spricht nicht viel; er handelt. Die Märchenheldin spricht schon gar nicht – oder höchstens zu leblosen Dingen wie Ofenrohren oder Geduldsteinen. Ihre wenigen Worte, die magischen Verse, sind eigentlich Handlungen, zaubermächtig, gehören also in das Gebiet der Sprachmagie. *Wortzauber* in einem weiteren Sinn mag eher in (den Zaubermärchen) verwandten Gattungen zu finden sein. In Erzählungen vom Typ »Basilikummädchen« bedeuten Verse für Held und Heldin Verführung zum und im Dialog, sind also verbunden mit Flirt und dem Zauber erotischer Ausstrahlung. Reden und Handeln gehören auf jeden Fall zusammen, sogar, wenn eine Tischlerstochter den König im Korbe mit dessen eigenen Worten scheinheilig bedauert und ihm hinter seinem Rücken zugleich freche Streiche spielt. Novellenmärchen wie »Die kluge Bauerntochter« zeigen diese beim Handeln, aber auch, dass sie die richtigen Worte dazu findet. Die absichtlich »falschen« Worte des psychologisch ebenso gründlich geschulten Königs des Nordlandes, nämlich seine gezielten und wiederholten Provokationen, bringen ihn bei seiner Herzenskönigin ans Ziel.

In Schwänken vom Typ »Schweigewette« spricht die Art, wie das Ehepaar *nicht* miteinander redet, Bände. Hans Christian Andersen schließlich zaubert die reizend-bäuerliche Utopie einer harmonischen Ehe herbei, doch hat die Sache leider einen Haken: Es gibt keinen echten Dialog zwischen Mann und Frau. Sie lobt einfach – und bemerkenswert unkritisch – alles, was Vadder sagt und tut.

Anmerkungen

1 *Löwengleich und Mondenschön.* Orientalische Frauenmärchen. Herausgegeben von Johannes Merkel (Erstausgabe München 1986). Zürich 1994, S. 104–106. Das Märchen wurde auf dem Frühjahrskongress in Flensburg von Lydia Holt-Rauh erzählt.

2 Bottigheimer, Ruth: »Silenced Women in the Grimms' Tales«. In: *Fairy Tales and Society: Illusion, Allusion, and Paradigma.* Herausgegeben von Ruth B. Bottigheimer. Philadelphia 1986, S. 115–131.

3 In KHM 3: »Marienkind« hat die Jungfrau Maria die Heldin stumm gemacht. Wo eine »Stumme« freiwillig schweigt, ist die Spannung größer, beobachtet Knüsel, Käthi: *Reden und Schweigen in Märchen und Sagen.* Diss. Bern 1980, S. 101.

4 KHM 9: »Die zwölf Brüder«.

5 Bottigheimer, Ruth B.: *Geschlecht und Gefahr bei Basile:* Märchenhafte Sexualität? Oder gefährdete Märchenheldinnen? In: *Giovan Battista Basile e l'invenzione della fiaba.* Herausgegeben von Michelangelo Picone und Alfred Messerli. Ravenna 2004, S. 253.

6 Gemäß Lehnert, Nicole: *Brave Prinzessin oder freie Hexe?* Zum bürgerlichen Frauenbild in den grimmschen Märchen. Münster 1996, S. 71 hat die Heldin in den französischen und englischen Fassungen »noch« einen hohen Redeanteil. Vergleiche Rölleke, Heinz: *Die älteste Märchensammlung der Brüder Grimm.* Synopse der handschriftlichen Urfassung von 1810 und der Erstdrucke von 1812. Cologny/Genève 1975, S. 298 ff.

7 Lehnert (wie Anm. 6), S. 28.

8 Bottigheimer 1986 (wie Anm. 2), S. 125.
9 KHM 21: »Aschenputtel«.
10 KHM 89: »Die Gänsemagd«.
11 Vergleiche Bottigheimer, Ruth B.: *Grimms' Bad Girls and Bold Boys*. The Moral and Social Vision of the Tales. New Haven/London 1987, S. 43.
12 Bottigheimer 1987 (wie Anm. 11), S. 76; siehe auch Gobrecht, Barbara: »Empfängnis, Schwangerschaft, Geburt und Stillzeit in europäischen Zaubermärchen: Zeiten der Bedrohung für die Heldin und ihre Kinder«. In: *Fabula* 33 (1992) S. 55–65.
13 KHM 89: »Die Gänsemagd«.
14 Reichl, Karl: »Geduldstein« (AaTh 894). In: *EM 5* (1987), Spalten 821–824.
15 *Türkische Märchen*. Herausgegeben und übertragen von Otto Spies. München 1991 (MdW), Nr. 2.
16 Pease, Allan/Pease, Barbara: *Why Men Don't Listen And Women Can't Read Maps*. 1998. Deutsch: München 2000.
17 Siehe auch Horn, Katalin: »List«. In: *EM 8* (1996), Spalte 1100.
18 Ranke, Kurt: »Belauschen«. In: *EM 2* (1979), Spalte 78.
19 Siehe auch Moser-Rath, Elfriede: »Eideslist«. In: EM 3 (1981), Spalten 1155–1156.
20 Röhrich, Lutz: *Lexikon der sprichwörtlichen Redensarten*. Freiburg/Basel/Wien 1999. Bd. 3, S. 965.
21 *Italienische Volksmärchen*. Herausgegeben und übersetzt von Felix Karlinger. Düsseldorf/Köln 1980 (MdW), Nr. 13.
22 Karlinger 1980 (wie Anm. 21), S. 47–48.
23 Für MdW ins Deutsche übersetzt. Im Original aus Florenz, Sammlung Imbriani.
24 Siehe AaTh 879 IV: »The Sugar Puppet«.
25 Zum Beispiel in: Gonzenbach, Laura: *Sicilianische Märchen*. Hildesheim/New York 1976, Nr. 35: »Von der Tochter des Fürsten Cirimimminu oder Unniciminu«.
26 Zum Beispiel in: *Märchen aus der Toskana* (MdW). Übersetzt und erläutert von Rudolf Schenda. München 1996, Nr. 28: »Pitursellina – Petersilchen«.
27 Zum Beispiel im türkischen »Pfingstrosen-Mädchen«. In: *Rosen- und Blumenmärchen*. Herausgegeben von Sabine und Anton Kenntemich. Steinfurth 1995.
28 Schenda (wie Anm. 26), Nr. 28: Er schießt mit der Pistole auf sie!

29 Der Held in AaTh 879 ist fast immer ein Prinz, Herr oder König: Meraklis, Michael: *Das Basilikummädchen, eine Volksnovelle.* Diss. Göttingen 1970, S. 23.

30 *Märchen aus Sizilien.* Gesammelt von Guiseppe Pitrè. Übersetzt und herausgegeben von Rudolf Schenda und Doris Senn. München 1991 (MdW), Nr. 8.

31 Übersetzt von Rudolf Schenda und Doris Senn. Im Original: »Russida ntontorontò,/ Quantu pampini cc'è 'nta lu basilicò?«

32 Schenda, Senn 1991 (wie Anm. 30), S. 49.

33 Bei Pitrè »Rusiolala«, Diminutiv von Rosa, Rosalia (Auskunft von Luisa Rubini).

34 In Basile II, 3, mit ihrem Spruch: »Königssohn, ich grüße dich, denke nicht, du kriegtest mich!« und später: »Papa, die vielen Flöhe!« beziehungsweise seinem Ausruf: »O Mama, Mama, steh mir bei« (zitiert nach der Übersetzung des *Pentameron* von Adolf Potthoff. Essen 1981).

35 Meraklis (wie Anm. 29), S. 33.

36 Weiteres zum Erzähltyp siehe Meraklis, Michael: »Basilikummädchen« (AaTh 879). In: *EM 1* (1977), Spalten 1308–1311.

37 Meraklis (wie Anm. 29), S. 38; im EM-Artikel »Basilikummädchen« (wie Anm. 36), Spalte 1309, bezieht Meraklis sich auf Felix Karlinger.

38 Siehe Schenda (wie Anm. 26), Anm. zu Nr. 28, S. 340.

39 Das wird deutlich ausgesprochen zum Beispiel in »Der Prinz, das Mädchen, das Basilikum und die Sterne«. In: *Der Märchenpalast.* Herausgegeben von Ulf Diederichs. Augsburg 1992, Bd. 2, S. 140–142 (5. Juni).

40 Siehe Schenda (wie Anm. 26), Anm. zu Nr. 28, S. 340.

41 Schenda (wie Anm. 26), S. 329; 1963/64 wurden in sieben sizilianischen Provinzen rund 160 Varianten vor allem von Erzählerinnen aufgezeichnet.

42 *Chilenische Volksmärchen.* Gesammelt und herausgegeben von Yolando Pino-Saavedra. Übertragen von Ingeborg Wilcke-Brubacher. Düsseldorf /Köln 1964, Nr. 28.

43 Wilcke-Brubacher 1964 (wie Anm. 42), S. 173.

44 Pino-Saavedra, Yolando: »Chile«. In: *EM 2* (1979), Spalte 1282.

45 KHM 94. Erzählt von Dorothea Viehmann. Erstmals 1815 in den *KHM* veröffentlicht.

46 *Estnische Volksmärchen.* Herausgegeben von Richard Viidalepp. München 1990 (MdW), Nr. 72.

47 Viidalepp (wie Anm. 46), Anm. zu Nr. 72, S. 572.
48 Obwohl Viidalepp unter den estnischen Erzählern und Erzählerinnen keine geschlechtsspezifischen Unterschiede bemerkte; siehe Wehse, Rainer: »Männermärchen«. In: *EM 9* (1999), Spalte 225.
49 Viidalepp (wie Anm. 46), S. 258.
50 Er schwört S. 261 und anderswo: »Es soll mir mein Bart abfallen oder mein Unterkiefer zerbrechen, oder ich selbst soll wegen Unvermögens sterben, trotzdem gehe ich hin!«
51 Viidalepp (wie Anm. 46), S. 268.
52 Viidalepp (wie Anm. 46), S. 269.
53 Viidalepp (wie Anm. 46), S. 270.
54 Viidalepp (wie Anm. 46), S. 272.
55 In: Gobrecht, Barbara: *Märchenfrauen.* Freiburg/Basel/Wien 1996.
56 Moser-Rath, Elfriede: »Eheschwänke und -witze«. In: *EM 3* (1981), Spalte 1096.
57 AaTh 1408. Siehe zum Beispiel *Ukrainische Märchen.* Herausgegeben von Bohdan Mykytiuk. Düsseldorf/Köln 1979 (MdW), Nr. 53: »Wer hat schwerer zu arbeiten?« Vergleiche auch Röhrich, Lutz: »Ehe«. In: *EM 3* (1981), bes. Spalten 1029–1030.
58 *Persische Märchen.* Herausgegeben und übertragen von Arthur Christensen. Augsburg 1998 (MdW), Nr. 27.
59 Megas, Georgios A./Ranke, Kurt: »Bart«. In: *EM 1* (1977), Spalten 1280–1284.
60 Schenda (wie Anm. 26), Nr. 47.
61 »Gosto und Mea« wurde 1983 erzählt von einer Hausfrau mit nur drei Jahren Schulbildung.
62 Němcová, Božena: *Das goldene Spinnrad und andere tschechische und slowakische Märchen.* Leipzig/Weimar 1990, S. 328–339.
63 Kuhn, Hans: »Hans Christian Andersens Märchen«. In: *Kunstmärchen – Volksmärchen.* Herbsttagung der SMG. Herausgegeben von Barbara Gobrecht. Winterthur 2000, S. 26.
64 Uther, Hans-Jörg: »Hans im Glück«. In: *EM 6* (1990), Spalte 487.
65 KHM 83: »Hans im Glück«.
66 Andersen, Hans Christian: *Sämtliche Märchen.* Aus dem Dänischen von Thyra Dohrenburg. Düsseldorf/Zürich 1996, Band 2, S. 229–235 und S. 775. Siehe auch Holbek, Bengt: »Andersen, Hans Christian«. In: *EM 1* (1977), Spalte 492.
67 Andersen (wie Anm. 66), S. 235.

Heinz Rölleke

Die »Kinder- und Hausmärchen« der Brüder Grimm als sprachliches Kunstwerk

Theodor Fontane, der Grimms »Kinder- und Hausmärchen« zu den zehn Büchern der Weltliteratur zählte, die ihn am meisten beeindruckten, hat sich 1879 in seiner Rezension einer gerade erschienenen Sagensammlung zur Qualität von Volksliteratur im Allgemeinen und im Blick auf die sprachkünstlerische Leistung der Brüder Grimm im Besonderen wie folgt geäußert: »Die sprachliche Behandlung entscheidet über den Beruf oder Nicht-Beruf des Sagensammlers und ist ... beinah wichtiger als das Sammeln selbst. Der Stoff findet sich schon; was ihm erst Wert leiht, ist der Vortrag; der Ton entspricht dem Odem, der Leben und Seele gibt.«[1]

Wenn Fontane Recht hat – und daran kann kaum ein Zweifel bestehen –, so erfüllen Grimms Märchen höchste Qualitätsansprüche, was allein schon ein Blick auf ihre immense Verbreitung und Wirkungsgeschichte fast zweihundert Jahre hindurch auf der ganzen Welt bestätigt. Andere Sammlungen, die mit ähnlichen, zum Teil identischen Märchenmaterialien aufwarten, stehen gänzlich in ihrem Schatten. Dass die Brüder Grimm die wichtigsten und bedeutendsten Märchentexte der Weltliteratur für ihre Sammlung fast sämtlich gewannen, haben schon früh Märchenforscher und andere Märchensammler wie zum Beispiel Ludwig Bechstein anerkannt und öffentlich gerühmt. Diese erfolgreiche Stoffsammlung bot den Grimms eine ideale Grundlage für die Auswahl ihrer zunächst 50 (in der handschriftlichen Urfassung), dann 86 (in der Erstauflage von 1812) und schließlich 211 Texte (in der Ausgabe letzter Hand von 1857), die sie so sachkundig (was die gattungsspezifische Bedeutsamkeit ihrer Märchen) wie geschickt (was die abwechslungsreiche Mischung bei der Anordnung ihrer Texte betrifft) tätigten.

Was die Überarbeitungen der den Brüdern Grimm aus mündlicher, aber auch aus schriftlicher (vorausliegende Drucke) Überlieferung zugekommenen Märchen angeht, so bestehen diese in Kürzungen, Hinzufügungen, Veränderungen und vor allem in Kontaminationen (Zusammenarbeitungen mehrerer Varianten eines Märchentypus' zu einer Fassung). Diese bislang mehr gescholtenen als gelobten Überarbeitungen waren aus verschiedenen Gründen unumgänglich: Zum einen hätte kein Verleger seinerzeit eine Textsammlung wörtlich beibehaltener (also nach moderneren wissenschaftlichen Vorstellungen: völlig textgetreuer Wiedergaben) Märchen zum Druck angenommen, und entsprechend hätte ein intendiertes Lesepublikum mit Miss- oder Verachtung reagiert. Man sieht es den im grimmschen Nachlass überlieferten, unbearbeiteten Märchenmaterialien an, dass auch den Grimms Texte in mehr oder weniger zerrütteter Form zugekommen waren: fragmentarisch, in sich widersprüchlich, schludrig in der Wiedergabe der Handlung und der Zeichnung der Personen sowie nach damals herrschenden Vorstellungen zuweilen obszön oder sonst anstößig. Das Märchen war vor allem in der Epoche der Aufklärung sehr in Misskredit gekommen, und selbst die Gebildeten unter seinen Verächtern kritisierten die Erstauflage der grimmschen Märchen als zu wenig überarbeitet und daher weitgehend ungenießbar! Schließlich nahmen sich die Grimms wie alle Zeitgenossen das seinerzeit als selbstverständlich und unter anderem von Goethe gebilligte und geforderte Recht der Aufzeichner letzter Hand: Wie die mündlich tradierte Volksliteratur Generationen hindurch immer wieder Veränderungen erfuhr, so durfte sich auch schließlich der Aufzeichner Veränderungen verschiedener Art gestatten, zumal wenn ihm ein Text in vielfachen Variationen zugekommen war. Goethe drückt es so aus: Wir »finden ... Ursache, eine sondernde Untersuchung, in wiefern das alles, was uns hier gebracht ist, völlig ächt, oder mehr und weniger restaurirt sey, von diesen Blättern abzulehnen«[2], das heißt, Goethe bestreitet das Recht und den Nutzen einer Textbeobachtung, die im Fall der grimmschen Märchen Altüberliefertes und grimmsche Zutaten und Veränderungen sorgsam sezierte und entsprechend wertete, denn

> das hie und da seltsam Restaurirte, aus fremdartigen Theilen verbundene, ja das Untergeschobene, ist mit Dank anzunehmen. Wer weiß nicht, was ein ›Text‹ auszustehen hat, wenn ›er‹ durch den Mund des Volkes, und nicht etwa nur des ungebildeten, eine Weile durchgeht! Warum soll der, der es in letzter Instanz auf-

> zeichnet, mit anderen zusammenstellt, nicht auch ein gewisses Recht daran haben? Besitzen wir doch aus früherer Zeit kein poetisches und kein heiliges Buch, als insofern es dem Auf- und Abschreiber solche zu überliefern gelang oder beliebte.

So weit Goethes Auffassung, die die wissenschaftliche Volkskunde allerdings seit etwa hundert Jahren nicht mehr teilt, die wohl aber die Anfänge der germanistischen Philologie – eben zu Zeiten der Brüder Grimm – ganz selbstverständlich praktizierten und forderten: Wenn Lachmann aus acht Redaktionen eines Liedes Walthers von der Vogelweide eine Fassung erstellte, die nach seiner Meinung die nicht überlieferte Originalfassung eines solchen mittelalterlichen Liedes rekonstruierte, so verfuhr er im weiteren Sinn wie die Brüder Grimm bei ihren Märchenbearbeitungen: Sie glaubten damit aus den zeitgenössisch überlieferten, voneinander hinsichtlich der Handlungsmomente, der Motivik und vor allem des Stils zum Teil erheblich untereinander abweichenden Varianten eines Märchens eine einzige Urfassung rekonstruieren zu können, was ihnen heute dank Nachweises älterer, den Grimms noch unbekannten Fassungen in nachprüfbaren Fällen teilweise ganz erstaunlich stimmig und gut gelang (etwa bei der aus vier Varianten kontaminierten Fassung des »Märchens von einem, der auszog, das Fürchten zu lernen«). Dass dabei indes auch viel Hypothetisches im Spiel war und blieb, ist nur natürlich und nicht zu verkennen. Verkürzt kann man indes sagen: Indem Jacob und dann seit 1815 fast ausschließlich Wilhelm Grimm die ihnen vorliegenden Märchenmaterialien (allerdings so gut wie nie nach eigener Erfindung oder eigenem Gutdünken) auf eine verloren geglaubte ursprüngliche Fassung zurückzuführen suchten, schufen sie ihre eigene wunderbare Märchenwelt; indem sie den alten Märchenstil wiederherzustellen versuchten, schufen sie unversehens ihren eigenen wunderbaren Märchenton, der in der Weltliteratur seinesgleichen sucht.

[Die Frage nach der Lizenz für eine veränderte Textwiedergabe beziehungsweise die Forderung nach wörtlicher, ja buchstabengetreuer Wiedergabe sind ja, wie wir alle aus entsprechenden Überlegungen und Diskussionen wissen, nicht nur historisch und schon gar nicht bloß akademisch: Jede Märchenerzählerin, jeder Märchenerzähler, ob nun öffentlich auftretend oder im privaten Kreis vortragend, muss sich grundsätzlich oder von Fall zu Fall entscheiden, ob etwa die grimmschen Märchen genau nach dem Wortlaut von 1812 oder 1857 oder in eigenwilliger, das heißt dann auch: modernerer Diktion geboten werden. In letzterem Fall möchte man allerdings den Rezitatoren ein wenig von der sprachlichen Sorgfalt und Meisterschaft der Brüder Grimm wünschen.]

Dass die Brüder Grimm ihre Texte grundsätzlich und meist auch von Auflage zu Auflage der »Kinder- und Hausmärchen« weiterhin überarbeitet haben, das bewahrte den nunmehr gedruckten und damit sozusagen in ihrer sprachlichen Gestalt petrifizierten Geschichten etwas von der Lebendigkeit und Variabilität des mündlichen Erzählens, und das haben sie zumindest indirekt auch öffentlich zugegeben, und das lässt sich im Vergleich der Textfassungen in den verschiedenen Auflagen sowie aus den Nachlassmaterialien (vor allem im Blick auf die mit zahlreichen handschriftlichen Textkorrekturen übersäten Handexemplare der Brüder Grimm) ohne weiteres feststellen. Ihre darauf bezügliche öffentliche Äußerung ist früher gänzlich, bis unlängst immer wieder bei Fragestellungen nach der und Diskussionen über die »Texttreue« der grimmschen Märchen unbeachtet geblieben. Sie lautet in der Vorrede zum zweiten Band der Erstauflage von 1814, wo vom Sammeln und Aufschreiben der Märchen die Rede ist:

> Einer jener guten Zufälle aber war die Bekanntschaft mit einer Bäuerin aus dem nah bei Cassel gelegenen Dorfe Zwehrn, durch welche wir einen ansehnlichen Theil der hier mitgetheilten, darum ächt hessischen Märchen, so wie mancherlei Nachträge zum ersten Band erhalten haben. Diese Frau, noch rüstig und nicht viel über funfzig Jahre alt, heisst Viehmännin, hat ein festes und angenehmes Gesicht, blickt hell und scharf aus den Augen, und ist wahrscheinlich in ihrer Jugend schön gewesen. Sie bewahrt diese alten Sagen fest in dem Gedächtniß, welche Gabe, wie sie sagt, nicht jedem verliehen sey und mancher gar nichts behalten könne; dabei erzählt sie bedächtig, sicher und ungemein lebendig mit eigenem Wohlgefallen daran, erst ganz frei, dann, wenn man will, noch einmal langsam, so dass man ihr mit einiger Übung nachschreiben kann. Manches ist auf diese Weise wörtlich beibehalten, und wird in seiner Wahrheit nicht zu verkennen seyn.

»Manches ist … wörtlich beibehalten« – das besagt im Umkehrschluss: Vieles ist nicht wörtlich beibehalten, und das bei dieser Ausnahme-Erzählerin Dorothea Viehmann! Wie denn erst nach dem Vortrag anderer, ungeschickterer Erzähler und Erzählerinnen? Dazu nochmals die Brüder Grimm in ihrer Vorrede zur Zweitauflage ihrer Märchen:

> Was die Weise betrifft, in der wir hier gesammelt haben, so ist es uns zuerst auf Treue und Wahrheit angekommen. Wir haben nämlich aus eigenen Mitteln nichts hinzugesetzt, keinen Umstand und Zug der Sage selbst verschönert, sondern ihren Inhalt so wiedergegeben, wie wir ihn empfangen hatten; dass der Ausdruck und die Ausführung des einzelnen großenteils von uns herrührt, versteht sich von selbst.

Nach ihrem eigenen und dem Verständnis ihrer Zeit versteht es sich also »von selbst«, dass in die sprachliche Gestalt und in den Stil der zugekommenen Überlieferungen ständig und zuweilen wohl auch gravierend eingegriffen wurde (wohingegen das wörtliche Beibehalten einiger Passagen in den von Dorothea Viehmann erzählten Märchen die Ausnahme blieb). Den Brüdern Grimm selbst sind also ganz überwiegend Sprache und Stil der »Kinder- und Hausmärchen« zuzuschreiben. Um deren Eigenarten und Qualitäten soll es im Folgenden hauptsächlich gehen.

Zuvor ist noch festzuhalten, dass die Brüder Grimm in mundartliche Texte, ob sie nun einem bestimmten Dialekt genau entsprachen oder nicht, grundsätzlich nicht eingegriffen haben. Diese Texte kamen ihnen in Form schriftlicher Aufzeichnungen zu, darunter vor allem die ihnen zu Beginn ihrer Märchensammeltätigkeit über Brentano vermittelten beiden Aufzeichnungen des berühmten Malers Philipp Otto Runge »Von dem Fischer un siiner Frau« und »Von dem Machandelboom«, sodann hauptsächlich zahlreiche durch den Freiherrn August von Haxthausen in westfälischem Dialekt aufgezeichnete Versionen (etwa »Ferenand getrü und Ferenand ungetrü«, »Knoist un sine dre Sühne«, »Dat Mäken von Brakel« oder »Up Reisen gohn«), aber auch etwa die soeben erst im grimmschen Nachlass aufgefundene Aufzeichnung des Märchens »Häsichenbraut« aus dem Mecklenburgischen, die Georg Friedrich Falkenstein am 15. Dezember 1815 eingeschickt hatte. Grimms bemerken dazu in ihrer Märchenvorrede:

> Eine entschiedene Mundart haben wir gerne beibehalten. Hätte es überall geschehen können, so würde die Erzählung ohne Zweifel gewonnen haben. Es ist hier ein Fall, wo die erlangte Bildung, Feinheit und Kunst der Sprache zuschanden wird, und man fühlt, dass eine geläuterte Schriftsprache, so gewandt sie in allem übrigen sein mag, heller und durchsichtiger, aber auch schmackloser geworden ist und nicht mehr so fest dem Kern sich anschließt. Schade, dass die niederhessische Mundart in der Nähe von Kassel, als in den Grenzpunkten des alten sächsischen und fränkischen Hessengaues, eine unbestimmte und nicht reinlich aufzufassende Mischung von Niedersächsischem und Hochdeutschem ist.

Relativ wenig haben die Brüder Grimm in solche Texte eingegriffen, die sie aus älteren oder zeitgenössischen Büchern übernahmen, und die machen immerhin fast ein Drittel ihres Märchenbuchs aus. Das erklärt sich aus ihrer Einsicht, dass solche Märchenredaktionen schon durch die Verfasser der Bücher sprachlich und stilistisch überarbeitet und sozusagen in Form gebracht worden waren, aber natürlich auch aus der Tatsache, dass jeder interessierte Leser auf diesem Sektor schriftlicher Tradition leicht Quelle und grimmsche Fassung vergleichen konnte und kann [ich habe 1998 im Wissenschaftlichen Verlag Trier unter dem Titel »Grimms Märchen und ihre Quellen« diese über 60 Textvorlagen erstmals gänzlich abgedruckt und den grimmschen Fassungen synoptisch gegenübergestellt].

Wie weit der sprachliche Ausdruck in den von Dorothea Viehmann beigetragenen Märchen beibehalten wurde, könnte nur eine Spezialuntersuchung aufzeigen. Immerhin ist so viel erkennbar, dass sich eine gewisse Vorliebe für bestimmte sprichwörtliche Redensarten in ihrem Repertoire beobachten lässt, die mehr als einmal begegnen und die die Grimms nicht nur beibehielten, sondern auch in andere Texte interpolierten (wie etwa die von Wilhelm Grimm später als Texteingang des »Froschkönig«-Märchens übernommene Formel von den »Zeiten, wo das Wünschen noch geholfen hat«, die sich zunächst in der viehmannschen Erzählung vom »Eisenofen« findet). Auch sind die vielen Abschnittsüberleitungen, die in den Beiträgen der Frau Viehmann begegnen (und nur in ihren!), in Form von »Es begab sich aber« oder »Es trug sich aber zu« erkennbar durch biblische Formulierungen vorgeprägt, die die fromme Hugenottin immer wieder im Gottesdienst gehört hatte und die bei Grimm getreulich und unverändert beibehalten wurden. Auch wird man einen gewissen militärischen Jargon in den Beiträgen des originellen alten Wachtmeisters Krause nicht überhören können, der wiederum nur dessen Beiträgen eignet und den die Grimms also auch unretuschiert wiedergeben.

Nun aber zu den sprachlichen und stilistischen Um- und Ausgestaltungen der aus mündlicher Tradition zugekommenen Märchen durch die Brüder Grimm. Sie trugen nicht unwesentlich zum Welterfolg der Sammlung bei, und wenn man bedenkt, wie viele Generationen deutschsprachiger Kinder nun schon mit den grimmschen Märchen aufgewachsen sind, hier ihre erste und prägende Begegnung mit Literatursprache hatten und haben, hier vielfach ihr Deutsch lernten, dann sind solche Beobachtungen zweifellos der Rede wert. Als die Märchenkritiker im Gefolge der 1968er Jahre die Märchen als die »heimlichen (ihnen unheimliche) Erzieher« denunzierten, sagten sie damit zweifellos etwas Richtiges: Auch die sprachliche Gestaltung der Märchen durch die Brüder Grimm wirkte und wirkt zweifellos erzieherisch; auch dieser Aspekt verdient einmal als Beitrag zur allgemeinen Sozial- und Bildungsgeschichte wie auch zur Selbstaufklärung der Gegenwart beachtet zu werden. Es seien nur die Stichworte »Verkindlichung der Sprache«, »Enterotisierung einzelner Motive« genannt, die entsprechende Untersuchungen in dieser Hinsicht zu beachten hätten. Dazu sogleich ein Beispiel.

Als der Königssohn (wie die Brüder Grimm ab der zweiten Auflage konsequent alle Prinzen umbenannt haben) zu Dornröschen nach deren hundertjährigem Zauberschlaf vorgedrungen ist, erweckt er sie. Das funktionierte in der ersten handschriftlichen Aufzeichnung des Textes durch Jacob Grimm nach einer Erzählung der jungen Marie Hassenpflug um 1808 in Kassel (also nicht nach der schimärischen alten Marie!) so: »Wie er nun in das Schloß kam, küßte er die schlafende Princeßin und alles erwachte von dem Schlaf.« Daraus wurde im Druck der Erstauflage von 1812:

> … da kam er endlich in den alten Thurm, da lag Dornröschen und schlief. Da war der Königssohn so erstaunt über ihre Schönheit, daß er sich bückte und sie küßte, und in dem Augenblick wachte sie auf, und der König und die Königin, und der ganze

> Hofstaat, und die Pferde und die Hunde, und die Tauben auf dem Dach, und die Fliegen an den Wänden, und das Feuer stand auf und flackerte und kochte das Essen fertig, und der Braten brutzelte fort, und der Koch gab dem Küchenjungen eine Ohrfeige, und die Magd rupfte das Huhn fertig.

Hier sind aus zwei Zeilen des Vortrags der Marie Hassenpflug beziehungsweise der Niederschrift Jacob Grimms sieben geworden – mehr als eine Verdreifachung. Diese Textaufschwellung ändert überhaupt nichts an Inhalt, Thema und Motivik des Märchens, aber sie ändert ganz leicht die Tendenz, und sie malt eine Nebenszene eindrucksvoll, sprachlich meisterhaft und dem Märchenstil ideal entsprechend aus: Aus der Nebenbemerkung in Jacob Grimms Handschrift von 1808 »so fing alles im Schloß an zu schlafen, bis auf die Fliegen an den Wänden« (wobei sprachlich nicht eindeutig ist, ob dieses »bis« ein in- oder excludierendes ist) macht Wilhelm für den Druck eine ganze Kaskade von einschlafenden und erwachenden Menschen, Tieren und Elementen. Bei der Erweckungsszene wird jetzt betont, dass der Königssohn vor dem Bett der Schlafenden steht, sie betrachtet und sich dann zum Erweckungskuss hinabbückt, dass er also keinesfalls zu ihr ins Bett steigt, wie das in der französischen Fassung von Perrault von 1697, auf der die Erzählung der Hugenottin Marie Hassenpflug beruht, noch diskret, aber unverkennbar angedeutet ist. Aus dem lakonischen Halbsatz »und alles erwachte von dem Schlaf« aber ist hier – wie gesagt – eine förmliche Kaskade von Aufwachszenen, nämlich des Hofstaats, der Pferde, Hunde, Tauben und Fliegen, des Feuers und des Bratens, geworden – bis hin zur Weiterführung der beim Einschlafen vor hundert Jahren auf halbem Weg stehen gebliebenen Verabreichung einer Ohrfeige und des Hühnerrupfens. Ein wunderschönes und unvergessliches Stück deutscher Prosa. (Noch in Wilhelm Raabes letztem Roman »Altershausen« erinnert sich der siebzigjährige Geheimrat, wie er als Kind immer die märchenerzählende Amme, die liebevoll »Großmutter Grimm« genannt wurde, korrigieren musste: »Und dann sind auch immer die Fliegen dabei, die an der Wand aufwachen nach hundert Jahren, und das hast Du diesmal vergessen«.) Eine herrlich erzählte, mit ihren vielen scheinbar naiven »unds« den Märchenstil treffende Genreszene, die niemand ganz vergisst, der sie je gehört hat, und die bezeichnenderweise ungewöhnlich viele Illustrationen nach sich zog – eben weil so detailfroh und plastisch erzählt wird. Es ist aber wohl nicht in erster Linie die Detailfreude, die den nicht unerheblichen Texteinschub von grimmschen Gnaden veranlasste. Es ging auch um die tatsächlich perfekt gelungene Ablenkung von Vorstellungen, was denn wohl dort oben in dem abgelegenen Turmgemach zwischen der nun erwacht in ihrem Bett liegenden Prinzessin und dem jungen, von ihrer Schönheit faszinierten Prinzen geschah; immerhin sind die beiden da mutterseelenallein und völlig ungestört, zumal niemand im Schloss von der Ankunft des Prinzen wissen konnte.

Wilhelm Grimm hat diese Tendenz weiter verstärkt und seiner Freude an der neu formulierten Passage sofort Ausdruck verliehen, indem er handschriftlich in die Druckfassungen einiges zusätzlich einfügte (es ist bemerkenswert, dass von den handschriftlichen Zusätzen im gesamten »Dornröschen«-Märchen mehr als 80 Prozent diese neu erfundenen Passagen betreffen):

Das Erwachen des Königs, der Königin und des Hofstaats wird durch die plastische Formulierung »die guckten einander an«, das Aufwachen der Pferde durch »rüttelten sich«, das der Hunde durch »sprangen und wedelten« erweitert. Von den Tauben wird nicht nur erzählt, dass sie ebenfalls aufwachten, sondern auch, dass sie »die Köpfchen aus den Flügeln zogen, sich umsahen und ins Feld flogen«, von den Fliegen, dass sie »weiter krochen«. Das heißt, die Schilderung des zwar kaleidoskopartig-bunten, mannigfachen, aber noch irgendwie statisch-schematischen Erwachens, das in den Erstdruck eingefügt wurde, wird nun im wörtlichen Sinne zusehends lebendig-bewegt: Das Einander-Ansehen der Menschen, das Springen, Wedeln, Sich-Rütteln, das Wegfliegen und das Kriechen der Tiere, all das sprüht jetzt vor neuer Lebendigkeit und zeugt mit der treffenden Wahl der den Bewegungen zugeordneten Verben vom dichterischen Vermögen Wilhelm Grimms.

Natürlich hat er all diese handschriftlichen Änderungen in die Zweitauflage übernommen. Aber auch in dieser wurde weiter geändert und hinzugefügt. War bei der Erweckungsszene bislang von »der Prinzessin« und »ihrer Schönheit« die Rede, so werden solche femininen Bezeichnungen ab der zweiten Märchenauflage hier und allenthalben getilgt oder ins unverfänglich Neutrale umgewandelt: »Da lag *es* und war so schön, daß er die Augen nicht abwenden konnte, und er bückte sich und gab *ihm* einen Kuß«; in der Schlussszene heißt es nun verbessert statt »das Feuer stand auf« »das Feuer in der Küche erhob sich«, und die deftige Szene von der endlich nach hundert Jahren ankommenden Ohrfeige des Kochs wird noch lautstark untermalt: »der Koch gab dem Jungen eine Ohrfeige, daß er schrie«. An dieser Schlussszene wurde dann in den weiteren Märchenauflagen nichts mehr geändert, wohl aber noch an der Erweckungsszene. Nach der Umwandlung des weiblichen »sie« in ein neutrales »es«, was Wilhelm Grimm wohl für kindgemäß hielt, obwohl »es« unmittelbar anschließend zum Traualtar geführt wird, ging er dann in der Prüderie des sprachlichen Ausdrucks seit 1843 noch weiter: »Wie er *es* mit dem Kuß *berührt* hatte, schlug Dornröschen die Augen auf.«

Eine ähnlich umfangreiche, wenn auch anders motivierte Textaufschwellung bietet gleich das stets als Nr. 1 geführte Märchen »Der Froschkönig oder der eiserne Heinrich«. Um 1810 notierte Wilhelm Grimm die Urfassung wahrscheinlich nach mündlicher Überlieferung durch die Kasseler Apothekerfamilie Wild. Der Eingang lautet: »Die jüngste Tochter des Königs ging hinaus in den Wald und setzte sich an einen kühlen Brunnen. Darauf nahm sie eine goldene Kugel und spielte damit, als diese plötzlich in den Brunnen hinabrollte. Sie sah, wie sie in die Tiefe fiel, und stand an dem Brunnen und war sehr traurig.« Man fragt sich als unbefangender Hörer mit Recht, warum die Prinzessin hier ausdrücklich »jüngste Tochter« genannt wird, obwohl von anderen Geschwistern in der Geschichte keine Rede ist, und wie ein Brunnen in diesem Märchenwald zu stehen kommt. Das sind schon Spuren von grimmschen Textveränderungen, denn er kannte einen sehr alten Spruch, an den sich der alte Gräter erinnerte, der ihn in seiner Kindheit in einem Märchen gehört haben wollte. Er druckte ihn 1794 in seiner Zeitschrift ab, aus der ihn Jacob Grimm schon 1807 abgeschrieben hatte; der Spruch beginnt mit dem Vers »Königstochter jüngste« und erzählt später vom »kühlen Brunnenwasser«. Diese Verse wollten die Grimms wegen der altbezeugten Überlieferung unbedingt unverändert in ihr Märchen aufnehmen, und so musste eben die Eingangspassage diesem Spruch ein wenig angepasst werden. Diese lautet dann in der Erstauflage von 1812:

> Es war einmal eine Königstochter, die ging hinaus in den Wald und setzte sich an einen kühlen Brunnen. Sie hatte aber eine goldene Kugel, die war ihr liebstes Spielwerk, sie warf sie in die

Höhe und fing sie wieder in der Luft und hatte ihre Lust daran. Einmal war die Kugel gar hoch geflogen, sie hatte die Hand schon ausgestreckt und die Finger gekrümmt, um sie wieder zu fangen, da schlug sie neben vorbei auf die Erde, rollte und rollte und geradezu in das Wasser hinein. Die Königstochter blickte ihr erschrocken nach …

»… rollte und rollte«: Solche scheinbar naiv, in Wirklichkeit höchst raffiniert eingesetzten Wortwiederholungen, die stets ein wenig suggestiv wirken, hat Wilhelm Grimm an vielen Stellen meisterhaft eingebracht, und zwar direkt nach dem Vorbild der Märchenniederschriften Philipp Otto Runges, wo es etwa im »Machandelboom« heißt »un weent un weent«; es sei hier nur an die geniale Verdoppelung des Verbs durch Wilhelm Grimm in dem Märchen »Der Teufel mit den drei goldenen Haaren« erinnert: »Ich rieche, rieche Menschenfleisch« (im »Froschkönig« heißt es in späteren Auflagen »der Brunnen war tief, so tief«; im »Sneewittchen« »und machte da einen giftigen, giftigen Apfel«). Von Runges Stil ist auch die grimmsche Vorliebe für die Umformung der Texte in wörtliche Reden, die parataktische Aneinanderreihung einfacher, immer wieder durch »und« und »da« verbundener Sätze und vieles andere beeinflusst (auch die Vorliebe für Doppelformen wie »Gesottenes und Gebratenes«). Die Grimms hielten zeitlebens an der irrigen Meinung fest, gerade wegen der Dialektfassung gäben Runges Märchenaufzeichnungen genauestens mündliche Tradition wieder (tatsächlich hat der große Künstler Runge ziemlich heftig in seine Texte eingegriffen – gerade auch in den Sprachstil), und deswegen versuchte Wilhelm Grimm diesen Volkston zu übernehmen oder zu imitieren. Soll man es bedauern, dass er bei diesem Versuch in einem geradezu glücklich zu nennenden Irrtum auf die meisterhaft erzählten Rungemärchen zurückgriff?

Zurück zum »Froschkönig«. Aus dem schlichten Märcheneingang der Handschrift ist hier durch die vorgeschaltete Formel »Es war einmal« ein typischer geworden. Der Wert der goldenen Kugel für die Königstochter wird eigens herausgestellt: »die war ihr liebstes Spielwerk«; dadurch wird der Schrecken über den Verlust besser motiviert. Wilhelm Grimm, der damals an einem Aufsatz über »Kinderleben« arbeitete, hatte Interesse daran, das kindliche Ballspiel ausführlich und in Einzelheiten vorzustellen – was ihm wieder einen Beleg für seinen

Aufsatz brachte. Bei diesem Einschub der Spielbeschreibung fällt – wie auch sonst unzählige Male in Grimms Märchen – der Hang zur Dreigliedrigkeit auf, die Grimm der Vorliebe des Volksmärchens für die Dreizahl nachempfand: In die Höhe werfen, auffangen, seine Lust daran haben. In der Zweitauflage von 1819 holt Wilhelm Grimm noch ein wenig weiter aus: »Es war einmal eine Königstochter, die wußte nicht was sie anfangen sollte vor langer Weile« usw. Das Spiel der noch so unreifen Königstochter ist durch Langeweile motiviert; damit kommt für Kinder arbeitender Bevölkerung auch ein leiser sozialkritischer Ton in den Text, den Grimm sonst so sehr wie der Teufel das Weihwasser meidet. In den späteren Auflagen hat sie denn auch nur noch zuweilen Langeweile. Den eigentlichen Durchbruch zum berühmt gewordenen grimmschen Märchenstil markiert die dritte Auflage von 1837:

> In den alten Zeiten, wo das Wünschen noch geholfen hat, lebte ein König, dessen Töchter waren alle schön, aber die jüngste war so schön, daß sich die Sonne selbst, die doch so vieles gesehen hat, darüber verwunderte, so oft sie ihr ins Gesicht schien. Nahe bei dem Schlosse des Königs lag ein großer dunkler Wald, und in dem Walde unter einer alten Linde war ein Brunnen; wenn nun der Tag recht heiß war, so ging das Königskind hinaus in den Wald und setzte sich an den Rand des kühlen Brunnens, und wenn sie Langeweile hatte, so nahm sie eine goldene Kugel, warf sie in die Höhe und fing sie wieder, und das war ihr liebstes Spielwerk. Nun trug es sich einmal zu, daß die goldene Kugel der Königstochter nicht in das Händchen fiel, das sie ausgestreckt hatte, sondern neben vorbei auf die Erde schlug und geradezu ins Wasser hineinrollte. Die Königstochter folgte ihr mit den Augen nach, aber die Kugel verschwand.

Wie eben schon angedeutet, lieh sich Grimm die Eingangsformulierung aus dem von der Frau Viehmann erzählten Märchen »Der Eisenofen« aus und setzte sie programmatisch an den Beginn des Märchenbuchs, obwohl sie im »Froschkönig« blindes Motiv bleibt. Viehmannschen Formulierungen ist auch die Wendung »Nun trug es sich einmal zu« nachgebildet. Aus der Königstochter, die nun ausdrücklich als die jüngste vorgestellt wird, wird ein »Königskind«, aus ihrer Hand ein »Händchen«, obwohl sie doch schon nach drei Tagen heiraten wird! Die Verkindlichung des Stils nimmt auf solche Unstimmigkeiten keine Rücksichten. Auch das Festhalten an dem im Gräterschen Spruch genannten Brunnen führt zu Irritationen: Wie kann die Kugel auf der Erde aufschlagen und dann in den Brunnen rollen, auf dessen doch wohl hoch gemauertem Rand die Königstochter gesessen hatte? Für die stilistische Ausgestaltung wichtiger als solche Fragen sind die Befunde, wie aus dem schlichten Wald ein »großer dunkler Wald« wird, in dem neben dem Brunnen merkwürdigerweise noch eine Linde postiert wird. Wilhelm Grimm machte bei seinen poetischen Ausgestaltungen der Märchen nicht nur Anleihen beim wirklichen oder vermeintlichen Volkston, wie er ihn bei Runge und bei der Viehmann vorfand, sondern er tendierte auch in Sprache und Motivik zu Archaisierungen. Natürlich kannte er aus der mittelalterlichen Literatur die Requisiten des so genannten locus amoenus (also der idyllischen, meist für eine Liebesbegegnung als Hintergrund dienende Stelle), als da vor allem die Linde, ein Wasser und eben Wald oder Waldesrand eine topische Rolle spielen. Die sich über die Schönheit des Mädchens verwundernde Sonne ist eine hochpoetische Ausschmückung des Schönheitspreises in Annäherung an den alten Unsagbarkeitstopos. [Nebenbei sei vermerkt, wie manche Märchendeuter, die solche textgenetischen Änderungen und deren Sinn nicht beachten, auf diese Art Motive geradezu hereinfallen, indem sie sie für ursprünglich und symbolschwer halten. So liest man etwa, dass hier ein bedeutender Motivreim zu den Pferden gegeben sei, mit denen man später zur Hochzeit fährt, die nämlich dann der Stimmigkeit halber flugs als die mythischen Sonnenpferde gedeutet werden.]

Nach sporadischer Betrachtung und Wertung der großräumigeren Texteinschübe und Veränderungen im »Dornröschen«- und im »Froschkönig«-Märchen sollen in einem komplett gebotenen Beispiel für Wilhelm Grimms hundertfache kleinräumige Texteingriffe die Textmutationen im Märchen »Die Bremer Stadtmusikanten« vorgestellt werden. Der Text war durch August von Haxthausen zugekommen und erstmals in der Zweitauflage der »Kinder- und Hausmärchen« von 1819 veröffentlicht worden; er erfreute sich besonderer Wertschätzung der Brüder Grimm, so dass sie wenig Veranlassung sahen, die Einsendung nennenswert umzuschreiben. Dennoch konnte es Wilhelm Grimm, um es jovial zu sagen, einfach nicht lassen, in der Vorbereitung neuer Märchenauflagen hier und da verbessernd einzugreifen, wobei er bezeichnenderweise einmal von ihm eingefügte oder geänderte Textpassagen in keinem Fall mehr umschrieb.

1819 heißt es: die »Katze ... machte ein gar trübselig Gesicht«; in der Kleinen Ausgabe von 1825 unter geschickter Einfügung einer Redensart: die »Katze ... machte ein Gesicht wie drei Tage Regenwetter«. Weiter: »Die Räuber, die schon über das entsetzliche Geschrei erschrocken waren ... und entflohen.« Daraus wurde in einfacher und kräftigerer Hauptsatzformulierung: »Die Räuber fuhren bei dem entsetzlichen Geschrei in die Höhe ... und flohen.« Der panische Schrecken der Räuber beim Hereinbrechen der grotesken Tierpyramide gewinnt in der neuen sprachlichen Wendung entschieden an Präzision und Dynamik. 1837 wurde aus »saß da eine Katze auf dem Weg« präziser und sinnvoller »an dem Weg«; im gleichen Sinn »und weil sie müde waren von ihrem Weg« zu »von ihrem langen Weg«. 1840 wird mit den beiden redenden Namen eine volksläufige Wendung neu eingeführt, wenn aus den Fragen an Hund und Katze »Nun, was jappst du so?« beziehungsweise »Was ist dir in die Quere gekommen?« »Nun, was jappst du so, Packan?« beziehungsweise »was ist dir in die Quere gekommen, alter Bartputzer?« wird. Das seit der Antike sprichwörtliche Bild vom Esel, der die Laute schlägt, wird nebst der Nennung eines weiteren Musikinstruments in die Anrede des Grautiers an den Hund neu eingebracht: »Ich spiele die Laute, und du schlägst die Pauke.« 1843 werden aus den Tüchern des Christkindleins die ebenfalls redensartlich geläufigen »Hemdchen« des Christkindleins; aus »wars zufrieden« wird umgangssprachlicheres »hielt das für gut« (in eins damit wird auch die Wiederholung des Wortes »zufrieden«, das zuvor schon dem Hund zukam, vermieden), aus dem blassen »im Haus war ›kein Licht‹« wird plastischer »im Haus brannte ›kein Licht‹«. In der allerletzten Auflage von 1857 häufen sich dann nochmals die kleinen Textänderungen. Vom »Esel, der ihm ... treu gedient« heißt es nun »der schon lange Jahre die Säcke unverdrossen zur Mühle getragen hatte«: Die Aussage bleibt an sich unverändert, wird aber entschieden anschaulicher und bietet auch dem Märchenerzähler eine dankbare statt einer trockenen Passage. Ähnlich ist die Änderung zu werten, wenn aus dem blassen »die Katze und der Hund machten sich hinauf« das bildkräftigere »machten sich in die Äste« wird. Und wie viel ansprechender ist die Wendung »um die Räuber hinauszujagen« statt

»um die Räuber fortzubringen«, die dem Furor und dem Temperament der scheinbar als nutzlos ausgemusterten Tiere entschieden besser gerecht wird.

Diese relativ kleinen Veränderungen darf man sämtlich glückliche Verbesserungen nennen. Sie zeigen Wilhelm Grimms stets wache Aufmerksamkeit selbst für winzige Details, so wenn er aus der »auf der Straße« eine »an der Straße« sitzende Katze macht, oder wenn er die Müdigkeit der auf der Straße nach Bremen wandernden Tiere nun ausdrücklich mit der Länge des Weges begründet.

Zum Abschluss sei noch ein Thema im Zusammenhang mit den sprachlichen Umarbeitungen der Märchen durch die Brüder Grimm behandelt, auf das die Forschung erst seit einem Jahrzehnt aufmerksam wurde, obwohl Wilhelm Grimm schon in der Vorrede zur sechsten Auflage der Märchen von 1850 dezidiert auf ein Spezifikum bei seinen Bemühungen um Verbesserungen und Vervollständigungen der einzelnen Märchen hingewiesen hatte: »Auch die sechste Ausgabe hat durch neue Märchen Zuwachs erhalten und ist im einzelnen verbessert oder vervollständigt worden. Fortwährend bin ich bemüht gewesen, Sprüche und eigenthümliche Redensarten des Volks, auf die ich immer horche, einzutragen.«

In der Tat lässt sich ein lebenslanges Interesse Wilhelm Grimms an Sprichwörtern und volksläufigen Redensarten belegen, wie sich etwa in seinen vielen Studien und Schriften zur mittelhochdeutschen Sprichwortsammlung »Freidanks Bescheidenheit« dokumentiert. In seinem Nachlass sind zwei lange Listen mit entsprechenden Eintragungen erhalten, die sukzessiv entstanden und die verschiedenen Provenienzen der festgehaltenen Sprichwörter anzeigen, zum Beispiel »Das passt wie eine Ohrfeige auf eine Sonntagsmütze« oder »Die Zeit hat Ehre, hat die Magd gesagt und war 8 Tag auf dem Tanzboden gewesen« aus Schmellers Baierischem Idiotikon; »Wenn wos net gefällt, so dreh ich mich um und geh wieder zur Thüre herus, wo ich bin herinn kommen« (»Auf einem Spaziergang angehört nicht weit von Kirchdetmold im Anfang Nov. 1823. von 2 Cass‹eler› Bürgersleuten«). Wilhelm Grimm suchte und fand also, um einen damals bekannten Titel eines Buches zu zitieren, aus dem er auch eifrig schöpfte, »Die Weisheit auf der Gasse«, und das zum Teil im wörtlichsten Sinn. Dazu trug auch seine spätere Frau, die Apothekertochter Dortchen Wild aus Kassel bei, wie viele Einträge in die Listen von ihrer Hand erweisen.

Wenn Wilhelm Grimm eine neue Auflage der »Kinder- und Hausmärchen« vorbereitete, und das geschah zwischen 1819 und 1858 immerhin 16-mal, so nahm er offenbar diese Sprichwörterlisten zur Hand, um zu sehen, welche der Redensarten er wo in einem der Märchen platzieren konnte. Auf diese Weise sind mehr als 300 Sprichwörter im Lauf der Textgeschichte in die grimmschen Märchen geraten, mit denen sie ursprünglich überhaupt nichts zu tun haben. Ich habe gemeinsam mit den Mitgliedern meines Oberseminars diese interpolierten redensartlichen Wendungen in den grimmschen Märchen sämtlich nachgewiesen sowie ihre Herkunft und Bedeutung skizziert (das Buch umfasst 192 Seiten und ist in 2. Auflage im Hirzel Verlag erschienen)[3]. Allein der *Index proverbiorum* im Anhang umfasst zwölf Seiten mit über 500 Belegstellen. Ich darf aus dem Anfang vorlesen:

- Wer A sagt, muß auch B sagen.
- jemanden abhobeln
- Adam hackte das Feld, und Eva spann.
- ähnlich wie ein Tropfen Wasser dem andern
- Der Apfel fällt nicht weit vom Stamm.
- mit einem blauen Auge davonkommen
- ein Auge zudrücken
- Es fällt wie Schuppen von den Augen.
- auf der Bärenhaut liegen
- Man muß die Bäume ziehen, so lange sie jung sind.
- Berg und Thal begegnen sich nicht, wohl aber die Menschenkinder.
- Da bleibt der Bissen im Halse stecken.
- sich nach der Decke strecken
- lange Finger machen
- frisch gewagt ist halb gewonnen
- Wo Fuchs und Has sich gute Nacht sagen.

Was faszinierte Wilhelm Grimm an solchen Redewendungen? (So hatte sich übrigens 300 Jahre zuvor auch schon Martin Luther, der bekanntlich ebenfalls den Leuten aufs Maul schaute, von Sprichwörtern fasziniert gezeigt.) Zum einen ihre alte und oft weit verbreitete Überlieferung in fest geprägter und darum im Wesentlichen wohl unveränderter Form, zum anderen ihre volkstümliche Weisheit und schließlich vor allem ihre bildhafte sprachliche Form. Das deutet er selbst in der Märchenvorrede zur sechsten Auflage von 1850 an: Ich »will ein Beispiel anführen: der Landmann, wenn er seine Zufriedenheit mit etwas ausdrücken will, sagt ›das muß ich über den grünen Klee loben‹ und nimmt das Bild von dem dicht bewachsenen, frisch grünenden Kleefeld, dessen Anblick sein Herz erfreut«. Man sieht, wie Grimm zur Erläuterung des ihm neuerlich zu Ohren gekommenen Sprichworts gleich wieder eine bildhafte Redensart (nämlich ›das erfreut mein Herz‹) heranzieht. Übrigens hat er natürlich auch das Sprichwort vom grünen Klee sogleich in dieser 6. Auflage in ein Märchen eingefügt: Als die vier kunstreichen Brüder nach ihren Lehrjahren heimkehren, lobt sie der alte Vater mit den Worten »Ja, ich muß euch über den grünen Klee loben«.

Wilhelm Grimm hat mit der Einfügung der über 300 Sprichwörter den Märchen auch sprachlich einen weiteren Sitz im Leben gewonnen. Viele Hörer und Leser hatten und haben ein Déjà-vu-Erlebnis, wenn sie in Grimms Märchen auf sprichwörtliche Redensarten stoßen, die sie selbst – oft schon aus der Kindheit, weil von Großeltern oder Eltern gehört – kennen. Das erfreut des Lesers Herz, möchte man mit Grimm sagen, und macht auf seine Weise die Märchen noch populärer. Grimm versichert sich mit den meist altüberlieferten, durch festen Wortlaut geprägten, teils witzigen, teils derben, immer aber bildhaften Redensarten einer schlechthin überzeitlichen volkstümlichen Redeweise. Auf diesem Sektor wurde nichts aus eigner Erfindung, sondern ausschließlich aus schriftlichen und mündlichen Traditionen in die Märchen eingefügt – Kontaminationen im Kleinen. Welch hohen Gewinn für die sprachliche Kunstform der grimmschen Märchen dieses Verfahren brachte, kann man sich vielleicht ehestens ex negativo klarmachen, indem man etwa die acht Sprichwörter oder redensartlichen Wendungen, die Wilhelm Grimm ins Märchen vom Fürchtenlernen nach und nach eingefügt hat, beim Lesen überspränge oder beim Vortrag fortließe – das ja insgesamt herrlich und sozusagen in bester Laune erzählte Schwankmärchen würde entschieden von seinem Ton und vor allem von seiner Anschaulichkeit verlieren. Es sind – wie gesagt – acht Einschaltungen auf ziemlich genau acht Textseiten, also im Schnitt pro Seite eine:

- An dir ist Hopfen und Malz verloren.

- Was ein Häkchen werden will, krümmt sich beizeiten.

- Ich will ihn schon abhobeln.

- Wo sieben mit des Seilers Tochter Hochzeit halten und jetzt das Fliegen lernen. (Hier sind genau besehen gleich vier sprichwörtliche Redewendungen in einer zusammengefasst, nämlich: Die Zahl »sieben« ist nach dem westfälischen Sprichwort »Siewen iss 'n ganzen Galgen vull« gewählt; des Seilers Tochter ist die von ihm gefertigte Seidenschnur, mit der man Delinquenten erhängt; die enge Verbindung, die der Galgenstrick mit dem Hals des Aufzuhängenden eingeht, wird bildlich als Hochzeit vorgestellt, das schauerliche Schaukeln der Erhängten in Sturm und Wind – man denke an Lessings Epigramm »Auf einen Gehängten: Hier ruht er, wenn der Wind nicht weht« – dieses Schaukeln wird bildhaft-ironisch als Versuch der Toten gedeutet, das Fliegen zu erlernen.)

- Euch habe ich auf die Finger gesehen.

- So haben wir nicht gewettet.

- Wenn zwei zusammen im Bett liegen, so wärmen sie sich. (Diese Weisheit entnahm Wilhelm Grimm 1819 aus dem Alten Testament, und zwar aus dem Buch Prediger 4, 11.)

- Die schönste Jungfrau, die die Sonne beschien. (Dabei kann man sich an die eben zitierte grimmsche Wendung zu Beginn des »Froschkönig«-Märchens erinnern, die also von hier entlehnt ist.)

Und schließlich noch die naive, aber richtige Feststellung des notorisch Furchtlosen:

- Soll ich sterben, so muß ich auch dabei sein.

Die grimmschen Märchen sind sprachliche Kunstwerke sui generis und innerhalb der Weltliteratur, zu der sie zweifellos zählen, von hohem Rang. Aus wie vielen Quellen sich dieser Kunstcharakter speist, wurde zu zeigen versucht. Wenn dadurch auch ermöglicht wird, die verschiedenen Bestandteile eines grimmschen Märchens für eine wissenschaftliche, vor allem literaturhistorische Analyse wünschenswert einigermaßen sicher nachzuweisen (also einfach gesagt: Welche Textpassagen sind grimmsche Einfügungen oder Überarbeitungen, welche gehören zum älteren Bestand der Textgestalt eines Märchens?), so ist es doch wesentlicher, beim Hören oder Lesen, erst recht beim Vortrag jedes Textes diesen immer als ein Ganzes zu sehen, aufzufassen und zu Gehör zu bringen – ein grimmsches Märchen eben, so unverwechselbar als solches und in seiner charakteristischen sprachlichen Gestalt, die einen so großen Dichter wie Wilhelm Raabe einmal in seinem großartigen Roman »Meister Autor« formulieren ließ: »Er bellte wie ein Hund aus den Brüdern Grimm.« Ein größeres Kompliment kann man der grimmschen Sprachkunst nicht machen.

Anmerkungen

Die Form des Vortrags wurde beigehalten.

1 Pröhle, Heinrich »Deutsche Sagen« (Rezension). In: T. F.: *Literarische Essays und Studien*. 2. München 1974. S. 395 f.

2 »Des Knaben Wunderhorn« (Rezension). In: *Jenaische Allg. Lit. Ztg.* 21./22.01.1806.

3 Bluhm, Lothar/Rölleke, Heinz: *Redensarten des Volkes, auf die ich immer horche*. Märchen – Sprichwort – Redensart. Stuttgart 1997.

Johan de Mylius

Das Zauberwort der Märchensprache

Märchensprache heißt Formelsprache, so wie die Märchenerzählung und die Märchenwelt – denken wir hier ausschließlich an die Volksmärchen – von festen Formeln leben und durch Formeln erkennbar sind.

»Es war einmal« heißt die Eingangsformel vieler Volksmärchen, und sofort öffnet sich wie durch ein Zauberwort eine andere als die uns allen bekannte alltägliche Welt. Und die Formeln sind in diesem Zusammenhang die Zusicherung des Märchens, dass alles hier fremd und traumhaft ist, dass aber auch zugleich alles so ist, wie es sein muss, und seine eigene, von uns anerkannte Ordnung hat. Nichts ist hier rein zufällig, hier walten Gesetze, und die ganze Geschichte, so grauenhaft sie auch sein mag, wird ein glückliches Ende finden.

Für Hans Christian Andersen war das Volksmärchen ein Erbe seiner armseligen Kindheitsjahre in der fünischen Provinzhauptstadt Odense. Im städtischen Armenhaus, das er dann und wann besuchte, hörte er die alten Frauen Volksmärchen erzählen, die er im Gedächtnis behielt. Viel später, als Erwachsener und schon längst als Dichter, der sich in vielen Gattungen versucht hatte, erzählte er davon einige in seiner eigenen Weise und in seiner ganz persönlichen Sprache nach.

Für den angehenden Dichter Andersen war Märchenerzählen kein Ziel. Er wollte Lyriker und Dramatiker sein und blieb sein Leben lang diesen beiden Gattungen treu. Er hat mehr als 1000 Gedichte geschrieben, und einige von ihnen, etwa zehn bis zwölf, sind in Dänemark heute noch ebenso bekannt und beliebt wie seine bekanntesten Märchen. Und er hat Komödien, Singspieltexte, Operntexte, Zauberpossen und allerlei Dramen vor allem für das Königliche Theater, später aber auch für das völkische Theater Casino verfasst.

Und dann war er Mitte der 1830er Jahre, als er die ersten Hefte mit »Märchen, für Kinder erzählt« veröffentlichte, fest davon überzeugt, dass sein Weg zum internationalen Ruhm der des Romanautors sein musste.

Sein Freund und Mentor, der damals in Europa bekannte Physiker Hans Christian Ørsted, meinte, als er die ersten Märchen und den ersten Roman von Andersen gelesen hatte, seine Romane würden ihn berühmt machen, die Märchen aber würden ihm die Unsterblichkeit eintragen. Hierzu äußerte Andersen, das glaube er nicht![1]

Seine Ambitionen galten außer dem Drama und der Lyrik vor allem dem Roman als moderner und in Dänemark damals noch ziemlich unversuchter Gattung, allerdings in der Form des Gegenwartsromans. Und Andersen als moderner Mensch und Dichter in der Frontlinie seiner eigenen Zeit wurde tatsächlich ein Wegbereiter des Gegenwartsromans in Dänemark und kam auch zu internationalem Ruhm als Romanautor, als der er in vielen Ländern bekannt war, ehe seine Märchen und Geschichten alles andere aus seiner Hand überschatteten.

Um Andersens Märchensprache richtig einzuschätzen, muss man sich kurz seinen literarischen Ausgangspunkt vor Augen halten.

Erstens einmal ist hier die Volksmärchentradition zu beachten, von der Andersen gewisse Formeln zu zeitweiligem, aber nicht häufigem Gebrauch übernimmt. Nur ganz wenige seiner Märchen, auch solche, die nun wirklich Märchen sind, signalisieren »Märchenwelt« mit Verwendung der klassischen Eingangsformel »Es war einmal« oder mit Variationen davon. Immerhin ist Andersen aber mit der damals noch lebendigen, völkischen Tradition des Märchenerzählens zutiefst vertraut, worin er sich von früheren oder zeitgenössischen Märchendichtern sowohl in Dänemark als auch im übrigen Europa unterscheidet. Mit seiner sozialen Herkunft kommt er aus dieser Tradition, hat sich aber früh davon emanzipiert, sozial, bildungsmäßig und literarisch. Beide, die Armenschicht im provinziellen Odense und die selbstbewussten, gebildeten, großbürgerlichen Kreise in der Hauptstadt Kopenhagen, dem Weimar des Nordens, sind die einmalige Voraussetzung für das Phänomen Andersen – als ständiger Zwiespalt und fruchtbarer Erfahrungsboden.

Bleiben wir einen Augenblick beim ursprünglich Völkischen als Voraussetzung für Andersen als Märchendichter und für Andersen als Persönlichkeit, dann ist es leicht zu ersehen, wie seine Sprache und Erzählweise damals wie heute als höchst ungewöhnlich auffallen mussten. Er trat aus der Tradition des Erzählens in die Welt des Schreibens – aber nicht ohne selbst im Voraus als mündlicher Erzähler Kinder in den Familien seines Kopenhagener Kreises mit Geschichten unterhalten zu haben.

Das bezeugt sein Freund Edvard Collin, Sohn von Andersens Präzeptor und »Vater«, dem Finanzdeputierten und Mitdirektor des Königlichen Theaters, Jonas Collin.

Sieben Jahre nach Andersens Tod veröffentlichte Edvard Collin 1882 ein großes Dokumentarium als Korrektiv zu Andersens Selbstbiographie, »Das Märchen meines Lebens«, und zwar mit dem Titel »Hans Christian Andersen und das Haus Collin«. Eine überraschend kritische, ja in vielen Dingen fast negative Darstellung Andersens von seinem Freund und Lebenserben.

In diesem Buch findet man aber eine kleine charmante Schilderung von Andersen als Erzähler. Edvard Collin schreibt:

> In vielen Kreisen, die zu seinem täglichen Umgang gehörten, gab es kleine Kinder, mit denen er sich beschäftigte. Er erzählte ihnen Geschichten, die er teils selbst im Moment erfand, teils aus bekannten Märchen holte. Gleichgültig ob es nun eigene Erfindung war oder Nacherzähltes, war die Erzählweise so ausschließlich seine eigene und so lebendig, daß sie die Kinder entzückte. Ihn selbst amüsierte es, seiner Laune diesen freien Spielraum zu geben. Die Rede lief ohne Halt, reichlich ausgestattet mit Redensarten, die den Kindern vertraut waren, und mit dazugehörigen Gesten. Auch dem trockensten Satz gab er Leben. Er sagte nicht: »Die Kinder stiegen in den Wagen, und dann fuhren sie ab.« Sondern: »Dann kamen sie in den Wagen, Wiedersehen Vati, Wiedersehen Mutti, die Peitsche knallte, Klatsch! Knall! und los ging's, hei wie's geht!« Diejenigen, die ihn späterhin seine Märchen haben vorlesen hören, können sich nur einen schwachen Begriff von der eigentümlichen Lebendigkeit dieses Vortrags im Kreis der Kinder machen.
>
> Zu jenen Zeiten ist es ihm allerdings nicht eingefallen, so was könnte auf andere Weise als mündlich und zur Unterhaltung von Kindern verwendet werden. Die Freude aber, die die mündlichen Erzählungen in seinen Kreisen erweckten, mußte natürlich zu der Frage Anlaß geben, ob nicht ein noch weiterer Kreis daran teilhaft gemacht werden könnte, also durch den Druck. Sollten sie aber gedruckt werden, müßten sie in seiner Redeform erscheinen.

> Jede andere Form wäre unmöglich. Die Absicht war kaum, daß die Kinder sie lesen sollten, sondern daß sie von Erwachsenen vorgelesen oder nacherzählt werden sollten, soweit möglich im Ton Andersens. Der Versuch wurde also gemacht mit einem kleinen, bescheidenen Heft in Sedezformat zum Preis von 24 Schilling [etwa 3 Euro]. Es war also preiswert und fand guten Absatz (EC 495–496).

Was hier ausdrücklich betont wird, ist der Ursprung der Märchensprache, so wie wir sie aus den gedruckten Märchen Andersens kennen, im vertrauten Familienkreis, wo Andersen als Unterhaltungsrat und gemütlicher Spielonkel aufgetreten ist und die Aufmerksamkeit der Kleinen mit Gesten und lebendig-dramatisierender Alltagssprache zu fesseln gewusst hat. Man merkt die Absicht, den aus der Sicht der damaligen Zeit und darunter auch des Freundes Edvard Collin unliterarischen Stil Andersens an einem unliterarischen Publikum zu messen, dem Kinderpublikum, und damit auch diesen Stil und diese Sprache, weit entfernt von der Norm der anerkannten Literatur, mit dem Bedürfnis der Unterhaltung eines solchen Kleinauditoriums zu erklären.

Was Edvard Collin hier nicht einfällt, ist, dass seine eigene Behauptung, ein späteres Publikum, das bei einer Dichterlesung Andersens anwesend gewesen ist, sich keinen eigentlichen Begriff von diesem mündlichen Stil habe bilden können, ebenso gut zu einer ganz anderen Konklusion leiten könnte. Hier wie in anderen Zusammenhängen ist Collin viel daran gelegen, sein Erstlingsrecht geltend zu machen. Er wisse Bescheid, er sei der Erste, er sei der Einzige. In Bezug auf den Stil hier polemisch gegen den Kritiker und Literarhistoriker Georg Brandes gerichtet, der schon 1869 einen hervorragenden Aufsatz in drei Teilen in »Illustreret Tidende« veröffentlicht hatte[2] und darin besonders Erzählweise und Stil Andersens mit großem Talent charakterisiert hatte, polemisch auch gegen andere Freunde Andersens, die besser als er, Edvard Collin, wissen wollten, was und wie Andersen eigentlich gewesen sei.

Was sich ohne Collins Wollen hier als nahe liegende Beobachtung darbietet, ist, dass die veröffentlichten Märchen und Geschichten in ihrer literarischen Form eben – literarisch sind und sich also nicht ohne weiteres direkt von der Unterhaltungssituation im biedermeierlichen Familienkreis herleiten lassen.

Die ganz nahe liegende Gefahr eines solchen persönlichen Zeugnisses, wie das Edvard Collins, weit und breit zitiert in der Literatur über Andersen, ist die Begrenzung Andersens auf das Biedermeierliche und das Kindliche, um nicht das Kindische zu sagen.

Schon der in mancher Hinsicht glänzende Aufsatz von Georg Brandes zielt auf das Kindliche als Hauptkennzeichen bei Andersen: Ein kindlicher Autor, der für Kinder begreifbar schreibt und dessen Geist aus dem Zusammenhang mit einem im Grunde kindlichen Zeitalter zu verstehen ist.

Dies wurde noch von Brandes mit Wertschätzung und Respekt gesagt. Aber schon fünf Jahre nach Collins großem und nicht besonders freundlichem Buch über den Freund konnte man in einem dänischen Lexikon über Andersen lesen: »Er schuf sich einen Lobgesang aus dem Munde der Unmündigen!«[3]

Im Fall Andersen zeigt sich, wie eine an und für sich einleuchtende Feststellung über eine dem mündlichen Stil in vielen Hinsichten ähnliche Erzählweise reduzierend und irreleitend wirken kann. Andersen war eben kein literarischer Kaspar Hauser, das heißt einer, der literarisch aus ganz jungfräulichem Boden schöpfte und frisch und unbefangen so schrieb, wie es ihm eben einfiel, weil er ohne eigentlichen Hintergrund war. Auf solche Vorstellungen hat man öfters, nicht zuletzt in Deutschland, im 19. Jahrhundert Andersen reduzieren wollen[4], teils im Versuch, Andersen als Verkörperung des romantischen Ideals zu verstehen: der Dichter als naives Kind – teils aus Unverständnis und Unterschätzung seiner Originalität in Bezug auf Sprache und Stil.

Wahr ist daran, dass Andersen ein Wegbereiter der Kinderliteratur wurde – ob er nun das eben wollte oder nicht. Wegbereiter in der Hinsicht, dass er als erster Erzählungen schuf, die die Kinder nicht von oben herab ansprachen und nicht aus didaktisch-moralisierender Sicht in die Kinderstube eindrangen.

Er gestaltete eine Sprache, die sich weithin als mündlich, einfach, unmittelbar geben konnte, eine lebendige und zeitgenössische Sprache, ganz wie dem Alltag und der vertrauten Welt entsprungen.

Indem er mit seinen frühen »Märchen, für Kinder erzählt« wirklich das Kind als Zuhörer ernst nahm – zugleich aber auch einen tieferen Sinn für die Erwachsenen mit hineinlegte –, begründete er eine ganz neue Entwicklung der Kinderliteratur – und in Dänemark auch des literarischen Stils und der Literatursprache überhaupt.

Ein Andersen-Märchen ist schon von der Sprache her einmalig und unverwechselbar. Es ist »ein Andersen« – ganz einfach. Von wie vielen Dichtern kann man das sagen? Nur von sehr wenigen, nur von den ganz großen, den wirklich originellen.

»Die Nachtigall« fängt so an: »In China, das weißt du ja wohl, ist der Kaiser ein Chinese, und alle die, die er um sich hat, sind Chinesen. Es ist nun viele Jahre her, aber just darum ist es wert, die Geschichte zu hören, bevor man sie vergißt.«[5] Das ist Andersen in einer Nussschale. Er schreibt mit größter Selbstverständlichkeit das, was niemand sonst sich zu schreiben zutrauen würde, das, was jeder Dummkopf sich selbst sagen könnte. In China ist der Kaiser ein Chinese! Ja, was denn sonst? Darin liegt das Einfache des Stils und das scheinbar Kindliche der Erzählweise – aber auch nur scheinbar. Denn das Überdeutliche des Einfachen ist zugleich ein Augenzwinkern an die Erwachsenen. Die scheinbare Solidarität mit dem Horizont des Kindes erweist sich als Ironie, als literarischer Trick. Und der abgründige Humor zeigt sich auch im nächsten Satz, wo es von der angeblich alten Geschichte heißt: »just darum ist es wert, sie zu hören, bevor man sie vergißt«. Wie kann man etwas vergessen, das man noch nicht gehört hat? Oder ist es so, dass alle Geschichten vergessen werden und dass der Dichter voraussieht, dass auch diese Geschichte dasselbe Schicksal erleiden wird? Das könnte wohl sein. Denn in einer anderen, späteren Geschichte, »Alles am rechten Platz«, heißt es, als der Erzähler etwas erklären muss: »Aber das ist eine lange Geschichte, viel zu lang für unsere geschäftige Zeit!«

Die Einleitung zur »Nachtigall« hat ihre eigene Logik – und ihren eigenen, völlig bewussten Mangel an Logik. Da ist es wohl nicht angebracht, wenn der Übersetzer logischer als Andersen selbst sein möchte. Wie zum Beispiel die sonst hervorragende Übersetzerin Gisela Perlet, die da schreibt: »In China, weißt du wohl, ist der Kaiser ein Chinese, und alle, die er um sich hat, sind auch Chinesen. Es ist nun viele Jahre her, aber gerade deshalb verdient diese Geschichte Beachtung, bevor sie vergessen wird.«[6]

»Verdient Beachtung, bevor sie vergessen wird« – das ist klar und logisch ausgedrückt. Aber Andersen öffnet eine Hintertür zum Nichts, zum Vergessen, zur Vergeblichkeit. »Vanitas« – wie die Alten es sagten, das Vergebliche alles Menschlichen. Auch des Erzählens!

An diesem Punkt angelangt, wo das Einfache, auf das Kinderpublikum Bezogene in Andersens Sprache und Erzählweise sich als alles andere als volkstümlich, einfach, schlicht oder gar naiv oder als Ausdruck mangelnder Schulung erwiesen hat, sondern als Maske, bewusste Konstruktion, erarbeiteter Stil oder – mit einem Ausdruck aus der frühen Romantik und von dem dänischen Philosophen Søren Kierkegaard wiederholt – erworbene Unmittelbarkeit, da lässt sich ein zweites Hauptmerkmal seiner Märchensprache und Erzählweise erkennen: das Spielerische, wie es sich schon von Anfang an als Humor, Ironie oder gar Satire zu erkennen gibt.

Sein Freund Edvard Collin sagt in seinem Buch über Andersen und das Haus Collin: »Gott gegenüber war er von kindlicher Gesinnung, aber der Welt gegenüber war er Humorist (472).« Der darin enthaltenen Charakterisierung seiner Religiosität würde ich nun nicht so ohne weiteres zustimmen, das können wir aber hier außer Acht lassen. Es ist der zweite Teil der Aussage, der hier von Interesse ist: »der Welt gegenüber war er Humorist«. Humorist sein heißt hier, die Welt genau zu kennen, so wie sie ist, und sie vor diesem Hintergrund mit scharfem Blick und Leichtigkeit zugleich darstellen zu können. Selbst hat Andersen gesagt, der Humor sei das Salz seiner Märchen[7], das heißt ihre innere Kraft.

Andersen ist ein großer Menschenkenner, und was uns immer beim Lesen seiner Geschichten zum Lächeln oder gar zum Lachen bringt, sind die kleinen, leicht hingeworfenen Züge allgemeinmenschlichen Benehmens oder sozialer Unordnung. Er war ein scharfer psychologischer und gesellschaftlicher Beobachter und hatte die außerordentliche Gabe, seine Beobachtungen kurz, leicht angedeutet, aber unmissverständlich ausdrücken zu können. Seine Märchensprache ist nicht die Sprachmagie phantastischer Welten. Sie ist eine Sprache, die *unsere* Welt im blitzschnellen Nu erschließt – um dann ganz ruhig und unbefangen weiterzugehen mit der Erzählung, als ob nichts passiert wäre.

Es ist keine auffällige Sprache an und für sich. Aber sie sagt alles mit ganz wenigen Worten, und oft sagt sie eines und meint etwas anderes.

Als der Soldat im »Feuerzeug« all sein plötzlich erworbenes Geld verschwendet hat, muss er seine schöne Wohnung aufgeben und in ein Dachzimmer einziehen, wo er in Armut lebt. Da heißt es: »Und keiner seiner Freunde kam zu ihm, denn es waren so viele Treppen hinaufzusteigen.« Und in der Geschichte »Die glückliche Familie« heißt es von dem alten Schneckenpaar, dem einzigen überlebenden Paar weißer Schnecken im Ampfernwald: »Die alten, weißen Schnecken waren die vornehmsten in der Welt, das wussten sie; der Wald war ihretwegen da, und der Herrenhof war da, damit sie gekocht und auf eine silberne Schüssel gelegt werden konnten.« Und die Denkweise dieser vornehmen Schnecken wird weiter so charakterisiert:

> Wie es übrigens war, gekocht zu werden und auf einer silbernen Schüssel zu liegen, konnten sie sich nicht denken, aber schön sollte es sein und überaus vornehm. Weder der Maikäfer noch die Kröte oder der Regenwurm, die sie fragten, konnten Bescheid geben, keiner von ihnen war gekocht gewesen oder hatte auf einer silbernen Schüssel gelegen.

Da das Schneckenpaar keine Kinder hatte, nehmen sie einen kleinen gewöhnlichen Schneckenjungen zu sich, und als er erwachsen geworden ist, finden sie mit Hilfe der weit umherschweifenden Mücken ein passendes Schneckenfräulein für ihn, das hundert Menschenschritte weg auf einem Stachelbeerbusch sitzt:

> Es dauerte acht Tage, ehe sie kam, aber das war just das Angenehme dabei, so konnte man sehen, daß sie von der rechten Art war.
> Und dann hielten sie Hochzeit. Sechs Glühwürmchen leuchteten, so gut sie konnten; sonst verlief das Ganze still, denn die alten Schneckenleute konnten Zecherei und Lustbarkeit nicht ertragen; aber eine schöne Rede wurde von Schneckenmutter gehalten; Vater konnte nicht, er war so bewegt. Und dann gaben sie ihnen als Erbschaft den ganzen Ampfernwald und sagten, was sie stets gesagt hatten, daß er das Beste in der Welt sei, und wenn sie redlich und anständig lebten und sich vermehrten, würden einmal sie und ihre Kinder auf den Herrenhof kommen, schwarz gekocht und auf eine silberne Schüssel gelegt werden.
> Und nachdem diese Rede gehalten war, krochen die Alten in ihr Haus hinein und kamen nie mehr heraus; sie schliefen. Das junge Schneckenpaar regierte im Wald und bekam eine große Nachkommenschaft, aber sie wurden nie gekocht und kamen nie auf eine silberne Schüssel; so schlossen sie daraus, daß der Herrenhof eingestürzt und daß alle Menschen in der Welt ausgestorben seien. Und da niemand ihnen widersprach, mußte es ja wahr sein.

> Und der Regen schlug auf die Ampferblätter, um ihretwegen Musik zu machen; und die Sonne schien, um dem Ampfernwald ihretwegen Farbe zu geben. Und sie waren sehr glücklich, und die ganze Familie war glücklich, denn sie war es.

Mit diskreten Mitteln und in einer an und für sich ganz unauffälligen Sprache äußert sich hier Andersens scharfer Blick für die eigentümliche Kombination von Dünkel und Beschränktheit, die er in den oberen Schichten des Bürgertums und in Adelskreisen vorfand. Denkweise, Ausdrucksformen, Benehmen werden hier ins Lächerliche gezogen und rührend zugleich dargestellt, und zwar so, dass sich aus dieser sozialen Fabel noch eine weitere Perspektive eröffnet: die Vorstellung vom fernen Herrenhof, wo man nach dem Tod auf einer silbernen Schüssel liegt, ähnelt gewissermaßen der Vorstellung des Christen von dem Zustand nach dem Tod, der Vorstellung von den Glückseligkeiten in der Ewigkeit! Dazu kommt dann der vermutliche Untergang des Eschatologischen: Der Herrenhof ist nicht mehr da! Was bleibt dann vom Sinn und Zweck dieses Lebens? Eine noch stärkere Beschränkung im Ausblick, ein Leben in noch absurderer, selbstzufriedenerer Glückseligkeit: »Die ganze Familie war glücklich, denn sie war es!«

Hier ist bei Andersen ein diskreter Humor, der es wagt, das absolut Sinnlose, nicht nur im sozialen Leben, was ja Ausgangspunkt der kleinen Erzählung war, sondern im diesseitigen Leben überhaupt zu umfassen. Und das alles noch den Kindern erzählt …

Vom Behaviorismus bis zur Unendlichkeit – alles liegt in der Form, die von Andersens Märchensprache umfasst wird, ob er sie Märchen oder Geschichte nennt. Eine Form ohne Grenzen, eine Gattung, die weit über die Grenzen sowohl des traditionellen Volksmärchens als auch des romantischen Kunstmärchens hinausgreift. Und eine Sprache, die alles vermag.

Dabei lässt sich ein Drittes feststellen. Als hochbewusster Künstler, allerdings mit stetem unmittelbaren und unbehindertem Zugang zum Ursprünglichen der Phantasie oder des Unbewussten, verfolgt Andersen in der Erarbeitung seiner Märchensprache auch klare ästhetische Zielsetzungen.

Es ist für die Andersen-Rezeption auch in Dänemark bezeichnend, dass seine Märchensprache nur im Lichte der Wesenszüge beschrieben worden ist, die den Abstand zur traditionellen, akademisch geprägten

Schriftsprache sichtbar und messbar machen; das heißt Simplizität, Konkretisierung, kurze Sätze, Nähe zur Alltagssprache, das leicht Verständliche, Einfache, bewusst Naive.

Dass Andersens Märchensprache aber zur gleichen Zeit – also synchron gesehen, oft auch in demselben Text – ganz andere Züge aufweist und dass sie sich diachron gesehen, das heißt über die Jahre hin, in eine völlig andere, kompliziertere Sprache entwickelt, beides ist in der Forschung und in der allgemeinen Andersen-Rezeption im Großen und Ganzen unbeachtet geblieben.

In seiner Märchensprache, Erzählweise sowie in seiner ganzen Gattungsgestaltung lassen sich insgesamt drei Typen von Ästhetik feststellen, mit denen Andersen zu verschiedenen Zeiten bewusst gearbeitet hat: die Malerei, das Szenisch-Dramatische und die Musik.

Fangen wir mit dem Szenisch-Dramatischen an:

Was in der Regel als Nähe zur mündlichen Sprache oder gar zur mündlichen Erzähltradition angesehen wird, dürfte vielmehr als Nähe zum Theater beschrieben werden.

Man vergisst oft, dass Andersens große und lebenslange Leidenschaft das Theater war. Er hatte das Glück, in einer Provinzstadt aufzuwachsen, wo es ein Theater gab. Odense war die einzige Stadt außerhalb Kopenhagens, die ein Theater besaß, und zwar seit 1796. Es hatte lange kein eigenes Personal, wurde aber von Theatergruppen gemietet, unter anderem in Andersens Kindheit von einem deutschen Theaterdirektor, der dort mit seiner Truppe deutschsprachige Vorstellungen spielte. Im Alter von 7 Jahren besuchte er zum ersten Mal das Theater mit seinen Eltern, an und für sich eine auffallende Tatsache, da seine Eltern ja ganz arm waren. 1813 hat Andersen im Theater von Odense zum ersten Mal eine Meerjungfrau, oder wie man sie nun bezeichnen soll, gesehen, in der romantischen Zauberposse von Ferdinand Kauer, »Das Donauweibchen«. In seinem frühesten Erinnerungsbuch, genannt »Das Lebensbuch« (1832), erzählt er davon:

> [Zu Hause spielte ich] auch dieses Stück, obgleich ich keine anderen deutschen Worte kannte als »Schwester« und »Bruder«. – Diese Oper gefiel mir ganz besonders, ich dachte mir selbst etwas Kauderwelsch-Deutsch aus, legte mir die Schürze meiner Mutter um die Schultern und war bald Ritter Albrecht, bald darauf schwamm ich auf einem Schemel als Donauweibchen. Meine

Mutter, die alle diese Szenen sah, erschrak und glaubte häufig, ich müsse verrückt sein, weshalb sie mir solche Spiele verbot.[8]

Der Kontakt zum Theater und seine frühen Theaterträume waren ein wichtiger Keim seiner bekannten Flucht ins Ungewisse als 14-Jähriger, seiner alles entscheidenden Reise von Odense nach Kopenhagen, wo er in den Jahren 1819–22 mit allen Mitteln das Königliche Theater bestürmte. Er wollte dort sein Glück machen, als Tänzer, als Sänger oder als Schauspieler. Alles misslang – schließlich auch sein Versuch, das Theater als Verfasser von Schauspieltexten zu erobern. Alles letzten Endes vergebens – aber jedoch mit dem glücklichen Ergebnis, dass ihm die Theaterdirektion, unter Leitung von Jonas Collin, eine Ausbildung in der Lateinschule von Slagelse anbot, weit – das heißt etwa 85 km. – entfernt von den Verlockungen des Theaters, zudem auch mit dem strengen Befehl Collins, nur zu studieren, nichts von Poeterei aufs Papier zu bringen.

Als Andersen sein Abitur und dann noch das Philosophikum und Philologikum an der Universität abgelegt hatte, debütierte er am Königlichen Theater mit einem kleinen humoristischen Vaudeville. Und seitdem war und blieb er Theaterdichter. Schauspiele, Singspieltexte, Opernlibretti, Vaudevillen, Tragödien, Komödien, insgesamt eine Produktion von etwa 30 Theatertexten in erster Linie für das Königliche Theater, dann noch ab 1849 auch für das neue völkische Theater Casino in Kopenhagen. Mit großen Niederlagen und Enttäuschungen, aber auch mit beachtlichen Erfolgen.

Dazu kommt, dass Andersen ein außerordentlich fleißiger Theatergänger war, in Dänemark wie auch im Ausland. Er war ein Kenner der europäischen Hauptbühnen, ein Kenner der technischen Möglichkeiten des Theaters, ein Kenner von Repertoire und von Schauspielern.

Trotzdem sind seine Theaterstücke heute längst in Vergessenheit geraten. Wir aber dürfen nicht vergessen, dass der Märchendichter Andersen ein leidenschaftlicher Theatermensch war. Denn seine »theatralische Sendung« – um an Wilhelm Meister zu erinnern – kam erst zur vollen Blüte in der Prosa des Märchens.

Wenn man seine Märchen mit den Volksmärchen vergleicht, springt es ins Auge, dass die Volksmärchen vor allem *erzählt* sind. Dialoge gibt es hier wenig, verständlich, denn bei zu vielen Dialogen ist es schwierig, genau zu behalten und weiterzuerzählen nach Erinnerung des Erzählten. Andersen dagegen hat einen wahren Reichtum an Dialogen in seinen Texten, und zwar Alltagsdialoge, nicht bedeutungsschwere Gespräche, sondern was zwischen dir und mir gesprochen werden könnte. In einigen Texten, wie zum Beispiel »Es ist ganz gewiß«, kommt es so weit, dass fast der ganze Text aus Dialogen besteht.

Das ist der ganz eigenartige Ton in Andersens Märchen. Das Mündliche seines Stils – wenn es überhaupt da ist – stammt nicht vom Volksmärchen, auch nicht aus anfänglichem mündlichem Auftreten als Unterhalter in Familienkreisen. Es ist der Theaterdichter Andersen, der sich hier losschlägt. Um es kurz und bündig zu sagen: Das Märchen wurde seine eigentliche Bühne. Was ihm nicht immer so recht im Theater gelang, das alles kam zur Blüte in der Prosa seiner Märchen. Wie auch der spätere Impressionist dänischer Prosa, Herman Bang, der lange auch in Deutschland berühmt war, hat er die Prosa revolutioniert, indem er das Erzählen in eine dramatische Vorführung verwandelte, seine Personen auftreten und reden ließ und sich teilweise auf die Rolle des phänomenologischen Beobachters und diskret verborgenen Puppenführers beschränkte. Das Puppentheater, das ihm in seiner Kindheit der Vater schnitt, war eine Quelle seines späteren Dichterlebens. Ein Wilhelm Meister aus dem Proletariat in Odense.

Das Szenisch-Dramatische ist nur *eine* Seite der künstlerischen Bestrebung, die man in Andersens Märchen-Prosa feststellen kann. In der ersten Hälfte seines Schaffens, das heißt insbesondere in den 1830ern und teilweise auch noch in der ersten Hälfte der 1840er Jahre, erkennt man deutlich das Bestreben, in der Beschreibungstechnik so vorzugehen wie die Maler.

Schon in seinem ersten Reisebuch, »Schattenbilder einer Reise in den Harz und in die sächsische Schweiz« (1831), findet man das Malerische direkt programmatisch formuliert: »Der Dichter weicht dem Maler nicht!«[9] Und in den »Schattenbildern«, die eine Entdeckungsreise in die romantische Natur sind, gibt es eine Menge von Naturbeschreibungen, die sich alle als Malereien, als Gemälde darstellen. Hier der Vordergrund, da der Zwischengrund, dort der Hintergrund – und dazu noch eine sorgfältige Farbgebung der Landschaften.

Andersens Lehrer und Freund, der Physiker Hans Christian Ørsted, hat ihm auch einige Jahre später gesagt, er, Andersen, sei ein Maler mit der Feder.[10]

In Andersens frühen Gedichten dient das Genregemälde, das Landschaftsgemälde, überhaupt das Malerische oft als Inspirationsquelle oder direkt als Form und Inhalt zugleich. Andersens frühe Romane, nicht zuletzt »Der Improvisator« (1835), der in Italien spielt, teilweise aber auch »O. Z.« (1836) und »Nur ein Geiger« (1837) enthalten auch faszinierende und farbenstrahlende Landschaftsschilderungen.

Auch in den Märchen findet man eine Menge solcher Malereien, hier oft als bedeutsamer Bestandteil der Symbolik. Man denke nur an Märchen wie »Der Reisekamerad«, »Die wilden Schwäne«, »Die Meerjungfrau«, »Die Nachtigall« oder »Die Glocke«.

Vergleicht man »Die wilden Schwäne« mit dem zugrunde liegenden dänischen Volksmärchen »Die elf Schwäne« (in einer Buchausgabe von Mathias Winther 1822[11], die Andersen gelesen hat), sieht man, dass Andersens Fassung etwa den zehnfachen Umfang von der des Volksmärchens hat. Und weshalb? Teils auf Grund des umfangreichen Dialogs bei Andersen, teils wegen der vielen Naturbeschreibungen, die vor allem dem Zweck der Symbolbildung im Text dienen.

Nehmen wir hier als Beispiel das Zwischenspiel in »Die wilden Schwäne«, als die in Schwäne verzauberten Brüder mit Elisa über das große Meer ins fremde Land fliegen, eine von Andersen hinzugedichtete Episode, die so aussieht:

> Sie waren so hoch oben, daß das erste Schiff, das sie unter sich sahen, eine weiße Möwe zu sein schien, die auf dem Wasser lag. Eine große Wolke stand hinter ihnen, das war ein ganzer Berg, und darauf sah Elisa ihren eigenen Schatten und den der elf Schwäne, so riesengroß flogen sie da. Es war ein Bild, prächtiger als sie früher je eines gesehen hatte; aber als die Sonne höher stieg und die Wolke weiter hinter ihnen zurückblieb, verschwand das schwebende Schattenbild.
>
> Den ganzen Tag flogen sie wie ein sausender Pfeil durch die Luft, aber doch war es langsamer als sonst, nun sie die Schwester zu tragen hatten. Es zog ein böses Wetter auf, der Abend näherte sich; angstvoll sah Elisa die Sonne sinken, und noch war die einsame Klippe im Meer nicht zu erblicken. Es kam ihr vor, als machten die Schwäne stärkere Schläge mit den Flügeln. Ach, sie war schuld daran, daß sie nicht schnell genug vorwärtskamen; wenn die Sonne untergegangen war, würden sie zu Menschen

> werden, ins Meer stürzen und ertrinken. Da betete sie aus dem Innersten ihres Herzens ein Gebet zu Unserm Herrn, aber noch erblickte sie keine Klippe. Die schwarze Wolke kam näher, die starken Windstöße verkündeten einen Sturm, die Wolken standen in einer einzigen, großen, drohenden Welle, die fest wie Blei vorwärtsschoß, Blitz flammte auf Blitz.
> Nun war die Sonne gerade am Rande des Meeres. Elisas Herz bebte, da schossen die Schwäne hinab, so hastig, daß sie zu fallen glaubte, aber nun schwebten sie wieder. Die Sonne war halb unter dem Wasser; da erst erblickte sie die kleine Klippe unter sich, sie sah nicht größer aus, als ob es ein Seehund wäre, der den Kopf aus dem Wasser streckte. Die Sonne sank so schnell, nun war sie nur noch wie ein Stern; da berührte ihr Fuß den festen Grund, die Sonne erlosch gleich dem letzten Funken im brennenden Papier. Arm in Arm sah sie die Brüder um sich stehen; aber mehr Platz als gerade für diese und für sie war auch nicht da. Die See schlug gegen die Klippe und ging wie ein Regenschauer über sie hin; der Himmel leuchtete in einem ständig flammenden Feuer, und Schlag auf Schlag rollte der Donner; aber Schwester und Brüder hielten sich an den Händen und sangen einen Psalm, wovon sie Trost und Mut bekamen.

Dramatische Bewegung, eindrucksvolle Lautkulisse, aber vor allem: Malerei. Und wozu denn dieser Einschub, der ganz ohne Hintergrund im Volksmärchen ist und keine Bedeutung für die Handlung auch in Andersens Version hat? Die malerische Schilderung hat Symbolfunktion. Die Klippe im aufgewühlten Meer ist ein Sinnbild des Glaubens!

Das Malerische als ästhetische Norm kulminiert in der Skizzensammlung »Bilderbuch ohne Bilder« (1839), ein Werk, das zu Andersens Zeit mehrmals ins Deutsche übersetzt wurde und bei deutschen Lesern einen weit größeren Anklang fand als je beim dänischen Publikum. Danach klingt dieser ästhetische Trend während der 1840er Jahre mehr und mehr ab, um nach 1850 von neuen Tönen abgelöst zu werden.

Nach 1850 taucht die neue Gattungsbezeichnung »Geschichten« auf bei Andersen. Überall spürt man hier bei Andersen, dass eine neue Zeit angebrochen ist. Die Zeit einer neuen demokratischen Gesellschaftsform hat mit dem Grundgesetz von 1849 begonnen. Die Urbanisierung wird besonders in der Umwandlung der Hauptstadt deutlich, neue Schichten der Gesellschaft werden politisch sichtbar, die Klassen der Bauern und der Arbeiter. Neue Verkehrsmittel verwandeln das tägliche Leben, die Fortschritte in Technik und Wissenschaft bestimmen die Tagesordnung, Politik nimmt den früheren Erstlingsplatz von Kunst und Poesie ein.

Andersens Stil, seine Gattung, seine Erzählweise, alles ändert sich in den folgenden Jahren. Oft schreibt er nun Texte, die sich auf den stofflichen Charakter des Textes an sich sozusagen zurückziehen. Sie werden nach neuen innertextlichen Kompositionsprinzipien aufgebaut, Sinn der Geschichte wird nun oft erst in der Sprache selbst sichtbar. Kurz: Was früher noch Märchen oder Erzählung war oder gar Schilderung, Malerei oder Kleinbühne der Wirklichkeitsinszenierung, wird jetzt eher Musik oder Lyrik.

In der Sprache wird alles vollbracht, wie in »Der Wind erzählt von Waldemar Daae und seinen Töchtern«, wo das Hinfahren des Windes eins ist mit dem Hinfahren menschlicher Schicksale, ja des Lebens und der Zeit überhaupt. Das Sausen des Windes ist der Klang der Erzählerstimme. »Hu-u-uh, fahre hin, fahre hin« heißt es in der deutschen Übersetzung. Auf dänisch »Hu-u-ud, fare hen«. »Hu-u-ud« meint hier auch »raus, raus«, das Sausen des Windes ist die Sprache der Zerstörung, des Auflösens, des Todes.

Dieses eine Beispiel darf hier repräsentativ auf das nicht unwichtige Problem bei diesen späten, musikalisch-lyrischen Andersen-Texten hinweisen: Wenn Andersens Prosa hier so exklusiv mit Reim, Rhythmus, Klang und anderen Stilmitteln arbeitet, ist es dann überhaupt möglich, das eigentlich Ästhetische dieser Texte in einer Übersetzung wiederzugeben?

Die Frage beantwortet sich selbst. Es gibt sehr gute und einleuchtende Gründe dafür, dass diese Phase seiner Produktion im Ausland wenig bekannt ist. Sie ist rein thematisch gesehen schwieriger zugänglich, und die Musik der Sprache kann ein Übersetzer unmöglich nachgestalten.

Was man als Modernität und überraschende sprachliche Errungenschaft beim späten Andersen erkennen kann, ist und bleibt draußen in der großen Welt, wo Andersen so berühmt ist, ein geschlossenes Buch, von dessen Existenz kaum jemand weiß.

Das Zauberwort seiner lyrisch-musikalischen Sprache der Spätzeit, das in einer Zeit der unübersehbaren Umwandlung neue Textualität und damit eine neue Existenzform der Kunst und des Künstlers selbst erschafft, bleibt ein unglaubliches Märchen im Ohr des Auslandes, wo man sich mit des Dichters Schatten begnügen muss. Der Schatten, der seinen Herrn überlebte und sich vor den Augen der Welt groß machte.

Anmerkungen

1 HCA in einem Brief an Henriette Wulff vom 16. März 1835.
2 »Andersens Eventyr«, nachgedruckt u. a. in: Bredsdorff, Elias: *H. C. Andersen og Georg Brandes*. Kopenhagen 1994.
3 Hansen, P. in: *Dansk Biografisk Leksikon*. Bd. 1. Koph. 1887, S. 240.
4 Siehe Möller-Christensen, Ivy York: *Den gyldne trekant*. H. C. Andersens gennembrud i Tyskland 1831–1850 med tilhørende bibliografi. Odense 1992.
5 Manesse Verlag 1989, »Auf Grund älterer Übersetzungen herausgegeben und zum Teil neu übersetzt von Fl. Storrer-Madelung«, hier dem dänischen Original sehr treu!
6 Andersen, Hans Christian: *Märchen und Geschichten*. Bd. 1. München 1996.
7 Tagebuch vom 4. Juni 1875.
8 Übersetzt von Gisela Perlet, S. 27.
9 Im ersten Kapitel genannt »Keine Vorrede«.
10 Brief vom 16. März 1835 an Henriette Wulff.
11 Winther, Mathias (Hrsg.): *Danske Folkeeventyr* (1822).

Heinz-Albert Heindrichs

Was wussten die Grimms vom goldenen Schnitt?

Das ist eine Frage, die in 150 Jahren Grimmforschung noch niemand gestellt hat. Mir ist diese Frage wohl deshalb zugefallen, weil mich das Ereignis der Schönheit, der harmonischen, vollkommenen Form seit jeher umtreibt und ich als Künstler wie als Kunstbetrachter ein Gespür dafür entwickelt habe, wo es zu finden sein könnte. So scheint es ausgerechnet mir vorbehalten, entdeckt zu haben und nachweisen zu können, dass eine Reihe der grimmschen Märchen den Proportionen des goldenen Schnitts entspricht.

I

An der Vervollkommnung ihrer Märchensprache haben die Grimms nahezu ein halbes Jahrhundert gefeilt, seit der ersten Ausgabe von 1812 bis zur letzten von 1857; vor allem »Wilhelm Grimm«, so schreibt Heinz Rölleke im Nachwort seiner Reclam-Ausgabe, »hat mit seinen Umarbeitungen und Erweiterungen ... einen Märchenton gefunden und zu stilistischer Vollendung geführt, der allein schon durch seinen Erfolg gerechtfertigt ist«, und er zitiert Theodor Fontane, der meint, dass bei den Märchen der Grimms die »sprachliche Behandlung« entscheidend sei und »beinah wichtiger als das Sammeln selbst. Der Stoff findet sich schon; was ihm erst Wert leiht,« so Fontane, »ist der Vortrag; der Ton entspricht dem Odem, der Leben und Seele gibt.«[1] Dass vor allem Wilhelm Grimm mit seinen sprachsensiblen Umarbeitungen nicht nur die Sinn- und Bildhaftigkeit des Stoffs zu erhöhen dachte, sondern zugleich nach der Harmonie der Formen gesucht und dabei zu goldenen Schnittproportionen gefunden hat – diese Vermutung liegt eigentlich ganz nah.

Aber wie die Grimms zu ihnen gekommen sind: Ob sie bewusst gesucht, ob sie die Bauhüttengeheimnisse früherer Zeiten gekannt haben

– oder ob sie unbewusst, aus dem eigenen Formgespür und durch Intuition zu ihnen fanden –, das haben sie uns nicht verraten. Doch um es gleich vorweg zu sagen – für den Nachweis von goldenen Schnitten bei Grimm ist eine Antwort darauf von sekundärer Bedeutung. Denn die heutigen Forschungserkenntnisse zeigen uns in überwältigender Vielgestalt, dass es die Proportionen des goldenen Schnitts als eine Art Schönheitsgrundriss allüberall zu entdecken gibt: in der Bildung von Kristallen, in der belebten Natur bei Blättern, bei Moosen, im Blütenkorb von Sonnenblumen und Disteln, beim Bau eines Kiefernzapfens ebenso wie bei der Wachstumsspirale von Muscheln (Abb. 1), in der Spannweite von Libellen- und Schmetterlingsflügeln oder in der Anordnung der Augen beim Pfauenrad – schließlich und vor allem aber im Körperbau des Menschen selbst, nämlich im Verhältnis seiner Gliedmaße zueinander. Und so scheint es geradezu zwingend, dass Menschen, die ein Kunstwerk zu gestalten suchen, diesen Schönheitsgrundriss unbewusst oder bewusst finden und wiederholen, sei es in Bildern, Sprache oder Musik, sei es in Bauwerken oder Skulpturen.

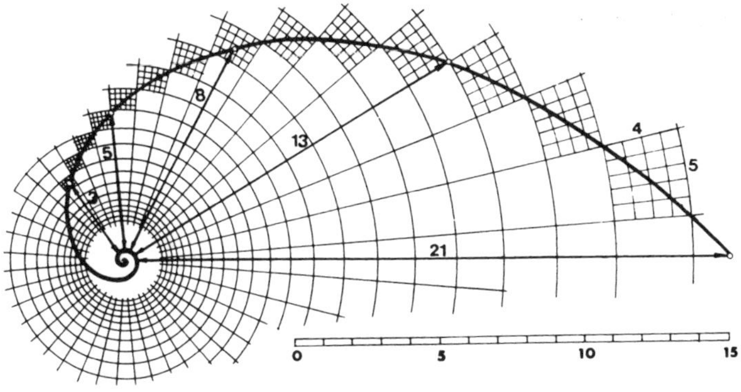

Abb. 1: Wachstumsspirale und goldener Schnitt bei der Muschel.

Die Altertumsforschung kann nachweisen, dass bei Baudenkmälern aus den verschiedensten Kulturen schon früh goldene Schnittzahlen verwandt worden sind – so bei ägyptischen und bei aztekischen Pyramiden, bei chinesischen Pagoden, bei japanischen Häusern und auch beim Sonnentempel von Stonehenge. Für unseren Kulturkreis wurde der römische Architekt Vitruv zum bedeutenden Anreger: Seine »Zehn Bücher über Architektur«, die er im Jahre 25 vor Christus schrieb, beginnen mit dem Vorschlag, die Tempel fortan nach den Maßen des menschlichen Körpers zu errichten, weil er in seinen Proportionen die vollkommenste Harmonie aufweise.[2]

Für die Proportionen einer vollkommenen Harmonie gilt der goldene Schnitt, bei dem sich die kleinere Zahl zur größeren verhält wie die größere zur Summe beider Zahlen, formelhaft ausgedrückt a : b = b : (a + b). Der mittelalterliche Mathematiker Fibonacci (1180–1250) fand die folgende Zahlenreihe 1 : 1 : 2 : 3 : 5 : 8 : 13 : 21 : 34 : 55 : 89 : 144 ..., bei der der Quotient zweier benachbarter Zahlen die beste rationale Annäherung an die goldene Schnittzahl darstellt. Diese Quotienten gelten seither als »proportio divina«, als das göttliche Verhältnis, das dort, wo es sich einstellt, den schönsten, den harmonischsten, eben den »goldenen Schnitt« verheißt. Fibonacci soll seine Reihe kurioserweise dadurch gefunden haben, dass er für Kaiser Friedrich II. errechnen sollte, wie unter idealsten Bedingungen das Wachstum einer Kaninchenpopulation verläuft.[3]

Der goldene Schnitt, der sich auch geometrisch, als Streckenteilung, darstellen lässt, mit dem sich komplizierte Dreieckskonstellationen, Pentagramme, Fünfecke und schließlich Raumkonstellationen bilden lassen – er wurde vor allem in der Renaissance zum Maßstab der Künste. In seinen Skizzenbüchern hat Leonardo da Vinci den menschlichen Körper nach den Proportionen des goldenen Schnitts vermessen und ihn damit, für seine Zeit, zum goldenen Maß aller Dinge erhoben. (Abb. 2) Das berühmteste Bauwerk der Renaissance, das nach der Zahlenreihe Fibonaccis erbaut wurde, ist Brunelleschis Kuppelbau des Florentiner Doms: Seine Gesamthöhe beträgt 144 Meter, Unterbau und Kuppel stehen im Verhältnis 89 : 55 Meter, und weitere Fibonacci-Zahlen bestimmen die Gliederung der Details. Zur Einweihung des Doms im Jahre 1436 schrieb der bedeutendste Komponist der Epoche, Guillaume Dufay (1400–1474), eine Festmotette, welche die Maßzahlen des Kuppelbaus im Aufbau der Form und in der Auszählung der Töne und Stimmen genau übernahm.[4] Das zeigt, welch öffentliche Bedeutung dem goldenen Schnitt in der Renaissance beigemessen wurde. Zuvor, in der Gotik, etwa beim Kölner Dom, wie auch wieder in späteren Zeiten, wurden Bau- und Kompositionspläne ja eher als Bauhüttengeheimnisse gehütet und nicht preisgegeben.

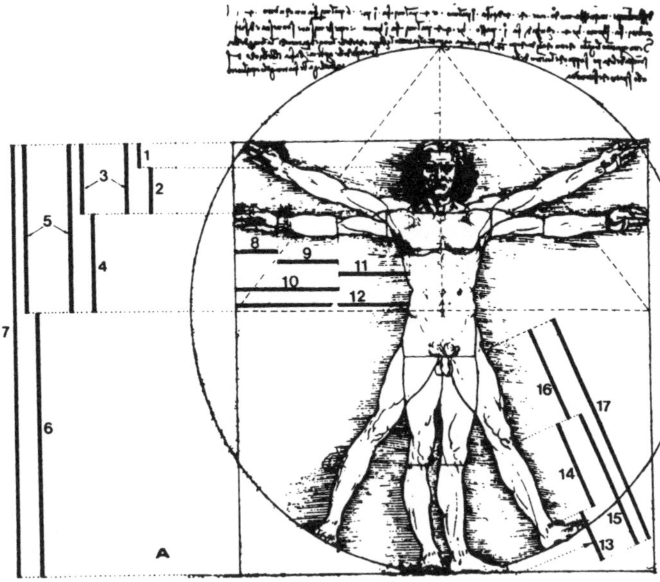

$$1:2=2:3=3:4=4:5=5:6=6:7=7:8=8:9=9:10=10:11=11:12=$$
$$12:13= \ :13:14 = 14:15 = 15:16 = 16:17 = \pm\ 0{,}617$$

Abb. 2: Leonardo da Vincis Proportionen des menschlichen Körpers, vermessen nach dem goldenen Schnitt.

In der Musik vollzog sich zur Zeit Dufays ein grundlegender Wandel: Gegenüber den alten Kirchentonarten setzte sich die Durtonleiter und damit der Durdreiklang als Basis eines neuen harmonischen Systems durch.[5] Damals wusste man noch nicht, was man heute weiß: dass nämlich jeder Ton, der instrumental erzeugt wird, aus einer Summe von Teiltönen, von Obertönen, besteht, die einer immer gleichen Anordnung folgen; dabei ergeben die Teiltöne 2, 3, 5 und 8 – es sind der Grundton, die Quint, die große Terz und die Oktav – jeweils den Durdreiklang als eine Art Naturharmonie – und es ist schon verblüffend, dass dies die Maßzahlen des goldenen Schnitts sind.

II

Keine Disziplin hat sich so sehr auf das Bemessen von Form- und Zeitproportionen konzentriert wie die Musik; weil sie von sich aus keine

Bilder, keine Erzählfäden vorbringt, ist für sie ja die Form – und deren Entfaltung in der Zeit – der eigentliche Inhaltsträger. Das lässt sich schon an den einfachsten Formen von Volksliedern erkennen, zumal an denen, die aus nur acht Takten bestehen – und davon gibt es ungezählt viele. Die meisten von ihnen haben ihren Höhepunkt, nämlich den Spitzenton ihres melodischen Bogens, im fünften Takt, teilen also die Zeitstrecke 8 in ein Spannungsverhältnis von 5 : 3. Dazu drei Beispiele: ein Tanzlied (Brüderchen, komm tanz mit mir), ein Soldatenlied (O Straßburg, o Straßburg, du wunderschöne Stadt) und ein Kirchenlied (Es kommt ein Schiff geladen). Manche Liedbögen haben auch das Verhältnis 3 : 5, und dann liegt der Spitzenton in der ersten Hälfte, was für die Spannungsverteilung ungünstiger ist. Dazu als Beispiel ein Kinderlied (Fuchs, du hast die Gans gestohlen). Das erste Verhältnis nennt man den positiven, das zweite den negativen Schnitt.

So groß der Formenreichtum aber auch sein mag, den Kunst und Natur entfalten, er lässt sich fast immer zurückführen auf ein elementares Grundverhältnis, nämlich auf das von Entsprechung und Gegensatz. Entsprechung – das ist Wiederholung, Variante, Reihungsform, Episode, Strophe, Litanei, Ritual. Spannungsreicher sind freilich die Formen, die aus einem polaren Gegensatz bestehen: Frage und Antwort, Strophe und Refrain, These und Antithese, Schwarz und Weiß, Gut und Böse – aus allen Bereichen des Lebens lassen sich solche Gegensatzpaare zusammentragen, und was die Märchen angeht, so fallen uns dabei solche zweiteiligen wie »Frau Holle« oder »Die kluge Else« ein.

Für das Hören von Musik wie für das Erzählen von Geschichten gilt wohl, dass erst im Zusammenspiel von Entsprechung und Gegensatz die Zeit in ihrer inneren Dimension erlebt werden kann. Das Erleben von Zeit entsteht so vor allem dadurch, dass die augenblickliche Wahrnehmung mit Erinnerungen verknüpft wird, mit der Wiederholung von Erfahrenswerten, die unverändert oder in verschleierter Gestalt wiederkehren und erkannt werden wollen. Entsprechung und Gegensatz – das bedeutet ein Verknüpfen von Gegenwärtigem mit Vergangenem, von Augenblickswahrnehmung mit Erinnerung – und das Geheimnisvolle ist: Im Hörvollzug steigern sich Augenblick und Erinnerung aneinander zu neuer Qualität – sie spannen das Vorstellungsvermögen an und wekken Erwartungen auf ein Drittes, auf Zukünftiges – und so werden wir gerade durchs Hören befähigt, die drei Zeiten Vergangenheit, Gegenwart und Zukunft simultan zu erfahren.

So kommt es, dass Entsprechung und Gegensatz fast immer von einer Zweier- zu einer Dreierbeziehung streben: A B A – Stollen, Stollen, Abgesang – Exposition, Durchführung, Reprise – These, Antithese, Synthese – Vergangenheit, Gegenwart, Zukunft. Nirgends ist das Verhältnis von 2 auf 3 so grundlegend ausgehört worden wie in der Musik: So lässt sich vor allem jedes rhythmische Gefüge auf ein Wechselspiel von geraden und ungeraden, von Zweier- und Dreierbeziehungen zurückführen – und Melodiebögen, Satzbögen und auch größere Formzusammenhänge spannen und entspannen sich am häufigsten im Verhältnis von 2 : 3, also in den Maßzahlen des goldenen Schnitts –, und so lässt sich wohl annehmen, dass sie in der sinnlichen Wahrnehmung des Menschen naturgemäß angelegt sind.

Dass die Verhältniszahlen 2 und 3 den Erzählstil der Volksmärchen grundlegend bestimmen, bedarf wohl keiner Interpretation. In Erinnerung gebracht sei das Achtergewicht, das stets auf die Drei fällt, wenn nämlich der dritte Versuch glückt; sodann das Wiederholungs- und Variationsprinzip, das den Fortgang der Zeit gewissermaßen einkreist – vor allem die Gliederung in Episoden, die sich ja zumeist in Dreierschritten vollzieht –, schließlich die Verknüpfung der drei Zeiten Vergangenheit, Gegenwart, Zukunft zu einem ganzheitlichen Erlebensraum, und diese Anwesenheit von Vergangenheit und Zukunft in der Gegenwart ist in den Märchen besonders präsent:

»Es war einmal, es wird eines Tages sein, das ist aller Märchen Anfang.«

Dass in den grimmschen Märchen auch Schnittproportionen in der kunstvolleren Verknüpfung von 2, 3, 5 und 8 auftauchen, habe ich schon in früheren Veröffentlichungen mitteilen können[6]; sie hängen zumeist mit der Platzierung von Singversen zusammen. So wird im Märchen »Die Gänsemagd« (KHM 89) der Klageruf »Wenn das deine Mutter wüßte, das Herz im Leibe tät ihr zerspringen« fünfmal ausgesprochen – in der ersten Episode zweimal von den drei Blutstropfen, in der zweiten Episode, leicht verändert, dreimal vom Pferdekopf; fünfmal hört ihn die Königstochter, dreimal das Kürdchen und zweimal der König – zudem werden die fünf Klagesprüche durch die drei Windsprüche kontrapunktiert, die dem Kürdchen das Hütchen vom Kopfe wehen. Ein rhythmisch höchst differenziertes Zeitgefüge findet sich im Märchen »Von dem Machandelboom« (KHM 47): Das Lied, das der Vogel achtmal singt – und zwar fünfmal als durchlaufende Strophe und dreimal mit Einschüben der Zuhörer – ist für sich genommen eine Art Rondoform im goldenen Schnitt.

III

Die Idee, grimmsche Märchen insgesamt nach goldenen Schnittzahlen zu befragen, ist mir zwar ganz plötzlich gekommen; aber sie basiert zum einen auf langen kompositorischen Vorerfahrungen, zum andern auf meinen Analyseseminaren an der Hochschule, in denen ich mich mit Formproblemen der Neuen Musik herumgeschlagen habe. Was den goldenen Schnitt betrifft, so bin ich besonders bei Stücken von Bela Bartok fündig geworden; ich habe herausgefunden, dass er vor allem seine chromatisch komponierten Sätze nach Regeln des goldenen Schnitts gebaut hat. In seiner »Musik für Saiteninstrumente, Schlagzeug und Celesta« von 1936, einem der Meisterwerke des zwanzigsten Jahrhunderts, verwendet er die Fibonacci-Reihe, um ein Höchstmaß an Spannung und Vollkommenheit zu erzielen.[7] Der erste Satz, eine so genannte Fächerfuge, hat 89 Takte; sein Höhepunkt liegt hörbar bei Takt 55; bis dahin durchläuft das Fugenthema in zwölf chromatischen Einsätzen drei Durchführungs-Abschnitte, die in Längen von 21 + 13 + 21 Takten gegliedert sind; im zweiten, 34 Takte langen Teil laufen die Fugeneinsätze dann verkürzt, in Umkehrungen und im Spiegel quasi zurück und bilden dabei Abschnitte von 13 + 8 + 5 + 8 Takten:

1	Durchführung des Fugenthemas	21	
2	Durchführung	+ 13	= 34
	Engführung	+ 21	= 55
	Umkehrungen des Fugenthemas	13	
	Verkürzte Umkehrungen	+ 8	= 21
	Thema im Spiegel	5	
	Fugenköpfe	+ 8	= 13

So ist der ganze Satz exakt nach Fibonaccis Zahlenreihe gebaut, und zwar im so genannten positiven Schnitt 55 : 34; und auch der dritte Satz ist so gestaltet, jedoch im negativen Schnitt 34 : 55. Über die Verwendung seiner Kompositionsmethode hat Bartok nirgends eine Aussage gemacht; sie blieb sein Werksgeheimnis, und die Frage ist: Haben auch die Grimms von den Fibonacci-Zahlen gewusst und dies nicht verraten – oder haben sie zu solchen Proportionen intuitiv gefunden?

Bevor wir jedoch grimmsche Märchen in ähnlicher Weise vermessen, gilt es einen wichtigen Faktor zu bedenken. Fibonacci hat seine Zahlenreihe in Verhältnissen ausgedrückt, also in Brüchen, zum Beispiel 89 : 144, das ergibt 0,61805555...; nehme ich die Fibonacci-Zahlen 55 : 89, so ergeben sie 0,617977528... Mathematiker haben herausgefunden, dass die irrationale goldene Schnittzahl[8] zum einen eine Sonderstellung unter den irrationalen Zahlen besitzt und zum anderen durch die rationalen Quotienten der Fibonacci-Reihe am besten approximiert werden kann.[9] Die folgende Tabelle zeigt, dass alle Fibonacci-Verhältnisse einen anderen Quotienten haben; erst in oberen Zahlenbereichen nähern sich die Quotienten dem Wert von 0,618 an. (Abb. 3) Das Verhältnis lässt sich auch umdrehen, etwa 89 : 55, und das ergibt dann aufgerundet nicht 0,618, sondern 1,618. Für die Bildung einer goldenen Schnittreihe ergibt sich daraus folgendes Rechenprinzip: Will ich die untere Verhältniszahl etwa von 21 ermitteln, so muss ich sie mit 0,618 malnehmen, das ergibt dann 12,978, aufgerundet 13; will ich die obere Zahl ermitteln, so muss ich sie mit 1,618 malnehmen, und das ergibt 33,978, aufgerundet 34.

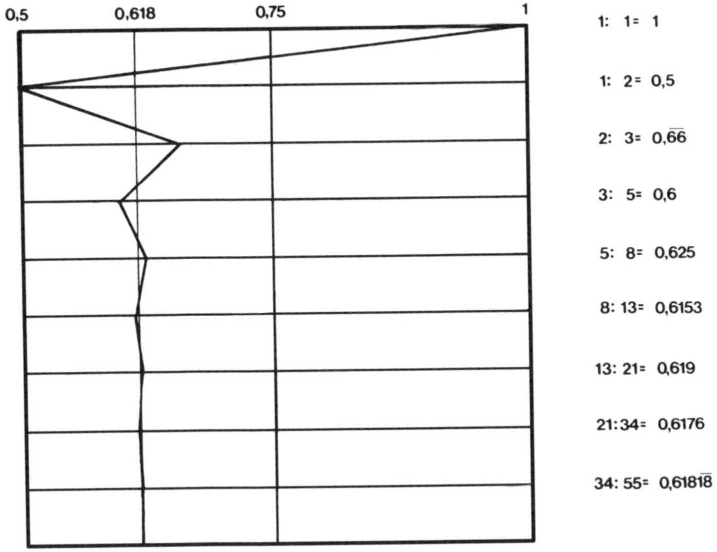

Abb. 3 : Annährung der aus den Fibonacci-Zahlen gebildeten Quotienten an das irrationale Verhältnis des goldenen Schnitts.

Die Fibonacci-Zahlen sind für den goldenen Schnitt die idealsten und auch am einfachsten zu handhaben; aber ich kann mit den beiden Quotienten auch andere Zahlenreihen aufstellen. Nehme ich als obere Zahl etwa 46, so ergibt sich, mit 0,618 multipliziert, eine untere Zahlenreihe von 28,5 – 17 – 11 – 7. Mit diesen Zahlen, so fand ich heraus, hat Bartok die chromatische Einleitung seiner Sonate für zwei Klaviere und Schlagzeug gegliedert.[10] Ein berühmtes Beispiel dafür, dass sich die Fibonacci-Reihe transponieren lässt, ist der so genannte Modulor von Le Corbusier, entworfen im Jahr 1950. (Abb. 4) Es ist sein Versuch, Architektur und Umwelt nach den goldenen Schnittmaßen des menschlichen Körpers zu gestalten. Bei einer angenommenen Normalgröße des Menschen von 183 cm ergibt sich, mit 0,618 multipliziert, die Schnittreihe 183 – 113 (Nabelhöhe) – 70 – 27: Le Corbusier nennt sie die »rote Reihe«. Mit erhobenem Arm erreicht seine Modulfigur eine Höhe von 226 cm, das ist das Doppelte der Nabelhöhe; daraus leitet Le Corbusier eine zweite Schnittreihe ab, die er die »blaue Reihe« nennt: 226 – 140 – 86 (Hüfthöhe). Mit diesen beiden Reihen hat Le Corbusier nicht nur Häuser gebaut, sondern auch Wohnungen, zum Beispiel Küchen eingerichtet.

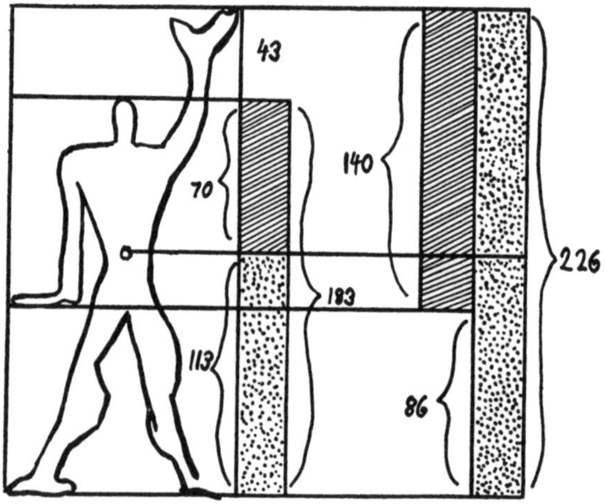

Abb. 4: Le Corbusier: Der Modulor. Darstellung eines in Architektur und Technik allgemein anwendbaren harmonischen Maßes im menschlichen Maßstab.

IV

Nun aber zu den grimmschen Märchen. Mit ihnen möchte ich etwa so verfahren wie Le Corbusier bei seinem Modulor, und wie ich selbst es schon bei den Analysen zu Bartoks Musik getan habe: Dort zählte ich die Takteinheiten, beim Märchen zähle ich nun die Summe seiner Zeilen, nehme sie mit 0,618 mal und erhalte so die jeweilige Zahlenreihe des goldenen Schnitts. Zugrunde lege ich die Reclam-Ausgabe von Heinz Rölleke, wobei ich erstaunt festgestellt habe, dass die Schnittzahlen, die herauskommen, den Fibonacci-Zahlen mitunter sehr nahekommen.[11]

Um das zu zeigen, beginne ich mit den »Sieben Raben« (KHM 25). Das Märchen hat 93 Zeilen und fünf Abschnitte; wenn ich die halb gefüllten Zeilen an den Abschnittsenden abziehe, sind es 91 Zeilen: Das ist der Fibonacci-Zahl 89 sehr nahe; und so ergibt sich bei Abrundung der Schnittzahlen nach unten hin eine immer größere Angleichung: 91 – 56 – 35 – 21 – 13 – 8 – 5. Die Abschnitte gliedern exakt die fünf Episoden des Märchens und haben bei Rölleke folgende Zeilenzahlen:

1	Die Verwünschung des Vaters	20	= 20
2	Das Mädchen	23,5	
3	und seine Suchwanderung	+ 11,5	= 35
4	Das Mädchen im Glasberg	+ 21	= 55
5	Die sieben Raben und das Erkennen	+ 9 + 6	= 91

Sozusagen zur Probe und um Bedenken auszuschließen, habe ich KHM 25 auch in der Winkler-Ausgabe vermessen[12]; dort ergeben sich, bei anderem Buchformat, die folgenden Schnitt- und Zeilenzahlen: 84 – 51 – 32 – 19 – 12 – 7,5 – 4,7.

1	Die Verwünschung des Vaters	18	18
2	Das Mädchen	21	
3	und seine Suchwanderung	+ 11	= 32
4	Das Mädchen im Glasberg	+ 19	= 51
5	Die sieben Raben und das Erkennen	+ 8 + 6	= 84

Die Angleichung an die goldenen Schnittreihen ist also bei den höheren Zahlen in beiden Fallen evident, bei den niedrigen dagegen ungenauer. Aber wir haben ja erfahren, dass die goldene Schnittzahl in besonderer Weise irrational ist – und so könnte es geradezu Absicht und vielleicht auch der Reiz der Textkomposition sein, die rationale Spur zu verwischen.

Dazu später mehr; hier aber vorerst ein Erfahrensbericht, der dies bestätigen könnte: 1973 erhielt ich den Auftrag zu einem Interview mit dem Komponisten Boris Blacher (1903–75); Anlass war die Uraufführung seiner letzten Oper »Yvonne, Prinzessin von Burgund« in Wuppertal. Ich fragte Blacher, der zuvor Architekt gewesen war, wie er denn beim Komponieren mit dem goldenen Schnitt umgehe, und er sagte, dass er in seiner Arbeit zwar immer präsent sei, aber wenn ihm das Resultat zu ausgeklügelt erschiene, dann würde er die Maßzahlen solange gegeneinander verschieben, bis sich das einstelle, was ihm emotional vorgeschwebt habe. Das, so scheint mir, ist eine bemerkenswerte Aussage aus erster Hand.

»Die sieben Raben« war das erste Märchen, bei dem ich den goldenen Schnitt vermutete; eindeutiger fand ich ihn danach bei solchen Zaubermärchen, die aus nur einem Abschnitt bestehen. Hier zunächst »Die Sterntaler« (KHM 153); ich gebe den Text, wie auch die späteren einteiligen Kurzmärchen, im Satzspiegel der Reclam-Ausgabe wieder, an die ich mich nunmehr allein halte.

> Es war einmal ein kleines Mädchen, dem war Vater und
> Mutter gestorben, und es war so arm, daß es kein
> Kämmerchen mehr hatte, darin zu wohnen, und kein
> Bettchen mehr, darin zu schlafen, und endlich gar nichts
> mehr als die Kleider auf dem Leib und ein Stückchen
> Brot in der Hand, das ihm ein mitleidiges Herz
> geschenkt hatte. Es war aber gut und fromm. Und weil
> es so von aller Welt verlassen war, ging es im Vertrauen
> auf den lieben Gott hinaus ins Feld. Da begegnete ihm
> ein armer Mann, der sprach: »Ach, gib mir etwas zu
> essen, ich bin so hungerig.« Es reichte ihm das ganze
> Stückchen Brot und sagte: »Gott segne dir's«, und ging
> weiter. Da kam ein Kind, das jammerte und sprach: »Es
> friert mich so an meinem Kopfe, schenk mir etwas,
> womit ich ihn bedecken kann.« Da tat es seine Mütze ab
> und gab sie ihm. Und als es noch eine Weile gegangen
> war, kam wieder ein Kind und hatte kein Leibchen an
> und fror: da gab es ihm seins; und noch weiter, da bat

> eins um ein Röcklein, das gab es auch von sich hin. Endlich gelangte es in einen Wald, und es war schon dunkel geworden, da kam noch eins und bat um ein Hemdlein, und das fromme Mädchen dachte: »Es ist dunkle Nacht, da sieht dich niemand, du kannst wohl dein Hemd weggeben«, und zog das Hemd ab und gab es auch noch hin. Und wie es so stand und gar nichts mehr hatte, fielen auf einmal die Sterne vom Himmel, und waren lauter harte blanke Taler; und ob es gleich sein Hemdlein weggegeben, so hatte es ein neues an, und das war vom allerfeinsten Linnen. Da sammelte es sich die Taler hinein und war reich für sein Lebtag.

Das sind 30 Zeilen, die, mit 0,618 multipliziert, als erste Schnittzahlen das Verhältnis 19 : 11 ergeben. Tatsächlich erreicht das Sterntalermärchen nach 19 Zeilen sein Achtergewicht: »Endlich gelangte es in einen Wald, und es war schon dunkel geworden, da kam noch eins …« Es ist die Proportion, die wir bei den achttaktigen Volksliedbeispielen als 5 : 3 wahrgenommen haben. Auch bei den Märchen »Der süße Brei« (KHM 103) und »Die Wassernixe« (KHM 79) finden wir diese Proportion wieder, aber nun auch darüber hinausgehende Schnittverhältnisse.

> Es war einmal ein armes frommes Mädchen, das lebte mit seiner Mutter allein, und sie hatten nichts mehr zu essen. Da ging das Kind hinaus in den Wald und begegnete ihm da eine alte Frau, die wußte seinen Jammer schon und schenkte ihm ein Töpfchen, zu dem sollt es sagen: »Töpfchen, koche«, so kochte es guten süßen Hirsenbrei, und wenn es sagte: »Töpfchen, steh«, so hörte es wieder auf zu kochen. Das Mädchen brachte den Topf seiner Mutter heim, und nun waren sie ihrer Armut und ihres Hungers ledig und aßen süßen Brei, sooft sie wollten. Auf eine Zeit war das Mädchen ausgegangen, da sprach die Mutter: »Töpfchen, koche«, da kocht es, und sie ißt sich satt; nun will sie, daß das Töpfchen wieder aufhören soll, aber sie weiß das Wort nicht. Also kocht es fort, und der Brei steigt über den Rand hinaus und

> kocht immerzu, die Küche und das ganze Haus voll, und das zweite Haus und dann die Straße, als wollt's die ganze Welt satt machen, und ist die größte Not, und kein Mensch weiß sich da zu helfen. Endlich, wie nur noch ein einziges Haus übrig ist, da kommt das Kind heim und spricht nur: »Töpfchen, steh«, da steht es und hört auf zu kochen; und wer wieder in die Stadt wollte, der mußte sich durchessen.

Nehmen wir den knappen, aber inhaltsdichten Text bis auf die Bruchstellen genau, so ergeben sich folgende Schnittzahlen: 22,4 – 13,8 – 8,6 – 5,2 – 3,3 – 2. Der erste, uns geläufige Schnitt – 13,8 : 8,6 – liegt zwischen den Satzteilen »aber sie weiß das Wort nicht« und »Also kocht es fort«: Hier ist der bedrohliche Kulminationspunkt der Geschichte, und man könnte sich mit der Analyse zufrieden geben. Aber das Zahlenverhältnis lässt sich auch umkehren in 8,6 : 13,8. Denn unverkennbar bestimmen die unteren Schnittzahlen 2 – 3,3 – 5,2 – 8,6 den Anfang des Textes, der mit jedem Schnitt eine neue, überraschende Perspektive einnimmt: »Es war einmal ... und hatten nichts mehr zu essen«: 2 – »Da ging das Kind hinaus in den Wald und begegnete ihm da eine alte Frau«: 3,3 – »die wußte seinen Jammer schon und schenkte ihm ein Töpfchen, zu dem sollt es sagen: ›Töpfchen, koche‹«: 5,2 – schließlich wird die Schnittzahl von 8,6 : 13,8 exakt da erreicht, wo Armut sich zur Fülle wendet: »Nun waren sie ihrer Armut und ihres Hungers ledig.« Dann aber stößt die aufsteigende Schnittreihe auf die, welche ihr entgegenläuft – auf die Stelle, an der Überfülle in Missbrauch ausartet, und so spiegelt gerade die Form in ihren Schnitten konsequent den Inhalt der Geschichte und macht uns damit auf eine bislang unbekannte Weise begreifbar, wie ihre sprachliche Qualität und Dichte überhaupt zustande kommt.

> Ein Brüderchen und ein Schwesterchen spielten an einem Brunnen, und wie sie so spielten, plumpten sie beide hinein. Da war unten eine Wassernixe, die sprach: »Jetzt hab ich euch, jetzt sollt ihr mir brav arbeiten«, und führte sie mit sich fort. Dem Mädchen gab sie verwirrten garstigen Flachs zu spinnen, und es mußte Wasser in ein hohles Faß schleppen, der Junge aber sollte einen Baum

> mit einer stumpfen Axt hauen; und nichts zu essen bekamen sie als steinharte Klöße. Da wurden zuletzt die Kinder so ungeduldig, daß sie warteten, bis eines Sonntags die Nixe in der Kirche war, da entflohen sie. Und als die Kirche vorbei war, sah die Nixe, daß die Vögel ausgeflogen waren, und setzte ihnen mit großen Sprüngen nach. Die Kinder erblickten sie aber von weitem, und das Mädchen warf eine Bürste hinter sich, das gab einen großen Bürstenberg mit tausend und tausend Stacheln, über den die Nixe mit großer Müh klettern mußte; endlich aber kam sie doch hinüber. Wie das die Kinder sahen, warf der Knabe einen Kamm hinter sich, das gab einen großen Kammberg mit tausendmal tausend Zinken, aber die Nixe wußte sich daran festzuhalten und kam zuletzt doch drüber. Da warf das Mädchen einen Spiegel hinterwärts, welches einen Spiegelberg gab, der war so glatt, so glatt, daß sie unmöglich drüber konnte. Da dachte sie: »Ich will geschwind nach Haus gehen und meine Axt holen und den Spiegelberg entzweihauen.« Bis sie aber wiederkam und das Glas aufgehauen hatte, waren die Kinder längst weit entflohen, und die Wassernixe mußte sich wieder in ihren Brunnen trollen.

Hier ist den Grimms eine vergleichbare Gestaltungsdichte auf engstem Raum gelungen: Der Text hat 29 Zeilen und ergibt eine Schnittzahlenreihe von 29 – 18 – 11 – 7 – 4 – 2,6. Bis zum Ende der Zeile 11 hält die Nixe die Kinder im Brunnen gefangen; aber da gelingt es ihnen zu entfliehen. In den weiteren 18 Zeilen erleben wir ihre magische »Hindernisflucht«, wobei sich die Abstände der Verfolgung dramatisch verkürzen, und zwar genau nach der ermittelten Zahlenfolge: 7 Zeilen dauert es, bis die Nixe den Bürstenberg, 4 Zeilen, bis sie den Kammberg überwunden hat – und 2,6 Zeilen versucht sie, über den Spiegelberg zu kommen; aber »der war so glatt, so glatt, daß sie unmöglich drüber konnte«. Es bleiben 5 Zeilen, um den Bogen zu entspannen: Sie will eine »Axt holen und den Spiegelberg entzweihauen«; bis sie aber »das Glas aufgehauen hatte, waren die Kinder längst weit entflohen«.

Auch das schöne Märchen »Die Bienenkönigin« (KHM 62) besteht aus nur einem Abschnitt, obwohl er bei Reclam 79 Zeilen und zumindest drei Episoden umfasst. Da ziehen drei Königssöhne abenteuernd durch die Welt und kommen an einen Ameisenhaufen, einen Ententeich und an ein Bienennest; die älteren wollen den Tieren Böses tun, aber der Dummling sagt: »Laßt die Tiere in Frieden, ich leid's nicht.« Schließlich kommen sie in ein verwünschtes Schloss, in dem sie ein graues Männchen finden; es leitet sie zu einer steinernen Tafel, darauf stehen »drei Aufgaben, wodurch das Schloß erlöst werden könnte«. Die älteren Brüder scheitern beide schon an der ersten Aufgabe und werden zu Stein verwandelt. Der Dummling aber vermag alle Aufgaben zu lösen, weil die Tiere, denen er geholfen hat, nun ihm zu Hilfe kommen: Die Ameisen finden die tausend Perlen im Moos, die Enten den Schlüssel im See, und die Bienenkönigin findet zum Mund der verzauberten Königstochter, die vorm Schlafen Honig gegessen hatte. Die Episoden teilen sich wie folgt auf:

1	Die Brüder und die bedrohten Tiere	29	29
2	Das graue Männchen	ca. 7	
	und die steinerne Tafel	ca. 4	
	Das Scheitern der zwei Brüder	ca.11	= 21
3	Der Dummling und die helfenden Tiere	29	29

79 – 49 – 30 – 19 – 7 – 4, so lautet hier die goldene Schnittreihe, und es ist schon erstaunlich, was sie über die Komposition des Textes verrät. Sie trifft die Zeilenzahlen zwar nicht haargenau (die Unschärferelation liegt bei etwa 1) – aber im Ganzen wie im Detail stimmen die goldenen Schnittproportionen. Bei 50 : 29 (statt 49 : 30) Zeilen beginnt mit der dritten Episode das Achtergewicht, die mittlere Episode trifft in etwa die niederen Schnittzahlen 4 – 7 – 11. Besonders klar jedoch wird, wie die spiegelsymmetrische Form (29 : 21 : 29) dem Inhalt des Märchens entspricht: Es sind die Tiere, die wiederkehren.

Wenn wir an zweiteilige Märchen denken, dann kommt uns wohl zuerst »Frau Holle« (KHM 24) in den Sinn; es handelt von der goldenen und von der schmutzigen Jungfrau und hat so auch im Druck zwei Abschnitte. Man denkt, es sind zwei Hälften, aber dem ist nicht so. In der Reclam-Ausgabe hat der Text 114 Zeilen; davon entfallen auf den ersten Teil 73, auf den zweiten 41 Zeilen; die Proportion der goldenen Schnittzahlen von 114 ist, mit 0,618 malgenommen, nur wenig anders: Sie lautet etwa 70 zu 43 – die beiden Teile stehen also ungefähr im Verhältnis 3 : 2.

So verhalten sich aber nun auch alle fünf Unterteilungen des Märchens. Den ersten positiven Teil haben die Grimms in drei Perioden gegliedert: Da ist zunächst einmal der Konflikt, in den das schöne und fleißige Mädchen durch seine Stiefmutter getrieben wird – sodann die Szene am Brunnen, in den sich das Mädchen in seiner Herzensangst hineinstürzt – schließlich sein Weg durch die Anderswelt, die Bewährungszeit bei der Frau Holle und die Belohnung mit Gold.

1	Der Konflikt	8	
2	Der Sprung in den Brunnen	+ 13	= 21
3	Weg und Bewährung in der Anderswelt	+ 52	= 73

Der zweite negative Teil hat hingegen nur zwei Perioden: Das hässliche und faule Mädchen inszeniert seinen Sprung in den Brunnen – und in der Anderswelt bewährt es sich nicht und wird mit Pech bestraft.

1	Der Sprung in den Brunnen	8	
2	Weg und Nichtbewährung in der Anderswelt	+ 33	= 41

Auch die Handlungsweisen der Mädchen stehen im Verhältnis 3 : 2 – die Sprünge der beiden sind 13 : 8 und ihre Taten und Untaten in der Anderswelt sind 52 : 33 proportioniert. Sie verhalten sich also zueinander im goldenen Schnitt – und dabei entsprechen alle Episoden in der Anzahl ihrer Zahlen ja fast der Zahlenreihe Fibonaccis: 8 – 13 – 21 – 33 – 52.

Zweiteilig ist auch »Die kluge Else« (KHM 34) – und wie bei »Frau Holle« ist auch dieses Märchen in nur zwei Abschnitte unterteilt. Im ersten schwankhaften Teil hat es 89 Zeilen; diese Zahl kennen wir von Fibonaccis Reihe, und es ist erstaunlich, wie sich der virtuos gestaltete Text nach ihr wie folgt aufteilt: Erzählt wird der erste Teil in vier Episoden: Da suchen die Eltern zunächst einen Mann für die Else, und endlich kommt auch einer, der Hans. Die drei weiteren Episoden spielen im Keller: Dahin wird die Else geschickt, um Bier zu holen; aber sie kommt nicht wieder, weil sie die Kreuzhacke an der Wand sieht und die Unglücksvision hat, sie könnte ihrem zukünftigen Kind auf den Kopf schlagen, und so weint sie und schreit aus Leibeskräften – da werden die Magd und dann der Knecht hinuntergeschickt; die hören den Kreuzhackejammer und heulen mit. Schließlich steigen nacheinander die Frau, der Mann und Hans, der Bräutigam, in den Keller, hören den Kreuzhackejammer, aber in neuen sprachlichen Varianten, und Hans sagt: »Nun, mehr Verstand ist für meinen Haushalt nicht nötig«, und heiratet sie.

1	Die Brautschau	13	
2	Else im Keller (der Kreuzhackejammer)	+ 21	= 34
3	Magd und Knecht im Keller: (zwei Wiederholungen des Kreuzhackejammers)	+ 21	= 55
4	Frau, Mann und Hans im Keller: (3 Varianten des Kreuzhackejammers)	+ 34	= 89

Der zweite, tragikomische Teil hat nur 39 Zeilen und steht daher zum ersten Teil in einem disharmonischen Verhältnis. Und doch, obwohl die Geschichte so unglücklich und verstört endet, steht auch der zweite Teil im goldenen Schnitt; denn die unteren Schnittzahlen von 39 sind 24 und 15, und in dieser Proportion lässt sich der Teil in zwei Episoden aufteilen:

1	Else geht aufs Feld	15	
2	Hans macht sie irre und wird sie los	+ 24	= 39

Auch zu diesem Text eine künstlerische Erfahrung: Der Bildhauer Joannis Avramidis formt seine Plastiken aus Bronzescheiben, die in ihrer Schichtung musikalischen Intervallabständen entsprechen. Will er harmonische Verläufe erzielen, so schichtet er sie nach konsonanten Intervallproportionen, also im Idealfall nach denen des goldenen Schnitts; will er Verstörung zum Ausdruck bringen, so wählt er dissonante Abstände, und man kann diese Störung wirklich sehen. Haben die Grimms hier ähnliche Ausdrucksformen in der Sprache gesucht?

In »Jorinde und Joringel« (KHM 69) haben die Grimms einen seltenen Glücksfall einer goldenen Schnittform gefunden – oder auch vorgefunden? Sie übernahmen das Märchen aus einem Roman von Jung-Stilling und haben es nur geringfügig verändert; vielleicht auf das goldene Verhältnis hin, das sie im Text erkannten?

»Mein Vöglein mit dem Ringlein rot,
singt Leide, Leide, Leide:
es singt dem Täubelein seinen Tod,
singt Leide, Lei – zicküth, zicküth, zicküth.«

Das Lied, das Jorinde singt, während sie sich in einen Vogel verwandelt, zerschneidet das Märchen in zwei Teile, die in der Reclam-Ausgabe ganz wie von selbst den Proportionen Fibonaccis entsprechen: Der erste Teil hat 33, der zweite 55 Zeilen! Dieser Schnitt ist so stark, dass er andere im zweiten Teil überschattet; immerhin stehen Joringels Verhexung und Suchwanderung zu seinem Erlösungsweg im goldenen Zeilenverhältnis von 34 : 21.

Im Märchen »Die drei Federn« (KHM 63) will ein König prüfen, wer seiner drei Söhne das Reich erben solle: Er stellt ihnen Aufgaben, »und damit es keinen Streit unter ihnen gab, blies er drei Federn in die Luft und sprach: Wie die fliegen, so sollt ihr ziehen«. Die Feder des Dummlings fliegt nicht weit; sie landet neben einer Falltür, aber darunter wohnt die große Itsche, die dem Dummling alle Aufgaben erfüllt, die er lösen soll: Sie gibt ihm den schönsten Teppich, »wie oben auf der Erde keiner konnte gewebt werden«, sodann den schönsten Ring, und zuletzt bringt der Dummling auch die schönste Frau heim.

Das Märchen scheint die Annäherung an goldene Schnittreihen zunächst zu verbergen. Der Text hat vier Abschnitte, deren Zeilenzahl sie nicht vermuten lassen, und dies mag, weil es um ein Windorakel geht, durchaus formale Absicht sein. Erst wenn man die Abschnitte 1 bis 3 nach Episoden und Handlungswechseln aufteilt, erkennt man, nach oben hin leicht verschoben, deutlich die ansteigende Fibonacci-Reihe (dabei habe ich die zweimal fünf Kurzverse der großen Itsche zu Drei-Zeilern zusammengezogen):

1	Der König und seine Söhne	8
	Das Windorakel	8
2	Die Falltür	5 + 3
	Die große und die kleine Itsche	5 + 3 + 5
3	Der schönste Teppich	14
	Der schönste Ring	22
	Die schönste Frau	33

Im Fundevogel (KHM 51), einem der schönsten Liebesmärchen der Sammlung, haben die Grimms hingegen verschiedene Auslegungen offen gelassen; man könnte meinen, dass sie mehrere Möglichkeiten erwogen haben, um zu goldenen Schnitten zu gelangen. Der Text hat insgesamt 99 Zeilen und ist in sechs Abschnitte unterteilt, und zwar in fünf kleingliedrige und in einen großen, der die drei wunderbaren Episoden der Verwandlungsflucht umfasst; dabei ergeben sich folgende Zeilenzahlen:

1	Der Förster im Wald	8,5	
2	Lenchen und Fundevogel	+ 8,5	= 17
3	Der Plan der Köchin Sanne	+ 11,5	= 28,5
4	Das Gelöbnis der Kinder	14,5	
5	Die Flucht	+ 9	= 23,5
6	Rosenstöckchen und Rose	13	
	Kirche und Krone	+ 13	
	Teich und Ente	+ 20	= 46

Ziehe ich zunächst einmal die Schnittzahlen aus 99, so erhalte ich die Reihe 99 – 61 – 38 – 23,5 – 14,5 – 9. Und ich frage mich: Ist es Zufall, dass sich in den Abschnitten 4 und 5 genau die drei Schnittzahlen 9 und 14,5 und 23,5 befinden? Und ist es Zufall, dass Abschnitt 6 mit 46 Zeilen die doppelte Länge von 4 und 5 hat? Inhaltlich gehören diese Abschnitte ja zusammen – denn erst das Gelöbnis verleiht den Kindern die magische Kraft der Entrückung.

Ziehe ich nun dagegen die Schnittzahlen aus 46, so erhalte ich die Reihe 46 – 28,5 – 17 – 11 (übrigens dieselbe Schnittreihe wie in Bartoks Sonate für zwei Klaviere). Und ich frage mich wieder: Ist auch dies ein Zufall, dass sich nun in den Abschnitten 1 bis 3 genau die Schnittzahlen 11 und 17 und 28,5 befinden? Und schließlich drittens: Ist es Zufall, dass die drei Phasen der Entrückung in Abschnitt 6 dann auch noch die Fibonacci-Reihe selbst zeigen? Habe ich die Grimms nun endlich überinterpretiert – oder sind hier in der Tat drei Schnittebenen geheimnisvoll miteinander verdichtet?

Dazu eine eigene Werkstatterfahrung. Ob ich komponiere oder ein Gedicht schreibe, immer bin ich dabei auf der Suche nach einer Form, die dem Inhalt entspricht. Manchmal erreiche ich das, was mir vorschwebt, nur in Abschnitten, weil über der Arbeit andere Ebenen auftauchen, die auch formal neu zu bedenken sind; aber manchmal glückt es mir, dafür Formschichtungen zu finden, die einander durchdringen und sich zu etwas verfugen, was dann besser ist. Über den grimmschen Fundevogel kann ich nur staunen: Er ist ja deshalb so kunstvoll durchdacht, um einen spirituellen Vorgang schließlich so dicht und doch zugleich so einfach wie möglich erzählen zu können.

Für die »Kristallkugel« (KHM 197), das wohl kosmischste Märchen der Sammlung, haben die Grimms indessen eine Form gefunden, die geradezu durchsichtig, ja kristallin erscheinen mag. Der Text hat bei Reclam 105 Zeilen und vier Abschnitte, wobei der erste folgende drei Episoden zusammenzieht: eine Exposition, die das Verhängnis der drei Söhne vorstellt, dann den Aufbruch des Jüngsten zum Schloss der goldenen Sonne und schließlich seinen Weg in die Anderswelt, bei dem er den Riesen begegnet und den Wunschhut gewinnt. Das Hauptkapitel gehört der verwunschenen Königstochter und den Bedingungen, die zu ihrer Erlösung zu erfüllen sind. Darauf folgt der Kampf mit dem Auerochsen, den der Jüngling nur mit Hilfe seiner in Adler und Wal verwandelten Tierbrüder zu gewinnen vermag – und der letzte Abschnitt berichtet dann von der Aufhebung der Verwünschungen.

1	Zauberin und Söhne (Exposition)	13
	Der Aufbruch zum Schloss	8
	Die Riesen und ihr Wunschhut	22
2	Die Königstochter vom goldenen Schloss	34
3	Der Kampf	20
4	Die Entzauberung	8

In der Reclam-Ausgabe stehen alle sechs Episoden so gut im goldenen Schnitt der Fibonacci-Reihe zueinander, dass es keiner Rechenoperation bedarf – und wenn man die ersten dreizehn Zeilen als Exposition nimmt, so bilden die nun folgenden fünf Episoden, gleich einem Kristall, eine Art Spiegelsymmetrie: 8 – 22 – 34 –20 – 8; in der Kristallkunde nennt man dies eine Drehspiegelachse. Die Form dieses Märchens reift geradezu im mikrokosmischen Sinne, und dies eher unbemerkt, zur Vollkommenheit heran, und sie entspricht dabei genau der inhaltlichen Aussage der »Kristallkugel«, nämlich der Wiederherstellung der kosmischen Schönheit nach einer Phase des Chaos.

Was wussten die Grimms vom goldenen Schnitt? Haben sie in diesem Märchen nicht zu gestalten vermocht, was die Naturwissenschaften, die Biologie wie die Physik heute erkennen, dass nämlich die Schönheit des goldenen Schnitts ein Grundprinzip aller Energie, allen Lebens ist, das die Muschel im Meer und die Menschen ebenso durchpulst wie die Sterne und Galaxien? Der goldene Schnitt, sagt die Chaosforschung, stellt sich ein im Augenblick höchster Entfaltung, ob bei der Sonnenblume, beim Menschen oder im Kosmos; aber er ist ein irrationales, fragiles

Durchgangsstadium, das sich aus chaotischen Anfängen entwickelt und bald wieder zerfallen muss. Ist es das, dieses Vergängliche aller Schönheit, was uns erschüttert und doch immer nach ihr suchen lässt?

Das erste und das letzte Märchen der Sammlung – »Der Froschkönig oder der eiserne Heinrich« (KHM 1) und »Der goldene Schlüssel« (KHM 200) – sie habe ich mir für den Schluss meiner Entdeckungsreise aufbewahrt; nicht von ungefähr sind sie für die Grimms zu Eckpfeilern ihrer Sammlung geworden, und so sollen sie auch für meinen Fund die Feuerprobe sein. Schon dass der »Froschkönig« bei Reclam eine Länge von 144 Zeilen hat, die beiden Verseinheiten unverkürzt mitgerechnet, ist ja ein unverhofftes Glück; garantiert es doch einen Nachweis mit den originalen Fibonacci-Zahlen. Erzählt werden drei Episoden, die in sieben Abschnitte unterteilt sind. Die erste Episode umfasst drei Abschnitte; sie spielt im Wald, und dort, im Außensitz, begegnet die Königstochter dem verwünschten Frosch. Die zweite Episode ist die zentrale und hat zwei Abschnitte; sie spielt am Königshof, wo der Frosch erscheint, um das Versprechen der Königstochter einzuklagen und seine Erlösung zu erzwingen. Die dritte Episode erzählt von den Erlösten, vom Königssohn, der »von einer bösen Hexe verwünscht worden« war, und vom treuen Diener Heinrich, der sich aus Kummer darüber drei eiserne Bande um sein Herz hatte legen lassen.

1	Die Königstochter am Brunnen	11,(5)	
	Die goldene Kugel und der Frosch	+ 33	
	Das nicht gehaltene Versprechen	+ 11	= 55
2	Der Frosch klopft an	21	
	und erzwingt die Einhaltung des Versprechens	+ 34	= 55
3	Die Erlösten	21	
	und Heinrichs eiserne Bande	+ 11,(5)	= 33

Die Zeilenaufteilung der sieben Abschnitte lässt in schöner Deutlichkeit erkennen, wie kunstvoll sie miteinander verknüpft sind, ja dass sie sogar verschiedene Spiegelsymmetrien untereinander bilden: im ersten Abschnitt 11 – 33 – 11; sodann im zweiten 21 – 34 – 21 und darüber hinaus sogar 11 – 21 – 34 – 21 –11. Sichtbar wird auch, dass die beiden Hauptepisoden die gleiche Länge von 55 Zeilen haben. Das Verblüffendste aber ist, dass alle Zahlenreihen die Fibonacci-Reihe ziemlich genau erfüllen.

Wie für die Grimms der »Froschkönig« in allen Auflagen die Nr. 1 blieb, so bildete »Der goldene Schlüssel«, wie auch immer die Sammlung sich änderte und wuchs, stets den Beschluss.

> Zur Winterszeit, als einmal ein tiefer Schnee lag, mußte ein armer Junge hinausgehen und Holz auf einem Schlitten holen. Wie er es nun zusammengesucht und aufgeladen hatte, wollte er, weil er so erfroren war, noch nicht nach Haus gehen, sondern erst Feuer anmachen und sich ein bißchen wärmen. Da scharrte er den Schnee weg, und wie er so den Erdboden aufräumte, fand er einen kleinen goldenen Schlüssel. Nun glaubte er, wo der Schlüssel wäre, müßte auch das Schloß dazu sein, grub in der Erde und fand ein eisernes Kästchen. »Wenn der Schlüssel nur paßt!« dachte er. »Es sind gewiß kostbare Sachen in dem Kästchen.« Er suchte, aber es war kein Schlüsselloch da, endlich entdeckte er eins, aber so klein, daß man es kaum sehen konnte. Er probierte, und der Schlüssel paßte glücklich. Da drehte er einmal herum, und nun müssen wir warten, bis er vollends aufgeschlossen und den Dekkel aufgemacht hat, dann werden wir erfahren, was für wunderbare Sachen in dem Kästchen lagen.

Dies sind nur 18 Zeilen. Um sie nach dem goldenen Schnitt aufzuschlüsseln, bedarf es einer präzisen Betrachtung der Schnittzahlen; sie lauten 18 – 11,1 – 6,9 – 4,2. Gehen wir den Text von oben an, so glänzt exakt bei der Schnittstelle 6,9 die Botschaft auf, die den weiteren Fortgang bestimmt: einen »kleinen goldenen Schlüssel«, und so ergibt sich von dort bis zum Ende ein Verhältnis von 6,9 : 11,1. Ein zweiter Schnitt dreht das Verhältnis jedoch in 11,1 : 6,9 um: Er liegt zwischen den Worten »Kästchen« und »Er suchte ...« In der Mitte überschneiden sich beide Verhältnisse und schließen dabei eine gemeinsame Textstelle von 4,2 Zeilen ein, in welcher der Junge über seinen Fund nachdenkt: Er reicht von »kleinen goldenen Schlüssel« bis »in dem Kästchen«. Und so dreht sich das ganze Gebilde um eine spekulative Achse, und zwar so, wie ein Schlüssel sich »einmal herum« dreht. »Der goldene Schlüssel« (KHM 200), ist er nicht weit mehr als ein »Neckmärchen«, wie Bolte und Polívka meinen? Ist er nicht vielmehr eine Art

Code, ein Schlüsseltext dafür, wie die lebenslang umhütete Sammlung insgesamt aufzuschließen sei? Und der Schlüssel zur Sprache Grimm: Ist er nicht letztlich die Form, und vor allem diese Form?

V

In seinem Buch »Die Natur der Schönheit« hat Friedrich Cramer, Direktor des Max-Planck-Instituts für Experimentelle Medizin, eine wesentliche Erfahrung seiner Forschungen mitgeteilt, die auch die Grimms betreffen und mich selbst zutiefst berühren. Er sagt: »Was wir Schönheit nennen, gehört weder der reinen Ordnung noch dem reinen Chaos an. Schönheit entsteht vielmehr überall dort, wo das Chaos in die Ordnung oder wo die Ordnung in das Chaos mündet in jenem irreversiblen Schritt, der sich nicht voraussehen, der sich nicht berechnen und der sich daher auch nicht umkehren, nicht wiederholen lassen kann. Schönheit ist gleich der offenen, irrationalen Ordnung des Übergangs, und so ist sie ihrem eigenen Prinzip nach vergänglich, fragil, gefährdet und je nur einmalig.«[13]

Dreizehn Märchen der Grimms im goldenen Schnitt! Möglicherweise sind es nicht mehr, die sich finden lassen. Doch sind dies für einen Ausnahmezustand nicht schon viele? Einige andere Märchen, etwa »Dornröschen«, waren wohl auf dem Weg dahin, haben aber inhaltsbedingt zu anderen Formen finden müssen.

Der goldene Schnitt – ist er eines der Geheimnisse der Sprache Grimm, die sie uns verschwiegen haben? Wächst ihr mit seiner Entdeckung nicht eine neue, bislang unbekannte Dimension von Qualität zu?

Anmerkungen

1 Rölleke, Heinz: »Nachwort«. In: Brüder Grimm: *Kinder- und Hausmärchen.* Ausgabe letzter Hand. Herausgegeben von Heinz Rölleke. Stuttgart 1991–1995, Bd. 3 (1994), S. 607.

2 Vitruvius: *De architectura libri decem.* Herausgegeben von Curt Fensterbusch. Darmstadt 1964 (3. Auflage 1981).

3 Fibonacci (Leonardo von Pisa): Mathematiker am Hof Kaiser Friedrich II.

4 Guillaume Dufay: Motette »Nuper rosarum flores«. Uraufführung: Florenz 1436.

5 Heindrichs, Heinz-Albert: »Die Obertonreihe als Schlüssel zur Mehrstimmigkeit«. In: *Essener Pädagogische Beiträge* 2. Ratingen 1968, S. 292–303.

6 Heindrichs, Heinz-Albert: »Hörzeit und gehörte Zeit. Zur Bestimmung musikalischer Elemente im Volksmärchen«. In: *Die Zeit im Märchen.* Herausgegeben von Ursula Heindrichs und Heinz-Albert Heindrichs. Kassel 1989, S. 160–170.

7 Bela Bartok: Musik für Saiteninstrumente, Schlagzeug und Celesta. Uraufführung: Basel 1937.

8 »Irrational heißt eine reelle Zahl, die nicht rational, d. h. nicht der Bruch zweier ganzer Zahlen ist ... Jede irrationale Zahl lässt sich als nichtperiodischer unendlicher Dezimalbruch ausdrücken.« In: *Der Große Brockhaus,* Bd. 9. Wiesbaden 1970, S. 245.

9 »Das irrationalste aller Zahlenverhältnisse liegt nun aber der proportia divina, dem Goldenen Schnitt, zugrunde. Das Verhältnis ... ist nicht in ganzen Zahlen darstellbar, wie zum Beispiel der Bruch 6 : 2 = 3. Die Stellen hinter dem Komma enden nicht, sie bilden einen sogenannten Kettenbruch. Die Goldene Proportion g lässt sich schreiben $(\sqrt{5} - 1) : 2 = 0{,}618033989...$ Zahlentheoretisch ließe sich nun zeigen, dass die Goldene Zahl zu den rationalen Zahlen einen weiteren Abstand hält als alle anderen irrationalen Zahlen. Beide, die rationalen und die irrationalen Zahlen, kann man als Klassen begreifen, die sich wie Antipoden verhalten. Bei den rationalen Zahlen brechen die Kettenbruchentwicklungen alle ab, d. h. sie gehen auf, bei den irrationalen Zahlen gehen sie gegen unendlich.« Aus: Cramer, Friedrich/Kaempfer, Wolfgang: *Die Natur der Schönheit.* Frankfurt a. M 1992. Klappentext.

10 Bela Bartok: Sonate für zwei Klaviere und Schlagzeug. Uraufführung: Basel 1938.

11 Rölleke (wie Anm. 1), Bd. 1 (1995); Bd. 2 (1991).

12 Brüder Grimm: *Kinder- und Hausmärchen.* Vollständige Ausgabe. Herausgegeben vom Winkler Verlag. München 1949 (3. Auflage 1956).

13 Cramer/Kaempfer (wie Anm. 9), S. 29 und S. 265 ff.

Verzeichnis und Nachweis der Abbildungen

1 Wachstumsspirale und goldener Schnitt bei der Muschel. In: Cramer, Friedrich/Kaempfer, Wolfgang: *Die Natur der Schönheit*. Frankfurt a. M. 1992, S. 267.
2 Leonardo da Vincis Proportionen des menschlichen Körpers, vermessen nach dem goldenen Schnitt. In: Cramer/Kaempfer (wie Abb. 1), S. 264.
3 Annäherung der aus den Fibonacci-Zahlen gebildeten Quotienten an das irrationale Verhältnis des goldenen Schnitts. In: Naredi-Rainer, Paul von: *Architektur und Harmonie*. Köln 1984, S. 187.
4 Le Corbusier: Der Modulor. Darstellung eines in Architektur und Technik allgemein anwendbaren harmonischen Maßes im menschlichen Maßstab. Stuttgart 3. deutsche Auflage 1978 (frz. Erstausgabe 1950).

Traumhaus und Wolkenschloss – das Märchen und seine Räume

Sabine Wienker-Piepho

Schlösser im europäischen Volksmärchen

Überlegungen zur Verortung des Nicht-Verortbaren

Traumhaus und Wolkenschloss? Das Märchen fände jenseits »historisch definierter Zeiten« – und – was noch viel wichtiger ist, »jenseits geographischer Räume statt«, so umschrieb Frau Prof. Limbach die märchenspezifische Transzendierung des Territorialen, die es uns so schwer macht, über Orte im Märchen zu sprechen, oder gar Schlösser *im* Märchen zu verorten. Und doch wird es in nahezu allen Beiträgen zu diesem Kongressthema versucht. Nicht zuletzt, weil das Schloss längst aus den alten Texten herausgetreten und zum Topos Märchenschloss geworden ist, der sich durchaus verorten lässt. Auch ich will es versuchen.

Der *Aufbau* meines Beitrages ist einfach, er besteht aus zwei Schritten: In einem ersten Schritt möchte ich erörtern, dass Schlösser im Märchen meinen Beobachtungen zufolge vorwiegend auf drei Behandlungsweisen und -ebenen als Motive wirksam werden. *Erstens* charakterisieren sie einen Aktionsraum, dessen Luxus zu Verschwendung, Vergnügen und Sinnenfreude anregt. Ein solch märchenhaftes Luxusleben ruft gewöhnlich Kontrastvorstellungen zum »oikos«, zum Haus des einfacheren Lebens hervor (Hütte/Palast, Pisspott/Schloss). *Zweitens:* Das Märchenschloss ist das Zentrum der Macht, das Domizil der Herrschaft und der Ort entsprechender Transaktionen, Verschwörungen und Intrigen, oder auch – seltener – von Widerständigkeiten. *Drittens* schaffen Märchenschlösser eine Atmosphäre des Schreckens. Dann sind sie numinose Orte, mit Requisiten des Entsetzens und mit Geistern, Toten und Untoten ausgestattet. Sie werden von den unheimlichsten Personen bewohnt (Dämonen) und beherbergen alle nur denkbaren Arten von Aggressoren. Kenner mögen nun vielleicht einwenden, das seien doch wohl eher *Sagen*. Das ist richtig, aber auch im Märchen zieht man in

Schlösser aus, um in ihnen das Fürchten zu lernen. Das sind – vergröbert – die drei Möglichkeiten[1], und wir werden sehen, ob sie als Kategorien taugen.

Mit diesen Vorüberlegungen ausgerüstet, werden wir dann im zweiten Schritt der Frage nachgehen, warum Märchen-Schlösser auch heute noch, oder vielmehr *gerade* heute so eine ungeheure, weltweite Konjunktur haben. Dieser Teil der Überlegungen wird gleichzeitig der finale Schwerpunkt sein – der Beitrag wird also, wie viele Märchen selbst, eine gewisse Achterlastigkeit aufweisen.

Drei Schloss-Typen

Die drei genannten märchenhaften Schloss-Auffassungen werden deutlicher, wenn wir uns zum Einstieg einmal an einige Märchenschlösser vom Typ Luxusschloss erinnern: Ein sicher allen bekanntes Beispiel dafür wäre jenes, das sich die größenwahnsinnige Frau des Fischers anstatt ihrer elenden Fischerkate wünscht (die bekannteste Fassung ist sicher Runges Version »Von dem Fischer un syner Fru«, KHM 19; auch »Die Goldkinder«, KHM 85), andere Luxus-Schlösser sind Orte der Leiblichkeit[2], wo Könige und Feen nur edelste Speisen von goldenen Tellern essen (»Dornröschen«, KHM 50), in denen überhaupt alles von Silber und Gold nur so glänzt (»Die Rabe«, KHM 93), in denen in seidenen Betten geschlafen wird (»Die Prinzessin auf der Erbse«) und man sich des vornehmsten Müßigganges befleißigt. Zur Gruppe der Luxusschlösser gehört zum Beispiel das Katzenschloss (AaTh 545 A: Katzenschloss), ein im Skandinavischen verbreiteter Erzähltyp. Hier werden Wetten abgeschlossen über ein Schloss, das schöner noch sei, »viel viel schöner gar als der Königspalast mit seinen goldenen Säulen«.[3] Und wenn – nach Lüthi – das Märchen auch längere *Natur*-Schilderungen meidet, so schwelgt es doch geradezu in detaillierten Beschreibungen, wenn es um *Kultur* geht, etwa um die Pracht der Schlösser. So auch im grimmschen Märchen von der »Wahren Braut« (KHM 186). Hier baut eine Zauberin der Heldin ein Schloss, dessen Zimmerwände waren

> mit Seide und Sammet bezogen, buntgestickte Stühle standen da und reichverzierte Armsessel an Tischen von Marmor, kristallene Kronleuchter hingen von der Bühne herab und spiegelten sich in

> dem glatten Boden; grüne Papageien saßen in goldenen Käfigen und fremde Vögel, die lieblich sangen: überall war eine Pracht, als wenn ein König da einziehen sollte ... die Treppe war mit rotem Tuch belegt, und das goldene Geländer mit blühenden Bäumen besetzt.[4]

Und im »dreimalzehnten Zarenreich« ist nach einem Märchen von Afanasjev (Af. 132) die Architektur des Schlosses dazu noch vollkommen phantastisch, es ist

> aus Gold und steht auf einer Säule aus Silber, und das Vordach ... ist aus selbstleuchtenden Steinen, die Treppen aus Perlmutt, wie Flügel gehen sie zu beiden Seiten auseinander, ... die Dächer funkeln.

Andere phantastische Paläste wiederum sind ganz aus Silber oder Gold, aus Marmor oder aus Kristall.[5] Luxus-Schlösser sind zumeist auch unvorstellbar groß. Verbreitet ist – nach Leopold Schmidt – zum Beispiel die Vorstellung von einem Schloss, das so viele Fenster hat wie das Jahr Tage.[6] Riesige Luxusschlösser sind Orte der Sehnsucht, utopische Orte, paradiesische Orte, und als solche fest verankert in der spirituellen Topographie des europäischen Volksmärchens.

Schloss als Zentrum der Macht

Da ist aber auch zweitens das Schloss als Zentrum der *Macht*; hier wird regiert, kontrolliert (»Das Meerhäschen«, KHM 191, AaTh 329: Versteckwette)[7] und intrigiert, hier rollen die Köpfe der ratlosen Freier, welche die Rätsel der exzentrischen Prinzessinnen nicht lösen können[8], von hier aus werden Uriasbriefe versandt, die den Überbringer töten, hier entscheiden die Könige über Krieg und Frieden, über Bündnisse und über Schwiegertöchter oder -söhne. In solchen Schlössern kreuzen sich Schicksale.[9] Es sind nachgerade politische Orte, wie zum Beispiel das Schloss, in welches der Königssohn dreimal nacheinander einlädt, um schließlich sein Aschenputtel zu finden, oder jenes, in dem der strenge Vater seine jüngste Tochter mit einem Frosch verkuppelt.

Schloss als numinoser Ort

Da ist aber auch drittens das Spukschloss, in dem man eine oder schlimmer noch: *drei* Nächte ausharren muss, wobei die Heimsuchungen von Nacht zu Nacht immer schrecklicher werden (KHM 4, AaTh 326: Fürchtenlernen[10]), da ist das alte Schloss mitten in einem großen dikken Wald, darinnen ein böser Zauberer[11] wohnt (AaTh 545 B: Kater: Der gestiefelte K.[12]) oder auch eine alte Erzzauberin (»Jorinde und Joringel«, KHM 69)[13], und natürlich gehört auch das Schloss des berüchtigten Mädchenmörders Blaubart zu dieser Gruppe (AaTh 311, 312: Mädchenmörder).[14] Ein Ort des Schreckens ist auch jenes verwunschene des Königs vom goldenen Berge (»Wie er aber in das Schloß hineintrat, da war es verwünscht«) – solche Schlösser finden sich auch in Bergen, in Seen, unter der Erde, prachtvoll, aber alt und verfallen, verbergen sie sich in undurchdringlichen Wäldern. Man hat sie als Jenseitsorte, als Totenwohnungen aufgefasst[15], zumal sie oft nur über einen Hades-artigen Fluss erreichbar sind. Derartige Schlösser sind dämonisierte Scheinparadiese, Orte, der Erlösung bedürftig, ganz wie verzauberte Menschen.[16]

Das Schloss als (geträumter) locus irrealis

Daneben gibt es aber auch seltsame Schlösser, die sich nicht so recht in eine der drei Kategorien einfügen wollen. Denn wohin würde denn wohl das von einer Dornenhecke umwachsene Schloss Dornröschens gehören, in welchem man einhundert Jahre lang schläft[17], um danach so weiterzuleben, als sei nichts geschehen? Das Dornröschenschloss gehört übrigens zu den meistillustrierten Märchenschlössern. Von surrealer Schönheit ist auch das so überaus »prächtige« Schloss des Tieres, in das sich die Schöne im Märchentyp von »La Belle et la Bête« oder in seinem deutschen Pendant, im »Singenden, springenden Löweneckerchen« (KHM 88, AaTh 425 sqq.: Amor und Psyche) begibt.

Was aber wollen die Erzähler mit ihrer ausführlichen Schilderung bezwecken? Was ist der narrative Reiz eines Königsschlosses aus Bienenwachs, das der Held im grimmschen Märchen von den »beiden Wanderern« (KHM 107, AaTh 613: Wanderer: Die beiden W.) in einer einzigen Nacht[18] nachbauen muss, »zart, schneeweiß und süß wie Honig riechend« – um die Hand der Königstochter zu erringen?

Hier wird es schwierig. Denn wenn wir auch die Schlösser der bekannteren Leitmärchen – vornehmlich der Grimms – gut zu kennen vermeinen, so geben manche uns doch Rätsel auf, Rätsel, die im Übrigen immer rätselhafter werden, wenn wir die unbekannteren Märchen der Brüder betrachten. Vielleicht genügen drei Kategorien nicht, vielleicht haben wir eine wichtige Dimension des Märchenschlosses vergessen? Worauf will ich hinaus? Dazu möchte ich nur ein Beispiel anführen:

Das Schädel-Schloss

Das Beispiel betrifft eines jener Volksmärchen-Schlösser, die selbst versierten Kennern der Materie fremd sein dürften. Es kommt vor in einem sehr merkwürdigen Märchen, das seiner Archaik wegen einen ganz eigenartigen Zauber auf uns ausübt: gemeint ist Grimms »Märlein von der ausschleichenden Maus«. Die irritierende Erzählung gehört zur so genannten Tierschädelredaktion der Guntramsage, einer der ältesten uns erhaltenen Volkserzählungen überhaupt[19], die zuerst von dem Geschichtsschreiber Paulus Diaconus im 7. Jh. aufgezeichnet wurde, aber mit ziemlicher Wahrscheinlichkeit schon vorher mündlich verbreitet war. In diesem heute ziemlich unbekannten Märlein, wollen wir nur das Schloss beachten. Es geht um Folgendes:

> Der Langobardenkönig Guntram (dem dieser Erzähltyp den Namen verdankt), begab sich mit seinem Diener oft auf lange, beschwerliche Reisen. Einmal übermannte ihn die Müdigkeit. Er bat seinen Diener, bei einer Rast an einem kleinen Bach Wache zu halten, während er schlafen wolle. Als der König nun schlief, da entschlüpfte seinem Munde ein kleines Tier, das Ähnlichkeit mit einer Maus hatte. Der Diener sah, wie das Tier den Bach überqueren wollte, und legte, gleichsam als Brücke, sein Schwert über das Gewässer. Das Tier überquerte so den Bach: Am anderen Ufer lag ein alter Pferdeschädel. In diesem verschwand die Maus, erschien aber nach einer Weile wieder, überquerte den Bach auf ihrer Rückkehr abermals, nahm den gleichen Weg zurück und verschwand wieder im offenen Mund des Schlafenden.
>
> Als nun der König erwachte, erzählte er, er habe einen wunderschönen Traum gehabt, er sei nämlich auf einer prächtigen

Brücke über einen Fluss zu einem *Schloss* gelangt, in dem viele, schön gekleidete Menschen versammelt gewesen wären, die mit größter Lust gesungen und gespielt hätten.[20] Später findet er an jener Stelle einen vergrabenen Schatz.

Es ist hier nicht wichtig, dass diese Geschichte mit ihrer Vorstellung vom Seelentier, das den Körper verlässt, als animistische oder schamanistische Relikterzählung gedeutet worden ist.[21] Es sollte uns einzig und allein um dieses seltsame Schloss gehen, das »in Wirklichkeit« ein Tierschädel ist.

Ist das geträumte Schädel-Schloss ein Amüsement- und Luxus-Ort? Bahnen sich hier, das wäre die zweite genannte Kategorie, entscheidende Dinge in puncto Macht an? Oder handelt es sich um einen unheimlichen Jenseits-Ort, an dem der Held sich bewähren muss? Haust hier eine widerliche Turandot-Prinzessin, die unlösbare Rätsel stellt und die Köpfe jener Männer beansprucht, die sich für sie als mögliche Ehefrau interessieren? Lernt man hier das Fürchten? Nein, nichts von alledem. Hier wird nur ein elender Schädel als Schloss geträumt, erlebt vom *Alter Ego* des Helden, seinem anderen, zweiten, seinem vielleicht eigentlichen Ich, seiner Seele, die sich, wenn er schläft, als ein *Seelentier* selbstständig macht und ins Jenseits läuft.[22] Warum hat man sich diese Geschichte jahrhundertelang so erzählt? Was hat die Menschen an dieser Art von Schloss so fasziniert?

Es gibt für die Kontinuität und Stabilität des Märchens von der ausschleichenden Maus in mündlicher wie schriftlicher Überlieferung viele Erklärungen. Die eine Deutung geht in die Richtung der naturreligiösen Schamanentradition dieser Geschichte, sie soll uns hier nicht interessieren, denn das Schloss, das sicherlich einer jüngeren Schicht angehört, steht nicht im Zentrum. Eine andere Interpretation besagt, im Vordergrund stünde ein uraltes, ewig faszinierendes Thema, nämlich der Traum, der – richtig gedeutet – den Menschen die Zukunft vorausweist und – wie in diesem Falle auch – Schätze zeigt.

Behausungen haben, so sagt uns dies eigenartige Märlein einmal mehr, zwar realiter vielleicht das Aussehen eines Pferdeschädels (Tod), in einem höheren, jenseitigen, also transzendentalen Sinne sind sie Ziele todüberwindender Wunschträume, und sie liegen »im Monde« oder sonstwie im Nirgend- oder Irgendwo, oder gar in der Luft[23], es sind die Wolkenschlösser unserer Tagung. Luftschlösser sind eben jene Orte, in denen – wie Frau Limbach richtig bemerkte – auch die Zeit aufgehoben ist. Außenräume gehen gewissermaßen in Innenräume über. Man muss nur *richtig* träumen, dann verwandelt sich ein Ort des Ekels und des Todes in einen *locus amoenus*, an dem es uns gut geht, in ein *spatium* der Zeitlosigkeit, ein utopisches *territorium*, in dem wir unbegrenzt Schätze aufsammeln und glücklich sein können.

Wenn wir Schlösser dieser Art Revue passieren lassen, sind wir uns wahrscheinlich rasch einig, dass Märchen-Schlösser überhaupt weniger konkrete als vielmehr abstrakte oder besser: *irreale* Orte, wenn nicht gar Jenseitsorte sind, wie nur das Volksmärchen sie kennt.[24] – Mit dieser Luftschloss/Jenseitsort-Bildlichkeit arbeiteten übrigens nicht nur die Surrealisten, sondern schon die Künstler der Romantik aber auch – wen wundert es? – des Surrealismus.[25]

Jenseitstopographie

Vielleicht bringt es uns in unseren Überlegungen aber noch einen Schritt weiter, wenn wir uns die Jenseits*topographie* der Märchen-Schlösser einmal genauer betrachten und sie mit den realen Gegebenheiten wirklicher Schlösser vergleichen: Märchen-Schlösser des Volksmärchens sind auf keiner Landkarte zu finden. Sie liegen im Märchenland, wo die Wunder selbstverständlich sind, wie zum Beispiel das Wunder vom Jungbrunnen. Auch solche Schlösser sind nichtverortbare Orte, »Non-Lieux« (das heißt Orte, an denen man sich immer nur vorübergehend aufhält, so dass man am Ende glaubt, dass es sie gar nicht wirklich gibt), um es mit dem französischen Philosophen Marc Augé zu sagen. Mit den typischen wiederkehrenden Formeln des Märchens lernen wir nur *scheinbar*, wo sie zu suchen sind: nämlich hinter »siebenmal sieben Ländern« oder im »dreimalzehnten Zarenreich«. Eine solche Pseudo-Ortsangabe ist jedoch Formel, sprachliche Fertigware[26], ebenso wie die gleichfalls jahrhundertealte, also besonders traditionsrelevante Wendung »östlich von der Sonne und westlich vom Mond«.[27]

Eine solche, aus alten Zeiten überlieferte, gewissermaßen »horizontale Ungewissheit« reicht dem Märchenerzähler jedoch nicht aus, auch im Vertikalen gibt es ähnlich unbestimmte, formelhafte Angaben:

Die Höhe der Schlösser

Märchen-Schlösser liegen auf den denkbar höchsten, unzugänglichen gläsernen, auf goldenen oder diamantenen Bergen, die viel zu glatt und zu schlüpfrig sind, als dass man sie je ohne magische Hilfe besteigen könnte wie zum Beispiel im »Trommler« (KHM 193, AaTh 400: Mann auf der Suche nach der verlorenen Frau). Ganz oben auf dem Glasberg, in einem goldenen Schloss gebiert die Königstochter in einem ungarischen Märchen ihren Sohn[28], noch weiter nach oben, auf den hohen Goldköniginberg, lässt sich der Held eines schwedischen Märchens von einem Adler tragen und als er die Erlösung der Prinzessin vollbracht hat, da verwandelt sich der ganze Berg in das schönste Schloss[29], während in einem estnischen Märchen der Glassarg der zu erlösenden Prinzessin auf einem Glasberg liegt, zu dem es senkrecht hinaufgeht.[30] Auch im grimmschen Märchen von der »Kristallkugel« (KHM 197) befindet sich das »Schloss von der goldenen Sonne« auf einem »hohen Berg«. Hier wohnen die hohen Herren, die Könige, weltentrückt, hoch oben, höher geht es nicht mehr. Und sinnfällig wird das königliche Domizil gelegentlich schon in Märchen-*Titeln* wie in dem schon genannten »Der König vom goldenen Berge« (KHM 92).

Solche Gipfel-Positionierungen waren offenbar eines der Lieblingssujets der Märchenillustratoren. Betrachtet man Märchen-Schlösser nämlich einmal nur unter diesem einen Aspekt, so möchte man meinen, sie seien stets Orte mit einer gewissen »Erhabenheitsästhetik«[31]. Diese Erhabenheit scheint aber zwei Facetten zu haben. Einerseits kann sie Distanz, Abgrenzung von unten, *soziale Distinktion* von den Niederungen andeuten, in denen die gewöhnlichen Sterblichen nun einmal wohnen müssen. Andererseits sind solche Schlösser aber auch Orte der *Isolation*, deren Bewohner, verwunschen oder nicht, mehr oder minder einsam und unglücklich herumsitzen.[32] Diese Isolation wird noch potenziert durch hohe Mauern und Zugbrücken, und vielleicht auch durch gänzlich tabuierte Gemächer in ihrem Inneren, durch die berühmten verbotenen Kammern[33] (es sei hier an Propps »Historische Wurzeln des Zaubermärchens« erinnert und daran, dass der russische Märchenforscher eben dieser Isolation wegen Schlösser auch im Sinne von Seklusionsorten bei Initiationsritualen interpretiert hat)[34].

Verfolgen wir nun den Gedanken der Höhe noch einmal faktisch, indem wir an die architektonische Positionierung von realen Schlössern erinnern: Tatsächlich lagen wohl *Burgen* auf Bergen, aus verteidigungstechnischen Gründen waren es hohe Festungen mit guter Fernsicht, von wo aus man den Feind rechtzeitig erkennen und ihn gut abwehren konnte (»Trutzburgen«). Obgleich es auch in der Wirklichkeit *Schlösser* gab, die aus verschiedenen Gründen fast unzugänglich auf hohen Felsgipfeln lagen, so lagen doch die meisten Schlösser und Paläste – ich gehe hier von der dt. Sprache aus, andere Sprachen kennen diese Unterscheidung nicht – eher in Ebenen, es waren Orte der Bequemlichkeit, der Repräsentation. Sie waren von Gärten umgeben und leicht erreichbar von den Kutschen der zu Festen geladenen Gäste.[35]

Was also hat es mit dieser irrealen Höhe unseres Märchenschlosses auf sich, wenn sie doch den tatsächlichen topographischen Gegebenheiten so wenig entspricht? Gehören horizontales Irgendwo und vertikal unsinnige Höhe im wolkenumnebelten Nirgendwo wohlmöglich *auch* zur typischen Jenseitstopographie des Märchens? Man hat diese Frage entschieden zu bejahen. So hat zum Beispiel Annemarie Verweyen, die anlässlich einer Ausstellung die Märchen-Schloss-Darstellungen der letzten zweihundert Jahre auch unter diesem Aspekt einer eingehenden kunsthistorischen Betrachtung unterzog, gemeint, das in die Höhe und in seltsame Fernen entrückte Märchenschloss sei derjenige Ort, der weltweit als Symbol für das Märchenhafte der Märchen *schlechthin* zu gelten habe.[36] Kein anderes Märchen-Symbol komme ihm an Bedeutung gleich. Verweyen, welche die Schloss-Darstellungen übrigens ihrerseits in drei Gruppen einteilt[37], wird im Übrigen auch durch den letzten literarischen Märchenbestseller, durch »Harry Potter« bestätigt: Auch Schloss Hogwarts liegt hoch oben, auf einem Berg. Es scheint eine uneinnehmbare Festung zu sein. Wenn wir an die literarischen Märchen denken, dann sehen wir, dass auch im Genre Kunstmärchen das Schloss nicht nur ein essentielles narratives Element ist, das entsprechend häufig vorkommt[38], nein, auch hier sind Schlösser sehr häufig in die Höhe entrückt.

Religiöse Anleihen?

Schließt sich damit nicht eine weitere Frage zwingend an? Macht das Märchen gerade mit dem Schloss-Motiv möglicherweise Anleihen an *religiös* geprägte Vorstellungen von Oben und Unten, von Himmel und Hölle?[39] Und sind diese Vorstellungen christlich fundiert oder als *in-*

terpretatio christiana ursprünglich älteren Schichten quasi übergestülpt?[40] Um diese Frage richtig anzugehen, sollten wir uns kurz der *symbolischen* Ausdrucksweise des Märchens zuwenden.

Die symbolische Ausdrucksweise

Schon nach dem wenigen, bisher Angedeuteten dürften wir uns einig sein, dass das Schloss im Märchen nicht nur ein irrealer, sondern vielmehr ein hochgradig symbolischer Ort ist, ein Ort der Möglichkeit, nicht der Wirklichkeit. Wir wissen ja von Lüthi: Die Welt ist im Märchen dermaßen »entleert« und »sublimiert« dargestellt, dass seine Schauplätze keine Realitäten sind, sondern eher die zeichenhafte Idee dieser Realitäten, wozu im Übrigen auch passt, dass Märchenschlösser im Gegensatz zu den Schlössern der Epen (Munsalväsche!) und Sagen *namenlose* Räume sind (oder doch allenfalls unspezifische Namen tragen wie »Das Schloss von der goldenen Sonne«).

Gerade durch ihre entleerte, stilisierte Darstellungsweise erfahren nun aber gerade *Räume* im Volksmärchen eine derartige Verdichtung, dass sie, wie unter anderem Maria Christa Maennersdoerfer feststellt, *symbolkräftig* werden.[41] Das Volksmärchen verfügt also auch über einen *Raum*begriff, der mit seiner Bildlichkeit über sich selbst hinaus weist. Man kann auch sagen: Immer wenn im Märchen irgendein ein Ort genannt wird, ist etwas anderes gemeint, als wirklich gesagt wird (Wald, Meer, Mühle, Teich, Hütte). Das Märchenschloss wäre dann, wenn wir bereit sind, einer Brockhaus-Symboldefinition zu folgen, eine »verdichtete, repräsentative Gestaltung eines ›Gemeinten‹, die – ohne bloßes Abbild zu sein – das Wesenhafte einfängt und in einem höheren Sinne gleichnishaft zur Wertung bringt« (cf. »Brockhaus« 1966). Doch: Was meint das Schloss im Märchen, was genau ist dies »Gemeinte«?

Wir kommen noch einmal zurück auf die Frage nach den transzendent-religösen Dimensionen des Schlosses; schon mit der Behauptung, jedes Märchenschloss sei ein symbolischer *locus irrealis*, der letztlich auf keiner wirklichen, sondern allenfalls auf einer kognitiv-symbolischen Karte zu verzeichnen wäre, befanden wir uns auf sicherem Grund, denn diese Feststellung hat bereits Katalin Horn in einem an Lüthi angelehnten Aufsatz über »symbolische Räume im Märchen« mit vielen Beispielen untermauert. Auch nach Horn verbinden sich

Schloss-Verortungen auf höchsten Bergesgipfeln und im astronomischen Irgendwo mit der Erfahrung der Erzähler von und dem Bedürfnis ihrer Zuhörer nach Transzendenz. Und im Kontext dieser Transzendenz, nach der sich offenbar jeder Erzähler und jeder Zuhörer – egal zu welcher Zeit – sehnt, wären Märchenschlösser dann Symbole oder auch Metaphern für das Erhabene, das es in jeder Religion gibt. Wenn Märchen nun, wie manche behauptet haben[42], säkularisierte Schwundstufen von früher religiösen Erzählungen sind, wären dann Schlösser nicht in der Tat denkbar als Verortungen einstmals sakraler Räume, von den Erzählern nicht nur zufällig nahe am Himmel gebaut? Das Schloss mit seiner noch heute existierenden Aura wäre dann ein Zeichen für das metaphysische Bedürfnis aller mit dem Märchen befassten Menschen und darüber hinaus auch jener, die mit Märchen gar nichts im Sinn haben. Das Gemeinte wäre dann letztlich doch eben das Erhabene, das Heilige.

Das Schloss in anderen Genres

Zu all diesen Überlegungen passt übrigens eine, wie ich meine: hochaufschlussreiche Beobachtung aus jener Art der historisch-vergleichenden Erzählforschung, die sich mit den verschiedenen Genres oder Erzähl*gattungen* befasst: Es gibt nämlich nach den Erkenntnissen dieser Forschungsrichtung interessanterweise kaum *Schwänke* und *Witze* über das Schloss. *Schwänke* und *Witze* aber sind Gattungen, die – wie Röhrich es ausdrückt – ihre Komik oft aus der Herabsetzung des Unantastbaren, Erhabenen beziehen. Mit anderen Worten, der Wunsch nach einer solchen Kompensation scheint beim Schlossmotiv völlig zu fehlen. Es scheint also gewissermaßen »unantastbar« zu sein. Wenn man ferner die Herabsetzung des Erhabenen als Ziel des *sozialkritischen* Erzählens ansieht, fällt etwas auf: Interessanterweise kann spöttische Herabsetzung sehr wohl den König (denken Sie an den Erzähltyp »Des Kaisers neue Kleider«) betreffen, niemals aber den Jenseitsort selbst, das Schloss, das zugunsten der Hütte lächerlich gemacht würde.[43]

Das Schloss als Symbol weltlicher Macht

Solche Überlegungen sind vielleicht auch nützlich, wenn man über die Macht-Symbolik des Schlosses nachdenkt. Sie leiten damit über zu jener Dimension, die wir anfangs als zweite Bedeutungsebene bereits ansprachen. Diese Dimension wird insbesondere von der neueren Hochliteratur ausgestaltet, unwillkürlich wird man dabei Kafkas »Schloss« assoziieren. Wir finden sie aber auch in dem nach Lüthi ja immer »welthaltigen« Volksmärchen. Was ist gemeint? Schlösser verkörpern ja nicht nur spirituelle Höhe und Nähe zu Gott, sondern auch weltliche *Macht* und Herrschaft. Sie sind in diesem Sinne dann weniger utopische Orte des Heils oder der Idylle als vielmehr Zentren, Ballungsräume höchster Machtinstanzen. Auch dieses Bild vom Schloss hat sich fest in unser kulturelles Gedächtnis eingegraben.

Die Macht-Dimension von Schlössern lässt sich nun sehr leicht in allen Bereichen unserer heutigen Lebenswelt nachweisen, etwa in der Werbung, wenn zum Beispiel einer ein Schloss im Lotto gewinnt und automatisch »mächtig« zu werden glaubt, oder wenn das Auto, das man kaufen soll, immer vor Schlössern einparkt. Oder wenn in bestimmten lebensgeschichtlichen Erzählungen das Schloss permanent als Inbegriff von Macht und Einfluss vorkommt, zum Beispiel in den von dem Hamburger Erzählforscher Albrecht Lehmann so bezeichneten »Grafenerzählungen«.[44] Narrativ wird eine heile, hierarchisch klar gegliederte Welt in diesen beliebten Adelsbiographien beschworen, und Schlösser spielen darin eine Hauptrolle, auch – oder gerade – wenn sie in Wirklichkeit längst zu Ruinen zerfallen sind. Bilder im Kopf haben (Märchenkenner wissen das!) mehr Bestand als Realitäten. Schlösser waren schon immer Statussymbole, sie sind es noch, wenn auch der Anachronismus, die Gleichzeitigkeit des eigentlich Ungleichzeitigen uns lächeln macht. Status läuft immer auf Macht hinaus, Macht und Schloss gehören zusammen. Macht ist im Schlosstopos lokalisiert, heute noch wird so Herrschaft ausgeübt, laufen in Schlössern die Fäden der Handlung zusammen[45], so wie auch im Märchen das Schloss immer da liegt, wo Held oder Heldin hinstreben, um König oder Königin zu werden, Ziel der märchentypischen Suchwanderung.

Das Märchenschloss im 21. Jahrhundert

Lassen Sie uns zum Schluss diesen Gedanken noch etwas *mehr* auf heutige Verhältnisse übertragen, womit wir zum letzten und zum wichtigsten Teil meiner Ausführungen kommen. Auch Macht ist nicht mit den Händen fassbar. Sie ist etwas Anonymes, deshalb muss sie konkret (zum Beispiel architektonisch) inszeniert werden. Die Erhabenheiten, die Gipfelhöhen von heute, wie etwa die Frankfurter Bank-Towers, sehen jedoch etwas anders aus, und diese Art von Herrschaftsarchitektur wird von den Menschen oft als Bedrohung und Einschüchterung empfunden. Vielleicht liegt das daran, dass diese Gebäude – anders als die pompösen Schlösser einstiger Herrscher – mehr sind als bloße Statussymbole.[46] Sie repräsentieren eine unfassbare, riesige, globale, bedrohliche (und seit dem 11. September 2001 auch bedrohte) Macht mit entpersonalisierten menschlichen Schein-Beziehungen. Wie einst der *turris Babel*, der Turm zu Babel, so ziehen sich Wolkenkratzer aus der Fläche zurück und wachsen in den Himmel, und die Menschen in diesen unheimlichen, babelturmartigen Gebäuden können – wie in der Bibel – nicht mehr wirklich miteinander sprechen.

Es scheint mir deswegen ganz bezeichnend zu sein, dass es daneben immer noch Machtzentren gibt wie etwa das Weiße Haus oder das Capitol, die nostalgische Anklänge an idyllische, weiße, leuchtende Märchenschlösser aufweisen und aufrechterhalten. Man kann sich angesichts solch anachronistischer Verliebtheit ins palasthaft Pompöse des Eindrucks nicht erwehren, dass es heute noch die latente Sehnsucht nach konkret lokalisierbarer oder auch personifizierter Macht – also auch nach der Aura von Schloss und der Prinzen-und-Prinzessinnenwelt – geben muss, gerade in Amerika, wohin reiche Potentaten europäische Schlösser Stein für Stein translozieren lassen. Meiner Ansicht nach zu Recht schreibt Franz Prinz zu Sayn-Wittgenstein in einer Einführung zu einem Pracht-Bildband über die Schlösser Europas: »Immer hat das Leben im Schloss die Phantasie beschäftigt als einen Bereich merkwürdiger, märchenhafter Bezirke.«[47]

Wie aber kann man eine solche Sehnsucht nach dem Schloss in einem kurzen Beitrag dingfest machen? Vom Buckingham-Palace und den Royals möchte ich nicht sprechen, auch nicht von den vielen zu Hotels und Tagungszentren umgebauten Schlössern, die gewiss nicht ohne Grund immer noch magische Anziehungspunkte für viele Menschen sind, ja nicht einmal von dem Wunsch, ein Schloss zu *besitzen*. Mein Beispiel ist ein anderes: *Neuschwanstein* ist *der* Inbegriff des Märchenschlosses schlechthin. Als solches ist dieser Ort sogar Teil der Weltkultur geworden, so sehr, dass sogar ein Asiate bei »Schloss« sofort Neuschwanstein assoziiert, und eben *nicht* »seine« Art von Palast. Ein besonders kurioses Exemplar aus einer Edelsteinschleiferei in Singapur zeigt vor allem eines: Mit der weltweiten Grimm-Rezeption haben auch deutsche Märchenschlösser eine transnationale Signifikanz erhalten.

Nur wenige Touristen wissen übrigens, dass die Architekturgeschichte dieses zwischen 1868 und 1886 erbauten Ludwig-Schlosses direkt auf eine Märchenillustration zurückgeht, genauer gesagt auf ein an eine Märchenillustration angelehntes Münchner Bühnenbild aus dem Jahre 1862, an dem sogar Wilhelm Busch beteiligt war. »Mit (dem nach diesem Muster gestalteten) Neuschwanstein schuf Ludwig weltweit das Phantasiebild des Idealschlosses, das über alle Kontinente und alle Medien zum kollektiven Archetypus aller Kulturen geworden ist«[48], so war es unlängst in einer Sonntagszeitung zu lesen, die sich über das Spektakel in Füssen ausließ. Kurios ist auch ein anderer Anachronismus: Ist es nicht paradox, dass sich für viele Touristen ausgerechnet in diesem kaum mehr als einhundert Jahre alten Gemäuer ein Märchen aus uralten Zeiten verkörpert? Sicher hat eine solche Global-Projektion auch mit den modernen Bild-Medien zu tun: Schlösser eines bestimmten Typs sind, wie Lutz Röhrich im Hinblick auf das Medium Zeichentrickfilm meinte, internationale ikonographische Topoi. Das Märchenschloss sei immer das gleiche vieltürmige, hochgelegene, an Neuschwanstein erinnernde Gebäude.[49]

Sei es, wie es sei – diese architekturhistorischen Pointen sind merkwürdig, ich kann jedoch aus Zeitgründen hier nicht näher darauf eingehen. Stattdessen stellt sich der historisch-vergleichenden Erzählforschung vielmehr die Frage, ob die nostalgische Idee des Schlosses auch *erzählerisch* immer wieder neu inszeniert wird? Auch diese Frage wird von Experten bejaht. Hübsch ist dafür ein Bericht der amerikanisch-ungarischen Folkloristin Linda Dégh, nach dem ihre berühmte ungarische Gewährsperson Suzanna Palko, zum Empfang einer Auszeichnung ins kommunistische Parlament nach Budapest geladen, zu Hause in ihrem Dorf erzählt, sie sei in einem Schloss bei Königs gewesen.[50] Und wenn es auch keine Märchen über den Bundes- oder Reichstag[51] oder über ein Bankenkonsortium geben kann, so doch über ganz konkrete Herrscher (Lady Di) oder über die Superreichen (Trump, Bill Gates), und sicherlich ist es kein Zufall, dass gerade unlängst zu Füßen von Neuschwanstein Märchen-Wanderungen angeboten werden und das Ludwig-Musical für die internationale Perpetuierung des Topos sorgt. Märchenschlösser haben Konjunktur. All dies zeigt, dass gerade heute offenbar ein tiefes Bedürfnis nach Märchen-Schloss und Märchen-König besteht, und dies nicht nur in unseren westlichen Gesellschaften.

Das Schlusswort möchte ich der verstorbenen Ottilie Dinges, ehemals Präsidentin dieser Gesellschaft, überlassen. Ich habe es dem kleinen Katalog von Annemarie Verweyen entnommen. Dinges fasst hier meine eigenen Gedanken in der ihr eigenen kulturhistorischen, vergleichenden und auch psychologischen Sichtweise pointiert zusammen:

> Was König und Königin, Schloss und Hofhaltung im Märchen besagen, versteht jedes Kind, obwohl wir in einer Demokratie leben. Das Märchen benutzt solche Konfigurationen als Symbole, es ist sicher falsch, sie als Votum für hierarchische Strukturen der Vergangenheit zu interpretieren. König und Königin zu werden, die Prinzessin oder den Prinzen zu heiraten, ins Schloss einzuziehen, das ist zumeist die sprachliche Geste oder die bildliche Einkleidung für das »Glück«, das der Märchenheld oder die Märchenheldin gefunden haben, oft nach Anstrengungen und Leiden und nie ohne die Hilfe der Jenseitigen und ihrer Gaben. Das Schloss bezeichnet die Fülle alles Guten und Wünschenswerten, es ist der »Himmel« des Märchens.[52]

Anmerkungen

1 Eine ähnliche Dreiergruppierung nimmt auch Daemmrich (in: Daemmrich, Horst S./Daemmrich, Ingrid: *Themen und Motive in der Literatur.* Tübingen/Basel 1995[2]) für die Hochliteratur vor. Erstens gäbe es den Aktionsraum, dessen Luxus zu Verschwendung, Vergnügen und Sinnenfreude anrege, zweitens schüfen bestimmte Schlösser eine Atmosphäre des Schreckens (*Hamlet*; Horace Walpole: *The Castle of Otranto;* Walter Scott: *Castle Dangerous*), drittens das Schloss als Zentrum des Abenteuers und der Macht. Vgl. auch Verweyens Dreiervorschlag, was die Illustrationen anbelangt: Es gäbe Schlossdarstellungen im Hintergrund (»unerreichbare Ferne«), im Zentrum (»Ort der Handlung«) und durch Krone, Szepter etc. symbolisierte Schlösser. In: Verweyen, Annemarie: »Selbstportrait«. In: *Märchenspiegel* 2/2000 (11. Jg.), S. 59–61, bes. S. 60.

Bei den drei soeben genannten, ganz unterschiedlichen Schloss-Typologisierungen haben wir aus Zeitgründen einen entscheidenden Klammer-Gedanken vernachlässigt, es ist der Gedanke des spezifisch märchenhaften *locus irrealis*, des Ortes, an dem physikalische Gesetze und sämtliche Zeitvorstellungen aufgehoben sind. Auf das Phänomen der »Zeit im Märchen« möchte ich hier nicht näher eingehen. Verwiesen sei aber auf den gleichnamigen Kongress der Europäischen Märchengesellschaft mit dem entsprechenden Kongressband *Die Zeit im Märchen*. Herausgegeben von Ursula Heindrichs und Heinz-Albert Heindrichs. Kassel 1989, sowie auf Röllekes zuerst 1984 publizierten Dornröschenaufsatz. Siehe Rölleke, Heinz: *Die Märchen der Brüder Grimm*. Quellen und Studien. Gesammelte Aufsätze. Trier 2000 (Schriftenreihe Literaturwissenschaft 50), S. 157–169, hier bes. 158–161. – Hier nur so viel: Wenn die Schlösser im Märchen Jenseitsorte sind, in die man entrückt, dann ist sehr häufig auch die Zeit aufgehoben. Im Märchenschloss wird unsere Diesseitszeit zur Jenseitszeit mit eigenen Regeln, wie sie Röhrich z. B. am beliebten Motiv des entrückten Mönches von Heisterbach gezeigt hat. Siehe Röhrich, Lutz: *Erzählungen des späten Mittelalters und ihr Weiterleben in Literatur und Volksdichtung bis zur Gegenwart*, Bd. 1. Bern 1962, S. 124. Diesen besonderen Zeitdimensionen im Jenseits ist auch Felix Karlinger nachgegangen, er versuchte in den 1980er Jahren, anhand von Märchen aus der Romagna Jenseitsreisen zu Jenseitsorten mit Jenseitszeit zu beschreiben. Siehe Karlinger, Felix: »Zauberschlaf und Entrückung. Zur Problematik des Motivs der Jenseitszeit in der Volkserzählung«. In: *Raabser Märchen-Reihe* (Bd. 7). Wien 1986, hier bes. ein Kapitel: »Schlaf im Schloß«, S. 16–19: 100 Jahre auf der Erde sind dann wie in Tag im Jenseits, und dies spielt sich oftmals in Schlössern ab. Wir kennen dieses seltsame Motiv aus der Bibel und aus der Hochliteratur, wo es vielfach bearbeitet wurde. Am deutlichsten den Märchencharakter beibehalten hat vielleicht eine Geschichte, die weltliterarische Geltung erlangt hat, es ist die von *Rip van Winkle*, so wie zuerst Washington Irving und viel später auch Max Frisch sie erzählt (abgedruckt bei Petzoldt, Leander: *Deutsche Sagen*: Arbeitstexte für den Unterricht. Stuttgart 1977, S. 110–116). Hier verliert der Held der Geschichte im Jenseits jeden Zeitbezug, wenngleich er dort auch nicht in einem Schloss Quartier nimmt, so sind doch, als er zurückkehrt, mehr als hundert Jahre verstrichen, sein Haus ist nur noch eine Ruine, seine Anverwandten sind tot, die Gastwirtschaft, in der er seine Geschichten erzählte, existiert nicht mehr usw. Eine weitere Jenseitsgeschichte, in der die Zeitbezüge verloren gehen, ist die vom Bergwerk zu Falun, die berühmtesten Bearbeitungen stammen zweifellos von Hebel und dann von Hoffmannsthal.

2 Die Übernahme dieses Terminus' aus dem Buch von Lenz, Friedel: *Bildsprache der Märchen*. Stuttgart 1972 (vgl. insbes. S. 275 f: »Schloß: Das Schloß, vom Haus sich durch Größe und Reichtum unterscheidend, ist Bild für die Behausung des Leibes. Es wird gebraucht, wenn der Leib bedeutsamer, fülliger und reicher erlebt wird; so lebt z. B. das Kind vorwiegend in einem Schloß, denn es kennt die Grenzen seiner Leiblichkeit nicht.«) bedeutet nicht, dass die Verfasserin dessen Ansatz akzeptiert.

3 Vgl. Köhler-Zülch, Ines: »Katzenschloß«. In: *EM 7* (1993), Spalten 1126–1135.

4 Zitiert nach der Ausgabe der grimmschen Märchen von Uther, Hans-Jörg (Hrsg.): *Grimms Kinder- und Hausmärchen*. 4 Bde. Nach der Großen Ausgabe von 1857, textkritisch revidiert, kommentiert und durch Register erschlossen. München 1996, Bd. 3, S.126 f.

5 Vgl. die bretonische Erzählung »Das Kristallschloß« bei Soupault, Ré: *Bretonische Märchen*. Düsseldorf/Köln 1959 (MdW).

6 Vgl. Schmidt, Leopold: »Brauch ohne Glaube«. In: Scharfe, Martin (Hrsg.): *Brauchforschung*. Darmstadt 1991, S. 105–135, hier S. 128. Schmidt verweist hier auf seine eigenen Ausführungen zu astralmythologischen Thesen in: Schmidt, Leopold: *Die Volkserzählung*. Märchen, Sage, Legende, Schwank. Berlin 1963, S. 55 ff.

7 Eine Parallele, bei Haltrich abgedruckt, trägt den Titel »Von der Königstochter, die aus ihrem Schlosse alles in ihrem Reiche sah«. Siehe Haltrich, Josef: *Sächsische Volksmärchen aus Siebenbürgen*. Berlin 1856, Nr. 39.

8 Vgl. Gobrecht, Barbara: »Köpfe auf Pfählen«. In: *EM 8* (1996) Spalten 257–260.

9 Diesen Gedanken hat der italienische Märchensammler, -forscher und -dichter Italo Calvino in seinem Buch *Das Schloß, darin sich Schicksale kreuzen* aufgegriffen (Originaltitel *Il castello die destini incrociati* (dt. München/Wien 1978).

10 Im Artikel »Fürchtenlernen« zählt Rölleke Varianten auf, in denen das Schloss ein Spukort ist. Siehe Rölleke, Heinz: »Fürchtenlernen«. In: *EM 5* (1987), Spalten 584–593.

11 Im Artikel »Gespenster« des *Handwörterbuchs des Märchens* beschreibt Kahlo das Personeninventar von Spukschlössern, er spricht von gespenstischen Barbieren, alten Männchen, ja sogar Leichen. Siehe Kahlo, Gerhard: »Gespenster«. In: *HDM 2* (1934–1940), Spalte 598.

12 Vgl. Köhler-Zülch, Ines: »Kater: Der gestiefelte K.«. In: *EM 7* (1993), Spalten 1069–1083.

13 Die Situierung des Schlosses inmitten eines großen, dicken (dunklen) Waldes ist ein Topos. Es sei jedoch hingewiesen auf den Nachweis Röllekes, dass dieser in vielerlei Hinsicht aus dem Rahmen fallende KHM-Text kein Volksmärchen ist, sondern zu wesentlichen Teilen aus der Feder des Pietisten Heinrich Jung, genannt Jung-Stilling stammt. Der Text ist von Jung-Stilling aufgezeichnet und zweifellos stark künstlerisch überformt. Siehe Rölleke, Heinz: »Zauber-Märchen, Märchen-Zauber«. In: Rölleke 2000 (wie Anm. 1), S. 260–268, hier bes. S. 263. Röllekes Vortrag erschien in gedruckter Form zuerst 1998.

14 Puchner, Walter: »Mädchenmörder«. In: *EM 8* (1996) Spalten 1407–1413.

15 Vgl. Siuts, Hans: *Jenseitsmotive im deutschen Volksmärchen.* Leipzig 1911.

16 Auf die Faszination dieses Schloss-Typs in der Trivialliteratur, insbesondere in Frankreich (»Ritterwut« und Sehnsucht nach dem »vieux château«) verweist Schenda. Das Schauerliche von Schloss- und Burgverliesen etwa drücke sich in »genußvoll ausmalenden Passagen« aus. Siehe Schenda, Rudolf: *Volk ohne Buch.* Studien zur Sozialgeschichte der populären Lesestoffe 1770–1910. Frankfurt a. M. 1988^3, bes. S. 362.

17 Klotz, Aiga: *Kinder- und Jugendliteratur in Deutschland zwischen 1840 und 1950.* Gesamtveröffentlichungen in deutscher Sprache, Bd. IV (Register-Teil I). Stuttgart/Weimar 1999. Hier sind allein unter dem Stichwort »Dornröschen« circa 120 Angaben von illustrierten Texten zu finden. Die Mehrheit dieser Illustrationen zeigt das dornenumrankte, entrückte Schloss.

18 Es soll an dieser Stelle auch darauf hingewiesen werden, dass das Motiv des in einer einzigen Nacht zu erbauenden Schlosses kulturübergreifend zu sein scheint, wir finden es beispielsweise in den orientalischen Märchen Gallants, etwa in »Aladin und die Wunderlampe« aus 1001-Nacht; es wäre indes genauer zu prüfen, ob der Orientalist Gallant dieses Motiv eingebaut hat, oder ob diese Schlösser schon vor dem Anfang des 18. Jh.s bei den arabischen und syrischen Erzählern vorkamen.

19 Im Jahre 1815 erschien ein Aufsatz Jacob Grimms mit dem Titel »Das Märlein von der ausschleichenden Maus« (Grimm: *Kl. Schriften* 6 (1869), S. 192–196) mit einer Fassung auf S. 193. Die Grimms plädierten für ein Relikt aus germanischer Vorzeit (»altgermanische Religion«). In vielen Sagenversionen verlässt das Seelentier den Menschen (Alp, Hexe) allerdings nicht, um in Schlössern Schätze zu sichten, sondern um zu »drücken« (Alp, Mahr). Nach Lixfeld ist die Schamanenekstase die Vorlage zu den Erzählungen von dem tiergestaltigen *Alter Ego:* in Trance (Ekstase) nimmt der Schamane fernab liegende Geschehnisse zur Kenntnis. Auch werde die Trance des Schamanen – so die Schamanismus-Forschung – sehr oft zum später erinnerten Traum. Und so wie der Schamane ohne sein Seelentier sterben muss, so stirbt auch der Mensch, wenn sein Seelentier, sein zweiter Leib, nicht zurückkehrt. Siehe Lixfeld, Hannjost: »Die Guntramsage (AaTh 1645 A).« In: *Fabula 13* (1972) S. 60–107, bes. S. 95 ff. Viele Autoren (von der Leyen) sahen in dieser Geschichte vor allem einen Ausdruck naturvölkischen Denkens – die Tierschädelredaktion mit dem *Schloss* kann sich also erst in späteren Schichten herausgebildet haben, als es Schlösser also wirklich gab.

20 Vgl. Lixfeld (wie Anm. 19).

21 Lixfeld (wie Anm. 19) unterscheidet 5 Redaktionen des Typs in der mündlichen Überlieferung.

22 Zugegeben: Der hier träumt, der ist ein König, der vielleicht immer von Schlössern träumt, weil er keine anderen Behausungen kennt, aber in anderen Varianten der Geschichte ist das Königtum des Träumers doch auch wieder ganz unwichtig: Es handelt sich um einen einfachen Wanderburschen, der mit einem Freunde auf der Walz ist.

23 Vgl. »Schloß in der Luft« nach Bolte-Polívkas Grimm-Kommentaren 4.237.

24 Im Kunstmärchen, insbesondere in den französischen Feenmärchen, und in der Hochliteratur werden Schlösser viel weitschweifiger vorgestellt: Die akribische Beschreibung der Luxusausstattung will nicht enden, die Unzugänglichkeit spielt eine geringere Rolle, die magische Anziehungskraft wird betont.

25 Kunsthistoriker sehen hier Parallelen zu Edgar Allan Poes Erzählung »The Domain of Arnhem«, in der das Leben in den Lüften beschworen wird.

26 An dieser Stelle ist auf einen deutlichen Unterschied zur Gestaltung des Schlossmotivs in Hoch- und Volksdichtung hinzuweisen; im Unter-

schied zum Kunstwerk, das seit Kant und Schiller als Ort individueller Freiheit und Selbstbestimmung gilt, pariert man mit der Volksdichtung die Vorstellung von Heteronomie, von Fremdbestimmung durch bewusste Traditionsgebundenheit. Was will das sagen? Das Märchen ist – wie wir wissen – in starkem Maße abhängig von Traditionen und Konventionen, von Standardisierungen von Inhalt und Form. Schenda spricht von einer »Traditionsrelevanz« der Volkserzählung. In eben dieser Traditionsverhaftetheit mag für viele Märchenliebhaber geradezu der Reiz des Genres liegen. Das rührende, zähe Wiederholen des Immergleichen, konventionell vorgegebener Handlungsschemata, die Formelhaftigkeit der altartigen Sprache und die merkwürdige Archaik gleichsam zeitloser Symbole, Gleichnisse und Metaphern, das fasziniert auch im 21. Jh. immer wieder von neuem. Wenn also in der Literatur, in der bildenden Kunst und im Kunstmärchen der Hochliteratur das Schloss ästhetisch elaboriert ist, so kann man sagen: Im Volksmärchen ist dies nicht der Fall. Im Volksmärchen ist das Schloss als fester Topos mit festen, traditionellen Formeln umrissen und als ebenso formelhafte wie magisch-irreale Ortsangabe charakterisiert. Die eingangs genannten drei Schilderungsweisen von Schlössern scheinen nicht nur das Wesen des Volksmärchen-Schlosses zu erfassen, sie sind vielmehr zunächst charakteristisch für die Hoch-Literatur, für die Schlösser eines Eichendorff oder Coleridge, eines Shakespeare, Walpole *(The Castle of Otranto)* oder Scott *(Castle Dangerous 1831)*, eines Thackeray, Proust oder Kafka. Man denke auch an die ganz hochliterarische Schilderung des Schlosses in den französischen Kunstmärchenversionen von »La belle et la bête« und an dessen hochartifizielle Verfilmung von Cocteau.

27 Stroebe, Klara/Christiansen, Reidar T. (Hrsg.): *Norwegische Volksmärchen.* Düsseldorf/Köln 1967 (MdW), Nr. 32.

28 Kovács, Ágnes (Hrsg.): *Ungarische Volksmärchen.* Düsseldorf/Köln 1966 (MdW), Nr. 37.

29 Vgl. Beit, Hedwig von: *Symbolik des Märchens.* Versuch einer Deutung. Bern 1952, 4. Auflage 1971, S. 24 (hier die Ausführungen zum »unbestimmten Ort«, zum »Ort des Magischen« und der Nachweis des schwedischen Märchens).

30 Aus Anonym: *Der gläserne Berg.* Estnische Märchen. Mit 24 von Kindern gemalten Bildern. Berlin (Ost) 1968; Titel der estnischen Originalausgabe: *Marjakobar Ja Teisi Setu-Muinasjutte.* Tallinn 1959. Die Übertragungen stammen von Alexander Baer. Das Märchen, zu dem

ein Kind dieses Bild unter Anleitung malte, trägt den Titel »Die Prinzessin auf dem gläsernen Berg«. Aufgezeichnet wurde es von Friedrich Reinhold Kreuzwald, der unter dem Einfluss der Grimms bereits 1866 die erste Sammlung estnischer Volksmärchen vorlegte.

31 Verwiesen sei hier auf Ludwig Fischers Beitrag zum Kongress der Deutschen Gesellschaft für Volkskunde in Halle 1999 (Kongressband in Arbeit). Fischer untersuchte die »Erhabenheitsästhetik« am Beispiel des Umgangs der bürgerlichen Eliten mit den Alpen seit dem 17. Jh., wobei er diesen Umgang als Distinktionsstrategie zu bestimmen versuchte.

32 Literarisch gestaltet ist dieser Gedanke in Lem, Stanislaw: *Das hohe Schloß*. Dt. Frankfurt a. M. 1974.

33 Zum ubiquitären Motiv der verbotenen Tür oder Kammer (Mot. C. 611.1 »Forbidden door. All doors may be entered except one«) vgl. insbesondere Nicolaisen, Wilhelm F. H.: »*Narrare Necesse Est*: Gedanken über das Jenseits in den Raum- und Zeitvorstellungen von Volkserzählungen«. In: *Medien popularer Kultur.* Erzählung, Bild und Objekt in der volkskundlichen Forschung. Festschrift Rolf Wilhelm Brednich zum 60. Geburtstag, herausgegeben von Carola Lipp. Frankfurt a. M./New York 1995, S. 171–181; bes. S. 176–178.

34 Propp, Vladimir: *Die historischen Wurzeln des Zaubermärchens.* Zuerst Leningrad 1946, dt. München/Wien 1987. Für unseren Zusammenhang interessiert insbesondere Propps Kapitel VIII »Hinter den dreimalneun Ländern«: »Das dreimalzehnte Zarenreich im Märchen«, S. 355–358.

35 Linguistisch aufschlussreich ist, dass es z. B. im Finnischen keine sprachliche Unterscheidung zwischen »Schloss« und »Burg« gibt. Schütte geht in seinem Kapitel »Zur Terminologie von Burg und Schloss« auch auf den Sprachgebrauch des 15., 16. und 17. Jh.s ein. Erst seit dem 19. Jh. werden in der Umgangssprache sowie auch in der Terminologie der Bau- und Kunstgeschichte Burg und Schloss »in einem konträren Sinne« gebraucht. Bis zum 13. Jh. habe man die befestigten Wohnsitze des Adels als »castrum« bezeichnet. Siehe Schütte, Ulrich: *Das Schloss als Wehranlage.* Befestigte Schlossbauten der frühen Neuzeit. Darmstadt 1994 (zugl. Habil.-Schrift. Frankfurt a.M. 1988), S. 10–12. – Im *Brockhaus* von 1908 findet sich folgende Differenzierung: »Schloss, der Wohnsitz eines Fürsten oder vornehmen Herrn und zwar im Gegensatz zur Burg (s. d.) ein solcher, der nicht zugleich zur Verteidigung eingerichtet ist. Palast (s. d.) nennt man ihn nur

im gesteigerten Sinne als ein besonders schönes S., nirgends aber wird das S. offiziell so bezeichnet. Palais nennt man ein kleines, städtisches S. oder ein größeres Wohnhaus, Herrenhaus (s. d.) ein kleines, auf dem Lande stehendes, meist mit einem Rittergut verbundenes S.«. In: *Brockhaus' Konversations-Lexikon.* Neue Revidierte Jubiläums-Ausgabe, 14. vollständig neubearbeitete Auflage, Bd. 14. Leipzig 1908, S. 523; vgl. auch Koepf, Hans: *Bildwörterbuch der Archäologie.* Stuttgart 1968.

36 Verweyen, Annemarie: *Das Märchenschloß in den Sammlungen der Brüder Grimm.* Illustrationen von der Romantik bis heute. Ausstellung zum Brüder-Grimm-Gedenken v. 1.12. 1985. Katalog, S. 3. Diesem Gedanken entspricht etwa auch die Tatsache, dass neuere Kunst-Märchensammlungen mit Titeln wie *Das kleine Märchenschloß* (herausgegeben von Bettina Plenz. Hamburg 1994) daherkommen.

37 »Die Schloss-Darstellungen sind, als Leitmotiv der Ausstellung, in drei Gruppen eingeteilt worden: 1. Das Schloss ist ohne näheren Bezug zu der betreffenden Illustration in den Hintergrund gedrängt und steht in unerreichbarer Ferne für Zauber und Glück, auch als Ort nicht erklärbarer Vorgänge. 2. Das Schloss wird als Ort der Handlung ausschnitthaft in den Bildmittelpunkt gebracht und als Innenraum, Einfahrt, Hof, Treppe, Tor, Wall, Turm oder Brücke dargestellt. 3. Das Schloss lässt sich durch Schloss-Symbole wie Krone, Szepter, Thron, Kleidung, Höflinge oder Kutsche ersetzen.« S. Verweyen 2000 (wie Anm. 1), S. 60.

38 Dies belegen z. B. die Stichwort-Appendices in den verschiedenen Ausgaben. In Uthers Ausgabe der grimmschen Märchen werden allein 45 Belege angeführt. Siehe Uther (wie Anm. 4), Bd. 3, S. 299. Im europäischen Zaubermärchen oder gar auf der internationalen Ebene sind die Häufigkeiten noch nicht ausgezählt worden und vielleicht auch nicht auszählbar, immerhin kommt nach Scherf *(Das Märchenlexikon)* das Schloss als Motiv in folgenden AT Nummern vor: 304, 306, 310, 314 A, 317, 326, 400, 401 (Königreich am Rande der Welt), 402, 410, 425 ABC, 431, 432, 433 B, 451, 465 A, 551, 552 A, 560, 561, 562, 590; (Schloss, erleuchtet) 518; (Schlossübernachtung) 704. Eine reizvolle und im Computerzeitalter auch lösbare Aufgabe wäre es, einmal die Frequenzen bei den einzelnen Sammlern und Herausgebern von Märchen zu vergleichen. So fällt deutlich auf, dass bei Bechstein weniger Schlösser vorkommen als bei den Grimms. Ist das Zufall? *Die Enzyklopädie des Märchens (EM)* wird der Bedeutung des Motivs gerecht, denn

sie wird einen Artikel »Schloss« enthalten, dieser ist jedoch noch nicht vergeben.

39 In orientalischen Märchen sind Schloss und Palast *nicht* vertikal entrückt. Oft Wohnorte der verzauberten Königstochter oder Sitz der Räuber, sind sie zumal von Gärten umgeben und bestehen aus einer Unzahl von Zimmern. Spies gibt eine Variante aus dem 13. Jh. Siehe Spies, Otto: »Das Märchen von den 40 Mädchen« (aus dem Arabischen übersetzt). In: *Fabula* 4 (1961), S. 1–19.

40 Vgl. Rölleke, Heinz: »Das Bild Gottes in den Märchen der Brüder Grimm«. In: Rölleke 2000 (wie Anm. 1), S. 184–195. Dieser Vortrag wurde zuerst in Bonn 1985 publiziert.

41 Maennersdoerfer, Maria Christa: *Schicksal und Wille in den Märchen der Brüder Grimm.* Diss. Bonn 1965, 39 f.

42 Zur Säkularisierung verschiedener Gattungen der Volksdichtung vgl. Hermann Bausinger: »Zum Beispiel«. In: *Volksüberlieferung* (Festschrift Kurt Ranke). Herausgegeben von Fritz Harkort, Karel C. Peeters und Robert Wildhaber. Göttingen 1968, S. 9–18, bes. S. 12–14.

43 Ein Hinweis auf die marxistische Märchenforschung dürfte an dieser Stelle aufschlussreich sein. So sind etwa für Waltraud Woeller Könige als absolutistische Herrscher, Edelleute als feudale Grundherren in vielen Volksmärchen die Verlierer. Sie werden durch ihre Antagonisten (abgedankte Soldaten und andere Repräsentanten des »werktätigen Volkes«, die eigentlichen »Träger« des Märchens) besiegt und lächerlich gemacht. Der Aspekt der sozialen Problematik und der Sozialkritik – so der Tenor fast aller Märchenausgaben der ehemaligen DDR – sei in der internationalen Märchenforschung bislang vernachlässigt worden. Bei der Durchsicht der von Woeller ausgewählten Märchen fällt auf, dass zwar die Repräsentanten der Macht ridikülisiert werden, Schlösser (deren reale Pendants man in der DDR gezielt verfallen ließ!) jedoch nach wie vor als Ziele der Suchwanderungen der Märchenhelden ungebrochen bestehen bleiben. Vgl. Woeller, Waltraud: Nachwort zu *Deutsche Volksmärchen von arm und reich.* Berlin 1959, S. 391–399, hier bes. S. 398.

44 Lehmann, Albrecht: »'Grafenerzählungen' – gehobene Heimat- und Erinnerungsprosa für Bürger von heute«. In: Lipp (wie Anm. 33), S. 60–69.

45 Auch wenn sich das analphabetische Volk oft nicht genau vorstellen konnte, was die Könige und Königinnen und die Prinzen und Prinzes-

sinnen da eigentlich den ganzen Tag so machen, wenn sie nicht gerade Recht sprechen oder Krieg führen oder tafeln. Wir belächeln ja oft die volkstümliche Idee der Überlieferungsträger, dass die Superreichen in ihren Schlössern dasselbe tun wie die Armen in ihren Bauernhäusern. So kommt es dazu, dass im Volksmärchen Könige gar selbst Schweine hüten oder ihre Schafe zählen, dass Königinnen spinnen oder nähen. Dennoch: Auch das »kleinbäuerliche« Märchenschloss verkörpert die Idee von Macht schlechthin.

46 Zum Schloss als Statussymbol hat sich die Kunstgeschichte vielfach geäußert. Hingewiesen sei auf eine im Entstehen begriffene Arbeit, die ein diesbezüglich besonders eigenartiges Phänomen des 16. Jhs. diskutiert: In prächtigen Kupferstichfolianten wurde höfische Kultur, Architektur und Gartenkunst von den Höfen gezielt verbreitet. Dies war wichtig für die fürstliche Selbstdarstellung. Die Bilder von Schlössern waren nun einerseits möglichst detailliert, auf der anderen Seite wurden, z. B. durch die Betrachterperspektive, die Größenverhältnisse eindrucksvoll übersteigert. Es wurden sogar – und dieser Aspekt scheint mir auch für das Märchenschloss aufschlussreich zu sein – europaweit Ansichten von lediglich geplanten, aber nie realisierten Bauvorhaben druckgraphisch verbreitet. Diese »Fälschungen« erhöhten das Sozialprestige der angeblichen Schlossbesitzer. Wer letztlich verantwortlich war für die Anfertigung und die Verbreitung dieser »potemkinschen Schlösser«, die Künstler, die Verleger, die Höfe, all dies gilt in der Forschung als noch nicht geklärt. Siehe Völkel, Michaela: *Kupferstichserien als Vermittler des Wissens über höfische Kultur im 16.–18. Jahrhundert.* Forschungsprojekt in Arbeit.

47 Boekhoff, Hermann et al. (Hrsg.): *Paläste, Schlösser, Residenzen.* Zentren europäischer Geschichte. Herrsching 1975, S. 14.

48 Michael Petzet, Weltpräsident des internationalen Rates für Denkmalspflege, wird hier so zitiert von Peter Gauweiler: »Das Geheimnis des Bayernkönigs«. In: Welt am Sonntag, 16. April 2000, S. 37.

49 Röhrich, Lutz: »Grimmsalabim. Die neuen Märchen der Brüder Grimm auf dem Weg zum Klassiker?« In: *Märchen-Kinder-Medien.* Beiträge zur medialen Adaptation von Märchen und zum didaktischen Umgang. Herausgegeben von Kurt Franz und Walter Kahn. Hohengehren/Baltmannsweiler 2000 (Schriftenreihe der Deutschen Akademie für Kinder- und Jugendliteratur Volkach e. V., Bd. 25), S. 99–107, bes. S. 104; s. auch Schmitt, Christoph: »Goldesel mit Gütesiegel. Die welt-

markterobernde Zeichentrickserie *SimsalaGrimm* auf dem Prüfstand«. In Franz/Kahn (wie Anm. 49), S. 129 f.

50 Dégh, Linda: *Narratives in Society*: A Performer-Centered Study of Narration. Helsinki 1995 (FFC 255), S. 93–95.

51 Verwiesen sei im Übrigen auf die Diskussion um den Wiederaufbau des preußischen Berliner Stadtschlosses, der durch den Beschluss des Bundestages vom 4. Juli 2002 (384 gegen 133 Stimmen) nach anderthalbjährigem Streit der Expertenkommission begonnen hat. In dieser Debatte, in der man überall »Ideologieverdacht« witterte, wird die Symbolfunktion von Schlössern schlechthin im Hier und Jetzt in aller Breite erörtert.

52 Verweyen (wie Anm. 36), S. 1.

Ergänzende Literatur

Braungart, Wolfgang: *Ritual und Literatur.* Tübingen 1996 (Konzepte der Sprach- und Literaturwissenschaft 53).

Eichler, Ulrike: »Münchner Bilderbogen«. In: *Oberbayerisches Archiv.* Herausgegeben vom Historischen Verein von Oberbayern, Bd. 99. München 1974.

Fuchs, Jürgen: *Das Märchenbuch für Manager.* Gute-Nacht-Geschichten für Leitende und Leidende. Frankfurt a. M./Ulm 2003[4].

Horn, Katalin: »Symbolische Räume im Märchen«. In: *Schriften zur Symbolforschung.* Herausgegeben von Paul Michel, Bd. 11. Bern etc. 1997, S. 335–351.

Lüthi, Max: »Familie und Natur im Märchen«. In: *Volksüberlieferung* (Festschrift Kurt Ranke). Herausgegeben von Fritz Harkort, Karel C. Peeters und Robert Wildhaber. Göttingen 1968, S. 181–195.

Nicolaisen, Wilhelm F. H.: »Space in Folk Narrative«. In: *Folklore on Two Continents:* Essays in Honor of Linda Dégh. Bloomington 1980, S. 14–18.

Nicolaisen, Wilhelm F. H.: »The Past as Place«. In: *Folklore 102* (1991) S. 3–15.

Schramm, Percy Ernst: »Vom Kronenbrauch des Mittelalters«. In: Helmut Dölker (Hrsg.): *Festschrift Will-Erich Peuckert.* Berlin 1955, S. 68–78.

SPIEGEL-Artikel: »My Line is Sky Line«. (Die Terrorattacken vom 11. September haben nicht zuletzt ein Symbol der Moderne beschädigt:

den Wolkenkratzer: Die Architekten geben das ungern zu. Trotz ihrer fatalen Attraktivität für Attentäter werden überall neue Riesenhäuser geplant – auch trotz der aktuellen Wirtschaftsflaute.) In: *Der Spiegel 30* (2002) S. 152–156.

Vonessen, Franz: *Das kleine Welttheater.* Zug 1998, S. 54: »Jeder Mensch ist zum König bestimmt, zum Herrscher über sein Leben und über sich selbst.«

West, Rebecca: *The Court and the Castle.* A Study of the Interaction of Political and Religious Ideas in Imaginative Literature. London 1958.

Viering, Jonas: *Luftschlösser, käuflich zu erwerben.* Ein deutscher Traum von alters her: einmal eine eigene Burg besitzen. Doch manches Gemäuer ist im Doppelsinne ruinös. Erste Folge der SZ-Serie. In: Süddeutsche Zeitung Nr. 172 vom 28./29. Juli 2001, S. 8.

Helga Volkmann

Der Märchengarten als Landschaftsutopie

»... und in einem Augenblick war aus dem wilden Wald ein prächtiger Garten geworden«

Über mir jubilierten unzählige Lerchen hoch in der Luft, so zog ich zwischen den grünen Bergen und an lustigen Städten und Dörfern vorbei gen Italien herunter. Aber ... ich hatte noch gar nicht daran gedacht, dass ich eigentlich den rechten Weg nicht wusste.«[1] Der das sagt, ist Eichendorffs »Taugenichts«, ein enger Verwandter der »echten« Märchenhelden, obwohl seine Geschichte, streng genommen, kein Märchen ist, auch kein so genanntes Kunstmärchen, denn es geht alles zwar höchst wundersam und poetisch zu, ohne dass jedoch die Ebene des Möglichen sich dem Märchenwunder öffnet. Der Taugenichts ist einer aus der Sippe der mit einer Glückshaut Geborenen, müßig zu sagen, dass er auch ohne geographische Detailkenntnisse und ohne ein anderes Gepäckstück als seine Geige bis nach Rom kommt.

Wenn wir uns heute zu Gartenbegehungen gen Süden begeben, so bedarf es auch für uns keiner Landkarte. Italien ist für den Nordländer eine gut kartierte Seelenlandschaft, mythische Bilder und Gestalten weisen den Weg, innere Bilder einer Landschaft, die an sich schon »gartenhaft« ist, also nicht mehr reine Natur, sondern ästhetisch gestaltet durch menschliche Sehnsüchte, verklärt durch das Auge der Maler und Dichter.

Die Zaubergärten, zu deren Besuch ich Sie einlade, sind entweder deutschsprachigen oder vor allem italienischen Märchen entnommen. Es gäbe sie natürlich auch in den Märchen anderer Völker, doch Italien hat sich für mein Thema als besonders ergiebig erwiesen. In der weiten Landschaft der italienischen Märchen ist es leicht, den tiefen und eigentlich unüberwindbaren Graben kühn zu überspringen, der nach traditionellem Verständnis die Volksmärchen von den Kunstmärchen trennt – ein Graben, der von der modernen Forschung allerdings etwas aufgefüllt wurde und kein Abgrund mehr ist, sondern nur mehr eine gewisse signifikante Bodenrinne.

In der italienischen Literatur haben sich Märchen und Geschichten aus oraler Erzähltradition und schriftliche Texte individueller Autoren seit jeher besonders intensiv und für die Nachwelt kaum mehr entwirrbar durchdrungen. In den Novellen von Boccaccios »Decamerone« und seiner Nachfolger, in den Kreuzritterepen von Ariost und Torquato Tasso finden sich Wunderepisoden und Märchenmotive, so auch das des »Zaubergartens«, die wiederum, bei ihrem hohen Bekanntheitsgrad, gewiss in die Volkserzählungen hineingewirkt haben. Ein Nehmen und Geben also in beide Richtungen – die Frage nach dem Original, nach Herkunft und Stammbaum eines Motivs, ist nicht zu klären, und nicht unbedingt kommt dem Volksmärchen der bekannten italienischen Sammlungen die größere Authentizität zu. Felix Karlinger, der Altmeister der Volkskunde der romanischen Länder, fand in den Märchensammlungen des 16. und 17. Jahrhunderts von Basile, Straparola, Sarnelli (die nach herkömmlicher Meinung den Kunstmärchen zugerechnet werden) nicht nur Märchentypen und -motive der mündlichen Tradition; er sah auch in ihrem Erzählduktus der ausufernden, »barocken« Fabulierkunst durchaus die Redeweise volksnahen Erzählens der Süditaliener widergespiegelt.[2]

Und so nehme ich mir also die Freiheit, Sie in Zaubergärten anonymer wie auch individueller Dichter zu entführen, in italienische und in deutsche. Und es wird festzustellen sein, dass südländische Gärten und solche aus nördlichen Breiten sich in puncto Anlage und Pflanzenbestand nicht unterscheiden. Zaubergärten sind klimatischen Bedingungen nicht unterworfen, kalte Winde haben zu ihnen keinen Zutritt, sie sind paradiesische Lustorte immerwährenden Blühens und Fruchtens. Wenige Requisiten werden skizziert, und das genügt (und genügte von jeher), um im Leser oder Hörer den Archetypus Garten herbeizurufen, der ihm über sein irdisch-allzuirdisches Dasein hinausweist und eine freudigere, mühelosere Existenz vor Augen führt. Darauf wird noch näher einzugehen sein. Vorab nur dies: Die Episode des Im-Garten-Seins (und es bleibt stets eine Episode) ist für Märchenhelden und -heldinnen immer eine Spanne der scheinbar abenteuerfreien Muße, des Zur-Ruhe-Kommens – scheinbar, denn die Folgen solchen Eskapismus sind gravierend, auch wenn Held oder Heldin es noch nicht wissen oder spüren beziehungsweise nicht wissen oder spüren wollen.

Zaubergärten sind nicht von dieser Welt, und so ist in Potsdam, der Stadt berühmter Gärten, die Suche nach einem solchen natürlich umsonst. Dennoch bin ich in gewisser Weise fündig geworden und auf Ludwig Tieck gestoßen; der Zaubergarten aus der Märchennovelle »Die Elfen« wird uns sein Tor öffnen – im übertragenen Sinne, denn Zaubergärten haben andere Eingänge als normale Gartenpforten. Tieck, der »König der Romantik«, wie er genannt wurde, Weggefährte, Anreger, Freund von Arnim, Brentano, Schlegel, den Brüdern Grimm (um nur diese zu nennen), hat die letzten zehn Jahre seines Lebens (also die 40er Jahre des 19. Jahrhunderts) überwiegend in Potsdam verbracht. König Friedrich Wilhelm IV., der »Romantiker auf dem Thron«, wie man ihn nannte, wollte in Potsdam einen »Musenhof« einrichten, ähnlich dem in Weimar. Die hochfliegenden Pläne blieben auf halbem Wege stecken, doch immerhin war Tieck der ehrenvollen Einladung des Königs gefolgt und bezog eine Villa am Park von Sanssouci (nahe der Friedenskirche), die für ihn nach Art eines italienischen Landhauses umgebaut worden war. Sie steht bis heute.

Ludwig Tieck war, wie alle Poeten seiner Generation, den Märchen zugeneigt. Und er hat kluge und hintersinnige Dinge über das Wesen des Märchens gesagt. Auch zu Gärten und Gartenanlagen hat er sich umfassend geäußert; das Gartenthema hatte zu seiner Zeit philosophische Dimensionen, die größten Geister beschäftigten sich damit, wie viel Natur und wie viel »Kunst« in die Gartengestaltung eingehen sollte.[3] Ein Ausspruch von Tieck, der mit der Gartengestaltung direkt nichts zu tun hat, ist bezeichnend für die Naturauffassung der Romantik und führt uns wieder zu unserem Thema: »Auch die schönste Gegend hat ihre Gespenster« – und mit »Gespenstern« sind hier natürlich nicht ätherische Flatterwesen in altem Burggemäuer gemeint, sondern in erweitertem Sinne das Dämonische schlechthin. Das ist auch die Weisheit der Märchen: Jede Gegend, jede Landschaft hat ihre »vierte Dimension«, ihre heimliche Öffnung ins Numinose: Brunnen führen in die Anderswelt, eine Blume wird gebrochen, ein Baum erklommen und damit dem Wunder Tür und Tor geöffnet.

»Und in einem Augenblick war aus dem wilden Wald ein prächtiger Garten geworden.« Der wilde Wald und der prächtige Garten – das ist das Urbild eines Gegensatzpaares. Und so sei zunächst der Wald als bedeutsamer Opponent zum Garten kurz beleuchtet: Der Wald ist eine besonders sensible Nahtstelle zwischen der puren empirischen Natur und der Zauberwelt. In früheren Zeiten, ehe die ausgedehnte Forstwirtschaft sich der Wälder bemächtigt hatte, war der Wald Inbild und Metapher für von dämonischen Wesen bewohnte Wildnis, für das ungeordnete, menschenfeindliche Draußen, eine dunkle Gegenwelt zu Haus und Herd, zu menschlicher Gemeinschaft und zum »Garten«. Der Märchenheld ist tendenziell ein Waldgänger, und auch die Mädchen müssen oft in den Wald hinaus, damit sich ihr Schicksal erfüllen kann: Rotkäppchen, Schneewittchen, die schöne jüngste Kaufmannstochter mit dem hintergründigen Rosenwunsch – um nur diese zu nennen. Im Wald hausen »furchtbare Riesen und wilde Tiere« (so in einem sizilianischen Märchen), gibt es Räuberhäuser und Schlösser von finsteren Männern des Blaubart-Typs, als Gaumenfreuden getarnte Hexenhäuser. Hirschkühe und Vögel stehen in Diensten der Dämonen und locken arglose Jäger und verirrte Kinder in deren Machtbereich. Jäger verschwinden auf Nimmerwiedersehen im finstern Wald des »Eisenhans«.[4] Wälder, Wälder, nichts als Wälder drei Tagereisen lang – in den europäischen Volksmärchen von Island bis Sizilien werden die Märchenhelden der »schauerlichen Waldeinsamkeit« ausgesetzt. Der Wald und seine Durchdringung sind Initiationsweg und Archetypus; müßig, auf einer historischen Landkarte nach solchen ausgedehnten Wäldern auf Island oder Sizilien zu suchen. Und dann, mitten in der wüsten Waldwildnis, plötzlich die echte oder vorgetäuschte Rettung: der »prächtige Garten« – keine Fata Morgana, eingegeben von Hunger und Durst, sondern Ort zum Entspannen und Durchatmen, ein Ort der Fülle, in dem die Zeit stillsteht und die Märchenhandlung einstweilen zur Ruhe kommt.

»Das Märchen und seine Räume« – auch Wald und Garten sind Räume, Aktionsräume der Menschen im Märchen. Auf den Garten trifft das nicht nur in einem allgemeinen Sinne zu. Das Wort »Raum« ist die Ableitung eines germanischen Wortstamms, der in unserem Verb »aufräumen« (= Ordnung schaffen) noch etwas von der Urbedeutung erhalten hat. Dieses »Räumen« hieß zunächst ganz konkret (nach dem grimmschen Wörterbuch): ein Stück Land säubern, urbar und kulturfähig machen, eine Wildnis für einen Siedelplatz vorbereiten – die erste Voraussetzung also für einen Garten. Am Anfang war die Kulturtat der Waldrodung, sie spiegelt sich in vielen Mythen und abgeleitet in Märchen: Der Heros im Kampf gegen den »Herrn des Waldes«, den Herrn der Tiere – das ist ein Urmuster für Wildnisbewältigung. Die zweite

Voraussetzung ist das Umgeben des gewonnenen Kulturlandes mit einer Einfriedung, einem »Haag«, einer Hecke, um das Angebaute zu schützen. Und die dritte Voraussetzung schließlich ist das Gestalten, das Ordnen des Wildwuchses nach menschgemachten Vorstellungen und Plänen. Einen Garten anlegen, das heißt in diesem Sinne also, frei nach Tieck, einer Gegend die Gespenster austreiben. Gartengestaltung war von ihren bezeugten Anfängen im Zweistromland, in Ägypten, Hellas und Rom und bis in die Neuzeit strenge Domestizierung der Natur. Der Mensch, gleichsam Gott ähnlich, schafft sich seinen eigenen Mikrokosmos, seine Kunstparadiese, mit denen er die Vertreibung aus dem Garten Eden ein Stück weit rückgängig macht. Der Garten ist – in diesem ideellen Sinne – Symbol für eine berechenbare, vom Menschen beherrschbare Welt: Mit strengem Baumschnitt, mit geometrischer Ornamentik der Beete triumphiert menschlicher Gestaltungswille über Wildwuchs und »Un-Ordnung« der puren Natur. Sie wird zu symmetrischer Ordnung stilisiert und damit zum Spiegelbild des göttlichen, »vernünftigen« Weltenplanes gemacht.

Mit diesem kleinen Exkurs in die Gartenkultur soll die besondere Beziehung des »Raumes« mit der Idee des Gartens hervorgehoben werden. Zudem möchte ich Ihnen gleichsam einen inneren Gartenplan in die Hand geben zur Orientierung in den Zaubergärten, in denen zumeist über Gestaltungsdetails und Flora wenig zu erfahren ist. Bei dem Typus von Märchengärten, von denen die Rede sein wird, handelt es sich nicht um mit Fleiß und gärtnerischem Know-how angelegte und unterhaltene Hausumgebungen; es sind der Wirklichkeit enthobene, von Wundern bestimmte Erscheinungsformen der Anderswelt. Und sowieso lässt der Topos Garten im Hörer und Leser seine ganz eigenen, aber eben von uralter Tradition geprägten inneren Bilder erblühen.

Nun aber von den Zaubergärten im Allgemeinen zu den Märchengärten im Besonderen. An einem bestimmten Gartentypus gehen wir vorbei, werfen allenfalls einen verstohlenen Blick durch das hohe, spitzbewehrte Gittertor, das von wilden Tieren oder anderen Schrecknissen behütet wird. In diesen Gärten quillt das Wasser des Lebens, oder reift die gewisse Frucht gegen Krankheit und Tod. Es sind Ewigkeitsorte, sie waren immer schon da und sind einigen Eingeweihten bekannt. Und die schicken ihre Söhne aus, ihnen ein Stück »Ewigkeit« in ihr beschränktes irdisches Dasein zu holen. Denn nur die Jungen haben diese Chance – so im Märchen –, und nur Erwählte kommen an der

Bewachung vorbei. Immer ist höchste Eile geboten, sie schauen nicht rechts und nicht links bei ihrem gefährlichen Auftrag, und so sind selbst minimale Gartenbeschreibungen in diesen Gefilden nicht zu erwarten.

Wir besuchen stattdessen einen (zumindest temporären) Verweil-Garten und folgen einem jungen Mann in einem italienischen Märchen[5] durch eine »unwegsame und waldige Gegend«, »durch einen Wald voll mächtiger Buchenbäume«. Er trifft auf eine unsagbar hässliche Alte, die ihn mit in ihre »Höhle« nimmt. Sie bewirtet ihn; ein köstliches Mahl wird plötzlich von unsichtbaren Händen aufgetischt, und als er sich zur Ruhe begeben hat, liegt neben ihm die Alte, aber »wie verwandelt in holder jugendlicher Schönheit«. Staunend schaut er sich am andern Morgen um:

> Statt der finstern Felsenschlucht dehnte sich zwischen den Wäldern und Berghängen eine fruchtbare, kleine Ebene aus, durch die sich vier silberhelle Bächlein zogen. So schön und wonnig war dieses Wiesental, wie anderswo eine Frühlingslandschaft nicht könnte blumenreicher sein. Den Sommer über wehte immer ein frisches Lüftlein drüber hin, und im Herbst fielen anstatt Regen Manna und allerhand Wohlgeruch. Hier gab es auch keinen Winter, und überall brachte der Boden neue Früchte, Gräser und Blumen hervor. Auch hörte man ringsum die Waldvögel singen, und … dann lebten da auch Tiere aller Art, die hübsch anzuschauen und ganz zahm waren.

Ein Paradies also mit allen Ingredienzen und Requisiten, die dem Urbild eigen sind: Immerblühen und Immerfruchten, dem Welken, der Vergänglichkeit entzogen; zahme Tiere »aller Art«, Symbol für friedliches Miteinander der Geschöpfe; Vogelgesang, Wohlgerüche, dazu »Götterspeise« (= Manna); das Wasser als artige Bächlein – bemerkenswert die Vierzahl, also in jede Himmelsrichtung –, so fließen die Urströme auch in der Bibel und im Koran. Die wahre Natur des Urelementes Wasser, das da so harmlos durch den Garten plätschert, wird der Gast bald kennen lernen. Fürs Grobe im Haushalt hat die Alte nämlich einen stummen Diener in Gestalt eines »Knoblauchstößels« mit einem Kürbis als Kopf, mit Kleidern angetan. Der Mann schickt ihn zum Wasserholen und weiß dann die Zauberformel nicht, den Diensteifer zu stoppen – und das Wasser fließt und fließt. Das ist ein verbreitetes Märchen- und Sagenmotiv von der Antike bis hin zu Goethes »Zauberlehrling«. Der Mann ist den magischen Energien des Ortes nicht gewachsen, und zu Fortschritten im Umgang mit diesen kommt es nicht mehr.

Und dann sind da schließlich die Liebeskünste der schönen Waldfrau, einer Gestalt der Zauberwelt. Es scheint, als habe sie den Garten als Mittel im Instrumentarium ihrer Verführungskünste gewissermaßen mit einem Zauberwort aus dem Boden gestampft, ohne Mühe und Gartenarbeit. Dieses Märchen (von einem unbekannten Autor aufgeschrieben um 1520, wie es in den Anmerkungen heißt) steht mit dem Motiv des Zaubergartens und seiner verführerischen Besitzerin in einer langen Tradition, und es ist wohl kein Zufall, dass gerade in der Renaissance, der Epoche der Wiederentdeckung antiker Freizügigkeit und Lebenslust, solche erotisch aufgeladenen Spezialparadiese literarisch in Mode kamen. Es gibt zwei berühmte Vorbilder für diese Zauberfrauen, berüchtigte Weibsteufelinnen aus der italienischen Hochliteratur des 16. Jahrhunderts[6]; sie locken christlich-fromme Kreuzritter in ihre Fänge und lassen sie für eine Weile ihre geheiligte Mission aus dem Auge verlieren: Die schöne Armida in Torquato Tassos »Das befreite Jerusalem« zaubert zwecks Männerfang flugs einen Garten herbei; sie fesselt den von ihr erwählten Liebhaber mit einer Blumenkette, entführt ihn auf ihre Garteninsel, und er lässt es sich nur allzu gern gefallen. In dem Epos »Der rasende Roland« des Ariost lockt die hexische Alcina den Kreuzritter Roger von seinen Gefährten weg in ihren Zaubergarten, und auch der hat zunächst nichts dagegen, denn er weiß noch nicht, dass all die Zitronen- und Myrtenbäume Alcinas abgelegte und verwandelte Liebhaber sind. Es ist das in Märchen und Sagen weit verbreitete Motiv der »gestörten Martenehe« – Ausdruck des von den Männern so gefürchteten verschlingenden Aspektes der »großen Mutter«, hier ins Pikant-Frivole verflacht. Solche Elemente der Hochliteratur haben gewiss in die Volkserzählungen ihrer Zeit hineingewirkt.

Diese Orte sind Wunschphantasien von Männern, Männerparadiese, Inseln exklusiver Zweisamkeit, in denen jedoch eine Frau das Sagen hat und die Spielregeln angibt. Sie sind scheinbar in Zeit und Raum fest verankert; tatsächlich aber haben sie eine wenig stabile materielle Substanz, sie sind Schimären, die von den Naturgeistern nach Belieben her- und wieder fortzuzaubern sind.

Zurück zu dem Märchen »Im Zaubergarten«. Jene zwielichtige, zwiegestaltige Alte ist keine Weibsteufelin wie Almida und Alcina. Sie verkörpert eher die Licht- und Schattenseiten der »Mutter Natur«. Es gibt allerdings jemanden, der mehr kann als sie: Sie wurde selbst verzaubert und ist ihrerseits erlösungsbedürftig. Doch der Mann, für den die Scheinidylle in der Waldeinsamkeit inszeniert wurde, zeigt sich dem Erlösungswerk nicht gewachsen. Es genügt ihm nicht, seine Geliebte zu spüren und mit nächtlichen Sinnen zu umfangen – sehen möchte er sie und auch mit den Augen in Besitz nehmen. Er kann nicht warten und bricht sein Versprechen – wir kennen das Motiv, mit umgekehrtem Vorzeichen, aus den Tierbräutigam-Märchen. Wie im Garten Eden gegen das Pflücktabu verstoßen wird, in vielen Märchen gegen das Sprechtabu, so hier gegen das Schautabu. Anzumerken ist, dass es bei einer weiblichen Zwittergestalt (zumeist sind diese ja männlich) keines hässlichen Tieres bedarf, um den Kontrast zu Schönheit und Jugend bei Nacht deutlich zu machen. Ein altes Weib ist schon an sich schrecklich genug! Erst im traurigen letzten Moment ihrer Beziehung – der Anblick ihrer Reize hat das »Feuer der Liebe« gerade erst recht in ihm entfacht –, da wird sie zur Schlange, »fuhr zischend vor großem Zorn aus dem Bett und floh von dannen«. Und das ganze Paradies hat sich wie ein Spuk in nichts aufgelöst, der Mann bleibt verzweifelt in der Wildnis zurück, eine zweite Chance zur Erlösung und zu dauerhafter Partnerschaft mit der Herrin des Gartens wird ihm nicht zuteil. Ein Versager, gewogen und zu leicht befunden von den Mächten der Anderswelt.

In den Zaubermärchen haben, im Gegensatz zur Sage, Verfehlung und Verzweiflung nicht das letzte Wort. Zumeist gibt es einen zweiten Anlauf zum Glück – so in dem sizilianischen Märchen vom Kaufmannssohn Peppino.[7] Ein wohl behüteter Sohn aus reicher Kaufmannsfamilie ist in Geschäften unterwegs auf dem Meer – das ist wie der Wald Symbol für Chaos und Ausgesetztsein. Er erleidet Schiffbruch, eine Welle wirft ihn auf einen Felsen. Da sieht er plötzlich, wie dieser sich vor ihm öffnet, ein Reigen schöner Mädchen heißt ihn willkommen. »Da ließ er sich von ihnen führen, und sie brachten ihn durch den Felsen in einen wunderschönen Garten, in dem blühten die prächtigsten Blumen und wuchsen die süßesten Früchte.« Keine Schilderung, keine Botanik, nur diese kärglichste Skizze, die zum Ausfüllen unserer inneren Gartenbilder bedarf. Die Mädchen bedienen ihn und bereiten ihm schließlich ein Lager, nehmen aber die Lampe mit. In der Dunkelheit jedoch spürt er, wie eine »feine, zarte Frauengestalt« neben ihm liegt. Bei Tag ist sie verschwunden, und so geht es eine Weile. Es kommt, wie es kommen muss in diesem Märchentyp (»Amor und Psyche«): Peppino bricht das Schautabu, ein Tropfen Wachs fällt auf das Objekt seines Entzückens – und im selben Moment ist alles verschwunden, Garten und Mädchen, und er findet sich »in finsterer Nacht, nackt und allein, ganz oben auf einem Berg, der mit Schnee bedeckt war«. Dass der Zaubergarten sich eigentlich mitten im Meer in einer Felsenhöhle aufgetan hatte, ist zunächst in Vergessenheit geraten, und das ist nicht wichtig: Berg, Fels, Meer sind wie der Wald Bilder für die äußerste Opposition zum gestalteten, menschenfreundlichen Gartenraum. Nach einer etwas verwirrenden, motivüberladenen Suchwanderung kehrt Peppino zu seiner Nachtschönen in ihrem Grottengarten zurück, erlöst und heiratet sie und nimmt sie mit in seine Heimat, reich mit Schätzen aus der Höhle beladen; und damit sind im Märchen nicht nur in irdischer Währung messbare Werte gemeint.

In einem anderen Märchentypus geschieht die Spontananlage eines Gartens, in einer Nacht und gegen alle Gesetze der Botanik, sozusagen unter den Augen des Lesers. Es ist eine der unmöglichen Aufträge, die dem Märchenhelden von seinen Neidern, von einem missgünstigen Schwiegervater oder einem kapriziösen, heiratsunwilligen Mädchen auferlegt wird. Damit ist der Mann völlig überfordert, er ist gänzlich auf die magischen Fähigkeiten einer Frau angewiesen. In dem sizilianischen Märchen »Von der Schwester des Muntifiuri«[8] ist eine solche »Hals- und Kopfaufgabe« von dem jungen Muntifiuri zu leisten. Die falsche Braut des Königs, in dessen hoher Gunst Muntifiuri als Diener steht, hat behauptet – um ihn zu vernichten –, er könne in einer Nacht einen »schönen Brunnen mit springendem Wasser« errichten, in der zweiten Nacht dann um den Brunnen herum einen schönen Garten, in dem »alle Bäume und alle Blumen der Erde zu sehen sind«, und schließlich, in einem dritten Anlauf, er könne in den Bäumen alle Vögel der Erde versammeln. Der Brunnen, die Wasserquelle, das ist die selbstverständliche Basis für jegliches Gartenleben. Auch bei den im Zeitraffertempo aus dem Boden gestampften Zaubergärten wird die Segensgabe des Wassers stets erwähnt. Ebenso die Vögel als Boten aus Himmelssphären; sie sind im mythisch-literarischen Urbild des Gartens die Nummer eins der Bewohner, selbst bei kürzesten Beschreibungen werden sie genannt.

Natürlich muss Muntifiuri angesichts dieser übernatürlichen Ansprüche passen. Hilflos und betrübt geht er jedes Mal an den Meeresstrand. Seine schöne Schwester, die rechte Braut des Königs, wurde auf der Brautfahrt auf hoher See von der bösen Widersacherin ins Meer gestoßen, doch sie ist nicht ertrunken, sondern ist im Gegenteil noch schöner geworden, sie hat obendrein bei den Sirenen das Zaubern gelernt, und mit Hilfe der Wasserfrauen wird die wunderbare, spontane Gartenschöpfung einschließlich aller verlangten Extras ganz ohne männliches Zutun zu Wege gebracht.

Auch in einer Variante aus Wälschtirol [9] wurde die schöne Schwester eines Königsgünstlings, die rechte Braut eines Königs, von zwei Hexen ins Meer gestoßen, auch ihr kommen aus dem Urelement Wasser – hier im Bauche eines Walfischs – geheime Zauberkräfte zu, um die dem Bruder auferlegte Gartenumgestaltung zu übernehmen. Immerhin wird dieser nicht ganz von jeder Arbeit befreit, am Abend soll er den (bereits vorhandenen, aber wohl vernachlässigten) Garten harken und die Spinnweben vom Gemäuer kehren. Das ist machbar, auch für einen Mann. Das eigentlich nicht Machbare aber, die Ausstattung des Gartens mit den verlangten Luxusrequisiten, übernimmt die Schwester aus dem Walfischbauch, die Frau mit den magischen Wachstumskräften.

Eine Variante, ein deutschsprachiges Märchen aus der Schweiz[10], sei noch erwähnt, denn daraus stammt das Zitat meines Titels. Hier ist es ein schönes, kokettes Mädchen, das seinen Freier hinhalten will, indem es ihm die unmögliche Aufgabe der Gartenschöpfung aus dem Nichts stellt. Um Kopf und Kragen geht es hier nicht, sondern nur um Herz und Hand. Die Mutter des Jünglings ist eine mächtige Fee, trotzdem ist auch er, immerhin ein Feensohn mit einigen Zaubergenen ausgestattet, so sollte man meinen, völlig auf weibliche Hilfe angewiesen: »... da formte sie [also seine Mutter] ihm über Nacht ein wundersames Brunnenbecken im Walde, das strahlte in allen Farben des Regenbogens, und sein Wasser spielte gar hell im Glanz der Sonne.« Und dann, als die Jungfrau einen Garten an Stelle des Waldes verlangt, ist auch dieser Schöpfungsakt im Nu vollbracht:

> Als die Jungfrau ... an dem Brunnen saß, da sprossten auf einmal rings umher Veilchen und Rosen, und in einem Augenblick war aus dem wilden Wald ein prächtiger Garten geworden. Mit tausend und aber tausend Blumen war der Boden übersät, und in den blühenden Büschen sangen und flatterten wilde und zahme

> Vögel, dass es eine Freude war. Der Jungfrau lachte bei diesem Anblick das Herz im Leibe ...

Eine solche Herzbewegung ist natürlich der erotischen Zuneigung höchst förderlich.

Die Zaubergärten, die wir nun verlassen, sind allemal die Domäne von Frauen. Die Verbindung des weiblichen Prinzips mit Fruchtbarkeit, Blühen, Reifen, Vegetation deutet auf archaische Vorstellungen von der »Mutter Erde« hin, in den Märchen einer Spätzeit freilich auf märcheneigene Weise entheiligt und verfremdet. Die Göttin Flora hat ihr Füllhorn ausgeschüttet; Frauen lassen diese Gefilde nach Wunsch und Bedarf entstehen und vergehen, es sind Scheinparadiese, die den Arbeitsauftrag der Genesis souverän unterlaufen; das mühsame Geschäft des Rodens von »Dornen und Disteln« wird durch Zauberformeln und Geisterdiener ersetzt, Männer sind darin auf seltsame Weise Fremdkörper, unbewandert in Gartendingen, und das ist durchaus gleichnishaft zu verstehen. Sie sind je nachdem Gäste, Eindringlinge, Nutznießer oder mit einem Garten Beschenkte, auch Prüflinge und Initianten; in jedem Falle aber sind sie potentielle Liebhaber – Gott Amor ist zwischen den Büschen und Beeten niemals weit entfernt und wartet nur auf seine Chance zu einem Pfeilschuss.

Diesen Außenräumen von Volksmärchen sei nun noch ergänzend und kontrastierend der Zaubergarten eines individuellen Autors zur Seite gestellt. Von den möglichen Gärten in Märchen der Romantik habe ich zur Begehung aus den erwähnten Gründen den in Ludwig Tiecks Märchennovelle »Die Elfen« von 1812 ausgesucht (also zeitgleich mit der Erstausgabe der grimmschen Sammlung).[11] Hier ist der Zaubergarten keine Episode; er steht im Zentrum, und die poetischen Worte und Bilder zu seiner Beschreibung fließen reichlich. Die traditionelle Rollenverteilung ist umgekehrt: Nicht ein junger Mann gerät von außen in den Garten, sondern ein Mädchen im Kindesalter. Und nicht eine Frau hat die Herrschaft über das paradiesische Naturreich, sondern, analog zum Vatergott in Eden, ein Mann, ein »König« – der »Elfenkönig«, wie sich dann herausstellt. Erotik und Verführung spielen keine Rolle. Dem wilden Wald, der fernen Felseninsel im Meer entspricht hier der »düstere Tannengrund«, die »wilde Gegend« mit ihren unordentlichen, zwielichtigen Bewohnern direkt vor den Toren eines »blühenden Dorfes ... in heiterer grüner Landschaft«. Ein Ärgernis, mit dem »man«, das heißt die Dorfgemeinschaft, nichts zu tun haben will. Die kleine Marie gerät beim Spielen mutwillig dort hinein – und das Hässliche, Abstoßende erweist sich als Tarnung für eine geheimnisvolle, lichte, überirdische Gegenwelt.

> Aber wie war sie verwundert. Der bunteste, fröhlichste Blumengarten umgab sie, in welchem Tulpen, Rosen und Lilien mit den herrlichsten Farben leuchteten, blaue und goldrote Schmetterlinge wiegten sich in den Blüten, in Käfigen aus glänzendem Draht hingen an den Spalieren vielfarbige Vögel, die herrliche Lieder sangen, und Kinder in weißen kurzen Röckchen mit gelockten gelben Haaren und hellen Augen sprangen umher, einige spielten mit kleinen Lämmern, andere fütterten die Vögel oder sammelten Blumen und schenkten sie einander, andere wieder aßen Kirschen, Weintrauben und rötliche Aprikosen ...

Ein Elfenkind, Zerlina, wird Maries Führerin, Gefährtin, sie gibt ihr eine süße Frucht zum Essen, und Marie verliert damit das Gefühl für irdisches Zeitmaß. Teilhabe an der Speise der Jenseitigen hat Folgen für den Wirklichkeitssinn – das ist ein häufiges Märchen- und Sagenmotiv.

Die letzten Zweifel am Zaubercharakter dieses Gartens werden beiseite geräumt, als Zerlina das staunende Menschenkind zu einem kurzweiligen Spielchen einlädt: Zum Spaß streut sie ein paar Samenkörner aus, und »alsbald sah man das Gras wie in Wogen rauschen, und nach wenigen Augenblicken schlugen glänzende Rosengebüsche aus der Erde, wuchsen schnell empor und entfalteten sich plötzlich, indem der süßeste Wohlgeruch den Raum erfüllte«. Auch hohe Pinienbäume entstehen und vergehen so unter den Händen der Kinder im Zeitraffertempo. Als sie sich einmal im Spiel der Grenze nähern, weht ihnen von jenseits des Tannengrundes, also aus Maries Heimat, ein eisiger Wind entgegen; hier aber im Elfengarten herrscht ewiger Frühling. Marie erfährt, dass ihr Dorf seine ungewöhnliche Fruchtbarkeit den Wasser- und Feuerelfen verdankt, Elementargeistern also, die in einer Art magischem Röhrensystem Wachstumskräfte unter die Felder und Gärten leiten. Diese potenzieren sich noch, als der Elfenkönig kommt – angekündigt von seinem Herold in Gestalt des prächtigen Vogels Phönix – und für 20 Jahre in diesem Elfengarten zu residieren gedenkt.

Marie muss nach ihrem Tagesausflug – der tatsächlich eine initiatorische Jenseitsreise von sieben Jahren war – zurück in die Normalität ihres Dorfes. Kein Geschenk von »drüben« gibt es für sie; wie in solchen Austreibungs- und Heimkehrszenen anderer Märchen: keine goldenen Haare, keine Zauberspindel oder gar ein mit den Jenseitigen verwandter Ehemann – nur ihre Erinnerung, und die macht sie zu einer Gezeichneten, die obendrein mit der schweren Last des Geheimwissens um das Gartenreich leben muss. Eine individuelle Vertreibung aus dem Paradies ist ihr widerfahren, zeitlebens wird sie sich mit den stumpfen Farben des Hier und Jetzt nicht abfinden können. Sie heiratet, und als ihr Mann wieder einmal das »unordentliche Gesindel« dort unten schmäht, bricht sie das Schweigeversprechen, das sie den Elfen gegeben hat, und deckt die wahre Wohltäternatur dieser »Zigeuner« und »Landstreicher« auf. Die Folgen stellen sich schnell und verheerend ein: In der folgenden Nacht verlässt das Elfenvolk die Gegend, und »noch in demselben Jahre war ein Misswuchs, die Wälder starben ab, die Quellen vertrockneten, und dieselbe Gegend, die sonst die Freude jedes Durchreisenden gewesen war, stand im Herbst verödet, nackt und kahl, und zeigte kaum hie und da noch im Meere von Sand ein Plätzchen, wo Gras mit fahlem Grün emporwuchs«.

Der scheinbar so harmlos-heitere Ausflug in den Elfengarten erweist sich im Nachhinein als Lebensereignis von tödlichem Ernst (oder in einem tieferen Sinne auch das Abtauchen in eine »wilde«, bis dahin unzugängliche Landschaft der eigenen Seele, wo ungeahnte Schätze zu heben sind), folgenreich nicht nur für Marie selbst, sondern für das ganze Umfeld ihrer Gemeinschaft. Und so ist wohl die »Sünde« ihres Tabubruchs als das Zünglein an der Waage zu verstehen, als letzter Anstoß für die Elfen, diesem Menschenvolk ihre Wohltaten aufzukündigen. Es rächt sich, wenn Menschen einerseits aus den segensreichen Wachstumskräften der Natur selbstverständlich ihren Profit ziehen, andererseits aber die Elementargeister aus Angst vor ihrem dunklen Aspekt schmähen und ausgrenzen. Der Frevel gegen das ökologische Gleichgewicht – geradezu hellsichtig hat Tieck vor fast 200 Jahren diese Thematik des gestörten Verhältnisses zwischen Mensch und Natur vorweggenommen.

Wir sind am Ende unserer Gartenbesuche angelangt. Sie waren – abgesehen von Tiecks Elfenreich – beschränkt auf jene scheinbar ganz natürlichen Gärten zum darin Wohnen und Leben, mit allen Ingredienzen lockender, genießbarer Sinnenfreuden: keine offenkundige Zauberei, keine goldenen Blätter, keine diamantenen Früchte, keine Blumen, die in Wirklichkeit verwunschene Königssöhne sind. Der einsame, gefährliche Weg des Märchenhelden mündet und endet zunächst in einem solchen Garten. Aus der Wildnis des unbehausten Draußen ist er in diesem Ort reiner Gegenwart, gesteigerter Lebens- und Liebeslust angekommen. Hier möchte er bleiben, lange, vielleicht für immer? Allzu gern lässt er sich (lassen wir uns – das Märchen weist immer auf uns!) in solchen »Kuschelecken« von hehren Zielen abbringen. Tatsächlich sind nur minimale, scheinbar leicht zu erfüllende Bedingungen an den Daueraufenthalt in der Geborgenheit solcher idealen Rastplätze geknüpft. Aber das geringste Vergehen gegen ein Gebot der Außerirdischen ist mit harter Währung zu zahlen – im Märchen. Die Elementargeister lassen nicht mit sich spaßen. Die von ihnen aus dem Nichts materialisierten Zaubergärten sind paradiesische Reservate einer Zwischenwelt. Ein sensibles Gleichgewicht hält sie in der Balance zwischen Sein und Nicht-Sein, das der Mensch mit seinen groben Organen und plumpen Begehrlichkeiten nur allzu leicht aus der Ordnung bringt. Es sind »Landschaftsutopien« – sie haben »keinen Ort« im Hier und Jetzt, sie sind Hausumgebungen um »Wolkenschlösser« im Sinne unseres Generalthemas. Zu Verweilorten können sie erst werden, wenn der Mensch selbst zu Hacke und Spaten greift (und das ist sinnbildlich zu verstehen!), wenn er sich mit den Naturkräften verbindet, in Verantwortung und auf Nachhaltigkeit bedacht. Es geht nicht ohne Mühe und Arbeit ab im Garten, in unserem Lebens-Garten. Paradiese sind auf Dauer zum Null-Tarif nicht zu haben.

Anmerkungen

1 *Aus dem Leben eines Taugenichts.* In: Eichendorff, Joseph von: *Werke in vier Bänden.* Herausgegeben von Wolfdietrich Rasch. München/Wien 1981, Bd. 3, S. 1061 f.

2 Karlinger, Felix: *Einführung in die romanische Volksliteratur.* Teil 1. München 1969. Hierzu auch: Klöne, Ursula: *Die Aufnahme des Märchens in der italienischen Kunstprosa von Straparola bis Basile.* Diss. Marburg 1961.

3 Ausführlich vor allem in der Rahmenhandlung der Novellensammlung »Phantasus«, zu der auch »Die Elfen« gehört. In: *Ludwig Tieck's Schriften, Vierter Band. Phantasus, Erster Theil.* Berlin 1828 (Reprint

1966), S. 57 f. Zu den Gärten in der Literatur der Romantik, insbesondere bei Tieck, siehe auch: Thalmann, Marianne: »Der romantische Garten«. In: *The Journal of English and Germanic Philology.* Urbana/Illinois 1949, Vol. XLVIII, No. 3.

4 So z. B. auch in der Variante bei Straparola (der frühesten schriftlichen Fassung des Stoffes): Da »sah er [der König] plötzlich aus dem Dickicht einen sehr großen plumpgebauten Waldmenschen, der keinem an Kräften nachstand, hervorspringen, und so missgestaltet und hässlich war er, dass sich aller eine nicht geringe Verblüffung bemächtigte«. Eigentlich ein schöner Jüngling, hatte er aus Liebeskummer diese Lebensform selbst gewählt. Er hatte »den Freuden des Stadtlebens entsagt, um in den dunklen Wäldern mit den Tieren zu leben und sich wie diese von Kräutern zu nähren und Quellwasser zu trinken«. In: Straparola, Gianfrancesco: *Die Novellen und Märchen der Ergötzlichen Nächte.* Deutsch von Hans Floerke. München 1920, Bd. 2, S. 21.

5 »Im Zaubergarten«. In: *Italienische Märchen.* Gesammelt, übertragen und eingeleitet von Walter Keller. Jena 1929, Nr. 14.

6 Ariosto, Ludovico: *Der rasende Roland* (»Orlando furioso«). In: Ariosto, Ludovico: *Sämtliche Werke.* Übertragen von Alfons Kissner. Berlin 1922, 6. Gesang. Tasso, Torquato: Das befreite Jerusalem (»La Gierusalemme liberata«). In: Tasso, Torquato: Werke und Briefe. Übersetzt und eingeleitet von Emil Staiger. München 1978, 14. Gesang.

7 »Die Geschichte vom Kaufmannssohn Peppino«. In: *Sicilianische Märchen.* Aus dem Volksmund gesammelt von Laura Gonzenbach. Leipzig 1870 (Reprint Hildesheim/New York 1976), Nr. 16.

8 »Von der Schwester des Muntifiuri«. In: Gonzenbach (wie Anm. 7), Nr. 33.

9 »Das Mädchen mit den goldenen Zöpfen«. In: Schneller, Christian: *Märchen und Sagen aus Wälschtirol.* Innsbruck 1867 (Neudruck Hildesheim/New York 1976), Nr. 22.

10 »Der Glasbrunnen«. In: *Die schönsten Märchen der Welt für 365 und einen Tag.* Gesammelt und herausgegeben von Lisa Tetzner. Aarau/Frankfurt a. M. 1984, Bd. 4, Nr. 5.

11 »Die Elfen«. In: Tieck, Ludwig: *Werke in vier Bänden.* Herausgegeben von Marianne Thalmann. München 1964, Bd 2, S. 163 f.

Gloria Zagami

Türme, Treppen, Himmelsleiter – italienische Märchenheldinnen auf dem Weg nach oben

Türme haben von jeher eine mehrschichtige Bedeutung für die Menschen gehabt. Sie waren Orte der Zuflucht, des Schutzes, dienten als Wachttürme zur Erkennung von Gefahren oder als Leuchttürme zur sicheren Orientierung für Schiffe. Oft sollten sie die Macht und Stärke ihrer Erbauer repräsentieren. Türme als Zeichen von Herrschaft, Reichtum und adligem Stolz sind auch die Donjons oder Herrentürme französischer Burgen. Die Geschlechtertürme von San Gimignano, Bologna, Cremona, um nur einige dieser Bauten in Italien zu nennen, sowie die hohen Türme an Bürgerhäusern waren nicht nur ein äußerliches Zeichen für Prestige, sondern auch für Sicherheit. In ihrem obersten Stockwerk befand sich meistens die Schatzkammer.

Oft wurden Türme auch in Gefängnisse umfunktioniert, in welche man politische Gegenspieler, auch die der eigenen Familie, einschloss. Indem man, aus Angst vor Bedrohungen, Türme als Schutzbauten errichtete und in ihnen wohnte, bestand aber auch die Gefahr der Selbstisolierung und des Vergessen-Werdens von der Welt.

Darüber hinaus haben die Türme schon immer das Streben des Menschen nach Unabhängigkeit von einer höheren Instanz verkörpert, den Traum, die Natur zu beherrschen und sich mit Gott auf die gleiche Stufe zu stellen, wie die biblische Geschichte des Turmbaus zu Babel zeigt: »Auf! Wir wollen uns eine Stadt und einen Turm bauen, dessen Spitze bis an den Himmel reichen soll, und wir wollen uns einen Namen machen, damit wir uns nicht über die ganze Erde hin zerstreuen«, sagen die Stämme der Söhne Noahs, als sie sich in einer Tiefebene im Lande Sinear ansiedeln (1. Mose 11, 4). Aber der Hochmut und die Vermessenheit, ganz ohne Gott auskommen zu können, enden in der großen Sprachverwirrung und Zerstreuung der Menschheit über die Erde.

Auch die Pyramiden und mehrstöckigen Tempel mit ihren stolzen Namen »Eckstein des Himmels und der Erde« in Babylon oder »Ring zwischen Himmel und Erde« in Larsa sind Symbol für hohes Selbstgefühl, Überheblichkeit und den Wahn, sich durch solche Bauwerke verewigen zu können.[1]

Anders hingegen verhält es sich, wenn der Drang nach oben ehrbare Beweggründe hat, wenn die Berührung mit dem Metaphysischen angestrebt wird.

Die Heldinnen und Helden in unseren Volksmärchen werden zwar meistens von anderen zu ihren Taten veranlasst und suchen oft nicht von selbst eine Verbindung zur oberen Welt. Die Entschlossenheit aber, mit der sie dann alle Wagnisse und Leiden auf sich nehmen, um ihr Ziel zu erreichen, zeugt von aktivem Handeln und innerem Drang nach Vollkommenheit. Türme, Treppen, einsame Berge oder Terrassen werden dann zum Symbol für Selbstfindung in der Abgeschlossenheit, Entwicklung der Seele durch Isolation und mühsames Bewältigen der stufenweise auferlegten Prüfungen.

Viele Wachstumserfahrungen sind nötig, um Schritt für Schritt gefestigt und geläutert zu werden. Abstiege und Aufstiege dienen den Protagonisten dazu, die richtigen Lösungen für ihre Probleme zu finden oder egozentrische Haltungen zu überwinden.

Die Treppe ist in der Märchensymbolik das Bild des Lebensweges, des Lebens selbst. Wie das Leben, so führt auch die Treppe stufenweise nach oben oder nach unten. Dieser Herausforderung muss man sich stellen, damit man weiß, welche Ziele es gibt, für die es sich lohnt zu leben. Dabei spielt es keine Rolle, ob man die Treppe hinauf- oder hinabsteigt, weil man an jedem Ende eine Antwort auf seine Fragen finden wird. Den Weg nicht auf sich nehmen zu wollen, sei es aus Bequemlichkeit, Angst oder Desinteresse, bedeutet, die Gelegenheiten nicht zu nutzen, die das Leben uns anbietet.

Der Demütige und scheinbar Schwache, der nicht vor der Treppe zurückschreckt, ist im Grunde genommen derjenige, der paradoxerweise die meiste Lebenskraft besitzt. Er ist dazu bereit, jede Opportunität des Daseins wahrzunehmen. Er ist in das Leben verliebt, auch wenn es manchmal den Anschein hat, dass das Leben es nicht gut mit ihm meint.

Der Nichtstuer, der nur den Erfolg ernten möchte, aber keine Anstrengung auf sich nehmen will, verzichtet letztendlich auf das Leben.

Der Faule bleibt, sinnbildlich gesprochen, auf der ersten Stufe der Treppe stehen, während der Fleißige und Bescheidene, sei es beim Aufstieg, sei es beim Abstieg, jede Stufe nimmt.

In der Bibel verbindet die Leiter das Überirdische mit dem Irdischen. Die Himmelsleiter, von der Jakob träumt (1. Mose 28, 12), ist auf die Erde gestellt und ragt in den Himmel. Auf ihr steigen Engel als Boten Gottes hinauf und hinab. Am Ende des Traumes erscheint Jakob Gott selbst und verkündet ihm seine Zukunft und die seiner Nachkommen.

In dem Märchen, auf das ich gleich näher eingehen werde, verbindet auch eine Leiter zwei Welten. Diesmal handelt es sich nicht um eine »Himmelsleiter«, sondern um Stufen, die in eine geheimnisvolle Unterwelt hinabführen.

Das aus Maglie in Apulien stammende »Märchen von den Katzen«[2], das der Sammlung Pietro Pellizzaris entstammt[3], weist ein in Italien mehrmals belegbares Motiv auf, das uns im europäischen Märchenraum an Perraults »Les Fées«[4] und an Grimms »Frau Holle«[5] erinnert.

Auch hier ist die Heldin ein überaus gutes Mädchen, das die Bosheit der Stiefmutter und die Faulheit der Stiefschwester wehrlos über sich ergehen lässt und am Ende für alle Entbehrungen und für ihre Hilfsbereitschaft reich belohnt wird.

Ähnlich wie bei »Frau Holle« wird das Mädchen zwar nicht zum Spinnen an den Brunnen, aber doch aus dem Haus geschickt, um Zichorie zu holen, während die eigene Tochter der Stiefmutter träge herumliegt.

Im deutschen Märchen ist die Kleine verzweifelt, weil ihr die vom langen Spinnen blutig gewordene Spule, beim Versuch, sie zu waschen, in den tiefen Brunnen fällt. Aus Angst vor der Stiefmutter springt sie hinein, um die Spule herauszuholen, und gelangt in ein fremdes, sonniges Land. Im italienischen Märchen findet die Heldin nirgends die gewünschte Pflanze, sondern einen großen Kopf Blumenkohl. Als es ihr endlich gelingt, ihn zu entwurzeln, erblickt sie darunter einen Schacht und »ein Leiterchen«, das in die Tiefe führt.

Wie man sieht, handelt es sich zunächst nicht um eine »Himmelsleiter« oder um eine Treppe, die nach oben bringt. Aber das Reich, in das unsere Protagonistin gelangt, wird für sie zum Paradies. Wie bei »Frau Holle« wird auch sie mehrmals indirekt auf die Probe gestellt. Im deutschen Märchen bitten das längst ausgebackene Brot und der unter seiner Fruchtlast fast zusammenbrechende Apfelbaum das Mädchen um Hilfe und werden sofort angehört. Auch der von ihrem Äußeren her angsterregenden Frau Holle folgt die Heldin ohne Widerspruch und versieht gewissenhaft ihren Dienst.

Im italienischen Märchen sind es viele Kätzchen, die in einem Haus des unterirdischen Reiches wohnen und alle emsig arbeiten. Das gute Mädchen hat Mitleid mit den Tierchen und hilft ihnen in allem, was sie verrichten müssen. Ganz spontan kehrt sie das Haus, wäscht einen Teil der schmutzigen Wäsche, holt Wasser und schiebt das Brot in den Backofen. Aber nicht nur der Fleiß und das Mitgefühl zeichnen sie aus. Auch ihre Bescheidenheit zeigt sich als eine Tugend, die sie in den Augen der Katzenmutter auf eine hohe Stufe stellt. Als diese ihr zum Mittagessen nur das Beste auftischt, während ihre eigenen Kinder nichts anderes als Bohnen bekommen, teilt unsere Heldin alles mit den kleinen Kätzchen und nimmt ihnen die Aufräumungsarbeiten, ohne zu zögern, ab. Auch als sie die große Katze in eine Kleiderkammer führt, die »zur einen Hälfte voll feiner Wäsche, seidener Kleider, zierlicher Schühlein«, zur anderen Hälfte »voll Wäsche aus grobem Linnen, Hauskleider, derber Schuhe und wollener Halstücher« ist, und sie auffordert, das zu wählen, was sie will, erbittet sich die Kleine »nur ein Paar grobe Holzpantoffeln«[6].

Aber die Katzenmutter belohnt die Bescheidenheit und den Fleiß des armen Mädchens mit schöner seidener Kleidung, einem fein gewirkten Halstuch und Schuhen aus Atlas.

Die liebevolle Geste, ihr auch beim Anziehen der wertvollen Sachen zu helfen, lässt vermuten, dass die Katzenmutter hier für die verstorbene Mutter unserer Heldin steht, die ihrem Kind Wärme, Geborgenheit und reiche Gaben für die Zukunft mit auf den Weg gibt.

Auch Frau Holle nimmt im deutschen Märchen die Stellung der verstorbenen Mutter ein, die ihre misshandelte Tochter für eine gewisse Zeit in ihr Jenseits hinabführt (*Holle* könnte hier für *Hölle,* ahd. *hell(i)a* = Totenreich oder für *Holde* = Geist einer Toten in der germanischen Mythologie stehen), ihr gut zuspricht und sie an ihrer Hand auf die Welt zurückbringt.

Der »gewaltige Goldregen«, der von dem Tor herabfällt, das das himmlische Reich von dem irdischen trennt, und der das brave Mädchen »über und über« bedeckt, ist vergleichbar mit den vornehmen, dauerhaften Geschenken im italienischen Märchen. Das erlesene Material, aus dem die Kleidung gefertigt ist, und die goldenen Ringe mit den kostbaren Edelsteinen, die das Mädchen an allen ihren Fingern findet, als sie diese, bei ihrem Aufstieg aus dem Schacht, aus den Löchern in der Mauer zieht, wie die große Katze ihr geraten hat, symbolisieren die gehobene, sorgenfreie Position, die sie erreichen wird.

Wie bei Grimms »Aschenputtel«[7] und bei der »Gatta Cenerentola« von Giambattista Basile[8] verleiht die verstorbene Mutter der Heldin nicht nur feine Geschenke und sichert ihr dadurch eine glückliche Ehe und soziales Ansehen. Die als »weißes Vöglein« erscheinende Seele der Mutter auf dem Haselbaum bei »Aschenputtel« und als Fee im Dattelbaum bei der »Aschenkatze« von Basile vermittelt ihrer Tochter das, was Bruno Bettelheim, in Anlehnung an Erik H. Erikson, »Grundvertrauen« nennt: Die zärtliche Fürsorge der Mutter, die dem Kleinkind zuteil wird, gibt ihm Vertrauen zu sich selbst und stützt es später in allen Widerwärtigkeiten des Lebens.

»Das hilfreiche Tier oder der Zauberbaum ist ein Bild, eine Verkörperung, eine äußere Repräsentation dieses Grundvertrauens. Es ist das Erbe, welches eine gute Mutter ihrem Kind mitgibt und das ihm bleibt und das es in der schlimmsten Not bewahrt und erhält.« Was uns die Kraft gibt, allein unser Dasein zu meistern und alle Misshandlungen zu ertragen, »ist das Bild der guten Mutter, das wir internalisiert haben, so daß uns das Verschwinden des äußeren Symbols nichts ausmacht«[9].

Wie im Bildungsroman so sind auch im Märchen die Konflikte, die ein junger Mensch auf seinem Lebensweg bewältigen muss, von großer Notwendigkeit, weil sie stufenweise zu seiner inneren Reife beitragen und ihm helfen, eine Harmonie zwischen sich selbst und der Umwelt herzustellen. Die Proben, die dem Helden auferlegt werden, sind eine Aufforderung beziehungsweise Herausforderung, sich mit der Außenwelt zu konfrontieren, die ihn dazu anspornt, seine inneren Gaben und Veranlagungen ans Tageslicht zu bringen. So wie die Mitglieder der Turmgesellschaft im Goetheschen »Meister«[10] Wilhelm zunehmend mehr Richtlinien als eine direkte Hilfe geben können, sind auch die Helfer im Märchen hauptsächlich »Wegweiser«, die den Helden und Heldinnen beistehen, ihre eigenen Entscheidungen zu treffen.

Im grimmschen Märchen »Die drei Federn«[11], das uns auch durch eine Treppe mit einem unterirdischen Tierreich verbindet, erweist die dikke Itsche dem Dummling zweimal ihre unmittelbare Hilfe, indem sie ihm die von seinem Vater verlangten Wertgegenstände überreicht. Bei der dritten Probe aber verlangt sie von ihm selbst, dass er sich im Kreise der kleinen Kröten die gewünschte aussucht, die sich sogleich in ein wunderschönes Fräulein verwandelt. Erst die eigene Entscheidung formt die Persönlichkeit und rüstet für die weiteren Anforderungen des Daseins aus.

Die »Tätigkeit«, die im »Wilhelm Meister« als Grundstein für einen produktiven Einstieg in die Gesellschaft angestrebt wird, aber nur durch Selbstbildung und Entwicklung der eigenen Potenzialitäten zum Ausdruck kommen kann, ist auch im »Märchen von den Katzen«, neben der Güte und Bescheidenheit, die wichtigste Charaktereigenschaft der Heldin. Im Vergleich zur faulen Stiefschwester ist sie ständig aktiv bei der Besorgung der ihr auferlegten Pflichten, aber auch bei den nicht verlangten Hilfeleistungen im Hause ihrer Gastgeber. Sie ist laufend am Putzen, Waschen, Backen, Aufräumen. Obwohl sie kein festes Ziel, wie etwa Reichtum und ein sorgenfreies Leben, vor Augen hat, wie es bei ihrer Stiefmutter und Schwester der Fall ist, konzentriert sie sich mit all ihren Kräften auf ein tätiges Leben. Wie Jarno und die anderen geheimnisvollen Gestalten in Goethes Turmgesellschaft Wilhelm Meister zu aktivem Handeln anspornen[12], aber ihn vor allem ermahnen, das Leben nicht zu vergessen, so enthält auch dieses Märchen – obgleich nur indirekt und nicht als aufgestellten Lehrsatz – dieselbe Lebensweisheit: Das Wichtigste ist, nicht starr auf ein bestimmtes Ziel gerichtet zu sein, sondern alle Energien für den Augenblick zu sammeln, in dem man auf die Probe gestellt wird. Nur so kann man zu jeder Zeit aus den eigenen Fähigkeiten schöpfen und sie für die unzähligen Gelegenheiten einsetzen, die das Leben einem jeden anbietet. Erst wenn man nicht nur unmittelbare Resultate im Auge hat, kann man die wahre Heimat finden.

Das gute Mädchen in unserem Märchen kämpft nicht für Gleichberechtigung, wählt nicht das Beste aus, obwohl sie im Katzenreich die Gelegenheit dazu hätte, sie »giert« nicht, wie ihre Stiefschwester, »nach den goldenen Ringen mit den kostbaren Edelsteinen«[13], sie ist nicht auf die Beseitigung ihrer Gegenspieler fixiert, und trotzdem bringt sie ihre Herzensbildung zum Ziel.

Ohne sich mit schlechten Gedanken und Taten zu beflecken, handelt sie auf eine Weise, die alle folgenden Ereignisse in günstige Gelegenheiten und Ergebnisse für sie umwandelt: Die für ihre Faulheit, ihren Egoismus und ihre Gier bestrafte und beschmutzte Stiefschwester verursacht mit ihrem ekelerregenden Anblick den schlagartigen Tod der bösen Mutter und stirbt bald darauf selbst »aus Zorn über die Blutwurst, von der sie ständig abbeißen mußte«[14].

Der Tod des faulen und unersättlichen Mädchens steht emblematisch für ihren Egoismus. Ihre Habgier verurteilt sie zum Ersticken. Gefräßigkeit im übertragenen Sinne, Hab- und Gewinnsucht schaden nicht nur der Seele. Sie führen auch unvermeidbar zu einem bösen Ende.

Wer kein Maß kennt, stets schlecht gelaunt ist und schimpfend an eine Aufgabe geht, wird zum Opfer seiner eigenen Laster. Das mürrische Mädchen, das die fröhlichen Kätzchen in ihrer Arbeit gestört und geplagt hat und nicht im Mindesten von ihrem Schmerz gerührt worden ist, wird mit einer sinnlosen, ekelhaften Tätigkeit bestraft. Die Blutwurst, von der sie unaufhörlich essen muss, unterstreicht den blutigen, grausamen Tod, der hier als Talion, als Vergeltung und Buße durch eine gleichwertige Handlung gilt.

Das Hinabsteigen in das fremde Reich und das anschließende Hinaufsteigen stellen zwei verschiedene Momente im Leben der Heldinnen dar. Das Erste gilt als Prüfung, als Bewährung, als Beweis für Unbefangenheit und starken Willen.

Die Leiter, die durch einen tiefen Schacht nach unten führt, öffnet den Weg zum Unbewussten, zum Verborgenen unserer Persönlichkeit.

Wer diesen Gang spontan und vertrauensvoll wie der Dummling im grimmschen Märchen von den »Drei Federn« antritt, stellt eine direkte Verbindung zu dem her, was die Psychoanalyse das »Es«, den Instinkt, das Ahnungsvermögen des Menschen nennt. Wer sich darauf verlässt und bereit ist, die Oberfläche, das Sicht- und Greifbare für einen gewissen Zeitraum mit dem Unbegreiflichen auszutauschen, kann mit den natürlichen Anlagen seines Wesens in Berührung treten und wie aus einer verborgenen Quelle »Lebenswasser« schöpfen.

Alles, was die Heldin im »Märchen von den Katzen« tut, entspringt diesem Brunnen der Stärke und Vielfalt. Er schenkt ihr Vertrauen und Seelenfrieden, Herzensgüte und Anteilnahme, die sich nicht nur in den Gefälligkeiten äußert, die sie den Katzenkindern erweist, sondern auch in der Sorge um die herzlose Stiefmutter, die sich über ihre lange Abwesenheit Gedanken machen könnte.

Auch das faule Mädchen wird durch das Hinabsteigen auf die Probe gestellt, besteht sie aber nicht. Alles, was sie tut, ist programmiert. Sie geht kein Risiko ein, sie erleidet nicht wie ihre Stiefschwester oder das gute Mädchen bei »Frau Holle« die Herzensangst des Versagens. Über ihrem Haupt schwebt nicht das Damoklesschwert der Stiefmutter, die sie für unverrichtete Leistungen bestraft. Sie weiß genau, was sie unter dem Blumenkohl im italienischen Märchen oder unter dem Brunnen im deutschen Märchen finden wird. Aber gerade deshalb kann sie keine Entwicklung durchmachen. Sie, die nicht gewillt ist, Härten zu ertragen und Gefahren zu überwinden, sondern nur durch die Beharrlichkeit der Mutter aus dem Hause getrieben wird, kann auch zu keiner Selbstverwirklichung gelangen und die eigene Persönlichkeit sicherstellen. Da sie nicht kindlich und zuversichtlich wie ihre Stiefschwester die Reise in das unbekannte Land antritt, kann sie auch nicht zu sich selbst finden. Obwohl sie davon überzeugt ist, alles zu ihren Gunsten lenken zu können, wird sie nicht Herrin ihres Schicksals, sondern muss es passiv erleiden.

Bettelheim vergleicht das, was mit den Helden und Heldinnen im Märchen passiert, mit Initiationsriten, »in die der Novize naiv und ahnungslos eintritt und aus denen er am Ende auf einer höheren Existenzebene entlassen wird, von der er sich zu Anfang seiner heiligen Reise, auf der er seine Belohnung oder das Heil gewinnt, nicht hätte träumen lassen«[15].

Der Aufstieg aus dem fremden Reich stellt die Wende dar, den Wandel, der von der anfänglichen Probe, das heißt dem Abstieg, eingeleitet worden ist. Das gute Mädchen tritt den Aufstieg gestärkt an. Ihre edlen Gefühle sind nicht verändert, sondern bestätigt worden. Auch die Stiefschwester ist in ihren negativen Eigenschaften gleich geblieben, denn weder der Abstieg noch der Aufstieg kann die Personen in ihrem Innern verwandeln. Die Stufen, die dann von unten nach oben erklommen werden, entscheiden über ihr Schicksal im Guten oder im Bösen. Sie geben den Märchenfiguren das, was sie verdient haben, entweder kostbare Edelsteine oder ekelhafte Würmer, Goldregen oder Pechregen.

Mit dem Aufsteigen und Sich-nach-oben-Richten ist auch der Augenblick verbunden, in dem die Mädchen ihren Kopf in die Höhe heben sollen, bevor sie den tiefen Schacht verlassen.

Von oben herab empfangen sie ihren gerechten Lohn. Bekanntlich erscheinen, besonders in deutschen Volksmärchen, nur selten himmlische Figuren wie die Jungfrau Maria in Grimms »Marienkind«[16] oder die Schutzenglein in ihrer Kinderlegende »Die zwölf Apostel«.[17]

In den italienischen Märchen kommt das schon öfter vor. So sind es oft die Muttergottes oder die Heiligen, die ihre Helden und Heldinnen beschützen und, wenn auch durch sinnlos erscheinendes Leiden, für den Lebenskampf ausrüsten, sie läutern und festigen. Hier seien zum Beispiel die sizilianischen Märchen von Laura von Gonzenbach »La figlia della Madonna«[18] und »La Bella dai sette veli«[19] genannt, in denen die Himmelskönigin eine große Rolle spielt, und »La figlioccia di San Francesco da Paola«[20], »Giuseppino«[21] und »Sant' Jacopo alla Lizia«[22], bei denen die Heiligen, die den Eltern ihrer Schützlinge den Wunsch nach einem Kind erfüllt haben, dieses dann durch Entbehrungen und schmerzliche Verzichte zu einem gesegneten, glücklichen Leben führen.

Viel häufiger aber als von christlichen Wesen kommt der Preis für gutes oder schlechtes Handeln, die plötzlich eintretende Wende von nicht einmaligen, sondern typischen Gestalten: Feen, Riesen, magischen Tieren wie den Katzen in unserem apulischen Märchen und den Tauben bei »Aschenputtel«, Figuren aus der Über- oder Unterwelt wie Frau Holle, nicht weiter benannten Männchen und Frauen, die den Tugendsamen belohnen und den Lasterhaften bestrafen.

All diese Wesen symbolisieren die Gerechtigkeit, die dem Unschuldigen Trost, Wiederaufrichtung aus großer Verzweiflung und Errettung aus lebensbedrohender Not spendet, den Bösewicht aber erbarmungslos behandelt.

Erniedrigung, Beschmutzung und oft sogar Vernichtung sind der Preis für Eifersucht, Feindseligkeit und durch List und Täuschung erzielten Reichtum. Herrlichste Erhöhung, Einsetzung in einen noch höheren Rang als zu Beginn der Geschichte werden denen zuteil, die sich auch im schlimmsten Unglück und trotz schändlicher Verbrechen vonseiten ihrer Mitmenschen ihre Reinheit und ihren Seelenfrieden erhalten haben.

Ohne einen programmierten Einsatz erreicht das fleißige Mädchen im »Märchen von den Katzen«, durch die Harmonie ihres Innern, die sie trotz aller widerwärtigen äußeren Umstände bewahrt hat, auch die Harmonie mit ihrer Umwelt.

Noch einmal sei mir ein Vergleich mit dem modernen Bildungsroman, der in Goethes »Meister« sein Vorbild sieht, erlaubt: Den Schlüssel zur Ausbildung der Persönlichkeit finden wir nicht in dieser oder jener spezifischen Beschäftigung, sondern in unserer inneren Haltung, in der Gesinnung unseres Geistes, die nach und nach in jede Tätigkeit und Beziehung mit unseren Mitmenschen eindringt und das Ziel unseres Tuns nicht im Haben, sondern im Sein erkennen lässt.

Nach dem Aufstieg aus dem unterirdischen Paradies erbt die Heldin in unserem Märchen aus Apulien ihr Elternhaus, das der frühe Tod von Mutter und Vater ihr ungerechterweise genommen hatte, und wird von einem hübschen, jungen Mann als Frau »heimgeführt«.[23]

Trotz dieses naiv erscheinenden Ausgangs so vieler Märchen bedeutet das Wiederfinden der verlorenen Heimat und die Erfüllung in der Liebe die höchste Stufe, die ein Märchenheld erreichen kann.

Der Satz »Und sie lebten glücklich und liebten sich sehr!«, der in dem gereimten Sprüchlein am Ende der Geschichte steht, unterstreicht die tröstliche, heitere Stimmung, die Märchen solcher Art im Kind und im erwachsenen Leser hinterlassen. Trotz des zweiten Verses »Und wer noch etwas hören will, komm morgen wieder her!«[24], der, wie in so vielen italienischen Märchen, etwas brüsk in die Wirklichkeit zurückführt, bleibt das Gefühl von Geborgenheit und Frieden in uns erhalten, denn dieser Schluss umfasst all das, was ein jeder sich ersehnt: sein Leben mit Erfolg und an der Seite eines verlässlichen Partners regieren zu können.

Die gelungene Harmonisierung aller auseinander strebenden Tendenzen in unserer Persönlichkeit, die »Erfüllung« und höchste moralische Einheit erreichen wir erst, wenn der ideale Lebensgefährte gefunden worden ist. »Zu ganzen Menschen, die alle ihre Möglichkeiten ausgeschöpft haben, werden wir erst, wenn wir nicht nur zu uns selbst finden, sondern gleichzeitig auch fähig und glücklich darüber sind, miteinander wir selbst zu sein.«[25]

Nur so kann man auch, nach dem graduellen Erklimmen der Lebensleiter, eine wirkliche Heimat finden, und das Dasein erhält einen Sinn. Wer seine Kräfte nicht dafür einsetzt, wer »keine Höhe, keine Tiefe, kein Vor und Zurück« sieht, wem »kein Strahl einer Gottheit erscheint«[26], wie dem Harfenspieler in »Wilhelm Meisters Lehrjahren«, bleibt isoliert. Keine Heimat zu finden, bedeutet Tod. Das zeigen im oben genannten Bildungsroman, außer dem Harfenspieler, auch Figuren wie Mignon und Aurelie. Obwohl die intellektuellen und emotionalen Reaktionen, die das Lesen von Bildungsroman und Märchen auslöst, nicht auf eine gleiche Ebene gestellt werden können, geben beide doch die Möglichkeit, sich selbst im Gewirr der Außenwelt zurechtzufinden und dem Chaos der Innenwelt einen Sinn abzugewinnen.

Ein hoher Turm ohne Tür und mit nur einem Fenster, der sich in einer einsamen Gegend befindet, kommt im sizilianischen Märchen »La figlioccia di San Francesco da Paola« vor, in dem nicht eine Zauberin oder Hexe im Spiel ist, sondern ein besonders in Süditalien verehrter Heiliger.[27]

Die Volksmärchen benötigen im Allgemeinen einen Abstand von der zeiträumlichen Gegenwart ihrer Erzähler und Zuhörer, weil in ihnen das Seltsame und Wunderbare keiner Erklärung oder Begründung bedürfen. In diesem Märchen handelt hingegegen eine Figur, die einer ganz bestimmten geschichtlichen und religiösen Realität angehört. Wie auch in anderen Märchen der Provinzen Catania und Messina, die Laura von Gonzenbach gesammelt, ins Deutsche übersetzt und 1870 durch Pastor Otto Hartwig in Leipzig veröffentlicht hat, erscheint hier, neben den universalen, transpersonalen und kollektiven Inhalten, etwas Nationales und Lokales. Eine gewisse Anpassung an das südliche Milieu kommt oft auch durch Redewendungen und Kehrreime in sizilianischer Mundart mitten im deutschen Text zum Ausdruck. Diese Anpassung an die Eigenart und Vorstellungswelt der verschiedenen Erzähler und Zuhörer, »solche nationalen, landschaftlichen und individuellen Eigenheiten gehören« für Max Lüthi »zum Schönsten, Lebendigsten und Lustigsten in den Märchenerzählungen«[28].

Die Anwesenheit von nationalen Heiligen und der zuweilen präzise und konkrete Hinweis auf Orte der näheren Umgebung veranschaulichen die Anpassung von allgemeingültigen Inhalten an einen engeren und traditionsbewussten Kulturkreis.

So taucht auch im oben genannten Märchen[29], nach der üblichen Eingangsformel »Es waren einmal ein König und eine Königin«, nach der unbestimmten Lokalisierung zweier nicht individuell gekennzeichneter Figuren, sofort der Heilige Franz von Paula auf. Für diesen hat die kinderlose Frau eine besondere Verehrung. Nach inbrünstigen Gebeten wird ihr dann auch von ihm ein Töchterlein beschert, das den Namen Paolina erhält.

Die Kleine wächst, wie alle guten Märchenheldinnen, zu einem schönen gesunden Mädchen heran und wird auf ihrem Schulweg magisch von einer Sackgasse angezogen, die unendlich lang erscheint, von hohen Mauern gesäumt ist und keine Häuser aufweist.

Die Beschreibung dieses verlassenen Ortes ist wie eine Voraussage des langen, ausweglos erscheinenden Leidenswegs, den unsere Heldin recht bald antreten muss. Hohe Wände ohne Fluchtmöglichkeit werden später auch der Turm und die kleine Kammer am Ende des Schlosses haben, in denen Paolina wie »eingemauert« leben muss.

In der schmalen Straße, die sie täglich sieht, während sie von einem Bediensteten zur Schule begleitet wird, aber erstmals an einem verhängnisvollen Morgen betritt, trifft sie den als Mönchlein verkleideten Franz von Paola. Er gibt ihr einige Süßigkeiten, erklärt sich als ihr Onkel und fordert sie auf, jeden Morgen in das enge Gässchen einzutreten, aber niemandem etwas von seiner Anwesenheit zu verraten.

Es klingt sonderbar, dass gerade ein Heiliger seinem Schützling fast auflauert und ihn sozusagen zum Lügen anspornt.

Auch in Grimms »Marienkind«[30] stellt ein himmlisches Wesen gewissermaßen Anspruch auf ein kleines Mädchen und führt es mit sich hinauf in den Himmel. Da es sich aber, im Gegensatz zu Paolina, um die Tochter eines armen Holzhackers handelt, der nicht mehr weiß, wie er seine Familie ernähren soll, ist die Jungfrau Maria als Pflegemutter der Heldin gern gesehen, auch weil sie sich gleich deren Vater zu erkennen gibt und in ihrer leuchtenden Schönheit und Güte großes Vertrauen erweckt.

Der Heilige Franz von Paola stellt sein Patenkind vor eine äußerst schwierige Wahl, das heißt entweder in der Jugend oder im Alter zu leiden. Schlimmer noch, es ist die Mutter, die auf diese heikle Frage antworten soll, ohne den Grund dafür zu kennen. Wie in so vielen Volksmärchen sind es die Eltern der Helden und Heldinnen, die direkt oder indirekt über das Schicksal ihrer Kinder entscheiden, dann aber ganz von der Märchenszene verschwinden.

Wie wir den »Vergleichenden Anmerkungen« von Reinhold Köhler am Ende der Märchensammlung von Laura von Gonzenbach entnehmen können, kommt dieses Entweder-Oder, diese Entscheidung, die ohne Schwanken und Zögern getroffen werden muss, auch in anderen literarischen Gattungen vor. Hier werden die Legende vom Heiligen Eustachius bei Jacobus a Voragine, das englische Gedicht von Sir Isambrace und eine jüdische Erzählung zitiert, in denen die Protagonisten endgültig bestimmen sollen, »im Alter oder in der Jugend eine Zeitlang zur Läuterung unglücklich zu sein«[31].

Nachdem Paolina, durch die Aussage ihrer Mutter, für eine leidensvolle Jugend bestimmt worden ist, führt sie der Heilige Franz in eine menschenleere Gegend und lebt mit ihr in einem Turm, um ihr all das beizubringen, was ein Mädchen ihres Ranges wissen muss. Die langen Zöpfe Paolinas dienen ihm als Leiter, um in den Turm zu gelangen.

Das Motiv der schönen Jungfrau, die in einen Turm gesperrt wird und deren Haare dieses Gefängnis denjenigen zugänglich machen, die sie bewachen und von der Umwelt abschließen wollen, ist besonders in Märchen des Mittelmeerraumes belegbar. Man kennt, außer dem Märchen »Von der schönen Angiola«, dem 53. aus der gleichen Sammlung Laura von Gonzenbachs und dem neapolitanischen von »Petrosinella« aus Basiles »Pentamerone«, französische Varianten – »Persinette« von M.lle de la Force aus dem Jahre 1698 – katalanische, spanische, portugiesische und maltesische. Im persischen Epos von Firdusi dienen die schwarzen Haarflechten Rudabes ebenfalls als Treppe, auf der Sal in ihren Palast steigt.

Auch das grimmsche Märchen von »Rapunzel«[32] stammt, laut Max Lüthi, »nicht ursprünglich aus Deutschland, sondern ist in den Mittelmeerländern heimisch«[33]. Dort haben die Entführer, meist alte Frauen, hexenhafte Züge, sind Menschenfresser und bringen den gefangenen Mädchen, die sie oft lieb gewinnen, allerhand Zauberkünste bei. Wie Lüthi bemerkt, handelt es sich bei diesen Märchen, psychologisch gesehen, um die Darstellung eines Entwicklungsvorgangs: »Die Entwicklung vollzieht sich in mehreren Stufen, und jeder Übergang ist mit Gefahr, Not und Angst verbunden; aber die Gefahren werden bestanden, die Entwicklung führt ins Helle.«[34]

Wie in Basiles Märchen von Petrosinella wird Paolina, siebenjährig, dem schützenden Elternhaus entrissen, das heißt zu einem Zeitpunkt, als sie vom Kleinkind zum Schulkind heranwächst. Die Anhänger der anthropologisch-ethnologischen Märchentheorie sehen in dem treppen- und türlosen Turm eine so genannte »Pubertätshütte«. Diese sei bei manchen Stämmen der Pflanzer, das heißt einer Vorstufe der Bauerngesellschaft, verbreitet gewesen und lasse die Schlussfolgerung zu, dass dieser Märchentypus in einer Kulturepoche entstanden sei, die der Einführung der Landwirtschaft vorausgeht.[35]

Im sizilianischen Märchen aber bringt der Heilige sein Patenkind weit vor der sexuellen Reife in den Turm. Auch er ruft, wie die Zauberin in »Rapunzel«, einen Refrain, um Paolina aufzufordern, ihre wunderschönen Zöpfe herabzulassen, ist aber nicht wie jene eifersüchtig auf den König, der eines Tages bei der Jagd in der verlassenen Gegend auftaucht. Nachdem Paolina eine weitere Entwicklungsstufe erreicht hat, das heißt vom Schulkind zum jungen Menschen geworden ist, unterstützt er sogar die Loslösung von seiner Protektion und fördert die Liebe seiner Patentochter zu dem edlen Jüngling, indem er nicht mehr in den Turm zurückkehrt.

Im sizilianischen Märchen ist die Begegnung zwischen den Liebenden im Turm rein platonisch. Für die Hochzeit und den Umzug von der Einöde in das königliche Schloss möchte Paolina das Plazet ihres »Onkels«. Erst als dieser sich nicht mehr sehen lässt, folgt sie dem König, der sie zu seiner Mutter führt. Diese erlaubt ihr, nach anfänglichem Zögern, mit ihrem Sohn zu wohnen.

Bei »Rapunzel«, »Persinette«, »Petrosinella« und ähnlichen Märchen werden die Zauberinnen und Hexen getäuscht oder überwältigt, und die symbolische Eheschließung und Vereinigung von Jungfrau und Jüngling findet bereits im Turm statt.

Die Folgen werden zuweilen recht prosaisch geschildert. Realistisch ist auch die Version, die Joachim Schulz 1790 in seinem »Kleinen Roman« veröffentlichte und auf welche sich die erste grimmsche Fassung des Rapunzelmärchens stützt. Dort wundert sich die Heldin über die immer enger werdenden Kleider, die ihr nicht mehr passen wollen, und lässt dadurch die Zauberin hellhörig werden. In Grimms endgültiger Fassung ist davon keine Rede mehr, und die Zwillinge, die Rapunzel in der Wüstenei zur Welt bringt, nachdem der Prinz aus Verzweiflung über die Trennung von seiner Geliebten vom Turm herabgesprungen und erblindet ist, tauchen unvermittelt erst viel später auf. Mit Humor, Metaphern und in einem schwelgerischen Stil beschreibt Basile den »Liebeshandel« zwischen Petrosinella und dem Prinzen, und wie dieser »in reichem Maß von jener Petersilienbrühe Amors« im Turm genoss. Walter Boehlich bemerkt in seinem Nachwort zur deutschen Ausgabe des »Pentamerone«, dass Basile nicht zu verschweigen brauchte, was später, auch bei den Brüdern Grimm, als unzüchtig galt, in einer »ungewöhnlich prüden und heuchlerischen Zeit, die kaum klare Vorstellungen von dem hatte, was die Phantasie von Kindern beschäftigt«[36].

Im Gegensatz zu Rapunzel, wo die Zauberin schwerer in den Turm heraufzuziehen ist als der junge Königssohn, hat Paolina in unserem sizilianischen Märchen größere Mühe, den König als den Patenonkel auf ihrer Haarleiter emporsteigen zu lassen. Die Botschaft dieser eher mit einer Legende vergleichbaren Geschichte erscheint klar: Um mühelos in den Turm zu gelangen, muss man rein und »heilig« sein. Obwohl der König für die Heldin der Auserwählte ist, bleibt er doch ein »normaler« Mann, der sich nicht alleine von den menschlichen Zwängen abzuheben vermag. Das zeigt sich auch später, als er sich, trotz seiner großen Liebe zu Paolina, am Ende doch von seiner Mutter überreden lässt, die Feierlichkeiten für die Hochzeit mit einer anderen Prinzessin einzuleiten.

Nach einem glücklichen Jahr im Schlosse des Königs beginnt nämlich für unsere Heldin der Kreuzweg. Dreimal entzieht ihr der Heilige Franz von Paola die neugeborenen Kinder, beschmutzt ihr den Mund mit Blut und beraubt sie der Sprache.

Verschiedene Märchenmotive verflechten sich in dieser Erzählung. Der heiße Wunsch nach einem Kind und die Ungeduld, mit der die Erfüllung erwartet wird, führen oft zu tragischen Ergebnissen. Im schlimmsten Fall werden die Eltern für die Unfähigkeit, ihre Emotionen zu beherrschen, damit bestraft, dass ihr Kind als Missgeburt auf die Welt kommt, wie bei Grimms »Hans mein Igel«[37], wo es teils wie ein Mensch, teils wie ein Tier gestaltet ist. Im besten Fall wird die Freude über die Geburt des ersehnten Kindes durch eine Verwünschung wie bei »Dornröschen«[38] oder durch die Entführung seitens übermenschlicher Wesen, wie in den verschiedenen Fassungen des Rapunzelmärchens, getrübt. Auch das Motiv der ungerechten Beschuldigungen der Heldin durch die Schwiegermutter, wenn ihr Glück bereits erreicht scheint, hat unser sizilianisches Märchen mit anderen, zum Beispiel »Die sechs Schwäne«[39] von Grimm, gemein. Wie dort wird sie als Kindermörderin und Menschenfresserin angeklagt und kann sich nicht verteidigen, weil ihr die Sprache genommen ist.

In ihrer Not ruft Paolina den Heiligen an und erwartet sich von ihm Rettung vor dieser irdischen Ungerechtigkeit. Wie der biblische Hiob, der leidende Gerechte, wendet sie sich an den scheinbar tauben Himmel, der ihr weitere Leiden aufbürdet. Der Pate, vor dem sie sich auf die Knie wirft, erscheint hier, trotz der einfachen Mönchskutte, als der biblisch Erhabene, der in der auserwählten Kreatur durch die »Qual« eine hohe »Qualität« erzeugen will. Der gefühllos Scheinende schenkt ihr am Ende ein glückliches Leben.

Die unüberbrückbare Kluft, die sich zwischen ihm und seinem Patenkind auszubreiten schien, wird überwunden, als er selbst mit den einst entführten Kindern auf die Erde herabsteigt und, wie zu Beginn des Märchens, dem gemeinen Menschen zugänglich wird. Nicht ein dunkles, unergründliches Schicksal beherrscht das Leben der Heldin, sondern, trotz aller Leiden, Entbehrungen und Beschuldigungen, eine großartige Anwesenheit des Göttlichen.

Der lange Weg durch enge Gassen, hohe Türme und bewachte Gefängnisse führt die Guten und Demütigen nach oben und endet in königlichem Glanz und mit himmlischem Segen. Das despotische Verfügen des Heiligen Franz über sein Patenkind dient hier zu dessen Läuterung und Hoffnung in die Unsterblichkeit. Die »auferstandenen« Kinder Paolinas zeugen in ihrer engelhaften Schönheit für ein Weiterleben nach dem Tode.

Im soeben behandelten Märchen erfolgt die Erniedrigung und zuletzt die Erlösung durch ein und dasselbe himmlische Wesen. Gottesfurcht erzeugt Wohlwollen, Opfer verlängern das Leben, inständige Gebete befreien von Not und Trübsal, Unterworfenheit und Abhängigkeit vom Willen der heiligen Mächte verwandeln sich, nach langem Ausharren, in Erhöhung und Freiheit. Hexen, Zauberer und andere gute oder böse Figuren aus dem Reich der Phantasie, kommen, wie anfänglich erwähnt, in der Geschichte von Paolina nicht vor.

In zwei anderen italienischen Märchen, die ich wegen der Anwesenheit eines Turmes oder eines hohen Berges analysiert habe, dessen Erklimmen Anstrengung und Entschlossenheit erfordert, sind hingegen magische Kräfte anwesend. Einerseits machen sie, durch eine Verwünschung, das Leben der Helden zur Hölle, aber andererseits richten sie es, in Gestalt von hilfreichen Feen oder dem Heiligen Joseph, wieder auf und spenden bei Bedrängnis und Degradierung Trost und Hoffnung.

Beide Märchen, das kalabresische »Il corvo«[40] und das sizilianische »Vom grünen Vogel«[41], weisen das in allen seinen Varianten stark verbreitete Motiv des Tierbräutigams auf, dem Bruno Bettelheim in seinem Buch »Kinder brauchen Märchen« einen großen Platz einräumt.

Wie in anderen Geschichten, in denen der Partner zunächst als Tier erlebt wird, erfahren wir nicht, weshalb die männlichen Helden gezwungen waren, die Gestalt eines Vogels anzunehmen oder weshalb derjenige, der ihnen dieses tragische Los aufgebürdet hat, nicht dafür bestraft wird.

Hier aber kommt hinzu, dass die Bereitschaft der liebenden Mädchen, sie zu erlösen, ganz spontan aus ihrem Innern entspringt und es nicht die Väter sind, die sie dazu veranlassen, das Tier zu heiraten, weil sie Hilfe von ihm erfahren haben (siehe zum Beispiel »Hans mein Igel«[42] und »Der Froschkönig«[43] bei Grimm). Ein weiterer Aspekt, der in ähnlichen Märchen fehlt, ist die Undankbarkeit der Jünglinge, sobald sie von der Verzauberung befreit worden sind.

In der sizilianischen Geschichte »Vom grünen Vogel« hat der Turm, in den Maruzza gesperrt wird, zwar auch die Funktion der Bewahrung, aber nicht vor Gefahren und Versuchungen aus dem Bereich des Geschlechtlichen, wie in so vielen Varianten des Rapunzelmärchens. Nicht die Verdrängung der Sexualität oder die Erhaltung der Keuschheit bis zur Begegnung mit dem Auserwählten sind hier das Vordergründige. Keine selbstsüchtige, wenn auch manchmal von Liebe bewegte Vereinnahmung der Heldin vonseiten übernatürlicher Wesen ist hier der Grund für ihre Abschirmung. Keine Heiligen, Zauberer oder Feen rauben hier den Eltern ein Kind, das sie selbst nicht zeugen können. Es ist der Vater der Protagonistin, der sie aus Angst vor dem prophezeiten Unglück in einen nur ihm zugänglichen Turm, zusammen mit ihrer Amme, schließt.

Niemand aber entrinnt seinem Schicksal. Auch der höchste Turm kann dem Vater den Verlust seiner geliebten Tochter nicht ersparen. Mit Hilfe eines spitzen Ziegenknochens, der versehentlich im Braten zurückgeblieben ist, gelingt es der Kleinen, ein Loch in die Mauer des Turmes zu bohren, durch das ein herrlicher grüner Vogel hereingeflogen kommt, der sich alsbald in einen schönen Jüngling verwandelt.

Maruzza ist gerade elf Jahre alt geworden, die Zeit der Adoleszenz bricht an, und die, wenn auch erzwungene, Sicherheit der Kindheit muss aufgegeben werden. Die junge Weiblichkeit, die sich zuerst im heftigen Erschrecken beim Anblick des anderen Geschlechts ausdrückt, zeigt sich dann in der immer größer werdenden Sehnsucht nach dem verzauberten Prinzen, den Maruzza nicht mehr sieht, als ihr Vater sie nach einem Jahr in sein Schloss zurückholt, weil er meint, die Gefahr sei nun vorüber.

Auch die Prinzessin im kalabresischen Märchen »Il corvo« ist, wie Maruzza, das einzige Töchterlein eines Königspaares. Nicht sie, sondern der Sohn des Königs von Frankreich wird von einem tragischen Schicksal verfolgt und muss als Rabe umherfliegen. Wie der grüne Vogel hat auch er nur wenig Gelegenheit, in seiner menschlichen Gestalt zu erscheinen. Diese Augenblicke reichen gerade aus, im erwählten Mädchen die Liebe aufkeimen zu lassen und die Bereitschaft, alle Prüfungen auf sich zu nehmen, um den Verwunschenen zu befreien.

Als aber in beiden Märchen die Zeit der unglaublichen Opfer, die von den Mädchen für die Jünglinge erbracht worden sind, abgelaufen ist, zeigen sich jene in ihrer ganzen Herzlosigkeit und Arroganz. Die von den Entbehrungen, von Sturm, Regen und glühender Sonne entstellten Mädchen werden von den gefühllosen Prinzen verschmäht und sogar angespuckt.

Gute Feen im sizilianischen Märchen und der Heilige Joseph im kalabresischen geben den Heldinnen nicht nur ihre Schönheit zurück, sondern zaubern ihnen auch aus dem Nichts prächtige Schlösser mit zahlreicher Dienerschaft und Pferdekutschen.

Von den Fenstern ihrer Paläste aus können die Heldinnen direkt auf die gegenüberliegenden Schlösser der stolzen Prinzen schauen und sie, dank ihrer außergewöhnlichen Schönheit, dazu veranlassen, kein Auge mehr von ihnen zu wenden. Die Mädchen zahlen ihnen nun das Unrecht heim, das ihnen jene einst zugefügt haben; zwar nicht mit gleicher Münze, denn der körperliche Schmerz, der Hunger, Durst und das Verbot zu sprechen bleiben ihnen erspart. Sie müssen nicht jahrelang in der Isolation ausharren und leiden. Der seelische Kummer aber und die Ablehnung der Mädchen sondern sie trotzdem von der Umwelt ab. Die Zurückweisung der Liebesbezeugungen und kostbaren Geschenke zehrt an ihrer Gesundheit und bringt sie an die Schwelle des Wahnsinns. Als letzte Gabe senden sie den stolzen Damen ihre Krone, das Zeichen ihrer königlichen Würde und Macht. Erst als auch sie verschmäht, in einen Sarg gelegt und angespuckt worden sind, als sie sich gänzlich preisgegeben haben, verzeihen ihnen die Mädchen und heiraten sie.

Der symbolische Tod und die Grabgesänge deuten an, dass das Alte, das böse Prinzip bestraft und vernichtet worden ist, damit das Gute und das Glück siegen können.

Auch im sizilianischen Märchen »Vom verschwenderischen Giovanninu«[44] hat der Protagonist einen unendlich langen Weg nach oben zurückzulegen. Er muss zwar nicht in einem Turm verweilen oder Treppen besteigen, aber das unaufhörliche Wandern und der Flug auf dem fleischgierigen Adler, der für den Transport des Jünglings auf seinem Rücken dessen Hand, Arm, Fuß und Bein verlangt, um seinen Hunger zu stillen, sind vergleichbar mit den mühsamen Aufstiegen der Helden in anderen Märchen. Wie im »Grünen Vogel« und im »Corvo« entsteht auch hier durch eine Zaubergabe ein Neid erregender Palast, der dem königlichen Schloss der Angebeteten gerade gegenüberliegt.

Mit vertauschten Rollen geschieht das Gleiche wie in der Geschichte von Maruzza und der Prinzessin mit dem Rabenbräutigam. Die Königstochter, die Giovanninu von ihrem Zauber erlöst hat, die aber, mündlich und schriftlich, weitere Proben von ihm abverlangt, soll nun auch entgelten, was er ihretwegen ausgestanden hat. Sie ist in heftiger Liebe zu ihm entbrannt, und seine Gleichgültigkeit verstärkt ihre Gefühle von Tag zu Tag. Die mit großer Hingabe gefertigten Geschenke des Mädchens werden von ihm mit äußerster Geringschätzung angenommen und, wie Maruzza und die Königstochter im kalabresischen Märchen, verlangt er von der Prinzessin, dass sie sich tot stellen soll, und spuckt dann verächtlich vor ihrem Sarg aus.

Auch hier kommt die Vergeltung für ertragenes Leid nicht von einer höheren Gerechtigkeit. Ganz konkret ist es der beleidigte oder zu unmenschlichem seelischem und körperlichem Schmerz gezwungene Teil eines Liebespaares, der sich an dem Partner rächt, ihm dann aber verzeiht und seine Liebe fürs Leben schenkt.

Für die Jünglinge und Mädchen sind das Umherirren und die auferlegten Proben eine Zeit des Wachstums, der Selbstfindung. Am Ende sind sie reif genug, um einander zu retten und miteinander glücklich zu sein.

Der hohe Berg, auf den die Königstochter im kalabresischen Märchen »Il Corvo« steigen muss, um ihren Geliebten von seiner Verwünschung zu befreien, oder die Terrasse, auf der die arme Maruzza aus dem sizilianischen Märchen »Vom grünen Vogel« sieben Jahre, sieben Tage, sieben Stunden und sieben Minuten auf ihren verzauberten Prinzen warten muss, sind vergleichbar mit einem einsamen Turm.

Diese Plätze stehen hier als Symbol für einen verlassenen Ort, eine Stätte der Auserlesenen, die sich in dieser Position befinden, gerade weil sie Tugenden besitzen, die sie von der Plattheit der gewöhnlichen Menschen in eine höhere Sphäre erheben. Diese Tugenden zeigen sich meistens auch äußerlich in der Schönheit und Zartheit der Gesichtszüge und im hohen Wuchs der Märchenheldinnen (»Maruzza wuchs heran und wurde mit jedem Tage größer und schöner«[45]). Die Terrasse und der Berg werden in diesen Märchen zur Klause, und das Ausharren der liebenden Mädchen in der Einöde entspricht einem Sühneopfer, das ihnen auferlegt wird oder, besser gesagt, das sie bereitwillig annehmen, nicht um eigene Fehler zu sühnen, sondern um selbstlos für andere einzutreten.

Diese Orte sind menschenleer und den Naturgewalten ausgesetzt, weil nur die Auserwählten die Fähigkeit haben, alle Prüfungen auf sich zu laden und zu bestehen. Sie sind dazu berufen, die Schwächeren und

Wankelmütigen zu festigen und sie durch ihre Entbehrungen von Selbstsucht und Stolz zu befreien.

Anmerkungen

1 Über Turmsymbolik vgl. auch Lurker, Manfred: *Wörterbuch der Symbolik*. Stuttgart 1991, S. 773–774.
2 Karlinger, Felix (Hrsg.): *Italienische Märchen*. Reinbek bei Hamburg 1992 (MdW), S. 139–144.
3 Pellizzari, Pietro: *Fiabe e canzoni popolari del contado di Maglie in Terra d'Otranto*. Maglie 1881, S. 37.
4 *Contes de Perrault en vers et en prose, publiés d'après les éditions originales avec une introduction par Emile Henriot*. Paris M.CM. XXVIII, S. 147–152.
5 *Kinder- und Hausmärchen (KHM) gesammelt durch die Brüder Grimm*. 3 Bde. Frankfurt a. M. 1984, Bd. 1, S. 168–172.
6 Karlinger (wie Anm. 2), S. 141.
7 *KHM* (wie Anm. 5), Bd. 1, S. 153–162.
8 Basile, Giambattista: *Il Pentamerone ossia La Fiaba delle fiabe tradotta dall'antico dialetto napoletano e annotata da Benedetto Croce*. 2 Bde. Bari 1925, Bd. 1, S. 72–81.
9 Bettelheim, Bruno: *Kinder brauchen Märchen*. Stuttgart 1977, S. 247.
10 Goethe, Johann Wolfgang von: *Goethes Werke*. Hamburger Ausgabe in 14 Bänden, herausgegeben von Erich Trunz. Hamburg 1950, Bd. VII: *Wilhelm Meisters Lehrjahre*.
11 *KHM* (wie Anm. 5), Bd. 2, S. 18–22.
12 Jarno: »Lassen Sie den Vorsatz nicht fahren, in ein tätiges Leben überzugehen …«. In: Goethe/Trunz (wie Anm. 10), Drittes Buch, Elftes Kapitel, S. 193.
13 Karlinger (wie Anm. 2), S. 144.
14 Karlinger (wie Anm. 2), S. 144.
15 Bettelheim (wie Anm. 9), S. 325.
16 *KHM* (wie Anm. 5), Bd. 1, S. 43–49.
17 *KHM* (wie Anm. 5), Bd. 3, S. 266–268.
18 *Tradizione popolare nelle Fiabe Siciliane di Laura von Gonzenbach. Scelta, traduzione e introduzione di Renata La Racine*. Messina/Firenze 1964, S. 109–112.

19 Gonzenbach/La Racine (wie Anm. 18), S. 197–206.
20 Gonzenbach/La Racine (wie Anm. 18), S. 27–31.
21 Gonzenbach/La Racine (wie Anm. 18), S. 123–128.
22 Gonzenbach/La Racine (wie Anm. 18), S. 169–174.
23 Karlinger (wie Anm. 2), S. 144.
24 Karlinger (wie Anm. 2), S. 144.
25 Bettelheim (wie Anm. 9), S. 326.
26 Goethe/Trunz (wie Anm. 10), Siebentes Buch, Viertes Kapitel, S. 436.
27 Francesco, Sohn von Giacomo D'Alessio und Vienna di Fuscaldo, wurde am 27. März 1416 in Paola (Kalabrien) geboren und starb am 2. April 1507. Schon im Alter von zwölf Jahren zog er sich in einen Besitz des Vaters zurück, um dort sechs Jahre lang als Einsiedler in Buße und Gebet zu leben. Er wurde zum Gründer des Ordens der »Frati Minimi« und setzte sich mutig für die Rechte der Armen ein, die von den kalabresischen Adligen unterdrückt wurden. Von Ludwig XI. an den französischen Hof gerufen, verweilte er dort 25 Jahre lang und erhielt große Unterstützung bei der Verbreitung seines Ordens in ganz Europa. Papst Leo X. erklärte ihn 1519 zum Heiligen. Unter den vielen Wundern, die die Tradition ihm zuspricht, wird die Überquerung der Meeresenge von Messina auf seinem eigenen Mantel genannt. Die Gläubigen flehen ihn besonders an, um Nachwuchs zu bekommen (vgl. *Enciclopedia italiana di Scienze, Lettere, Ed Arti* Istituto della Enciclopedia Italiana fondata da Giovanni Treccani. Roma 1949, Volume XV, S. 859–860).
28 Lüthi, Max: *Es war einmal …* Vom Wesen des Volksmärchens. Göttingen 1964, S. 42.
29 Es handelt sich um das 20. der 92 Märchen Laura von Gonzenbachs, das in ihrer Sammlung den deutschen Titel »Von dem Pathenkind des Heiligen Franz von Paula« trägt.
30 *KHM* (wie Anm. 5), Bd. 1, S. 43–49.
31 Gonzenbach, Laura: *Sicilianische Märchen.* Aus dem Volksmund gesammelt. Leipzig 1870, Zweiter Theil, S. 218.
32 *KHM* (wie Anm. 5), Bd. 1, S. 97–102.
33 Lüthi (wie Anm. 28), S. 81.
34 Lüthi (wie Anm. 28), S. 82.
35 vgl. Hetmann, Frederik: *Traumgesicht und Zauberspur.* Märchenforschung, Märchenkunde, Märchendiskussion. Frankfurt a. M. 1982, S. 61. Neuausgabe unter dem Titel *Märchen und Märchendeutung erleben und verstehen.* Krummwisch 1999.

36 *Italienische Märchen.* Der Pentamerone des Giambattista Basile. Herausgegeben von Walter Boehlich. Frankfurt a. M. 1991, S. 728.
37 *KHM* (wie Anm. 5), Bd. 2, S. 228–235.
38 *KHM* (wie Anm. 5), Bd. 1, S. 286–291.
39 *KHM* (wie Anm. 5), Bd. 1, S. 280–286.
40 *Re, maghi, briganti, poveri, fate …* Fiabe e racconti di Calabria a cura di Ottavio Cavalcanti. Soveria Mannelli (Catanzaro) 1999, S. 166–168.
41 Karlinger (wie Anm. 2), S. 196–207.
42 *KHM* (wie Anm. 5), Bd. 2, S. 232.
43 *KHM* (wie Anm. 5), Bd. 1, S. 38.
44 Gonzenbach (wie Anm. 31), S. 13–21.
45 Karlinger (wie Anm. 2), S. 197.

Ergänzende Literatur

Barber, D.: »Kinder- und Hausmärchen«. In: *Kindlers Literatur Lexikon.* Bd. 7. München 1986.

Beit, Hedwig von: *Symbolik des Märchens.* Bern 1962–65.

Bolte, J./Polívka, G.: *Anmerkungen zu den Kinder- und Hausmärchen der Brüder Grimm.* 5 Bde. Leipzig 1913–1932.

Grisi, F.: *Leggende e racconti popolari della Calabria.* Roma 2000.

Lüthi, Max: *Europäische Volksmärchen.* Zürich 1951.

Lüthi, Max: *Das europäische Volksmärchen.* Form und Wesen. Bern 1960.

Lüthi, Max: *Rapunzel, in Volksmärchen und Volkssage.* Zwei Grundformen erzählender Dichtung. Bern/München 1966.

Rölleke, Heinz: *Die älteste Märchensammlung der Brüder Grimm.* Synopse der handschriftlichen Urfassung von 1810 und der Erstdrucke von 1812. Herausgegeben und erläutert von Heinz Rölleke. Cologny/Genève 1975.

Russo, L.: *Il gabbiano e l'aquilone … e altri racconti.* Genova 2003.

Zagami, Gloria: *Fiaba e favola nella letteratura tedesca.* Messina 1999.

Zagami, Gloria: »Sicilianische Märchen. Una raccolta di fiabe popolari di Laura Gonzenbach«. In: *Atti della Accademia Peloritana dei Pericolanti,* Vol. LXXIII (1997), Messina/Napoli 2000.

David Blamires

Irdisches und Unterirdisches bei der Begegnung mit Elfen in englischsprachigen Märchen

Da uns in Großbritannien eine Fülle von Berichten und Geschichten über Begegnungen mit Elfen zur Verfügung stehen, kann ich mich in diesem Aufsatz nur mit einer kleinen Auswahl beschäftigen. Die Quellen reichen vom Hochmittelalter bis zur Moderne und schließen verschiedene Gattungen ein: Auszüge aus lateinisch verfassten Chroniken, Balladen aus der frühen Neuzeit und mündliche Erzählungen aus dem neunzehnten Jahrhundert. Meine Beispiele kommen aus weit auseinander liegenden Gegenden: der Grafschaft Suffolk, Südwales, dem westlichen Teil Cornwalls und dem Grenzgebiet zwischen England und Schottland. In diesen historisch und geographisch disparaten Quellen will ich sowohl Unterschiede als auch Ähnlichkeiten in der Auffassung von Elfen und ihren unterirdischen Wohnungen kritisch beleuchten. Für das englische Wort fairy gebrauche ich die Bezeichnung Elfe und beziehe mich dabei auf den Titel der »Irischen Elfenmärchen«, die die Brüder Grimm aus den »Fairy legends and traditions from the south of Ireland« (1825–28) von Thomas Crofton Croker übersetzten.

Die früheste Geschichte, die ich untersuchen will, heißt »Die grünen Kinder« und ist mit einigen Unterschieden in zwei Chroniken des späten zwölften Jahrhunderts überliefert: dem »Chronicon Anglicanum« des Ralph von Coggeshall und der »Historia Rerum Anglicarum« des William von Newbridge.[1] Die Geschichte berichtet, wie zwei Kinder mit grüner Hautfarbe in der Mündung einer Grube in der Nähe von Woolpit in der Grafschaft Suffolk gefunden wurden. Abgesehen von ihrer Farbe hatten sie menschliche Gestalt, aber niemand konnte ihre Sprache verstehen. Brot und andere Kost wollten sie nicht essen, aber grüne Bohnen verschlangen sie eifrig. Der Junge, der träge und niedergeschlagen war, starb nach einiger Zeit, aber das Mädchen gewöhnte sich an andere Kost und verlor allmählich ihre grüne Farbe. Sie wurde später getauft und lebte viele Jahre im Dienst des Sir Richard de Calne. Ihr Benehmen sollte locker und etwas lüstern sein.

Da dem Mädchen immer wieder die Frage gestellt wurde, wie ihr ehemaliges Land aussehe, behauptete sie, dass die Einwohner und deren ganzer Besitz eine grüne Farbe hätten. Bei ihnen sei kein Sonnenlicht, dafür aber eine Art Zwielicht. Während das Mädchen und der Junge ihrer Herde folgten, seien sie durch eine Höhle in dieses Land gekommen. Sie hätten zunächst ein schönes Glockengeläute gehört, dessen süßer Ton sie so entzückt habe, dass sie lange durch die Höhle umhergeirrt seien, bis sie an deren Mündung gelangt seien. Als sie herausgekommen seien, hätten sie wegen des überstarken Lichts und der ungewöhnlichen Lufttemperatur das Bewusstsein verloren. Nachdem der Lärm der auf sie zukommenden Leute sie erschreckt habe, wollten sie fliehen, aber sie haben die Höhlenmündung nicht wiederfinden können, bevor man sie erwischt habe.

Diesem Bericht fügte William von Newbridge einige weitere Details hinzu. Die Kinder seien während der Regentschaft des König Stephen, das heißt zwischen 1135 und 1154, erschienen. Das Mädchen sage, ihr Land heiße »St Martin's Land«, die Bewohner seien Christen und hätten Kirchen. Dieses Land, in dem die Sonne nicht scheint, sei von dem unsrigen durch einen breiten Fluss getrennt. Das Mädchen habe später einen Mann »apud Lennam«, das heißt aus dem jetzigen King's Lynn in der Grafschaft Norfolk, geheiratet.

Viele Einzelheiten in der Geschichte, die grüne Farbe voran, entsprechen der damaligen Vorstellung von Elfen und ähnlichen übernatürlichen Wesen. Immer wieder lesen wir in späteren mündlichen Erzählungen, dass solche Wesen grün oder in grün gekleidet sind. Man denke auch an den bekannten spätmittelalterlichen Roman »Sir Gawain and the Green Knight«. Den mittelalterlichen Chronisten war es also ganz plausibel, die grünen Kinder für solche fremdartigen Wesen zu halten. Entweder waren sie selber Elfen, oder sie waren junge Menschen, die ins Elfenreich geirrt waren. Letzteres würde den frühen Tod des Jungen erklären, da es häufig vorkommt, dass Menschen, die ins Elfenreich kommen, in kurzer Zeit sterben, wenn sie wieder unter Menschen sind. Dagegen muss man beachten, dass das Mädchen gar nichts über Begegnungen mit Elfen aussagt, nur, dass die beiden ein schönes Glockengeläute gehört hätten. Waren das die Glocken des Elfenreichs oder aber die der Kirche der Heiligen Maria zu Woolpit? Laut Ralph von Coggeshall sagte das Mädchen, dass die Einwohner ihres Lands und alles, was drinnen sei, eine grüne Farbe hätten, was darauf hindeuten würde, dass sie und der Junge als Elfen aufzufassen wären. Interessant für uns ist der Glaube der Chronisten, dass sie mit etwas Wunderbarem oder Unheimlichem zu tun hatten, wofür keine natürliche Erklärung existierte. Obwohl Elfen nicht namentlich genannt werden, weisen die grüne Hautfarbe und die Schilderung der unterirdischen Höhle, insbesondere des Zwielichts wie nach Sonnenuntergang, auf das Elfenreich hin, ebenfalls das süße Glockengeläute und die Trennung ihres Landes von dem unsrigen durch einen Fluss.

Im Bericht Ralphs von Coggeshall wurde das Mädchen später getauft. Im Gegensatz dazu behauptet William von Newbridge, dass die Bewohner von »St Martin's Land« Christen seien. Der bloße Name »St Martin's Land« lässt auf ein christliches Land schließen. Die Uneinigkeit der beiden Chronisten in dieser Sache spiegelt ein andauerndes Problem in der Einschätzung der Elfen wider: Sind sie dem Christentum feindlich gesinnt oder Teil der christlichen Welt? Oder verhalten sie sich neutral? Wie dem auch sei, keiner der Chronisten wusste eine rationale Erklärung zu geben. Was sie liefern, ist der bloße Bericht eines ihnen unerklärlichen Geschehnisses.

Wichtig an beiden Berichten ist die örtliche und zeitliche Bestimmung der Geschehnisse. Der Ort der Entdeckung der grünen Kinder ist »apud sanctam Mariam de Wulpetes« (»Wolfpittes« bei William von Newbridge), dessen Name Wolfsgrube bedeutet. Das Dorf, das jetzt Woolpit heißt, liegt ungefähr zwölf Kilometer östlich von Bury St Edmunds an der Straße nach Stowmarket. Die Bezeichnung des angeblichen Elfenlands als »St Martin's Land« deutet vielleicht auf eine Ortschaft mit einer dem Hl. Martin geweihten Kirche, und tatsächlich besteht ein solches Dorf, Fornham St Martin's, etwa 3,5 km nördlich von Bury St Edmunds. Die Bewohner dieses Dorfs würden selbstverständlich Christen sein, wie William von Newbridge berichtet. Es wäre also möglich, die Geschichte rationalistisch zu deuten: die Kinder, die wahrscheinlich Schafe hüteten, hätten sich verirrt und wären in eine Grube gefallen, woraus sie nicht klettern konnten und wo sie aus Hunger und Schock zu halluzinieren begonnen hätten, bevor man sie gerettet hätte. Vielleicht konnten die Retter ihre Sprache nicht verstehen, weil die Kinder ganz konfus waren. Ihre grüne Hautfarbe wäre auf die vergeblichen

Versuche der Kinder, an den mit Gras und Moos überwucherten Hängen der Höhle hochzuklettern, zurückzuführen. Ihre Bevorzugung grüner Bohnen zum Essen wäre ganz einfach als typische Bauernkost zu deuten. Die Kinder wurden zum Ritter Sir Richard de Calne, der zu »Wikes« wohne, als Kuriosa gebracht, und das Mädchen blieb längere Zeit in seinem Dienst. »Wikes« lässt sich leicht mit Wyken Hall etwa 9,5 km nördlich von Woolpit identifizieren.

Im »Itinerarium Cambriae« (das heißt die »Reise durch Wales«) des Giraldus Cambrensis (1191) finden wir eine zweite sich mit Elfen befassende Geschichte, die sich der Verfasser von dem Priester Elidorus in der Gegend um Swansea in Südwales erzählen lässt.[2] Als Elidorus zwölf Jahre alt war, lief er weg, um den schweren Schlägen seines Lehrers zu entkommen, und versteckte sich in einer kleinen Höhle an einem Flussufer. Dort begegneten ihm nach zwei Tagen ohne Nahrung zwei kleine Männer, die nicht größer als Pygmäen waren und versprachen, ihn an einen Ort zu führen, wo alles Spiel und Vergnügen sei. Um ihn zu erreichen, mussten sie durch einen dunklen Tunnel gehen und kamen so in ein wunderbares Land mit schönen Flüssen und Auen, Wäldern und Ebenen. Dort schien keine Sonne, die Tage waren überwölkt, die Nächte pechschwarz, da es weder Mond noch Sterne gab. Der Junge wurde dem König vorgestellt, der ihn lange anstarrte und ihn danach seinem Sohn, der noch ein Kind war, anvertraute. Diese kleinen Menschen waren alle schön gestaltet und hatten eine blasse Gesichtsfarbe und lange Haare, wie Frauen sie tragen würden. Ihre Pferde hatten die Größe eines Windhunds. Sie aßen weder Fleisch noch Fisch, sondern nährten sich mit Milchspeisen verschiedener Art. Da sie Lügen hassten, wollten sie nie eine Aussage beeiden. Wenn sie aus der oberen Welt in die ihrige zurückkehrten, sprachen sie immer höhnisch von der Strebsucht, Untreue und dem Wankelmut der Menschen. Der Junge durfte häufig in die obere Welt zurückkehren, bald durch den Tunnel, bald auf anderen Wegen, bald in Begleitung, bald alleine. Als er seiner Mutter alles entdeckte, bat sie ihn, ihr von dort ein Goldgeschenk zu bringen. Um ihr zu gefallen, stahl er dem kleinen Volk eine goldene Kugel, aber als er das Haus seines Vaters erreichte, stolperte er an der Türschwelle und ließ die Kugel fallen. Die zwei kleinen Männer, die dicht hinter ihm waren, griffen die Kugel auf und rannten hohnlachend damit weg. Der Junge war über seine Dummheit tiefstens beschämt. Ein ganzes Jahr lang versuchte er, den Eingang zum Tunnel wieder zu finden, aber ohne jeglichen Erfolg.

Diese Begegnung mit Elfen weist verschiedene Züge auf, die uns an die Geschichte der grünen Kinder erinnern. In beiden fehlt der unterirdischen Welt das gewöhnliche Licht der Sonne, aber bei Giraldus ist die Schilderung dieser Welt ausführlicher. In beiden wird die menschliche Gestalt der Elfen betont. Die grünen Kinder haben normale Größe, aber eine grüne Hautfarbe, während die Elfen bei Giraldus sehr klein sind mit Pferden von der Größe eines Windhunds. Die menschliche Gestalt muss also eine bestimmte Bedeutung haben, denn die Elfen sind weder Tiere noch Geister noch Ungeheuer. Wie sie aussehen und was sie in ihrer eigenen Sphäre tun, muss als Gegenbild zu dem gewöhnlichen Menschen, als Mahnung, Musterbild oder Wunschbild, betrachtet werden. Die grünen Kinder wollten nur Bohnen, die kleinen Leute der Elidorusgeschichte nur Milchspeisen, kein Fleisch und keinen Fisch essen. Das ist die allereinfachste Kost, Bauernkost, aber in anderen Geschichten schwelgen die Elfen in den Luxusspeisen des Adels.

Die Welt der Elfen steht nicht jederzeit jedermann offen. Bezeichnend ist, dass die Protagonisten dieser beiden Geschichten aus dem Mittelalter Kinder sind, ein Zug, der sich in der viel späteren Geschichte von »Cherry von Zennor« wiederholt. Zugang zur unterirdischen Welt findet nur derjenige, der noch nicht erwachsen ist oder sich irgendwie am Rand der Gesellschaft bewegt oder an einem Scheideweg in seinem Leben ist. Elidorus, der mit zwölf Jahren jetzt an der Schwelle des Erwachsenseins steht, will den körperlichen Züchtigungen seines täglichen Lebens entfliehen. Aber sein Umgang mit den Elfen kann nicht unbegrenzt fortdauern, umso weniger, weil der Junge noch an seiner Mutter hängt. Er kann die beiden Welten nicht zusammenhalten. Der Versuch, seiner Mutter die goldene Kugel durch Diebstahl zu bringen, scheitert, weil er die sittlichen Maßstäbe der Elfen übertritt, weswegen er den Zugang zur Elfenwelt auf ewig verliert.

Was hat Elidorus in der Elfenwelt erfahren? Er hat eine Gesellschaft gesehen, die über alles die Wahrheit schätzt, ein Prunk- und Luxusleben zurückweist und keinen öffentlichen Gottesdienst braucht. Die Moral und Lebensweise der Elfen stehen in hohem Kontrast zum gewöhnlichen Leben der Menschen. Man darf die goldene Kugel als Symbol dieser hohen Werte interpretieren, die man nicht ohne weiteres in die Menschenwelt übertragen kann.

»Das Abenteuer der Cherry von Zennor« befasst sich wieder mit einem Kind, und zwar mit einem Mädchen aus dem Dorf Zennor, welches in der südwestlichen Gegend von Cornwall in der Nähe von Land's End liegt. Die Geschichte kursierte mündlich und wurde von Robert Hunt in seinen »Popular romances of the West of England« (1865) veröffentlicht.[3] Cherry war Tochter einer armen Familie mit vielen Kindern; sie war lebhaft und spitzbübisch. Als sie 16 Jahre alt war, verließ sie das elterliche Haus und ging in die »untere Gegend«, um eine Stelle als Dienstmädchen zu erlangen. Auf der langen Fußreise wurde sie müde, setzte sich an einem Kreuzweg auf der Lady-Downs-Heide nieder und weinte bittere Tränen. Da kam ihr unversehens ein Herr entgegen, der ihr eine Stelle in seinem Haushalt anbot, wo sie die Kuh melken und seinen zwei- oder dreijährigen Sohn betreuen sollte. Unterwegs zur »unteren Gegend« mussten sie einen dunklen Fluss überqueren, in dem übrigens ganz klares Wasser floss. Der Herr trug Cherry hinüber, und sie gingen eine immer dunkler und enger werdende Straße hinunter, bis der Herr ein Tor aufmachte, das in einen so schönen Garten mit bunten Blumen, Früchten und Vogelgesang führte, dass Cherry leise ahnte, dass sie an einen verzauberten Ort gekommen sei. Die Sonne schien überall zu scheinen, aber Cherry konnte sie nie erblicken.

Der kleine Junge, der glänzende Augen und einen schlauen Gesichtsausdruck hatte, war bis zu diesem Zeitpunkt von einer hässlichen Greisin betreut worden. Jetzt musste Cherry für ihn sorgen, ihn in einem klaren Teich waschen und ihm die Augen mit einer Salbe salben, aber sie durfte die eignen Augen keinesfalls mit der Salbe berühren. Sie musste auch Haus- und Gartenarbeit machen und bekam dabei einen Kuss von ihrem Herrn. Einmal führte sie die Greisin, die übrigens Tante Prudence (»Besonnenheit«) hieß, in einen dunklen Teil des Hauses, wo die Diele wie aus Glas war und wo versteinerte Menschen und Menschenteile umherlagen. Dort zwang die Greisin sie, einen Sarg stark zu polieren, bis sie das eigene Gesicht darin sehen konnte, aber bevor es so weit kam, ertönte ein so klägliches, fürchterliches Geräusch daraus, dass die erschrockene Cherry das Bewusstsein verlor. Dann trat der Herr herein, schickte die Greisin endgültig weg und ließ Cherry Herrin im Hause sein. Obwohl sie alles hatte, was einem Menschen gefallen konnte, war Cherry nicht glücklich. An einem Morgen entschloss sie sich, die Augensalbe auszuprobieren, und konnte danach überall kleine Leute, meistens Frauen, unter den Blumen oder unterm Wasser sehen.

Cherry war empört, dass ihr Herr an diesen Wesen Gefallen fand, und schlug ihm ins Gesicht, als er sie küssen wollte. Da wusste er, dass sie von der Salbe Gebrauch gemacht hatte, und brachte sie unter Klagen auf die einsame Heide zurück. Langsam ging sie nach Zennor zu ihren Eltern, die sie zunächst für ein Gespenst hielten, zurück. Nachher war sie im Kopf nicht ganz richtig, und manchmal irrte sie bei Mondlicht über die Lady-Downs-Heide und suchte ihren Herrn wieder.

Bei dieser Geschichte erfährt man, wie die Begegnung mit Elfen sich destruktiv auswirken kann. Was Cherry geschieht, ist durchaus unheimlich, denn was sie materiell als eine fabelhafte Stelle für ein Dienstmädchen erlebt, enthält vieles Schauererregende oder Unerklärliche. Ihre Situation spiegelt die Mischung von Gutem und Bösem wider, die einem Kind widerfahren kann, wenn es zum ersten Mal das elterliche Haus verlässt und das eigene Brot verdienen muss. Obgleich Cherry ganz freudig von ihrer Familie scheidet, kehrt sie nach schrecklichen Erlebnissen als eine gebrochene Person zurück. Die Elfen haben sie verrückt gemacht.

Täuschend an der ganzen Geschichte ist das Aussehen von Cherrys Arbeitgeber, da er wie ein gewöhnlicher Mensch aussieht und von derselben Größe ist. Die Greisin und der angebliche Junge sind gleichfalls menschlicher Größe. Erst, als Cherry sich die Augen gesalbt hat, sieht sie kleingestaltige Elfen und schlägt ihrem Herrn wegen seiner Betrügerei ins Gesicht. Trotz alledem behandelt der Herr Cherry immer gütig und höflich und küsst sie, um ihr seine Zufriedenheit mit ihrer Arbeit zu zeigen. Er bringt sie traurig zur einsamen Heide zurück. Was ihn als Elfe auszeichnet, ist sein unerwartetes Erscheinen an einem einsamen Ort. Denkt man an die verwandte Episode im grimmschen Märchen vom »Bärenhäuter«, so glaubt man sofort den Teufel vor sich zu haben. Cherrys künftiger Herr aber trägt keinen grünen Rock, während der kleine Junge sein Anderssein an den glänzenden Augen zeigt und die hässliche Greisin einen Blick hat, der ins Herz bohrt.

Die Welt der Elfen sieht, im Kontrast zur wilden, wenig fruchtbaren Gegend um Zennor herum, wie ein paradiesischer Garten aus. Um diesen zu erreichen, muss Cherry Wasser überqueren und eine lange dunkle Straße entlanggehen. Man erinnere sich an den breiten Fluss, der das Land der grünen Kinder vom Land der Sonne trennt, und den Fluss, an dessen Ufer Elidorus sich zwei Tage lang aufgehalten hat, bevor er von den kleinen Männern durch einen langen Tunnel zum Elfenkönig geführt wurde. Ein Fluss oder Bach stellt oft eine Übergangszone dar und trennt die Elfenwelt von der Menschenwelt.

Bei Cherrys Abenteuer liegt der Elfengarten in »der unteren Gegend«, während Zennor sich in »der oberen Gegend« befindet. Trotzdem scheint die untere Gegend nicht ausdrücklich unterirdisch zu sein, obgleich die Anwesenheit von zahlreichen Bergwerken und prähistorischen Gräbern und Denkmälern in diesem westlichen Teil Cornwalls es plausibel gemacht hätte. Übrigens spielt sich die ganze Geschichte innerhalb eines ziemlich kleinen Gebiets ab. Von Zennor bis nach Ludgvan und Gulval, den fernsten namentlich genannten Ortschaften, sind es etwa acht Kilometer, während die Lady-Downs-Heide und Towednack beträchtlich näher liegen.

Während Elidorus sich in der Elfenwelt gern aufgehalten zu haben scheint, macht Cherry andere, sehr beunruhigende Erfahrungen. Für sie ist die Elfenlandschaft zwiespältig, teils schön und fruchtbar, teils schrecklich und finster. Die versteinerten Menschen im dunklen Hausinneren und der unheimliche Sarg, den Cherry glatt polieren muss, mahnen unverkennbar an den Tod. Man darf sich vielleicht vorstellen, dass die Greisin, die Cherry unerlaubterweise in die dunkle Hinterkammer führte und dafür heftig verprügelt wurde, nicht nur entlassen wurde, sondern verstarb. Der Unterschied zwischen Alter und Jugend ist bei dem Jungen mit den schlauen Augen beunruhigend verwischt, denn obwohl er jung und klein aussieht, ist er beträchtlich älter.

Es gibt andernorts viele Geschichten über Elfensalbe.[4] Meistens handelt es sich um das Bedürfnis der Elfen, eine menschliche Hebamme bei der Geburt eines Kinds zu haben. Sobald das Kind geboren ist, muss die Frau ihm die Augen mit einer gewissen Salbe berühren. Heimlich tut sie bei sich dasselbe und kann sogleich wahrnehmen, wie alles unter den Elfen wirklich aussieht. Nachdem sie wieder nach Hause gebracht worden ist, ertappt sie einmal einen Elfenschalk auf dem Markt und will der Öffentlichkeit seine Diebereien bloßlegen. Als sie dem Schalk verrät, mit welchem Auge sie ihn erblickt hat, blendet er sie daran, so dass sie diese Kraft verliert. Die Übertretung eines Elfenverbots mag dem betreffenden Menschen auf beschränkte Zeit eine übernatürliche Fähigkeit verleihen, aber wenn die Untat ans Licht kommt, ist die Strafe schonungslos.

Ich wende mich jetzt einer anderen Gegend von Großbritannien zu, nämlich dem Grenzgebiet zwischen England und Schottland, wo mehrere so genannte »Border ballads« sich mit der Elfenwelt beschäftigen. Eine der bekanntesten, die in verschiedenen Textformen überliefert ist, heißt »Thomas the Rhymer«.[5] Held der Geschichte ist der historisch verbürgte Thomas von Ercildoune, der im Spätmittelalter als Seher berühmt war und der Elfenkönigin seine hohe Gabe verdanken sollte. Wie üblich erzählt die Ballade mit knappen Worten die merkwürdige Geschichte.

Sie nimmt in der Nähe der Eildonberge unweit der jetzt in Trümmern liegenden Abtei zu Melrose ihren Anfang. Während Thomas sich auf einer Böschung ausruht, reitet eine Dame, die ein grasgrünes seidenes Kleid trägt, auf ihn zu. 59 Silberschellen hängen von der Mähne ihres Pferds. Er begrüßt sie als Himmelskönigin, was sie sofort zurückweist, indem sie ihm mitteilt, dass sie Königin des schönen Elfenlands ist. Sie fordert ihn auf, sie zu küssen, und führt ihn auf ihrem milchweißen Pferd weg, um ihr sieben Jahre lang zu dienen. Schneller als der Wind kommen sie an eine Ödnis, wo sie das Land der Lebenden verlassen. Dort zeigt ihm die Elfenkönigin drei Wunder: die enge Straße der Rechtschaffenheit, die breite Straße der Bosheit und schließlich die hübsche Straße zum schönen Elfenland, wo Thomas schweigen muss, sonst kommt er nie wieder in sein eigenes Land. Um das Elfenland zu erreichen, waten sie durch Flüsse, erblicken weder Sonne noch Mond und hören das Meeresbrausen. Es ist finstere Nacht ohne Sterne. Blut reicht ihnen bis zum Knie herauf. Schließlich gelangen sie an einen grünen Garten, wo die Königin einen Apfel pflückt, der Thomas die Gabe, niemals eine Lüge auszusprechen, verleiht. Da bekommt Thomas einen Mantel und Schuhe aus grünem Samt, und sieben ganze Jahre lang sieht ihn niemand auf der Erde.

Wir haben es hier mit einer weiblichen Elfe, und zwar der Königin der Elfen, zu tun. Sie ist so schön, dass Thomas sie mit der Himmelskönigin verwechselt, aber sie weist sofort diesen falschen Namen zurück und gibt ihre wahre Identität an. Die Rolle der Königin gleicht der der Dame der höfischen Minne. Thomas muss sich ihr unterwerfen, und der erotische Charakter seiner Unterwerfung wird durch den Kuss angedeutet. Noch einmal zeigt die grüne Farbe der Kleidung, dass wir es hier mit Elfen zu tun haben. Thomas wird durch die Gabe grüner Schuhe in der Elfenwelt heimisch. Schuhe, wie zum Beispiel bei »Aschenputtel«, haben oft eine erotische Bedeutung.

Der Weg zur Elfenwelt ist schwer und lang. In einer anderen Fassung der Ballade[6] dauert er vierzig Tage und Nächte. Diese Zahl und die Tatsache, dass die Reise in einer Ödnis beginnt, erinnern an die Geschichte von Jesu Versuchung durch den Teufel (Matthäus 4, 1–11, Lukas 4, 1–13). Noch einmal, wie in der Geschichte von Cherry von Zennor, muss unser Held durch Wasser gehen, um in das Elfenreich zu kommen. Wie immer ist der Weg durch Dunkel bezeichnet, aber für Thomas ist er wegen des Meeresbrausens und des hindurchzuwatenden Bluts umso abenteuerlicher. Wie in »Cherry von Zennor« ist das Endziel ein schöner Garten, wo die Königin Thomas seine Belohnung gibt. Die biblischen Assoziationen des Apfels als Frucht des Baums der Erkenntnis des Guten und Bösen sind hier ganz am Platz, weil Thomas mit dem Apfel seine Berufung als Seher erhält.

Die Geschichten, die ich hier untersucht habe, gestalten das Elfenreich jeweils etwas anders, weil jede Geschichte ihr eigenes Ziel hat und dem Geschehenen eine besondere Bedeutung beimessen will. Bei Ralph von Coggeshall und William von Newbridge wollen die Berichte die Entdeckung der grünen Kinder dadurch erklären, dass sie den Auffindungsort in der Nähe einer Höhle und die grüne Haut der Kinder auf ein Modell des Elfenwesens zurückführen. Allem Anschein nach wollen die Berichte der Geschichte keine moralische Lehre unterstellen.

Bei der Geschichte des Elidorus stellt die Elfenwelt etwas der Menschenwelt moralisch Überlegenes dar. Das ist klar ausgeprägt, wie wir von einem klerikalen Erzähler wie Giraldus erwarten würden. Vielleicht schwebte Giraldus beim Diebstahl des Elidorus auch eine Vorstellung von der Simonie, dem An- und Verkauf kirchlicher Ämter, vor. Die goldene Kugel, die etwas vom höchsten Wert verkörpert, erinnert an den grimmschen »Froschkönig«, hat aber hier einen anderen Sinn. Die Mutter verlangt von Elidorus, dass er ihr aus dem Elfenreich ein wertvolles Geschenk bringt, aber er scheitert an der Aufgabe. Was die Mutter will, ist sündhaft und nicht erlaubt. Falls man der goldenen Kugel eine sexuelle Bedeutung beimessen würde, so wäre das künftige Leben des Elidorus im Zölibat die dem christlichen Mittelalter angemessene Lösung. Bei dieser Geschichte wird kein spezifisches Verbot seitens der Elfen ausdrücklich ausgesprochen, aber das Bestehen der Elfen auf Vermeidung alles Lügenhaften ist unverkennbar.

In den Geschichten, welche die Elfensalbe zum Thema haben, werden verschiedene Fragen angeschnitten. Es ist klar, dass die Elfen bei der Geburt eines Kinds und bei dessen Fürsorge in den ersten Lebensjahren menschliche Helferinnen brauchen. Ohne solche Menschenhilfe kann die Elfenwelt nicht weiter bestehen. Die Elfen müssen deshalb einzelne Frauen zu diesem Zweck entführen. Cherry von Zennor weiß anfänglich nicht, was mit ihr geschieht, und folgt dem höflichen Herrn aus freien Stücken, weil sie keinen Rat mehr weiß und Arbeit braucht. Die meisten menschlichen Hebammen ahnen bei der Aufforderung, bei einer Geburt zu helfen, dass etwas Unheimliches geschieht, aber sie wagen es nicht, nicht zu gehorchen.

Dann kommt das Verbot. Dem neugeborenen Elfenkind müssen die Augen mit einer bestimmten Salbe gesalbt werden, aber die Helferin darf unter keinen Umständen die eigenen Augen mit der Salbe berühren. Märchen- und Sagenverbote sind, wie wir alle wissen, dazu da, dass man sie übertritt, und das tun natürlich Cherry und die Hebammen. Mit gesalbten Augen oder mit einem einzigen gesalbten Auge können sie jetzt die Elfen sehen, wie sie eigentlich sind. Sie wissen also, dass das frühere Erscheinungsbild der Elfen dem Menschen gegenüber ein Trug ist, und wenn die Elfen erfahren, dass der Mensch ihr Verbot übertreten hat und ihre Betrügereien durchschaut, machen sie seinem neuen Wissen schnellstens ein Ende. Die Elfen verschwinden aber nicht völlig, sie bleiben als ganz kleine, winzige Kreaturen bestehen.

Was diese Geschichten bezeugen, ist die Ambivalenz und Gefährlichkeit des Lebens. Mit der Elfensalbe sehen die Dinge anders aus, aber die wenigen Menschen, die diese Erfahrung machen, verlieren rasch die Fähigkeit, scheinbare Menschen als Elfen zu erkennen, oder leiden danach, wie Cherry, an einem Gehirnschaden. Das Verbot, die Elfensalbe für sich selbst zu benützen, erinnert an das »Blaubart«-Märchen. Wie die namenlose Frau des Blaubart muss die Heldin dagegen verstoßen, um etwas Lebenswichtiges zu erfahren. Sowohl Blaubart als auch die Elfen wollen der betreffenden Frau ihre richtige Identität verhehlen. Sie wollen ihnen ein Stück Wissen vorenthalten und sie dadurch betrügen. Es handelt sich also bei diesem Verbot nicht um eine Frage des berechtigten Gehorsams dem Gatten oder dem Arbeitgeber gegenüber. Das Verbot will eigentlich das Wesen der Elfen vor der Enthüllung schützen. Die Erfahrung, die Cherry und die Hebammen bei der Übertretung dieses Verbots machen, lässt sie den Elfentrug durchschauen, aber wenigstens Cherry muss für diese Erfahrung mit einer verminderten Lebensfähigkeit bezahlen.

Bei »Thomas the Rhymer« erfahren wir ziemlich wenig von dem eigentlichen Elfenreich. Abgesehen von der Gestalt der Elfenkönigin wird uns nur der Garten mit dem Apfelbaum dargestellt. In einer Fassung der Ballade verbietet die Königin Thomas, selber etwas von dem Obstbaum zu pflücken. Sie hat Brot und eine Flasche Rotwein mit zum Essen, was das Abendmahl suggeriert und der Ballade einen weiteren religiösen Zug verleiht. Was dem Dichter wichtiger ist, ist der lange, schwere, dunkle Weg, der ins Elfenreich führt, wo Thomas nach sieben Jahren totalen Schweigens die Gabe der Weissagung erhält.

Diese Ballade erzählt eine Geschichte mit romantischem Inhalt, worin der Held, indem er sich der Elfenkönigin total unterwirft, von ihr eine außerordentliche Gabe erhält. Es gibt viele Märchen, in denen eine weibliche Figur lange Jahre schweigen und oft grausame Aufgaben erfüllen muss, um ihren Mann oder ihre Brüder zu erlösen, aber, so viel ich weiß, keine vergleichbaren Märchen mit einer männlichen Figur. Ich frage mich also, ob diese Tat des Thomas ihn in eine dem Tiresias ähnliche Position versetzt. Wenn Thomas Seher sein will, muss er sowohl weibliche als auch männliche Attribute in seiner Person vereinigen. Wie dem auch sei, Thomas entkommt dem Elfenreich mit einer hohen Gabe. Die Begegnung mit den Elfen, oder richtiger mit der Elfenkönigin, hat ihm nicht geschadet, sondern mächtig geholfen.

In diesem Aufsatz habe ich mich nur mit einer kleinen Anzahl Elfengeschichten beschäftigen können. Darin kommen bestimmte Züge immer wieder zum Vorschein. Erstens ist das Elfenreich unterirdisch; man muss durch einen Tunnel oder lange, dunkle Wege entlang gehen, um es zu erreichen. Zweitens liegt es oft jenseits irgendeiner Art von Wasser. Drittens mangelt es dort an Sonnenlicht. Viertens ist schöne Musik zu hören. Man denke diesbezüglich an die 59 Silberschellen des Pferdes der Elfenkönigin. Fünftens ist die materielle Umgebung des Elfenreichs glänzend, prunkhaft, wohlhabend, ein Kontrast zum ärmlichen Leben des menschlichen Besuchers. Sechstens werden einem solchen Besucher immer strenge Bedingungen auferlegt, die, wenn sie nicht erfüllt werden, sofort zu seinem Ausschluss aus dem Elfenreich führen. Siebtens kann am Schluss der Geschichte der Eingang zum Elfenreich nie wieder gefunden werden.

Nicht alle diese Züge gelten in jeder Geschichte. Was einem bei der Vielfalt der Geschichten auffällt, ist nicht die einheitliche Charakterisierung des Elfenreichs in materieller Sicht, sondern die verschiedenen Deutungen, welche die Geschichten in sich bergen. Was uns erzählt wird, kann als schlichter Tatsachenbericht oder als symbolische

Geschichte aufgefasst werden. Im Vergleich zu Märchen im engen Sinn, worin alle Geschichten mit einem Happy End schließen, darf der Schluss eines Elfenmärchens oft traurig, nachdenklich oder geheimnisvoll sein. Der Kontakt mit Elfen kommentiert also etwas im menschlichen Leben sonst Unbegreifliches.

Anmerkungen

1 Stevenson, Joseph (Hrsg.): *Radulphi de Coggeshall Chronicon Anglicanum.* London 1875. Rolls series, Bd. 66, S. 117–119. Howlett, Richard (Hrsg.): William of Newburgh [d. h. Newbridge], *Historia Rerum Anglicarum.* London 1856. Bd. 1, S. 82–84. Englische Übersetzung bei Keightley, Thomas: *The fairy mythology.* London 1850, S. 281–283.
2 Gerald of Wales: *The journey through Wales and The description of Wales.* Übersetzt und mit einer Einleitung von Lewis Thorpe. Harmondsworth 1978, S. 133–135.
3 Wiederabgedruckt bei Philip, Neil: *The Penguin book of English folktales.* Harmondsworth 1992, S. 320–326.
4 Z. B. »Nursing a fairy« in: Philip (wie Anm. 3), S. 317–319.
5 Kinsley, James (Hrsg.): *The Oxford book of ballads.* Oxford 1969, S. 7–10.
6 Friedman, Albert E. (Hrsg.): *The Penguin book of folk ballads of the English-speaking world.* Harmondsworth 1977, S. 39–41.

Susanne Galley

Heilige, schöne und schreckliche Orte

Zur spirituellen Topographie der chassidischen Legenden

Sie sagen, es liegt auf halbem Weg zwischen unserer Welt und der Welt des Geistes – nicht ganz auf der Erde und nicht ganz im Himmel, sondern als eine Brücke, die beide verbindet. [...] Geschichten sind vielleicht nicht auf die gleiche Art wirklich wie dieser Umschlag, mein Sohn, aber sie sind trotzdem wirklich! So wirklich, dass sie mir helfen zu leben. Und zu arbeiten. Und den Sinn zu finden, der in jedem Traum, jedem Blatt, jedem Tautropfen liegt. [...] Geschichten verlangen Glauben, nicht Tatsachen. Verstehst du das nicht? Sie gehören der heiligen Zeit an, die im Kreis strömt. Nicht der historischen Zeit, die in einer geraden Linie fließt. Aber sie sind wahr, mein Sohn. [...] Der Berg Olymp existiert in einem Land und in einer Geschichte. In historischer Zeit und in heiliger Zeit. [...] Es ist ein *Zwischenort* – nicht ganz in unserer Welt und nicht ganz in der Anderswelt, sondern irgendwo dazwischen. Genau wie Nebel nicht wirklich Luft und nicht wirklich Wasser ist, sondern etwas von beidem.[1]

1. Kosmos, Chaos und Zwischenwelt: Grundbegriffe einer spirituellen Topographie

Vielleicht ist es befremdlich, einen wissenschaftlichen Aufsatz mit einem Zitat aus einem Kinderbuch zu beginnen. Die oben zitierten Sätze beschreiben jedoch exakt diejenigen Phänomene, durch welche die Volkserzählungen für Religionswissenschaftler interessant werden. Sie tun dies in einer poetischen Sprache, derer die Forschung leider zumeist nicht mächtig ist. Wollen wir also zunächst diejenigen Aspekte der beiden Brennpunkte »Ort« und »Erzählung« extrahieren, denen wir uns im Folgenden widmen:

Der Raum, sei er von Menschen bewohnt oder unbewohnt, ist stets auf die eine oder andere Art religiös »aufgeladen«. Er ist Kosmos oder Chaos, Zentrum oder Peripherie, heilig oder profan, rein oder unrein. Die Differenzierung der Welt in zwei gegensätzliche Bereiche konstituiert menschliche Gesellschaft, schafft Orientierung und Sicherheit. Der bedeutende Religionswissenschaftler Mircea Eliade hat diesen Zusammenhang einmal folgendermaßen beschrieben:

> Für den religiösen Menschen ist *der Raum nicht homogen;* er weist Brüche und Risse auf: er enthält Teile, die von den übrigen qualitativ verschieden sind. [...] Diese Inhomogenität des Raumes erlebt der religiöse Mensch als einen Gegensatz zwischen dem heiligen, d. h. dem allein *wirklich existierenden* Raum und allem übrigen, was ihn als formlose Weite umgibt. Weisen wir sofort darauf hin, daß die religiöse Erfahrung der Inhomogenität des Raumes eine Urerfahrung darstellt, die wir einer »Weltgründung« gleichsetzen dürfen. [...] Erst dieser im Raum entstandene Bruch ermöglicht die Konstituierung der Welt, denn erst er schafft den »festen Punkt«, die Mittelachse, von der jede künftige Orientierung ausgeht.[2]

Einer Definition der Grenzen menschlicher Gemeinschaft entspricht die Zuordnung eines konkreten Raumes. »Innen« befindet sich die Familie, der Clan, die Heimat, die Zivilisation, der Kosmos; »außen« toben die Barbaren, drohen Tod und Chaos, das Jenseits, Nacht und Winter. Hier herrschen Ethos und Sympathie, dort Unordnung und Hass. Es gilt, die Anti-Welt von der eigenen Tür fernzuhalten; die Gemeinschaft vor den Attacken von Jenseits zu schützen.

Die spannende Frage, welche sich angesichts dieser Grundeinsicht erhebt, lautet, auf welche Weise der »Kosmos« vom »Chaos«, das »Innen« vom »Außen«, die *axis mundi* von der Peripherie unterschieden werden können. Zweifellos unterliegt die konkrete Form dieser Strukturierung historischen, kulturellen und sozialen Entwicklungen. So unterscheidet der religiöse Mensch anders als der säkulare, der Indianer anders als der Katholik, die (Haus-) Frau anders als der (berufstätige) Mann. Dennoch werden sich bei genauerem Hinsehen einige Grundformen ergeben, die darüber Aufschluss geben, wie ein Ort mit Bedeutung aufgeladen werden kann. In kultur-

und religionswissenschaftlicher Terminologie bezeichnet man diesen Vorgang als »mapping«[3]. Die Strukturierung von Raum und Zeit gehört zu den wichtigsten Aufgaben einer jeden menschlichen Gemeinschaft.

Nirgendwo kann man die überragende Bedeutung heiliger Orte besser studieren als im Judentum. Dies hat mehrere Gründe. Zum einen gehört das jüdische Volk zu den wenigen ethnischen Entitäten, deren kontinuierliche Entwicklung, deren Formen und Intentionen menschlicher »Verortung« über einen Zeitraum von mehr als 3.000 Jahren zu verfolgen sind. Von den Verheißungen an Abraham bis zur (säkularen) Wieder-Inbesitznahme des Heiligen Landes im Jahre 1948 spannt sich ein gewaltiger Bogen des Nachdenkens über Heimat und Diaspora. Zum anderen bildet die Definition dessen, was als die Achse des eigenen und des kollektiven Universums fungieren soll, einen wesentlichen Topos (israelitisch-) jüdischer Überlieferung.[4] Kein territoriales Konzept ist für die Geschichte des Abendlandes so wirkmächtig gewesen wie Eretz Jisra'el, das Heilige Land mit seinem Zentrum Jerusalem. Der dritte Grund liegt in der spezifischen Geschichte von Fremdherrschaft und Vertreibung. Mehr als die meisten anderen Völker hatte das Judentum Anlass, sich mit der Frage auseinander zu setzen, wodurch sich Heimat konstituiert. Jerusalem, das Land Israel entwickelte sich nach der Zerstörung des Tempels im Jahre 70 zu einer mehr oder weniger utopischen Größe, zu einem »Zwischenort«, einer »Anderswelt«, auf die das Leben zwar orientiert, die sich aber allzu konkretem Zugriff immer wieder entzieht. Der Charakter des Heiligen Landes und seines Zentrums Jerusalem als »Zwischenort« brachte es mit sich, dass sich das Bedürfnis nach Heimat an ihm nicht erfüllen und erschöpfen konnte. Es bedurfte zusätzlicher Bindungen; Kanäle zwischen den Orten der Diaspora und dem Heiligen Land mussten geschaffen werden.

2. Legenden als Werkzeuge zur Konstruktion des Kosmos

Eine der gängigsten Methoden der Menschen, Gesellschaft und Welt zu konstituieren, besteht im Erzählen, spezifischer: im Erzählen von Legenden. Nun ist der Begriff der Legende reichlich kompliziert und schillernd. Wir werden im Folgenden die Definition von Dégh/Vászonyi zugrunde legen, welche einer kultur- und religionswissenschaftlichen Perspektive auf diese Literaturform entgegenkommt.[5]

Diese Definition der Legende orientiert sich am Prozess ihrer Entstehung. Legenden entwickeln sich in relativ geschlossenen Gruppen, die über ein gemeinsames Wertesystem (»common belief system«) verfügen. Der Erzähler steht daher in einer engen Beziehung zu seinem Publikum. Er möchte seine Hörer etwas glauben machen. Häufig werden in Legenden deshalb recht ausführlich die Quellen der in ihr enthaltenen Information aufgeführt. Ziel der Legenden ist es, die ethischen und religiösen Überzeugungen einer bestimmten Gruppe zum Ausdruck zu bringen. Diese Funktion der Legenden konstituiert ihre Bedeutung für die religiöse Aufladung von Orten zu Zentren des Universums. Zum anderen erklärt sie die relative Austauschbarkeit von Stoffen und Personen, die durch ethische und soziale Kontinuitäten innerhalb einer Kultur bedingt sein kann.

Für die jüdische Tradition bedarf die Beschränkung auf die Legende (fast) keiner näheren Begründung: Ist doch die israelitisch-jüdische Geschichte vom (geschriebenen) Wort geprägt wie keine andere! Doch genau dieser Umstand erfordert dringend eine weitere Einschränkung: Das Korpus von Texten zur spirituellen Topographie, insbesondere zum Heiligen Land ist einfach zu umfangreich, als dass man es auch nur annähernd überblicken könnte. Jüdische Legenden begegnen in biblischer, rabbinischer, mittelalterlicher Zeit und in allen späteren Epochen.[6] Das zur Analyse in Frage kommende Material umfasst demnach Texte der Bibel selbst[7], der rabbinischen Erzähltradition (Haggada)[8], mittelalterliche Legendensammlungen[9], Geschichten über Jitzchak Luria und den Mahara"l von Prag[10] sowie osteuropäische, nordafrikanisch-orientalische Erzählungen.[11]

Es ist dies zweifelsohne ein Programm, welches nicht auf wenigen Seiten abzuhandeln ist. Wir werden uns daher auf die osteuropäisch-chassidische Form der jüdischen Ortslegende konzentrieren, die wir exemplarisch auf ihre Funktion bei der Umwandlung von Fremde in Heimat befragen wollen. Diese Wahl legt sich insofern besonders nahe, als dass wir im chassidischen Universum auf eine besonders interessante Rückkopplung zwischen Osteuropa und dem »eigentlich« Heiligen Land stoßen:

Chassidische Gemeinschaften haben nämlich bei ihrer Ansiedlung in Israel – insbesondere im Zuge ihrer Flucht aus Osteuropa während und nach der Schoa – ihren neuen Heimatorten die Namen ihrer polnischen, ukrainischen oder ungarischen Schtetlech gegeben. Ortsbezeichnungen wie Nowy Sacz oder Boyan »heiligten« plötzlich – das Heilige Land!

Aufgrund dieser Überlegungen können wir unsere Untersuchung an den folgenden Leitfragen ausrichten:

Welche spezifische Aufgabe kommt der chassidischen Legende bei der Ausformung Osteuropas als eines besonderen Ortes zu? Und im Umkehrschluss: Wodurch erscheinen Orte als legendenwürdig?

3. Zur Hierarchie besonderer Orte innerhalb einer spirituellen Topographie

Schon ein oberflächlicher Blick auf die spirituelle Topographie erweist, dass es in ihr Differenzen und hierarchische Beziehungen gibt. Die oberste Stufe in der internen Rangordnung besonderer Plätze gebührt dem Heiligen Ort. Er nötigt (mindestens) den religiösen Menschen zu ehrfurchtsvollem Verhalten. Ihm werden heilvolle oder schreckliche Wirkungen zugeschrieben. Andere herausgehobene Orte erfordern keine Devotion. Dennoch erregen sie – aufgrund spezifischer Personen oder Ereignisse – die Aufmerksamkeit einer sozialen Gruppe. Wieder andere Orte vermitteln positive Beziehungen. Es sind Heimatorte, Plätze mit persönlichem Erinnerungswert, zu denen man sich immer wieder hingezogen fühlt. Eine weitere Kategorie umfasst die schrecklichen Orte: Sie werden von einem Individuum oder einem Kollektiv sorgfältig gemieden oder mit besonderer Vorsicht bedacht. Ein solcher tabuisierter Platz kann durch die Legende auf eine Person oder ein Ereignis zurückgeführt werden. Manchmal aber ist es auch das bedrohliche Andere – für ein galizisches Landei zum Beispiel die Großstadt Wien –, das den Betrachter erschauern lässt.

Wodurch wird ein heiliger Ort heilig oder ein schrecklicher Ort schrecklich? Gibt es Interferenzen und Transformationen zwischen heiligen, besonderen und profanen Orten? Welche Formen heiliger Orte lassen sich in den Legenden entdecken? Wir werden den von uns vermuteten Kategorien besonderer Orte nun anhand chassidischer Legenden nachgehen.

4. *Zu den Besonderheiten der chassidischen Legenden*

Die chassidische Bewegung (von hebr. Chassid, d. i. »Frommer«) gilt den Wissenschaftlern als jüngster und einflussreichster Ausläufer der Kabbala, der klassischen jüdischen Mystik. Der Chassidismus führt sich selbst auf das Leben und Wirken des Israel ben Eli'eser Ba'al Schem Tov (1699–1760) zurück, der im fernen Podolien als Kabbalist und Volksmediziner (»Ba'al Schem«) tätig war. Die eigentliche Ausbreitung und Formung der chassidischen Bewegung begann jedoch erst unter dem Nachfolger des Ba'al Schem Tov, Dov Ber, genannt der Große Maggid von Miedzyrzecz (er starb 1772). Trotz erheblicher Widerstände seitens der traditionell-rabbinisch verfassten Gemeinden (Mitnaggedim, d. i. »Gegner«) gelang es den Chassidim, innerhalb weniger Jahrzehnte weite Teile der ukrainisch-polnischen Juden für sich zu gewinnen.

Die Besonderheit der chassidischen Form der Kabbala bestand zum einen darin, dass sie die mystische Lehre popularisierte und im »gemeinen Volk« verbreitete. Das wichtigste Vehikel dieser neuen kabbalistischen Doktrin waren die Legenden[12], die zu erzählen sich bald zu einem wichtigen Bestandteil der chassidischen Lebensart entwickelte. Es wurde zu einem vordringlichen Ziel, den tiefen Graben, der sich zwischen den gelehrten Eliten und den ungebildeten, armen Juden aufgetan hatte, zu überbrücken.[13] Doch dies war nicht nur eine Herausforderung an die Ausbildung der einfachen Menschen. Die Legende erhielt noch eine zweite wichtige Funktion: Die Überwindung der Entfremdung zwischen den Gelehrten und dem Rest des Volkes war auch eine sozial-ethische Aufgabe, der sich sowohl die Erzählung als auch die neue Führungsstruktur der chassidischen Gruppen widmeten. So leitete der Chassidismus eine tief greifende Umgestaltung der sozialen Verhältnisse im osteuropäischen Judentum ein. An die Stelle der gelehrten Rabbiner trat der charismatische Zaddik (von hebr. Zaddiq, d. i. »Gerechter«), an die Stelle der Ortsgemeinde die um diese Persönlichkeiten gescharten Anhänger. Die außerordentliche Anzahl an Geschichten, die hohe Wertschätzung des Erzählens, das sich zu einem liturgischen Akt entwickelte, der Zaddik als Held der Legende sowie Osteuropa als Ort ihrer Handlung – in diesen Aspekten können wir wesentliche Spezifika der chassidischen Legende entdecken.

5. Heilige Orte

»Sainthood is a rationalization
of human experience«
(J. M. Mecklin)

Eine »Soziologie der Heiligkeit«[14] ist leider bis heute ein wissenschaftliches Desiderat. Dies gilt um so mehr, als dass dieses Phänomen zum Verständnis gesellschaftlicher Mentalitäten unabdingbar erscheint. Wenn wir im Folgenden von Heiligkeit, von heiligen Orten sprechen, dann tun wir dies mit einer Behelfsdefinition (»Heilige Orte nötigen den religiösen Menschen zur Devotion«) und fragen uns dennoch, welche Funktion heilige Orte in der chassidischen Gesellschaft Osteuropas einnahmen.[15]

Der heilige Ort des Judentums par excellence blieb – natürlich auch für die chassidische Bewegung – Israel. Etliche Zaddikim nahmen die gefährliche Fahrt in das Heilige Land auf sich, manche von ihnen ließen sich gar dort nieder und gründeten mit einigen Anhängern chassidische Exklaven in Galiäa oder Jerusalem. Insbesondere die Wallfahrt des Nachman von Bratzlaw, der während der Napoleonischen Seeschlachten im östlichen Mittelmeer 1798–1799 unter großer Gefahr für Leib und Leben nach Israel reiste, beschäftigte Erzähler und Wissenschaftler gleichermaßen.[16]

Welche spirituelle Bedeutung maßen also die Zaddikim und ihr Gefolge dem Heiligen Lande zu? Wir werden dieser Frage in zwei einander entgegengesetzte Richtungen verfolgen: hinsichtlich positiver wie negativer Wirkungen.

> Eine Geschichte, die sich in der Umgebung von Wilna ereignete, von einem Mann, der fortgereist war, um sich im Heiligen Land, im Lande Israel niederzulassen. Er war aber ein gewöhnlicher Mensch, der im Lernen unserer heiligen Tora keine Kenntnis besaß. Und als er ins Land Israel kam, saß er untätig herum und hatte nichts, womit er sich beschäftigen konnte und dies ließ die Ansiedlung im Lande Israels in seinen Augen verächtlich erscheinen. Auch geschahen ihm dort etliche Arten von Anlässen, will sagen, daß ihm seine Kinder starben und »sein Fuß zerbrach« und sein Besitz verlorenging. Danach kehrte er

> zurück, nach außerhalb des Landes zu seiner Familie, welche reich war. Man fragte ihn, wie die Beschaffenheit des Landes Israels wäre, und er sagte mit dem Ausdruck von Verachtung, es sei ein Ort für die Viehweide, da man das Großvieh weiden könne, aber keine Menschen. Sofort aber verstummte er vom Reden, wie die Menschensöhne es tun, und begann zu schreien mit der Stimme des Großviehs. Und er ging zum Viehstall, um dort zu fressen. Noch etliche Jahre, bis zum Tage seines Todes, war seine Stimme wie die des Viehs, und er konnte nicht sprechen wie die Menschen. Und die Leute seiner Familie, die reich waren, sonderten ihm ein Einzelzimmer ab in der Stadt Kadan, damit er nicht nach draußen ginge und sie seinetwegen nicht beschämt würden. Und es erzählte mir ein Herr, daß seine Mutter mit noch anderen Frauen dort unter dem Fenster zu stehen pflegten und ihm sagten: Erzähl uns doch jetzt noch was über das Land Israel! Und er antwortete ihnen: Mäh! Wie ein Vieh. Davon können wir die Heiligkeit unseres Heiligen Landes lernen. Der Ewige würdige uns des Kommens der Erlösung bald, in unseren Tagen. Amen.[17]

Die kleine Legende, dem Genre nach ein Exemplum, verdeutlicht die Aura des Heiligen Landes überaus drastisch. Man sollte meinen, dass der Mann, wie nichtsnutzig er uns auch immer geschildert wird, für seinen Zorn auf Israel gute Gründe gehabt hätte. Die Legende verdeutlicht uns aber, dass sein Unternehmen schon vom Ansatz her verfehlt war. Die der Heiligkeit des Landes angemessene Betätigung – das Studium der Heiligen Schriften – wird von ihm nicht angestrebt; er sitzt nur herum und erweist sich somit seiner heiligen Umgebung als unwürdig. Dies allein aber gereicht diesem armseligen Nachfolger Hiobs noch nicht zum Untergang. Er selbst wird erst in dem Moment angetastet, da er das Heilige Land verbal und explizit missachtet. Die Aura des Ortes, darin vergleichbar mit den Wirkungen des Altars zu Jerusalem[18], schlägt den Frevler mit seinen eigenen Waffen.

Israel beschränkt jedoch seine heilsame oder strafende Aura nicht nur auf diejenigen, die sich im Lande niederlassen. Die spirituelle Kraft des Heiligen Landes kann auch dazu helfen, dass Juden über weite Distanzen hinweg zueinander Verbindung halten können – wovon die folgende Erzählung berichtet:

> Eines Tages bemerkte der Besch"t: »Ich wundre mich, in der Schabbatnacht, zur Zeit des Betens, habe ich R. Gerschon[19] im Land Israel gesucht und konnte ihn nicht finden. Erst am Schabbatmorgen, als man wieder betete, sah ich ihn im Lande Israel. Ich weiß nicht, was ich davon halten soll, es sei denn, er verließ den Bereich des Heiligen Landes Israel.« Nach ein paar Jahren kam R. Gerschon zu Besuch, und er fragte ihn danach, doch R. Gerschon hatte es bereits vergessen. Erst später erinnerte er sich wieder, daß man ihm damals in Akko das Amt, die Beschneidung zu vollziehen, übertragen hatte und er dort den Schabbat über blieb. In Akko aber gibt es zwei Synagogen, die eine liegt im Ausland, während die andere innerhalb des Landes Israel gelegen ist.[20] »In der Schabbatnacht«, erinnerte sich nun R. Gerschon, »betete ich in jener Synagoge, die im Ausland liegt, und hernach bedauerte ich in meinem Herzen, daß ich nicht innerhalb des Landes Israel gebetet hatte. Drum ging ich am nächsten Morgen und betete in der Synagoge des Landes Israel.«[21]

Die kleine Legende beschreibt in einer akkuraten Metapher Israel als das Gravitationszentrum des jüdischen Volkes. Wie weit auch immer man voneinander entfernt lebt: Solange es Juden im Heiligen Lande gibt und sobald man sich im Gebet auf Israel ausrichtet, kann man einander »sehen«. Wird Israel hingegen von seinem Volk verlassen, geht der innere Zusammenhalt zwischen den Menschen verloren. Israel war und blieb demzufolge für die Chassidim – ebenso wie für die Generationen von Juden vor ihnen – das Gravitationszentrum der Heiligkeit, das vor jedweder Profanierung zu schützen war.

Doch wie verhielt sich nun die neue Heimat, die Schtetlech Polens und Galiziens, die riesigen Wälder und gewaltigen Flüsse Russlands und der Ukraine, zur alten Wohnstatt im Orient? *Dass* auch im fernen Osteuropa heilige Orte entstanden, haben wir bereits konstatiert – man denke nur an Nowy Sacz bei Haifa. Die Frage ist, *wie* und *wodurch* die Städte und Landschaften dort aus ihrer Gleich-Gültigkeit herausgerissen wurden. Ein Blick auf die chassidische Legende bietet dafür vor allem zwei Erklärungen an. Deren erste, heilige Orte entstünden durch die Gräber von Heiligen, lässt sich auch in vielen anderen Kulturen der Welt wiederfinden. Deren zweite, heilige Orte seien dort, wo Tora gelernt und die Gebote getan werden, ist dann schon spezifischer. Wir werden zunächst beide Deutungen mit Legenden untersetzen und uns anschließend fragen, worin die Besonderheiten jüdischer beziehungsweise chassidischer Ortsgründungen bestehen könnten.

> Der Heilige Rebbe Reb Nachum von Czarnobyl[22] war einst auf dem Grabhügel des heiligen Ba'al Schem Tov, sein Andenken sei zum Segen, in den Tagen des Winters. Und es lag damals viel Schnee, und es gab starken und großen Frost. Er aber stand in Socken und ohne Schuhe auf dem Grabhügel. Man fragte ihn deswegen, und er sagte, daß er ausgerichtet sei und auf einem Streifen des Landes Israel stünde, daher spüre er keine Kälte.[23]

Die Erzählung weiß von einem regelrechten Transfer von Eigenschaften zu berichten, die das Heilige Land (insbesondere für Nord- und Osteuropäer) auszeichnen: Mitten im tiefsten ukrainischen Winter verströmt das Grab des Ba'al Schem Tov mediterrane Wärme. Wer sich korrekt »ausrichtet« – das heißt wohl: sich der Heiligkeit des Ortes bewusst ist –, kann also auch mitten in Podolien in Israel sein. Heilige Männer, Charismatiker, große Gelehrte, Märtyrer machen unreines Land rein, ja, heiligen es.

Wie den Gräbern der biblischen Propheten oder denen der großen Rabbinen, so werden auch den Grabstätten der Zaddikim heilkräftige Wirkungen zugeschrieben:

> Ich hörte, daß die Meisterin, die gerechte Herrin Adel, die Tochter des Ba'al Schem Tov, daß sie die Mutter zweier Söhne war, der heiligen Brüder, des Rav [...] Efrajim und des Rav und Rebben R. Baruch, sein Andenken sei zum Segen. Sie hatte auch eine Tochter, und diese Tochter hatte einen Sohn, den man R. Israel, den Toten nannte. Und der Grund dafür, daß er so genannt wurde, die Geschichte, die sich ereignete, war folgendermaßen: Seine Mutter war also die Tochter der gerechten Herrin Adel. Nach ihrer Hochzeit hatte sie keine Kinder, und sie bat ihren Großvater, den Besch"t[24], sein Andenken sei zum Segen, daß er ihr einen Sohn zusagen möge. Und er versprach es ihr. Nach dem Tode des Ba'al Schem Tov wurde ihr dieser Sohn geboren, und sie nannte ihn Israel nach dem Namen seines Großvaters, des Besch"t, sein Andenken sei zum Segen. Als aber das Kind zwei

> Jahre alt war, erkrankte es und starb. Was tat seine Mutter? Sie ging und trug das tote Kind auf ihren Händen und legte es auf den Grabhügel des Ba'al Schem Tov, sein Andenken sei zum Segen, und sprach mit diesen Worten: Sejde, ist das denn das Kind was du hast mir zugesagt?[25] Und sie legte es dorthin, damit es auf dem Grabhügel ruhe; sie aber ging ihres Weges nach Hause. Und, siehe, es geschah, daß Leute später an eben diesem Tage zum Grabhügel des Ba'al Schem Tov kamen, da sahen sie ein lebendiges Kind auf dem Grabhügel sitzen und weinen. Und als sie in die Stadt zurückkehrten, nahmen sie das Kind mit sich und machten in der Stadt bekannt, daß sie dort dieses Kind gefunden hatten, bis daß es seiner Mutter zu Ohren kam. Da nahm sie das Kind, lebendig und gesund, durch die Hilfe des Ewigen, er sei gelobt.[26]

Erweckungen von Toten sind in der jüdischen Hagiographie eher die Ausnahme. Sie bedürfen in der Regel eines besonderen Anlasses. Manchmal – wie in diesem Fall – handelt es sich um Kinder, die von ihrem Retter verheißen oder besonders geschützt worden sind; hin und wieder wird ein besonders frommer Mensch einer solch spektakulären Rettung gewürdigt. Die Erweckung von Israel, dem Toten – dem Genre nach eine Namensätiologie –, wird sogar dem toten Ba'al Schem Tov zugeschrieben, der unter seinem Grabhügel als anwesend und wirkmächtig gedacht wird. Mit dieser Tat reiht sich der Besch"t in eine lange Reihe großer jüdischer Charismatiker ein, die seit Elija (1. Könige 17) und Elischa (2. Könige 4, 13), über Jesus von Nazareth (Markus 5, 21 ff. parr), mittelalterliche Ba'ale Schemot bis hin zum Chassidismus Menschen vom Tode erweckt haben sollen. Die Besonderheit der vorliegenden Erzählung besteht nun allerdings darin, dass der tote Besch"t zugunsten des Kindes tätig wird, und zwar durch dessen Kontakt mit dem Grab. Als vergleichbare Episode ist mir nur 2. Könige 13, 20 f. bekannt, da es heißt:

> Elischa starb und man begrub ihn. In jenem Jahr fielen moabitische Räuberscharen in das Land ein. Als man einmal einen Toten begrub und eine dieser Scharen erblickte, warf man den Toten in das Grab Elischas und floh. Sobald aber der Tote die Gebeine Elischas berührte, wurde er wieder lebendig und richtete sich auf.

Die Unterschiede zwischen beiden Legenden sind unübersehbar. Bei der biblischen Erweckung handelt es sich eher um einen Betriebsunfall, der noch dazu kontaktmagisch, durch die direkte Berührung mit den Knochen Elischas zustande kommt. Es scheint, als sollte hier ein wenig der mahnende Zeigefinger gehoben werden, unerlaubten Kontakt mit solcherlei Gräbern zu vermeiden. Spätestens aus hellenistischer Zeit (1. Jahrhundert v. Chr.) wissen wir jedoch von der Verehrung von Grabstellen von Märtyrern und Propheten im palästinischen Judentum. Man streckte sich auf ihnen aus, um in Kontakt mit den dort anwesend gedachten Heiligen zu kommen. So auch beim Besch"t. Sein Grab ist anerkannter Wallfahrtsort, mit dem gravierenden Unterschied allerdings, dass seine Grabstätte außerhalb des Heiligen Landes zu finden ist. Seine Anwesenheit in der ukrainischen Erde sorgt jedoch dafür, dass diese zu einem heiligen Land wird, zu einer Exklave Israels mitten in der Diaspora.[27]

Es sind jedoch nicht nur Gräber, die einen Ort im fernen Exil zu etwas Besonderem werden lassen.

> Einmal war der heilige Rebbe von Lublin[28], sein Andenken sei zum Segen, beim heiligen Rebben, dem Meister aller Kinder des Exils, der berühmten Feuersäule Baruch von Miedzyborz, sein Andenken sei zum Segen, dem Enkel unseres Meisters, dem Besch"t, sein Andenken sei zum Segen. Damals verehrte er [der Rebbe von Lublin] ihn [Baruch] sehr.[29] Und als Reb Baruch, sein Andenken sei gesegnet, am Abend des heiligen Schabbat zum Fluß fuhr, um ein Tauchbad zu nehmen, da nahm er den heiligen Rebben von Lublin mit sich in der Kutsche, um gemeinsam zu fahren. Und als sie gemeinsam fuhren, da vertiefte sich der Heilige von Miedzyborz in seine heiligen Gedanken in der Einung Seines Namens, Er sei gelobt, in furchtbaren und wundersamen Einungen.[30] Dann prüfte der Hohe Herr den Heiligen von Lublin, ob er diese Sache fühle. Dann, an einem Ort auf dem Felde fragte er: Was fühlt der Seher von Polen? Und er antwortete ihm: Luft des Landes Israel! Und er sagte: Ja. Danach fragte er ihn [noch] einmal: Und was fühlt er jetzt? Und er antwortete ihm: So etwas wie Jerusalem! Und danach: den Ort des Tempels! Und beim Tauchbaden im Fluß fragte er ihn: Was fühlt er jetzt? Und er antwortete: Etwas wie die Balsamflüsse. Da freute sich der Rebbe

> von Miedzyborz an ihm und sprach: Der Seher ist zuverlässig; er ist ein ›Schütze auf's Haar, der nicht verfehlt‹ (Richter 20, 16)[31].

Mit dieser Erzählung werden wir zu Zeugen einer Art Zaddikprüfung. Diese findet zwar dezent unter vier Augen statt; dennoch überrascht eine solche Veranstaltung außerhalb des Schulbetriebs. Dies um so mehr, als dass Baruch von Miedzyborz (1757–1810) um etliches jünger ist als der von ihm geprüfte Lubliner. Wahrscheinlich aber fungiert Baruch in der Legende als der legitime Erbe des Ba'al Schem Tov, als den er sich selbst durchaus gesehen hat.[32] Die Prüfung zielt auf die Qualitäten des Lubliners als »Seher«. Gegenstand dieses Examens in »praktischer Prophetie« ist der Status des Landes, in dem sich beide Zaddikim befinden – also die religiöse Bedeutung mindestens der näheren Umgebung von Miedzyborz.

Es fällt auf, dass sich die prophetischen Zuschreibungen des »Sehers« im Verlaufe des Weges steigern: Er »fühlt« die Identität des Landes mit Israel, dann mit dem Tempel, und, als die beiden schließlich das Ziel ihrer Fahrt erreichen, die Identität eines ukrainischen Gewässers mit den paradiesischen Balsamflüssen. Diese sukzessive Zunahme an Heiligkeit lässt vermuten, dass es einen Zusammenhang zwischen dem Tauchbad, einem frommen Werk zu Ehren des Schabbat, und der Besonderheit des Ortes gibt. Die Erfüllung des Gebotes, die Treue zur Tora heiligt das Land. Oder umgekehrt: Für denjenigen, der im Einklang mit den Geboten lebt, wird sogar die Ukraine zum Paradies.

Bei der Deutung der Legende muss jedoch *auch* die Heiligkeit der beiden Zaddikim Berücksichtigung finden. Wir sollten also präzisieren: Die beispielhafte Ausführung der Tora durch heilige Männer heiligt die Fremde und verwandelt sie in das Land der Verheißung.

Zur Heiligung der Fremde – so viel steht also fest – bedarf es der Anwesenheit heiliger Menschen, die durch ihre beispielhafte Erfüllung religiöser Obligationen den Status der Diaspora an den des Heiligen Landes annähern.

6. *Besondere Orte*

Nun könnte man denken, die Auswahl eines fremden Ortes durch den Heiligen wäre ein Zufall oder das Ergebnis politischer oder ökonomischer Zwänge. Das mag die historische Wissenschaft so sehen; die Legende tut dies nicht. Für sie ist Erwählung ein reziproker Vorgang: Die Landschaft, die zur Heiligung vorgesehen ist, sollte dazu disponiert sein. Sie sollte bereits als ein besonderer Ort auf die Bedürfnisse des Heiligen antworten.

> Man erzählte im Namen des Besch"t, sein Andenken sei zum Leben in der kommenden Welt, daß ihm vom Himmel die Wahl gegeben worden war, sich in Niemirów oder in Miedzyborz niederzulassen, oder in einer dritten Stadt. Er aber erwählte Miedzyborz, weil es ihm dort für gewöhnlich leicht war, Fische für den heiligen Schabbat zu bekommen.[33]

Wir erfahren aus der kleinen Episode, warum der Ba'al Schem Tov sich im kleinen podolischen Ort Miedzyborz ansiedelte und nicht in Niemirów oder irgendeiner anderen ukrainischen Stadt. Beide, Miedzyborz und die bedeutende Festungsstadt Niemirów, verfügten über große jüdische Gemeinden. Miedzyborz gehörte gar zu den ältesten jüdischen Ansiedlungen der Ukraine. Beide Orte litten furchtbar unter den Massakern des Bogdan Chmielnicky (1648/49) und der Kosaken (1651 ff.); Niemirów wurde sogar zu einem viel besungenen Symbol des jüdischen Martyriums. Beide Städte waren also besondere Orte, herausgehoben durch ihre lange jüdische Geschichte; ausgezeichnet durch das Blut der Märtyrer. So weit die »himmlische Überlegung«, die dem Besch"t noch eine dritte Wahl lässt: Es hätten auch etliche andere Städte Galiziens oder der Ukraine auf die beschriebene Weise gewürdigt werden können.

Doch der Ba'al Schem Tov erwählt Miedzyborz. Weil es dort für gewöhnlich Fische gibt. Dazu muss man wissen, dass es als besonders verdienstlich gilt, am Schabbat Fisch zu essen. Diese Überzeugung geht bereits auf den Talmud zurück.[34] Die Begründung für diesen Brauch ist heute kaum noch zu rekonstruieren. Meistens wird auf die besondere Hervorhebung der Fische in der Schöpfungserzählung (Genesis 1, 22 u. 28; 2, 3) beziehungsweise in der Darstellung der Schabbatfeier im nachexilischen Jerusalem (Nehemia 13,16) verwiesen. Möglich ist aber auch, dass es ganz pragmatische Gründe waren, die den Fisch zur bevorzugten Speise am Schabbat werden ließen: Immerhin war Fisch auch für Arme einigermaßen erschwinglich und gut verfügbar. Manchen galt das Fischessen zum Ausklang der Woche auch als Vorwegnahme des endzeitlichen Freudenfestes, bei welchem Leviathan, das Chaoswesen des Meeres, fröhlich vertilgt werden wird.

Das mystische System des Jitzchak Luria (1534–1572) fügte den Fischen am Schabbat eine weitere Deutung hinzu. Fische spielten eine besonders herausgehobene Rolle im *Gilgul,* der kabbalistischen Version der Seelenwanderung. Insofern, als dass sich bußbedürftige Seelen besonders gern in Fischen einnisten, konnten durch deren Verwendung für das Schabbatmahl besonders viele umgehende Seelen gerettet werden.

Der zur Heiligung am meisten prädestinierte, der schönste Ort ist also der, an dem man den Geboten der Tora – hier: dem Schabbat – am besten Genüge tun kann. Der erwählte Ort wird an die neuen religiösen Bedürfnisse adaptiert: Suchten die israelitischen Wüstenwanderer noch nach einem Gelobten Land, in dem »Milch und Honig« fließt, zog es den Ba'al Schem Tov an einen besonderen Ort, an dem es (neben einer langen und ehrwürdigen jüdischen Tradition) viele Fische gibt.

Eine andere, viel geläufigere Variante, Orte auf einer Landkarte »auszusondern«, besteht im umgekehrten, quasi retrospektiven Verfahren. Dörfer, Plätze, Höhlen werden durch den Kontakt mit einer heiligen Person oder einem herausragenden Ereignis zu etwas Besonderem. Das Lutherzimmer auf der Wartburg, die Stelle, da Heinrich von Kleist Selbstmord beging, Schlachtfelder, Gedenktafeln, Sühnekreuze sind Beispiele für solcherlei Vorgänge. Die Touristikbranche lebt davon ebenso wie die Legende. Insbesondere mit dem Ba'al Schem Tov werden eine ganze Reihe besonderer Orte in Verbindung gebracht. So wird berichtet, dass die große Höhle, in die sich der Besch"t zurückzog, um ungestört Gott nahe zu sein, noch immer zu besichtigen sei. Sogar eine Mikwe habe es dort gegeben.[35] Spektakulärer noch erscheint die Erzählung, nach welcher der Besch"t – wie Mose – seinen Schülern eine Quelle verschafft habe.

> Einmal ging er aus der Stadt hinaus mit seinen Schülern, und es kam die Zeit des Nachmittagsgebets (Mincha). Da sprachen die Schüler: Es gibt kein Wasser, um die Hände für das Gebet einzutauchen! Da nahm er den Stab und schlug damit auf die Erde, und eine Wasserquelle brach hervor. Sie sprudelt aber bis heute in der Nähe von Miedzyborz und wird mit seinem [des Besch"t]

> Namen benannt, sogar von den Nichtjuden. Und das Wasser ist imstande, denjenigen, der Fieber [oder: Malaria] hat, sofort zu heilen. Und so tat er noch etliche Wunderdinge, wie sie nicht gesehen und gehört wurden seit den Tagen der Tenna'im, des Rabbi Schim'on bar Jochai oder des Rabbi Chanina ben Dosá und seiner Gefährten.[36] Und jede dieser [vollbrachte er] durch seine ständige Anhaftung an Gott.[37]

Ganz offensichtlich wird der Ba'al Schem Tov hier dem Mose nachgebildet (vgl. Exodus 17, 3–7; Numeri 20,11): *Der Stab* (mit einem Determinativ versehen, als ob ihn alle kennen müssten) wird auf den Boden geschlagen und das Wasser sprudelt. Gleichzeitig wird die Wundergabe des Mose jedoch überboten: Die Schüler des Besch"t murren nicht wie das Volk Israel in der Wüste; sie wollen auch nicht »bloß« etwas trinken, sondern sich auf ihr Gebet vorbereiten. (Vielleicht wäre das Wüstenmotiv vom brennenden Durst wenige Kilometer vor dem fischreichen Miedzyborz auch nicht so glaubhaft gewesen.) Und erst das Wasser! Es versiegt nicht, nachdem die Schüler weiterziehen, und vermag darüber hinaus schweres Fieber zu heilen. Eine solche Tat hat nach Auffassung der Erzähler nicht seinesgleichen seit den ruhmreichen Tagen der großen rabbinischen Charismatiker wie Chanina ben Dosá.

Was *bedeutet* indessen die Formung des Ba'al Schem Tov nach dem großen Gesetzgeber Mose? Sie symbolisiert erneut einen Transfer von wesentlichen Charakteristika biblischer Geschichte – und also des Heiligen Landes auf den Besch"t und mithin auf Osteuropa. Heimat ist immer dort, wo sich die besonderen Orte, die stummen Zeugen der Wundertaten heiliger Männer befinden. In ähnlicher Weise wie die heiligen Gräber zeugen die besonderen Orte von einer andauernden Präsenz Gottes in der Fremde.

7. *Schreckliche Orte*

Wenn fromme Taten, die getreue Ausführung der Gebote, heilige oder doch mindestens besondere Orte entstehen lassen, so steht zu vermuten, dass Missetaten und Frevel einen entgegengesetzten Effekt haben. Und tatsächlich lassen sich Erzählungen finden, die von solcherlei unerhörten Vorfällen zu berichten wissen.

> Als der Besch"t einmal in der heiligen Gemeinde Balte[38] Schabbat hielt, sagte er, diese Stadt werde zerstört, danach wieder aufgebaut und dann zur Mutterstadt in Israel werden und bestehen bleiben, bis der Erlöser kommt – möge es geschehen eilends in unseren Tagen, Amen! Der Rav unserer Gemeinde erklärte, wie es zu diesen Worten gekommen war: In der heiligen Gemeinde Balte fanden große Messen statt, und die meisten Händler waren Christen, Muslime und Tataren und noch andere Völkerschaften. Die fuhrwerkten mit ihren Wagen in der Stadt zur Zeit des dritten Schabbatmahles, als der Besch"t, seligen Angedenkens, gerade Tora vortrug und störten ihn dabei, worüber er sich ärgerte und rief: »Was willst du, Balte, noch wird die Not dir sprossen!« Vom oben erwähnten Rabbi Schmerel habe ich ein Jahr vor der Flucht gehört, wie er sagte: »Als der Krieg zwischen den Türken und den Griechen tobte,[39] zerstörten sie die Stadt wie auch Titschilnek und alle Dörfer in der Umgebung beider Städte. Von Balte blieb nichts übrig, außer einem kleinen Haus vor dem Hof.«[40]

Wie vermutet, zieht also ein offensichtlicher Verstoß gegen die Tora, in diesem Fall die Verletzung der Schabbatruhe, eine Strafe nach sich. Aus einem bewohnbaren Ort wird eine Ödnis. Ein schrecklicher Ort wird auf der spirituellen Landkarte sichtbar. Normalerweise – sieht man von Katastrophentouristen einmal ab – machen Menschen einen großen Bogen um schreckliche Orte. Man kann dort nicht verweilen; manch einer fürchtet gar die negative, Unglück heraufbeschwörende Ausstrahlung eines Ortes. Nicht umsonst errichtet man an den Stellen, da ein Mensch getötet wurde, Sühnekreuze, um eine unheilvolle Aura abzuwenden. Die Ruinen kriegszerstörter Städte und Dörfer – wie hier das ukrainische Balta – gehören gewiss zu den Plätzen, denen man möglichst schnell den Rücken kehrt.

Es gibt jedoch auch schreckliche Orte, deren unheimlicher Charakter sich nicht ohne weiteres erschließt. Hier bedarf es der Anleitung durch einen besonders begabten Menschen, welcher seiner Umwelt bei deren Auffindung behilflich ist.

> Im Buch Da'at Mosche des heiligen Rebben, unseres Lehrers und Meisters Mosche, sein Andenken sei für das Leben in der kommenden Welt, aus Kozyntyn [...] steht, was seine Augen gesehen

> haben, als er mit seinem Vater, dem Rebben, dem heiligen Zaddik [...] in der heiligen Gemeinde Brody war. Und als sie an Häusern einer beliebten Wohngegend vorübergingen, blieb er an einem Haus stehen, als sei er erstaunt. Da fragte man ihn, was denn dieses Haus vom Rest der Häuser unterschiede, daß er es seines Erstaunens würdige?! Er aber antwortete, daß er die Unreinheit dieses Hauses nicht ertragen könne. Und nach gründlicher Nachforschung und Befragung kam heraus, daß man in jener Zeit an diesem Ort das Buch Toledot Ja'akov Josef verbrannt hatte. Und davon stieg der Gestank seiner Unreinheit auf, der bis zu ihm auf diesen Tag [währte].[41]

Ein Vater und dessen Sohn besuchen also gemeinsam die Stadt Brody. Damals war sie ein wichtiges Handelszentrum an der polnisch-russischen Grenze mit einer großen jüdischen Gemeinde. Die beiden streifen durch ein besseres Wohnviertel (sonst hätte ein unangenehmer Geruch niemanden erstaunt), als der Vater an einem Haus stehen bleibt. Offensichtlich bemerkt nur er den unerträglichen Gestank, der sich nachträglich spirituell erklärt: In den Zeiten des harten Kampfes zwischen dem entstehenden Chassidismus und seinen konservativen Gegnern (den so genannten Mitnaggedim) hatte man hier die chassidische Programmschrift, die Toledot Ja'akov Josef, verbrannt. Obwohl dieses Ereignis offensichtlich lange zurückliegt, steigt der üble Geruch dem begnadeten Menschen noch immer in die Nase. Er warnt seine Begleiter vor der Unreinheit jenes Ortes, damit er künftighin von den Reinen gemieden werden kann.

Es muss also nicht unbedingt ein Verstoß gegen die jahrtausendealte Überlieferung Israels sein, welche einen normalen Ort zu einem schrecklichen werden lässt. Ein Ereignis aus der jüngeren, genuin chassidischen Geschichte tut es auch. So wird auch in diesem Fall die eigene Tradition in den Strom Israels eingespeist und angepasst. Der Verstoß gegen die Schabbatruhe erzeugt ebenso unwohnliche Flecke auf der Landkarte wie die Verbrennung chassidischer Bücher.[42]

8. Zusammenfassung

Wir haben gefragt, inwiefern die Legende bei der Konstruktion von Heimat, bei der Entwicklung einer spirituellen Landkarte behilflich sein kann. Die von uns untersuchten Erzählungen haben deutlich werden lassen, dass sie in der Lage sind, eine Beziehung zwischen alten, anerkannten Orten und Traditionen und den neuen, unbekannten herzustellen. Dies geschieht zunächst einfach und unmittelbar durch einen Transfer. Bestimmte, allgemein akzeptierte Charakteristika des Heiligen Landes (zum Beispiel seine Wärme oder sein Duft) werden auf osteuropäische Landschaften oder Plätze übertragen. Ursachen einer solchen Übertragung können in der Anwesenheit heiliger Männer, aber auch in der vorbildlichen Ausübung religiöser Obligationen liegen.

Besondere Orte, Städte und Landschaften, an denen der Fromme besonders gerne weilt, entstehen gleichfalls dort, wo sich heilige Menschen (große Gelehrte, wichtige Gemeinden, Märtyrer) aufgehalten haben. Die Legende von der Erwählung Miedzyborz' durch den Ba'al Schem Tov jedoch nennt ein weiteres wichtiges Motiv dafür, einen Ort aus seiner Umgebung herauszuheben: Seine natürlichen Gegebenheiten fördern ein frommes Leben. So gibt es in Miedzyborz viele Fische – was eine schöne Schabbatfeier begünstigt, während es beispielsweise in Berlin viele Kneipen gibt –, was einem angemessenen Ruhetag eher entgegensteht. Zwischen einem heiligen Menschen und einer für ihn geeigneten Wohnstätte besteht ein reziprokes Verhältnis: Der Heilige erwählt einen besonderen Ort und steigert dessen spirituelle Qualität durch sein Leben und Wirken dort. So lässt der Ba'al Schem Tov – wie Mose – eine Quelle entspringen, die noch künftigen Generationen Heilung von fiebrigen Erkrankungen verschafft.

Das Gegenstück zu besonderen Orten sind schreckliche Plätze. Sie entstehen dort, wo die religiösen Pflichten missachtet und Freveltaten verübt werden. Schreckliche Plätze sind Orte der Unreinheit, weswegen der Fromme sie meiden sollte. Nicht immer ist es jedoch möglich, eine solche Verunreinigung zu erkennen. In diesem Fall bedarf es eines besonders begabten Mannes, der seine Umwelt vor den Gefahren schrecklicher Orte warnen beziehungsweise solcherlei Plätze reinigen kann.

Religiöse Traditionen und heilige Menschen spielen demnach eine herausragende Rolle bei der dauerhaften Umwandlung der Fremde in Heimat, bei der Strukturierung einer beliebigen Landschaft zu einem Geflecht von unterschiedlich bewerteten Orten. Legenden vergangener Zeiten, aus den unterschiedlichsten Kulturen künden davon. Sie können uns nahe bringen, was es bedeutet, zu Hause zu sein. Es ist das Wissen darum, dass Orte eben nicht gleich-gültig, sondern heilig, schön oder schrecklich sind.

Anmerkungen

1 Barron, T. A.: *Merlin.* Wie alles begann. München 2002[9], S. 62 f.
2 Eliade, M.: *Das Heilige und das Profane.* Vom Wesen des Religiösen. Frankfurt a. M. 1990, S. 23. Vgl. außerdem Hasenfratz, H.-P.: *Religion – was ist das?* Lebensorientierung und andere Wirklichkeit. Freiburg 2002, S. 43–55.
3 Vgl. Smith, J. Z.: *Map Is Not Territory.* Studies in the History of Religions. Chicago/London 1978, S. 309.
4 Einige exemplarische Belege für obige Behauptung: für die biblische Überlieferung vgl. Gen 12.15.17; für die rabbinischen Schriften vgl. *Midrasch Tanchuma Qidduschim,* 10; für die mystische Tradition (Kabbala) vgl. *Sohar I,* 84 b–85 a.
5 Vgl. Dégh, L./Vászony, A.: *Legend and Belief,* in: Ben-Amos, D. (Hrsg.): *Folklore Genres.* Publications of the American Folklore Society 26. Austin/London 1976, S. 93–123, sowie Jolles, A.: *Einfache Formen.* Tübingen 1968[4].
6 Eine instruktive Übersicht über die Geschichte der jüdischen Volkserzählung bietet Yassif, E.: *The Hebrew Folktale.* History, Genre, Meaning. Bloomington 1999.
7 Die Bibel bietet eine ganze Reihe von ätiologischen Legenden und Mythen. Man denke nur an die Geschichte der »Auffindung« Bethels (Gen 28 und 34), die Erzählung vom Altar Gideons (Ri 6) u. a.
8 Die Überlieferung der Rabbinen, welche nach dem Jüdischen Krieg (66–73) den Wiederaufbau des jüdischen Gemeinwesens in die Hand nahmen, lässt sich in zwei große Gruppen gliedern: Die erstere, Halacha (in etwa: der Weg, das Gehen), umfasst Texte, welche beschreiben, wie jüdisches Leben im Einklang mit den Geboten der Tora auszusehen hat. Die zweite, Haggada (Plural Haggadot, d. i.: Erzählung) genannt, aktualisiert die erzählenden Texte der Hebräischen Bibel, insbesondere diejenigen der Tora. Die umfangreichste Sammlung von Haggadot über biblische Helden und Orte in englischer Sprache bietet nach wie vor Ginzberg, L.: *The Legends of the Jews.* 7 Bde. Baltimore/London 1998.

Die klassische Kollektion von Haggadot mit biblischen und rabbinischen Helden in deutscher Sprache hingegen ist M. bin Gorions *Sagen der Juden* (1912) sowie *Der Born Judas* (1916).

9 Mittelalterliche Legendarien, wie die in jüdisch-deutsch oder hebräisch verfassten *Mayse-Bikher* (z. B. Basel 1602) oder die haggadischen Darstellungen jüdischer Geschichte (z. B. *Sefer Schalschelet ha-Kabbala*) enthalten vor allem Erzählungen über rabbinische Helden, zunehmend aber auch über die großen Gelehrten des Mittelalters (Rasch"i, Abraham ibn Esra, Moses Maimonides), wodurch sich ihre Schauplätze auch nach Europa erweitern. Das oben genannte *Mayse-Bukh* wurde von B. Pappenheim (*Allerlei Geschichten. Maasse-Buch.* Frankfurt a. M. 1929) in die deutsche Sprache übertragen, wobei sich die Autorin darum bemühte, Eigenheiten des Jüdisch-Deutschen in den deutschen Text hinüber zu retten.

10 Die bedeutendste Sammlung von Legenden über Jitzchak Luria (1534–1572) bietet Benajahu, M.: *Sefer Toledot ha-A"ri. Gilgulé Noss'cha'otaw we-Arko mi-B'china historit.* Jerusalem 1967. Einen Eindruck von der Hagiographie des Jitzchak Luria kann man sich jedoch auch anhand der Auswahl-Übersetzung des Ch. Bloch verschaffen (*Kabbalistische Sagen.* Leipzig 1925). Legenden über den Mahara"l, den Hohen Rabbi Löw von Prag (ca. 1525–1609), gibt es in deutscher Übertragung ebenfalls von Ch. Bloch (*Der Golem.* Legenden aus dem Ghetto von Prag. Leipzig 1925).

11 Nordafrikanisch-orientalische Erzählungen über heilige Männer des Judentums sind leider in unseren Breiten weithin unbekannt. Es gibt Sammlungen in hebräischer und arabischer Sprache, wie z. B. die *Schivché Mahara"m* (Jerusalem 1931/32) oder die *Schivché Zaddiqim* (Djerba 1836) u. a.

12 Zur chassidischen Legende vgl. Grözinger, K. E.: *Die hasidischen Erzählungen.* Ihre Formen und Traditionen. FJB 9. Frankfurt a. M. 1981, S. 91–114; Nigal, G.: »New Light on the Hasidic Tales and its Sources«. In: Rapoport-Albert, A. (Hrsg.): *Hasidism Reappraised.* London 1996, S. 345–353; Yassif, E.: *Hebrew Folktale.* S. 371–406; Baumgarten, J.: *Récits hagiographiques juifs.* Paris 2001, S. 357–492; Galley, S.: *Der Gerechte ist das Fundament der Welt.* Jüdische Heiligenlegenden aus dem Umfeld des Chassidismus. Wiesbaden 2003.

13 Einer der frühesten Anhänger des Ba'al Schem Tov, der zugleich die ersten chassidischen Schriften verfasste, Jakob Josef von Polonne (starb

ca. 1782), stellte diese Aufgabe in das Zentrum seiner Lehre. Vgl. dazu Dresner, S.: *The Zaddik. The Doctrine of the Zaddik According to the Writings of Rabbi Yaakov Yosef of Polnoy.* New York 1974.

14 Vgl. Weinstein, D.: *Saints and Society.* Chicago/London 1982, S. 3.

15 Vgl. dazu Grözinger, K. E.: »Spirituelle Geographie. Polnische Orte in der jüdischen Volkserzählung«. In: *Aschkenas.* Zeitschrift für Geschichte und Kultur der Juden. Jg. 11, Heft 2, Wien/Köln/Weimar 2001, S. 489–496.

16 Vgl. Green, A.: *Tormented Master.* Life and Spiritual Quest of Rabbi Nahman of Bratslav. Woodstock 1992, S. 63–93; Cunz, M.: *Die Fahrt des Rabbi Nahman von Bratzlaw ins Land Israel* (1798–1799). Tübingen 1997. Die Erzählungen über Rabbi Nachmans Wallfahrt ins Heilige Land finden sich im zweiten Teil der *Schivché ha-Ra"n (Massa'ot ha-Jam)* sowie in der biographischen Chronik *Chajjé Mohara"n.* Vgl. dazu auch Baumgarten (wie Anm. 12), S. 454 ff.

17 *Nifla'ot ha-Schem.* Lemberg 1912, S. 12–13.

18 Vgl. *Lev 10*,1–3; 16,1.

19 Die Abkürzung R. steht für Rav (hebräisch: Meister) oder dessen jiddisches Pendant »Reb«, was eine höflich-ehrerbietige Anrede darstellt.

20 Nach Auffassung des Talmud (b Gittin 7 b.2 a.76 b u. ö.) galt Akko als die Nordgrenze des Landes Israel, insofern der Bereich der Gültigkeit talmudischen Rechts bezeichnet werden sollte.

21 Übersetzung: Grözinger, K. E.: *Die Geschichten vom Ba'al Schem Tov.* Schivche ha-Besch"t. Wiesbaden 1997, Bd. I, S. 174.

22 Menachem Nachum von Czarnobyl (1730–1787), war ein Schüler des Dov Ber von Miedzyrzecz und Urahn der chassidischen Dynastie von Czarnobyl-Skver.

23 Quntras Me'irat Enajim. In: Mintz, B. (Hrsg.): *Schivche ha-Besch"t im Hossafot.* Jerusalem 1969, S. 264.

24 Besch"t ist das Akronym von B-a'al SCH-em T-ov.

25 Das Zitat ist jiddisch im sonst hebräischen Text. Das Wort »Sejde« bedeutet Großvater.

26 Quntras Me'irat Enajim (wie Anm. 23), S. 261 f.

27 Die hier dem Besch"t zugeschriebenen posthumen Fähigkeiten werden übrigens auch anderen chassidischen Rebbes, wie zum Beispiel Elimelech von Lezajsk (1717–1787), einem Schüler des Großen Maggid und wichtigen Begründers des Chassidismus in Galizien, zuerkannt (vgl. Nifla'ot Elimelech, Piatrków 1910, S. 5, 28–29).

28 Jakob Jitzchak Hurwitz, der »Seher von Lublin« (1745–1815) gehörte – wie übrigens Baruch von Miedzyborz auch – zu den schillerndsten Figuren der dritten Generation chassidischer Rebbes. Er war, zeitlebens heftig attackiert, ein praktisch ausgerichteter Zaddik und verstarb an den Folgen eines spektakulären Fenstersturzes.

29 Später überwarfen sich die beiden.

30 »Einungen« (Jichudim) sind kabbalistische Techniken (zum Beispiel Meditationen der Namen Gottes), um Harmonie innerhalb der göttlichen Sphären heraufzuführen, was einen heilsamen Einfluss auf die Welt zur Folge hat.

31 *Megillat Juchassin*. Lemberg 1865, S. 96.

32 Vgl. Green, A.: *Tormented Master.* The Life and Spiritual Quest of Rabbi Nahman of Bratslav. Woodstock 1992, S. 98.

33 Quntras Me'irat Enajim (wie Anm. 23), S. 275.

34 »›Worin äußert sich die [Schabbat-]Freude?‹ Rav Jehuda, der Sohn des Rav Schmu'el ben Schilat, sagte im Namen Ravs: ›In einem Gericht aus Mangold, großen Fischen und Knoblauchzehen.‹ Rav Chija bar Ischi sagte [im Namen] Ravs: ›Sogar eine kleine Sache, wenn sie zu Ehren des Schabbat bereitet ist, siehe – dies ist Freude!‹ ›Was ist [eine kleine Sache]?‹ ›Eine Pastete aus gehacktem Fisch.‹« (bSchab 118 b) Vgl. Galley, S.: *Das jüdische Jahr.* Feste, Gedenk- und Feiertage. München 2003, S. 30 ff.

35 Vgl. *Megillat Juchassin* (wie Anm. 31), S. 7.

36 Bei den aufgeführten Personen handelt es sich um rabbinische Gelehrte des ersten und zweiten Jahrhunderts.

37 Quntras Me'irat Enajim (wie Anm. 23), S. 248.

38 Balta war Grenzstadt zum Osmanischen Reich. Im Jahre 1768 wurde sie von Kosaken überfallen, wobei viele Juden getötet wurden. Vgl. Weinryb, B. D.: *The Jews of Poland*. Philadelphia 1982, S. 204.

39 D. h. zwischen den Osmanen und den Russen.

40 Übersetzung: Grözinger (wie Anm. 21), Bd. I, S. 54.

41 Quntras Mei'rat Enajim (wie Anm. 23), S. 273.

42 Einen Sonderfall schrecklicher Orte bilden übrigens, den Volkserzählungen zufolge, diejenigen Ecken, in denen Dämonen ihr Unwesen treiben. Hier ist solange äußerste Vorsicht geboten, bis es einem charismatischen Menschen gelingt, die Geister und Gespenster zu vertreiben.

Dieter Wiedemann

»Der Alltag wird im Märchen schön«

Märchenräume aus filmischer Perspektive

Ich möchte meinen Beitrag mit einem Erlebnis beginnen, das ich als Student der Hochschule für Film und Fernsehen in Potsdam vor mehr als drei Jahrzehnten hatte: Ich war Mitglied und Dramaturg eines Amateurtheaters in Potsdam, das unter anderem mit Inszenierungen von Märchen für Kinder erfolgreich war. Eine unserer erfolgreichen Inszenierungen war »Dornröschen«, und wir sind damit durch das Land getingelt. Eines Tages ereignete sich etwas, was zu den Alpträumen aller Theaterensembles gehört: Das Auto mit den Kulissen und den Kostümen war irrtümlicherweise in eine andere Stadt geschickt worden! Das heißt, wir standen ohne Dekoration und Kostüme auf einer Bühne, und im Saal saßen ein paar Hundert Kinder, die ein Märchen sehen wollten. Um diese Kinder nicht zu enttäuschen, haben wir uns entschlossen zu improvisieren: Der Prinz bekam einen Zusatztext, in dem er erzählte, wie schön das Schloss und das Kleid der Prinzessin seien. Und anschließend spielten DarstellerInnen in Alltagskleidung und auf leerer Bühne das »Dornröschen«! Der Erfolg war groß, weil alle mehr leisteten als in den normalen Vorstellungen. Bewegt hat mich damals etwas anderes: Ich habe einzelne Kinder anschließend zu dieser besonderen Aufführung befragt, und eine der gängigsten Antworten war: Das Schloss und die Kleidung von Prinzessin und Prinz waren wunderschön, nur schade, dass wir sie nicht sehen konnten! Sie hatten ihre Phantasien spielen lassen, die Kinder hatten ihre Phantasien spielen lassen wie beim gehörten oder gelesenen Märchen auch und sich die äußere Realität, die Märchenräume selbst geschaffen. Dennoch hätten sie ihre Phantasien offenbar aber auch ganz gern an den von uns geschaffenen Bildern überprüft.

Inwieweit dabei auch ihr durchaus vorhandenes »Medienwissen« bei der Gestaltung der Märchenräume half beziehungsweise deren Gestaltung beeinflusste, diese Frage soll hier zunächst vernachlässigt werden.

Ich will zunächst ein paar Bemerkungen zum Medienalltag von Kindern und anschließend über die möglichen Bedeutungen von Märchen in diesem mediengeprägten Alltag machen. Danach will ich mich dem Thema Märchenfilm widmen.

Mit der Orientierung auf Kinder will ich Märchen allerdings nicht als ein explizites Kindergenre interpretieren, sondern nur auf die in der Gegenwart gängigen Nutzungsmuster von Märchen eingehen.

Jacob Grimm hierzu in einem Brief an Achim von Arnim: »Sind denn diese Kindermärchen für Kinder erdacht und erfunden? Ich glaube dies so wenig, als ich die allgemeinere Frage nicht bejahen werde, ob man überhaupt für Kinder etwas eigenes einrichten müsse? Was wir an an offenbarten traditionellen Lehren und Vorschriften besitzen, das ertragen Alte wie Junge, und was diese daran nicht begreifen, über das gleite ihr Gemüth hinweg, bis daß sie es lernen, ...«[1]

Das hatte bei Platon etwa zwei Jahrtausende früher noch etwas anders geklungen:

> So verstehst du nicht, daß wir zuerst den Kindern Märchen erzählen? Diese sind aber im ganzen gesehen, erdichtet, mit einem wahren Kern. Märchen verwenden wir bei den Kindern doch vor der Gymnastik? ... Nun ist, wie du weißt, der Anfang bei jedem Werk das wichtigste, zumal für ein junges und zartes Ding. Denn zu dieser Zeit formt und prägt es sich am meisten zu dem Wesen, das man dem einzelnen aufzudrücken wünscht ... Dann können wir aber nicht unbesorgt zulassen, daß die Kinder die erstbesten Märchen von den erstbesten Dichtern geformt, hören und in ihren Seelen Ansichten aufnehmen, die weithin jenen widersprechen, die sie als Erwachsene nach unserer Ansicht haben sollten ... Fürs erste müssen wir die Märchendichter bewachen; ihre guten Schöpfungen lassen wir zu, ihre schlechten scheiden wir aus. Die ausgewählten lassen wir dann den Kindern von Ammen und Müttern erzählen und so ihre Seelen durch die Erzählungen mehr formen als durch Hände.[2]

1. Medienkindheiten und Märchen im 21. Jahrhundert

Mit der Verwendung des Begriffs »Medienkindheiten« ist bereits eine wertende und funktionale Beschreibung von Kindheit in der Gegenwart vorgenommen worden. Aus aktuellen Studien zur Freizeitgestaltung und Mediennutzung von Kindern, lassen sich zumindest die folgenden Fakten referieren und Thesen generieren:

1. Das Fernsehen ist zweifellos das Leitmedium und die dominierende Freizeitaktivität der heute 3- bis 13-Jährigen. Mit einer täglichen Nutzungszeit von circa 100 Minuten liegen sie allerdings deutlich unter der Sehdauer der Erwachsenen, die mit 215 Minuten mehr als doppelt so hoch ist. Circa ein Viertel der Nutzungszeit wird den Angeboten des öffentlich-rechtlichen Fernsehens einschließlich des Kinderkanals gewidmet und mehr als 40 Prozent der Senderfamilie RTL (42,3 Prozent). Die Fernsehnutzungszeit wird im Durchschnitt zu 56 Prozent mit fiktionalen Angeboten (vorrangig Animation), zu 13 Prozent mit Informationsprogrammen, zu 12 Prozent mit Unterhaltungsprogrammen und zu 11 Prozent mit Werbung gefüllt. Zu den beliebtesten Sendungen gehören Zeichentrickfilme wie die »Simpsons«, »Pokemon« oder »Digimon«, Serien wie »Gute Zeiten – schlechte Zeiten«, »Marienhof« und »Unter uns«, Musiksendungen wie »Bravo TV« und »Deutschland sucht den Superstar«, Shows wie »Wer wird Millionär?« und »Wetten, dass ...?«, Sportsendungen wie Fußballspiel- oder Formel 1-Übertragungen ... Unter den 200 am meisten gesehenen Sendungen des Jahres 2002 taucht bei den Jungen 169-mal »Dragon Ball Z« und bei den Mädchen 142-mal »Gute Zeiten – schlechte Zeiten« auf.
2. Die Mediennutzung der Kinder wird durch eine hohe Medienausstattung in den Haushalten und zunehmend auch in den Kinderzimmern befördert. So besaßen bereits im Jahr 2000 34 Prozent der 5- bis 13-Jährigen einen eigenen Fernsehapparat, 48 Prozent ein Radiogerät, 43 Prozent einen Gameboy, 14 Prozent einen PC, 6 Prozent ein Handy und 4 Prozent ein Notebook!
3. Bücher (14 Prozent fast jeden Tag), Zeitschriften (10 Prozent), Zeitungen (5 Prozent) und Bibliotheksbesuche (0 Prozent) spielen sowohl in den Freizeitaktivitäten als auch in den Freizeitwünschen keine dominierende Rolle. Bemerkenswert dabei ist, dass Kinder nach eigenen Angaben am häufigsten lesen, wenn sie vergessen wollen oder traurig sind. Die Fernsehnutzung wird dagegen mit der Familie, der Langeweile und den Spannungsbedürfnissen und die Computernutzung mit Spaß, Spannung und dem Zusammensein mit Freunden in Zusammenhang gebracht.

4. Computer und Internet verändern gegenwärtig nicht nur die Nutzungsgewohnheiten der anderen elektronischen Medien, sondern sie beeinflussen zunehmend auch die Entwicklung traditioneller Kulturtechniken. Zum einen tritt das Bildschirmmedium »Computer« bei den Kindern in Konkurrenz zum Bildschirmmedium »Fernsehgerät«, was unter anderem dazu führt, dass die Kinder vorrangig am Nachmittag am Computer sitzen, also zu den klassischen Terminen des Kinderfernsehens, und – deshalb? – ihre Fernsehnutzung immer mehr in die Spätabendstunden verschieben (dürfen?). Immerhin saßen im Jahr 2002 noch 10,6 Prozent der 3- bis 13-Jährigen zwischen 22.00 und 23.00 Uhr und noch 4,2 Prozent nach 23.00 Uhr vor dem Bildschirm; 1995 waren es noch 8,0 beziehungsweise 2,7 Prozent. Insgesamt zeigen die Messungen, dass nach 19.00 Uhr die Anteile fernsehender Kinder in den letzten acht Jahren kontinuierlich zugenommen und in der Zeit zwischen 14.00 und 18.00 Uhr abgenommen haben.
   Zum anderen hat nicht zuletzt die PISA-Studie auf Probleme in den Lese-, Schreib- und Artikulationsfähigkeiten deutscher Kinder aufmerksam gemacht.
5. Eventuelle Probleme von Medienkindheiten sind aber nicht so sehr durch den Besitz von Geräten oder durch Veränderungen in den Nutzungszeiten zu erwarten, sondern sie werden primär durch die mit diesen Geräten gefundenen beziehungsweise auch gesuchten (zum Beispiel im Internet) Inhalte bestimmt. Nun ist die Suche nach und häufig auch mögliche Teilnahme an bestimmten Formen der medialen Erwachsenenkultur nicht a priori problematisch. Kinder haben entsprechend ihrer Lebenssituation eigene Wünsche und Bedürfnisse, die sie mit dem Medienkonsum befriedigen – und dies nicht immer zur Zufriedenheit der Eltern oder Pädagogen. Denn die kindliche Mediennutzung geschieht nicht nur im Schutzraum der elterlichen Zuwendung beim gemeinsamen Sehen, sondern auch gegen sie, indem heimlich geguckt wird oder Sendungen gesehen werden, von denen die Eltern nichts wissen. Fernsehen und andere Medien dienen den Kindern somit auch zur Distinktion, sowohl zur Erwachsenenwelt als auch untereinander. Deshalb ist es fatal, aus vermeintlich medienpädagogischem Verständnis zu fordern, dass Eltern und Pädagogen über das Fernsehverhalten der Kinder Bescheid wissen müssen und die Sendungen, die die Kinder sehen, ken-

> nen müssen. Denn dann bleibt den Kindern kein »Geheimnisraum« eines eigenständigen Lebens mehr, das noch nicht von elterlicher oder pädagogischer Fürsorge durchdrungen ist. Kinder brauchen diesen Raum zur Subjektkonstitution und Identitätsbildung. Denn, so hatte schon Goethe den Wilhelm in »Wilhelm Meisters Lehrjahre« sagen lassen, »die Kinder haben, [...], in wohleingerichteten und geordneten Häusern eine Empfindung, wie ungefähr Ratten und Mäuse haben werden: sie sind aufmerksam auf alle Ritzen und Löcher, wo sie zu einem verbotenen Naschwerk gelangen können; sie genießen es mit einer solchen verstohlenen wollüstigen Furcht, die einen großen Teil des kindlichen Glücks ausmacht«.

Goethes Hinweis auf den Genuss einer »verstohlenen wollüstigen Furcht« stellt für mich eine Art Klammer zwischen den aktuellen Ergebnissen zu Struktur und Funktion von Medienkindheiten einerseits und dem Thema »Märchen« andererseits dar. Wobei dieser allein zum Zwecke der Analyse konstruierte Gegensatz keinesfalls die Bedeutung von Märchen innerhalb von Medienkindheiten in Frage stellen will. Das praktizierten wohl eher neokonservative VertreterInnen des »reinen« Märchens, die noch Mitte der achtziger Jahre des vergangenen Jahrhunderts eine mögliche Darbietung von Märchen in Kino, Fernsehen und auf Dias verneinten.[3]

Hinsichtlich des virtuellen Spannungsfeldes zwischen aktuellen Medienkindheiten könnte Eugen Drewermanns Unterscheidung von Märchen und Mythen zielführend für die Analyse sein:

> ... während der Mythos *sozial* an bestimmte kulturelle Bedingungen geknüpft ist, seine Daseinsdeutung aber menschheitlich zu sein beansprucht, hat sich das Märchen umgekehrt weitgehend von den sozialen Bindungen befreit, dafür aber ist es in seiner Typologie *psychologisch* definierter und spezieller. Nicht Menschheitsschicksale, nur Charakter, nicht Zeit und Ewigkeit, nur seelische Entwicklungen sind Gegenstand des Märchens ... Daran mag es auch liegen, daß die Mythen selten ohne Tragik sind, während die Märchen, bis auf Ausnahmen, dem Glück des Einzelnen vertrauen ... Das *Märchen* denkt ›kürzer‹. Mag das Leben als Ganzes auch tragisch sein, so kann doch der Einzelne darin sein Glück finden, wenn er Glück hat, und warum sollte er nicht ...[4]

Das liest sich teilweise wie ein Sendekonzept für die vielen Rate- oder Castingshows im deutschen Fernsehen.

Wichtiger für mein Thema scheint mir Drewermanns Hinweis auf die spezifischen Funktionen des Märchens, die diesem durchaus eine singuläre Stellung im Alltag von Kindern zuweisen können. Die Schriftstellerin Christa Wolf hat einmal mit der Vorstellung experimentiert, wie ein Leben ohne Märchen beziehungsweise ohne Literatur überhaupt aussehen würde. Sie müsste leben

> ohne die lebenswichtige Grundüberzeugung vom unvermeidlichen Sieg des Guten über das Böse ... Brennende Tränen sind ausgeweint geblieben; der Hexe im Märchenbuch werden nicht die Augen ausgekratzt; die jubelnde Erleichterung über die Rettung eines Helden habe ich nicht kennengelernt; nie bin ich zu den phantastischen Träumen angeregt, die ich mir im Dunkeln erzähle ... Eine Welt, die nicht zur rechten Zeit verzaubert und dunkel war, wird, wenn das Wissen wächst, nicht klar, sondern dürr. Fad und unfruchtbar sind die Wunder, die man seziert, ehe man an sie glauben durfte.[5]

Oder mit den Worten von Bettelheim:

> Das Kind erfaßt intuitiv, daß Märchen zwar unrealistisch, aber nicht unwahr sind, daß ihre Ereignisse zwar nicht in der Wirklichkeit geschehen, sich aber als innere Erfahrung und Entwicklung zutragen müssen, daß sie sinnbildlich die wesentlichen Stufen des Wachstums zu einem unabhängigen Leben schildern.[6]

Dies soll mir als Übergang zum Thema Märchenfilme dienen. Sind diese unrealistisch, aber wahr, nicht wirklichkeitsadäquat, aber inneren Erfahrungen und Entwicklungen entsprechend?

2. *Filmische Märchen(t)räume und ihre Funktionen*

1. Historisches

1921 wurde »Der kleine Muck« als erster abendfüllender Märchenfilm in Deutschland für ein jugendliches Publikum gedreht. Zuvor haben bereits Paul Wegener mit »Rübezahls Hochzeit« und »Hans Trutz im

Schlaraffenland« sowie Paul Leni 1917 mit »Dornröschen« Märchenstoffe als Realfilme ins Kino gebracht. Charakteristisch für diese Filme war jedoch ihre Orientierung an erwachsenen Zuschauern, was ja durchaus im Sinne Jakob Grimms war!

»Der kleine Muck« wird ein großer Erfolg, auch deshalb, weil die Ufa ihn als Familienfilm im regulären Abendprogramm herausbringt.

Einige Pressestimmen zur Uraufführung:

> Selten hat wohl ein Programm ein dankbareres Publikum gefunden als das dieswöchentliche des »Tauentzien-Palastes«. Der dort laufende Märchenfilm ist auch für Jugendliche freigegeben, und das junge Völkchen machte denn auch von dieser seltenen Gelegenheit, einmal eine richtige Kinovorstellung zu besuchen, ausgiebig Gebrauch. Selbst die an sich trefflichen Beiprogrammfilme »Sturmwind an der Silberküste« und »Aus dem Leben eines Hirschkäfers« und ein Sportfilm, worauf das blasierte »zünftige« Kinopublikum nur mit Gähnen zu reagieren pflegt, werden hier begeistert beklatscht […][7]
> […] Von der Wirkung und dem Erfolg dieses Films zeugen am besten die spontanen Beifallskundgebungen eines Publikums, das gestern zur größeren Hälfte aus Kindern bestand. Als Willy Allen, der überraschend intelligente Negerjunge (sic !), der begabte Träger der Titelrolle, persönlich mit seinem Riesenturban erschien, stieg die frohe Stimmung zur Begeisterung.[8]

Die Mitglieder des Teams verfassen weitere Märchenfilme, erproben die technischen Möglichkeiten zur Umsetzung phantastischer Welten. In rascher Folge entstehen die Einakter »Tischlein deck Dich, Eselein streck Dich, Knüppel aus dem Sack« (1921, Regie: Wilhelm Prager), »Der Wettlauf zwischen dem Hasen und dem Swinegel« (1921, Regie: Harry Jäger), »Das tapfere Schneiderlein« (1922) und »Reinecke Fuchs« (1924, beide mit Trickzeichnungen von Harry Jäger). Mitte der 1920er Jahre setzt Lotte Reiniger mit dem ersten abendfüllenden Scherenschnittfilm »Die Abenteuer des Prinzen Achmed« (1926) die Tradition der Märchenfilme mit orientalischen Stoffen fort.

Die Entdeckung des Märchenfilms war vor mehr als achtzig Jahren in Deutschland wahrscheinlich sehr unterschiedlich motiviert. Wesentlich aus heutiger Sicht waren:

- das Fehlen an guten Originaldrehbüchern;
- die die Kino- und Filmentwicklung in Deutschland durchaus gefährdenden Zensurdebatten und -gesetze;
- die Entdeckung der Bedeutung des jugendlichen Publikums für die Film- und Kinoentwicklung;
- die Entwicklung filmtechnologischer Möglichkeiten zur Erzählung phantastischer Geschichten.

Nicht zuletzt war der hohe Bekanntheitsgrad der Märchen, ihre wichtige Stellung innerhalb des kulturellen Gedächtnisses im deutschen Volk, eine sichere Bank für die so notwendigen Erfolge des Films – auch bei jungen Leuten – in den Kinos.

Interessant für unser Thema ist die Entwicklung des Märchenfilms nach dem Zweiten Weltkrieg.

Fallbeispiel: Märchenfilme der DEFA

Märchenfilme beziehungsweise -verfilmungen gelten bis heute als der auch international erfolgreichste Zweig des DEFA-Kinderfilms. »Der kleine Muck« (Regie: Wolfgang Staudte) und »Das kalte Herz« (Regie: Paul Verhoeven), obwohl beide nicht primär für ein Kinderpublikum produziert; »Das tapfere Schneiderlein« (Regie: Dr. Helmut Spiess), »Das singende, klingende Bäumchen« (Regie: Francesco Stefani) und andere stehen für diesen Erfolg. Allerdings wurde »Das kalte Herz« zum Beispiel als ein Märchen für Erwachsene angekündigt, und auch andere, heute als Kinderfilme eingesetzte Produktionen waren ursprünglich für ein älteres Publikum bestimmt. Dennoch beeinflussten diese und andere frühe Märchenfilme mehrere Generationen in und außerhalb der DDR in ihrem Bild vom Märchenfilm in Kino und Fernsehen. Für die damalige Zeit erstaunliche tricktechnische Leistungen (»Das kalte Herz«), auf beachtlichem künstlerischen Niveau, spannend und emotional erzählte Geschichten, gute darstellerische Leistungen und eine weitgehend fehlende mediale Konkurrenz trugen mit dazu bei, dass zum Beispiel aus heutiger Sicht die fünfziger Jahre innerhalb der DEFA-Geschichte durch den Märchenfilm bestimmt scheinen. Eine Einschätzung, die durch den Umstand gestützt wird, dass zwischen 1950 und 1962 immerhin zwölf Märchenfilme produziert wurden.

Beeinflusst wurden die Märchenverfilmungen in den fünfziger Jahren durch die sogenannte Realismus-Debatte. Unbearbeitete Märchen wurden als schädlich für eine harmonische psychische Entwicklung von Kindern eingestuft. So wurden zum Beispiel die 1952 erschienenen »Kinder- und Hausmärchen« der Brüder Grimm nach pädagogischen Gesichtspunkten ausgewählt und bearbeitet: Märchen als vordergründiges Erziehungsvehikel waren ideologisch »en vogue«!

Als eine Folge solcherart Debatten und ideologischer Bereinigungen der vorliegenden Märchen bestimmte die politische Tendenz in einzelnen Filmen gelegentlich überdeutlich die Erzählweise, als ein frühes Beispiel hierfür: »Der Teufel vom Mühlenberg« (Regie: Herbert Ballmann). Hier wurden »Klassenkampftheorien« teilweise »dramaturgiefrei« in die eigentliche Story »eingepasst«. Der Film war übrigens die erste Produktion der neu gegründeten Kinderfilmgruppe.

Problematisch auch zwei weitere Märchenverfilmungen: »Das tapfere Schneiderlein« und »Das singende, klingende Bäumchen«. Über »Das tapfere Schneiderlein« urteilte die BZ am Abend: »Satire, Groteske, moderne Pädagogik und ein allzu aktuell-politischer Ausgang – das ist zuviel auf einen Streich für einen Film ...« Zur Durchsetzung des Klassenstandpunktes in den Märchenverfilmungen der fünfziger Jahre gehörte zum Beispiel, dass »Das tapfere Schneiderlein« die Küchenmagd statt der Königstochter heiratet, und dass »Schneewittchen« den Jäger und nicht den Prinzen bekommt.

Was diese Filme bis heute für kleine ZuschauerInnen attraktiv macht, sind die für die damalige Zeit erstaunlichen tricktechnischen Leistungen von Ernst Kunstmann (schon vorher zu bewundern in »Der kleine Muck« und in »Das kalte Herz«!) und die – damals vehement kritisierten – Vereinfachungen der Charaktere in »Gut« und »Böse« und die der Szenenbilder auf deutlich erkennbare Kulissen.

Singulär in der Entwicklung des DEFA-Märchenfilms blieb der Film »Die Geschichte vom armen Hassan« (Regie: Gerhard Klein). Der Versuch, Brechts Theaterauffassungen für den Kinderfilm produktiv zu machen, zum Beispiel durch Nutzung des eine kritische Distanz zum Geschehen schaffenden V-Effekts wurde vom Publikum kaum honoriert. Der Unterschied zu den auf Einfühlung mit dem »Guten« bauenden übrigen Märchenverfilmungen war wohl zu groß.

Ebenso folgenlos blieb auch die Verfilmung des Märchens »Rotkäppchen« durch den Opernregisseur und Schüler Walter Felsensteins, Götz Friedrich. Der Film war zwar im Unterschied zum eben genannten Beispiel erfolgreich beim Publikum, eine stilbildende Funktion kam ihm aber nicht zu.

Erst Ende der 1960er Jahre kann wieder – mit dem Eintritt einer neuen Regie-Generation in die DEFA-Studios – eine interessante Entwicklung innerhalb der DEFA-Märchenfilme verzeichnet werden. Diese wird insbesondere am Beispiel der frühen Filme Rainer Simons deutlich: »Wie heiratet man einen König« (1969) und »Sechse kommen durch die ganze Welt« (1972) brachten eine neue Sicht auf Märchen und eine neue Erzählweise von Märchenstoffen in die DDR-Kinos. Diese durchbrachen die bis dahin herrschenden Erzählkonventionen von Märchen.

Die den ZuschauerInnen angebotene Kommunikationsvereinbarung lautete bei Rainer Simon nicht »Wir erzählen Euch ein Märchen«, sondern »Wir erzählen eine Geschichte, die ein Märchen sein könnte«. Dieses, auch mit Mitteln der Groteske geführte Spiel mit Genre und Konventionen blieb für die weitere Entwicklung des DEFA-Märchenfilms allerdings ebenfalls folgenlos.

»Sechse kommen durch die Welt« bot zum Beispiel durch seine intertextuellen Elemente sowie durch seine Zeitbezüge auch den erwachsenen KinobesucherInnen spezifische Rezeptionserlebnisse und somit nicht nur die Teilhabe am Spaß der Kinder.

»Wie heiratet man einen König?« lieferte unter anderem eine Erotik im Märchenfilm, die den Vergleich mit der der »Erwachsenenfilme« der DEFA der damaligen Zeit nicht scheuen musste. Gleichzeitig lieferten diese Produktionen den ideologischen und filmischen Verfechtern des »reinen Märchenfilms« aber auch Argumente gegen diese Art des Umgangs mit Genrekonventionen: Die angezielte Publikumsgruppe, nämlich die Kinder, konnten am Spaß der Erwachsenen mit den Filmen nur bedingt teilhaben!

Märchenfilme produzierte die DEFA bis zum Schluss, und bis zum Schluss provozierten die Filme auch immer wieder Fragen nach den märchen- und/oder zeitgemäßen filmischen Mitteln sowie nach den Zielpublika solcher Filme.

In den 1980er Jahren waren es die »Alltagsmärchen«, die zum einen eine Synthese zu den immer wieder geforderten Gegenwartsdarstellungen brachten, andererseits aber auch eine, allerdings nicht mehr so existentielle, »Realismusdiskussion« provozierten. Etwa zeitgleich kamen dann Kooperationen mit den osteuropäischen Filmstudios (insbesondere den tschechoslowakischen) hinzu, die unter anderem den Erfolg des DEFA-Kinderfilms beim Publikum bis zuletzt stützten.

Filme wie zum Beispiel »Der Katzenprinz« (Regie: Ota Koval) oder »Drei Haselnüsse für Aschenputtel« (Regie: Václav Vorlicek), sollen hierfür als Beispiele genannt werden.

Neben den Märchenfilmproduktionen der DEFA-Studios für Spiel- und Trickfilme müssen auch die Fernsehproduktionen für Kinder gewürdigt werden.

> Das Bestärken von Wohlbefinden, Geborgenheit und Zukunftsgewissheit in der Gesellschaftsordnung einerseits und die Herausforderung andererseits, Einflüsse des »West«fernsehens abzuwehren, indem man die Zuschauer an das eigene Programm binden wollte, ergaben einen auf die Dauer nicht lösbaren Widerspruch. Der Druck auf immer größere Attraktivität führte unaufhaltsam zu Prinzipienverlusten, Zugeständnissen und Unverbindlichkeit. Unterhaltsamkeit, Spiel und Spaß sowie insgesamt »Erlebnisfähigkeit« wurden immer dringlicher zu maßgebenden Programmkriterien erklärt ...[9]

Ein bis heute immer wieder zur Erreichung von Wohlbefinden und Geborgenheit genutztes Programmformat ist das der Märchen.

Ab 1953 wurden aus Adlershof bereits erste Märchenspiele zum Beispiel nach den Brüdern Grimm und Christian Andersen »live« gesendet, seit 1955 begleitete »Meister Nadelöhr« die Kinder in die jeweiligen Märchenverfilmungen, und schon ab 1957 wurden übrigens Programme für Kinder von 3 bis 5 Jahren angeboten (das als Hinweis für alle Kritiker der Teletubbies!), und 1959 ging das Sandmännchen auf Sendung. Dennoch kann aus meiner Sicht erst ab dem Beginn der sechziger Jahre von einer kontinuierlichen Märchenfilmproduktion des DDR-Fernsehens gesprochen werden. Beate Hanspach spricht in einem 1988 veröffentlichten Beitrag davon, dass »in den letzten zwanzig Jahren im Kinderfernsehen circa 50 (Langmetrage-)Märchenspiele und -filme inszeniert (wurden)« (S. 47).

Bis 1971 wurden die Märchen ausschließlich als Studioinszenierungen produziert, obwohl bereits in den sechziger Jahren einzelne Gegenwartsstoffe auf Film produziert wurden. Mit »Der kleine und der große Klaus« kam Weihnachten 1971 die erste Märchenverfilmung (35 mm) und erst zwei Jahre später mit »Die klugen Dinge« (nach Samuel Marschak) die zweite – ebenfalls von der DEFA realisierte – Verfilmung ins Fernsehen. Überhaupt war der Beginn der siebziger Jahre im Fernsehen nicht sehr märchenfreundlich, bezogen auf Eigenproduktionen, während die DEFA mit den Märchenfilmen von Rainer Simon und den Koproduktionen mit der CSR noch einmal eine innovative Phase hatte.

Ab Mitte der siebziger Jahre bot das Kinderfernsehen dann wieder auch international beachtete Märchenverfilmungen, zum Beispiel »Die schwarze Mühle« (Regie: Celino Bleiweiß), »Die Regentrude« (1979, Regie: Ursula Schmenger), »Der Hasenhüter« (1977, Regie: Ursula Schmenger), »Die zertanzten Schuhe« (1977, Regie: U. Schmenger), »Der Meisterdieb« (1978, Regie: Wolfgang Hübner), »Gevatter Tod« (1981, Regie: Wolfgang Hübner) und »Jorinde und Joringel« (1986, Regie: Wolfgang Hübner) sowie ab 1979 die bekannten Spukgeschichten.

Neben den Eigenproduktionen liefen in Kino und Fernsehen noch eine Vielzahl ausländischer – vorrangig osteuropäischer – Märchenfilme. So liefen zum Beispiel in der über Jahrzehnte hinweg beliebtesten Sendung des DDR-Kinderfernsehens »Professor Flimmrich« beziehungsweise »Flimmerkiste« immer auch Märchenfilme, und das mit großem Erfolg, wie die Ergebnisse der Zuschauerforschung zeigen. So wurden zum Beispiel zwischen 1970 und 1991 allein in dieser Sendereihe mehr als 400 Märchenfilme gezeigt, wobei bestimmte »Kinderfilmklassiker« wie »Der kleine Muck«, »Drei Haselnüsse für Aschenbrödel«, »Dornröschen« oder »Rotkäppchen« in diesen zwei Jahrzehnten bis zu fünfmal ausgestrahlt wurden.

Ich finde es in diesem Zusammenhang bemerkenswert, dass das kontinuierliche Angebot an Märchenfilmen in Kino und im Fernsehen offenbar auch das Gattungsinteresse beziehungsweise die Gattungsbeliebtheit des Märchens bei Kindern wach gehalten hat. So gaben noch Mitte der achtziger Jahre mehr als 80 Prozent der 9- bis 11-jährigen Kinder in der DDR an, gerne Märchen im Kino und auch im Fernsehen zu sehen!

So verwundert es dann auch nicht mehr, dass »Der kleine Muck« bis zum Jahr 1998 allein in Deutschland 12.998 Tausend, »Rotkäppchen« (die DEFA-Verfilmung von 1962) bis zum Jahr 1997 5.758 Tausend, »Schneewittchen« bis zum Jahr 1995 7.593 Tausend und »Dornröschen« bis zum Jahr 1994 4.582 Tausend Kinobesucher erreicht haben. Diese Zahlen sind auch bemerkenswert, wenn man berücksichtigt, dass der mit einem ungeheuren Werbe- und Kopienaufwand gestartete Film »Herr der Ringe« bis Ende 2002 etwa 11,5 Millionen Kinobesucher erreichte.

Kommen wir damit zur Frage nach der Bedeutung und der Funktion von Märchenfilmen im kindlichen Alltag.

Märchenfilme in Kino, im Fernsehen, auf DVD und auf Video, erreichen als einzige Form der Märchenvermittlung gegenwärtig bei Kindern – wenn überhaupt? – noch größere Publikumsgruppen. Anders formuliert: Die Zukunft des Märchens ist wesentlich von den Publikumsakzeptanzen seiner medialen Präsentationsformen beeinflusst, das heißt ohne ausreichende Präsenz des Märchens in den Leitmedien der Kinder verliert es auch in seinen klassischen Präsentationsformen (Erzählung und Buch) an Bedeutung.

Märchenfilme müssen einige wesentliche Definitionsmerkmale des Märchens verändern beziehungsweise überwinden, um filmisch zu sein, das heißt den filmbezogenen Erwartungsmustern zu entsprechen. Das heißt:

Die Eindimensionalität und Flächenhaftigkeit der Märchenvorlage müssen in filmische Bilder/Räume gebracht werden (im Film fließt Blut, weil Schwerter ernsthaft verletzen können, und im Film müssen jenseitige Wesen diesseits dargestellt werden, was der Film übrigens schon immer besonders gut konnte!).

Auch die Abstraktionen des Märchens müssen im Film bildlich umgesetzt werden: Ein großer Drache muss aussehen wie ein großer Drache, und eine bildschöne Prinzessin muss ebenfalls den Schönheitskriterien der Kinder entsprechen. Der Film engt eventuell die Phantasie der Kinder ein, gleichzeitig kann er sie aber auch, indem er Deutungs- und Interpretationsmuster liefert, bereichern.

Sie müssen, und das ist meines Erachtens entscheidend, allen Figuren Entwicklungsmöglichkeiten bieten und ihre Figuren in konkreten Räumen agieren lassen. Das heißt, die Reiche des Guten oder Bösen müssen ebenso sichtbar gemacht werden wie eine sehr allgemeine Einordnung der MärchenheldInnen.

Die Eindimensionalität und Flächenhaftigkeit von Märchenvorlagen widerspricht den gängigen Erzählstrukturen der bei Kindern populären Daily Soaps, Spielfilme etc., die in der Regel mehrere, häufig drei, Handlungsstränge parallel erzählen. Natürlich gibt es sowohl Gegenbeispiele dafür, dass auch heute noch eindimensional erzählte Geschichten in Kino und Fernsehen erfolgreich sein können, als auch solche dafür, dass Märchen mehrdimensional erzählt werden können. Dennoch muss ein zunehmendes Auseinanderklaffen von Erzählstrukturen und Erzählhaltungen im Märchen einerseits und in den fiktionalen und filmischen Populärgenres andererseits konstatiert werden.

Der Alltag scheint gegenwärtig für Kinder nur noch teilweise durch Märchen schön zu werden, eine größere Bedeutung haben hierfür inzwischen andere mediale Angebote erlangt. Die Frage, ob und inwieweit traditionelle Märchenfunktionen inzwischen von anderen Medienangeboten (zum Beispiel Serien, Rate-, Gerichts- und Castingshows) bei Kindern befriedigt werden, sollte weder a priori verneint noch verdammt werden. Da Märchen gleichzeitig aber auch singuläre Funktionen erfüllen (Hegel hat darüber geschrieben, dass die wahre Funktion einer Kunstgattung die sei, die nur sie und keine andere erfüllen kann), geht es auch darum, diese für die Kinder zu erhalten. Für diese Erhaltung können Filme und andere mediale Formen eine unersetzbare Rolle spielen. Märchenfilme können eine wesentliche Rolle in den Phasen der Entschleunigung spielen, die Kinder in ihrer Freizeit offenbar zunehmend suchen, wie die Märchen auch einen Ausgleich zur emotionalen Askese darstellen können, in der die Kinder, wie Kindheitsforscher feststellen, häufig hineinwachsen. Gründe genug, an die Zukunft des Märchenfilms zu glauben.

Anmerkungen

1 Zitiert nach: Pröbstle, Petra: *Der pädagogische Einfluss eines Märchenfilms auf Grundschulkinder.* Ludwig-Maximilians-Universität München 1998, S. 5 (Schriftliche Hausarbeit zur Ersten Staatsprüfung).

2 Platon Politeia. Zweites Buch, 377 a–d, S. 150 f. Stuttgart 1982.

3 Vgl. hierzu bei Pröbstle (wie Anm. 1), S. 38 f.

4 Drewermann, Eugen: *Tiefenpsychologie und Exegese.* Bd. I, Olten 1992, S. 143.

5 Wolf, Christa: *Fortgesetzter Versuch.* Aufsätze, Gespräche, Essays. Leipzig 1980, S. 16.

6 Bettelheim, Bruno: *Kinder brauchen Märchen.* München 1980, S. 87.

7 *Vossische Zeitung,* 13.02.1921.

8 *Filmkurier,* 12.02.1921.

9 Zitiert nach: König, Ingelore: *Wenn man die Welt nicht anders begreifen kann …* Ästhetische Konzepte des DDR-Kinderfernsehens: Zwischen Perfektion und Pädagogik. Unveröffentlichtes Manuskript 1999.

Bernd Rieken

Tiefenpsychologische Zugänge zum Motiv der verbotenen Kammer

Ähnlich wie die Eingangstür eines Hauses das Innen vom Außen trennt, im übertragenen Sinn Behaustheit von Fremde, Schutz von Schutzlosigkeit, so teilt die Tür zu einer verbotenen Kammer jenen Bereich *innerhalb* eines Hauses ab, der für andere, denen man Eintritt gestattet hat, nicht zugänglich sein darf. Das kann vom Besucher entweder als akzeptabel oder als nicht akzeptabel empfunden werden, je nachdem, wie vertraut man mit dem Hausbesitzer ist und wie sehr man Bereitschaft zeigt, ihm das Recht auf etwas zuzugestehen, das nur ihm gehört. Trotz dieser möglichen Unterschiede in den Einstellungen dürfte das Verbot wohl in den meisten Menschen die Neugier auf das entfachen, was sich hinter jener Tür befindet, womit die Aufmerksamkeit genau auf den Bereich gerichtet wird, von dem – anscheinend oder scheinbar, das bedarf noch der genaueren Betrachtung – abgelenkt werden soll. Das gilt für das alltägliche Leben, und genauso ist es in den Erzählungen, mit welchen wir uns nun etwas genauer beschäftigen wollen.

Zu den dafür in Betracht kommenden Märchen zählen jene vom Typus *Mädchenmörder* (AaTh 311, 312) und *Marienkind* (AaTh 710). Beginnen wir mit *Mädchenmörder,* bei dem zwei Untergruppen existieren. In AaTh 311 *(Rescue by the Sister)* geraten zwei Schwestern in die Gewalt eines Menschenfressers, betreten in dessen Schloss das verbotene Zimmer und werden dafür umgebracht. Die dritte Schwester entgeht durch eine List dem gleichen Schicksal. Sie tötet den Unhold und erweckt ihre Schwestern wieder zum Leben. In AaTh 312 *(The Giant-killer and his dog [Bluebeard])* heiratet ein reicher Mann – in diversen Varianten trägt er einen blauen Bart – eine junge Frau. Sie betritt ebenfalls das verbotene Zimmer und soll dafür mit dem Tode büßen, doch bevor das geschieht, wird sie von ihren Brüdern gerettet.

Betrachten wir zunächst das Blaubart-Märchen, das im Rahmen der Überlieferung von AaTh 312 die weiteste Verbreitung gefunden hat.[1]

In schriftlicher Form kommt es erstmalig in den *Histoires ou contes du temps passé* des Charles Perrault vor, und es spielt bei ihm im gehobenen Bürgertum, da er sich an das gebildete Publikum der literarischen Salons wendet.[2] Blaubart wird bei ihm als ein Mann beschrieben, der »schöne Häuser in Stadt und Land [besitzt], Geschirr von Silber und Gold, Möbel mit bestickten Polstern und Kutschen aus purem Gold«[3]. In krassem Gegensatz dazu steht jedoch sein Äußeres, denn »zu seinem Unglück hatte der Mann einen blauen Bart: der machte ihn so hässlich und schrecklich, dass es keine Frau und kein Mädchen gab, das nicht vor ihm davongelaufen wäre«[4]. Dennoch wird er bei einer Nachbarin, einer »Dame von Stand«[5], vorstellig, um bei ihr um die Hand einer ihrer Töchter anzuhalten, welche beide als wunderschön beschrieben werden. Zwar stößt sie der Bart ab sowie die Tatsache, dass er bereits mehrmals verheiratet war und ungewiss ist, was mit den anderen Frauen geschehen ist, doch nachdem er die beiden Mädchen nebst ihrer Mutter, einigen Freundinnen und jungen Leuten aus der Nachbarschaft für ganze acht Tage auf eines seiner Landhäuser eingeladen und dort Feste veranstaltet hat, bei denen sie sich königlich amüsiert haben, kommt das jüngere der Mädchen zu dem Schluss, dass »der Herr des Hauses [...] gar keinen so blauen Bart« habe und »ein sehr ehrenwerter Mann« sei.[6] Schon bald wird die Hochzeit gefeiert, doch bereits nach einem Monat erklärt Blaubart, dass er für längere Zeit verreisen müsse. Er überreicht ihr die Schlüssel für verschiedene Räume und Truhen – allzumal mit wertvollem Inhalt – und macht sie darauf aufmerksam, dass ihr das ganze Haus offen stehe, außer einem kleinen Zimmer »am Ende des langen Ganges im Erdgeschoss«[7]. Würde sie es betreten, so müsste er sie hart bestrafen. Als er abgereist ist, besichtigt sie gemeinsam mit ihren Freundinnen alle Gemächer, doch dann lässt sie sie, gegen alle Etikette, allein, um die verbotene Kammer aufzusuchen. Dort entdeckt sie, dass der Boden mit geronnenem Blut bedeckt ist, welches den Körpern toter Frauen entflossen ist, die an den Wänden festgebunden sind: allzumal ehemalige Gemahlinnen Blaubarts. Vor Schreck lässt sie den Schlüssel ins Blut fallen, das, da er verzaubert ist, sich nicht mehr abwaschen lässt. So kommt es, wie es kommen muss: Blaubart entdeckt die Verbotsübertretung und droht ihr das gleiche Schicksal an wie ihren Vorgängerinnen. Sie erbittet kurzen Aufschub, angeblich um zu Gott zu beten, aber in Wirklichkeit hat sie für diesen Abend ihre Brüder eingeladen, und sie bittet ihre anwesende Schwester, vom Turm aus nach ihnen Ausschau zu halten. Tatsächlich kommen sie rechtzeitig und töten den Frauenmörder. Ihr fällt das Erbe zu, das sie mit ihren Geschwistern teilt, und sie heiratet später einen »ehrenwerten Mann«.[8]

Perrault hat anscheinend am Interpretationsvermögen seines Zuhörer- beziehungsweise Leserkreises gezweifelt, denn er beendet all seine Märchen mit einer Moral, und in diesem Fall lautet sie, dass Neugier zwar verlockend sei, aber oft nur Kümmernis hervorbringe, weswegen man auf dieses flüchtige Vergnügen verzichten möge.[9] Das steht in der Tradition negativer, angeblich weiblicher Eigenschaftszuschreibungen, nach denen Frauen ein »schwaches Gefäß« seien und daher leicht den irdischen Verlockungen anheimfallen würden.[10]

Nehmen wir an, sie hätte das Verbot tatsächlich befolgt: Wie hätte sich dann der weitere Verlauf gestaltet? Wäre Blaubart mit seiner Frau ob ihres Gehorsams zufrieden, und könnten sie eine glückliche Ehe führen? Diese Frage mit Ja zu beantworten, erscheint zunächst gewagt, denn in der Literatur besteht weitgehende Einigkeit darin, dass Blaubart »den nicht lernwilligen, stur auf patriarchalische Gewalt eingeschworenen Ehemann« symbolisiert, »während die Frau aus der Rolle einer Dulderin und einer unterwürfigen [...] Ehefrau in einem Prozess der Selbstfindung über sich hinauswächst«[11]. Das ist sicher richtig, aber fiktionale Literatur kann stets aufs Neue erschlossen werden und bietet mannigfachen Raum für ganz unterschiedliche, durchaus auch einander widersprechende Interpretationen, sofern sie nicht im offensichtlichen Gegensatz zum Text stehen. Eine davon könnte lauten, sofern man Blaubarts Haus als Symbol seines Innenlebens betrachtet: Ich öffne dir mein Ich, und du darfst dich fast überall darin aufhalten, nur ein letztes Geheimnis soll gewahrt bleiben. Man könnte zwar einwenden, dass es in einer Beziehung keine Geheimnisse geben dürfe, aber das halte ich für eine Forderung, die über Menschenmögliches hinausgeht, weil in jedem von uns ein, wenn ich es einmal so formulieren darf, trüber Bodensatz vorhanden ist, in dem allerlei Destruktives enthalten ist – verstanden im Sinne Sigmund Freuds, der einmal gesagt hat, »dass alle Übergriffe und Ausschreitungen, von denen wir nächtlich träumen, alltäglich von wachen Menschen als Verbrechen wirklich begangen werden«[12], mithin der einzige Unterschied zwischen einem Verbrecher und einem normalen Menschen darin besteht, dass der Verbrecher das ausführt, was der Normale denkt oder sich wünscht. Dieser Bereich sollte daher verschlossen bleiben, zur Schonung des eigenen Seelenhaushaltes und um den anderen nicht zu verletzen. In diesem Sinn sagt etwa der Blaubart in der Fassung Ludwig Bechsteins: »Alles war dein! Reich und schön war dein Leben! Und so gering war deine Liebe zu mir [...], dass du meine einzige geringe Bitte [...] nicht beachtet hast?«[13] Ein weiterer Aspekt ist, dass sich das Beziehungsleben spannender gestaltet, wenn man zwar vieles über die Gedanken des anderen weiß, aber nicht alles. In diesem Sinn wäre die verbotene Kammer in Blaubarts Haus also kein realer Raum mit realen Frauenleichen, sondern der Ort seiner destruktiven Wünsche, die nicht aktiviert werden sollten. Und dann wäre die Befolgung seines Verbotes, das *eine* Zimmer nicht zu betreten, als Akt der Rücksichtnahme und der besseren Gestaltung des Beziehungslebens zu verstehen.

Andererseits könnte man dagegenhalten, dass der Titelheld von vornherein eine suspekte Gestalt ist, und zwar auf Grund seiner abnormen Bartfarbe. Diese ist in der Tat ein gewichtiges Merkmal, denn dadurch ist er stigmatisiert. Blau passt nicht zum menschlichen Haarwuchs, es ist eine Farbe, der in dem Zusammenhang etwas Nicht-Menschliches eigen ist, vielleicht etwas Kaltes, Metallisches, zumindest etwas Abstoßendes. Ins Symbolische übersetzt, könnte man allerdings erwidern, dass der blaue Bart Ausdruck der *bisherigen* emotionalen Armut des Protagonisten ist und dass eine Frau, welche seine Wünsche respektiert, ihn daraus zu befreien vermöchte. Schließlich gibt es im Märchen Schlimmeres als einen blauen Bart, etwa Frösche, die man küssen muss, damit sie sich in Prinzen verwandeln. In diesem Sinn wäre die Missgestalt ein Ausdruck der Entfremdung, welche der Erlösung harrt.

Belassen wir es dabei. Das Skizzierte sollte nicht als verbindliche Interpretation missverstanden werden, sondern als eine bisher kaum beachtete Möglichkeit, wie man den Text *auch* lesen kann. Genauso ist es sinnvoll, ihn auf andere, sogar konträre Art und Weise zu deuten. So kann man in tiefenpsychologischer Hinsicht fragen, was Blaubart durch sein Verbot erreicht, und die Antwort darauf lautet: Er vermeidet Nähe, weil das Verbot die Neugier entfacht und die Entdeckung der verbotenen Kammer zwangsläufig zum Zerwürfnis führen muss. Dem Menschen ist, trotz kreativer Potentiale, die auf Veränderung zielen, ein ausgeprägtes Streben nach Sicherheit eigen, welches dahin tendiert, angstbesetzte Situationen zu vermeiden. Mit anderen Worten: Blaubart hat Angst vor Nähe, weil diese den Menschen verletzlich macht, so dass man zum Beispiel befürchtet, dem anderen nicht zu genügen, ihm unterlegen zu sein. Blaubart lässt Nähe gar nicht erst aufkommen, indem er Befehle erteilt und seine Frau beherrscht, womit er auch ein typischer Vertreter des Patriarchats der europäischen Neuzeit ist – einer Gesellschaftsordnung, die, wie Klaus Theweleit am Beispiel des Faschismus dargelegt hat, männliche Phantasien von der alles verschlingenden Frau in Schach halten muss.[14] In der Analytischen Psychologie C. G. Jungs handelt es sich dabei um die Schattenseiten eines archetypischen Bildes, nämlich das der Großen Mutter, deren Negativaspekte unter anderem das Verführende, Umgarnende und Verschlingende sind.[15] Wenn man sich vor Augen hält, dass im verbotenen Zimmer die verblichenen Frauen allzumal an den Wänden aufgehängt, mithin konserviert sind, so geht man wohl nicht fehl in der Annahme, Blaubart ertrage das Weibliche nur als totes Fleisch, nicht aber als lebendiges. Es ist in seiner Nähe, aber doch zur Gänze ungefährlich für ihn. Im übertragenen Sinn ist das der Traum von der absoluten geistigen und sexuellen Verfügbarkeit über die Frau oder genauer, wie in dem Fall, sogar über mehrere Frauen. Gleichzeitig wäre das eine Antwort auf die Frage, wieso er überhaupt mehrmals heiratet, wenn er sich doch vor dem weiblichen Geschlecht so fürchtet: Allein bleiben möchte er nun doch nicht, und daher sucht er einen Weg, wie er das Zusammensein mit dem anderen Geschlecht zu ertragen vermag.

Übertriebenes Herrschaftsstreben hat stets zu tun mit der Überkompensation unbewusster Minderwertigkeitsgefühle[16], und demnach dürfte Blaubart in seinem männlichen Selbstwert destabilisiert sein. Er kaschiert »diesen Mangel durch Reichtum und gesellschaftliche Stellung, stützt also seine Männlichkeit auf allgemein anerkannte Erfolgsinsignien«, wie Hartwig Suhrbier in der Einleitung zu seiner Sammlung von Blaubart-Geschichten schreibt.[17] An dieser Deutung nimmt zwar Walter Scherf Anstoß, indem er die Frage stellt, ob man Blaubart nicht besser »als selbst geschaffenen Dämon« verstehen sollte[18], doch handelt es sich dabei nicht eigentlich um ein Gegenargument. Denn eine bestimmte Interpretation mit dem Hinweis abzulehnen, es existiere eine andere, übersieht die Tatsache der prinzipiellen Mehrdeutigkeit kultureller Phänomene.

Was aber meint Scherf damit, wenn er Blaubart als selbst geschaffenen Dämon verstanden wissen möchte? Während die erste von mir vorgeschlagene Deutungsmöglichkeit das Haus als Symbol für

Blaubarts Innenleben auffasst, versteht Scherf Blaubart als Spiegelbild des Innenlebens der *jungen Frau,* und zwar in dem Sinn, dass er ihr ursprüngliches negatives Vaterbild verkörpert.[19] Er nennt das entsprechende Unterkapitel seines Buches »Das Fantasma vom Vaterdämon und die Dramaturgie seiner Verarbeitung«.[20] Der britische Psychoanalytiker David Mann hat einmal geschrieben, dass die Liebe

> eine in der Gegenwart zusammenfließende Mischung aus Vergangenheit und Zukunft [ist]. Das regressive Element zwingt uns, etwas aus der Vergangenheit zu suchen und wiederzuentdecken. In diesem Sinn ist die Liebe der Versuch, eine verlorene Einheit wiederherzustellen. Die Verletzungen, die der narzisstischen Omnipotenz des Säuglings zugefügt wurden, führen in gewissem Umfang zu einer Wiederholung vergangener Erfahrungen.[21]

Liebe ist immer eine Mischung aus Alt und Neu. Da die Eltern die bedeutendsten Bezugspersonen sind, orientiert sich das Liebesbedürfnis des Erwachsenen einerseits am gegengeschlechtlichen Elternteil, mithin an etwas Bekanntem und Wohlvertrautem, doch ist es andererseits und gleichzeitig mit der Hoffnung auf etwas Neues verbunden, nämlich der Hoffnung, dass der Liebespartner uns nicht jene Wunden zufügen wird, welche wir in der Kindheit erlitten haben. Das, was uns, als wir klein waren, an Zuwendung gefehlt hat, erhoffen wir später im Liebesglück auszugleichen. Mitunter kommt es aber vor, dass die Bindung an den gegengeschlechtlichen Elternteil zu eng und man emotional zu sehr mit ihm verstrickt ist. Der Grund dafür kann sein, dass der gleichgeschlechtliche Elternteil zu wenige Identifikationsmöglichkeiten bietet oder dass man das Gefühl hat, zu wenig Zuwendung vom gegengeschlechtlichen Elternteil bekommen zu haben, weswegen man sich von ihm nicht zu lösen vermag – weil man hofft, die Defizite von ihm doch noch ausgeglichen zu bekommen. Wenn das der Fall ist, steht bei der Partnerwahl der unbewusste Wunsch im Vordergrund, jemanden zu finden, der so gut wie möglich dem gegengeschlechtlichen Elternteil ähnelt – in der Hoffnung, dass es diesmal sozusagen ein guter Vater oder eine gute Mutter ist, doch findet man dann zwangsläufig in der Regel jemanden mit den gleichen Fehlern. Das sind dann jene Leute, die von sich behaupten, bei der Partnerwahl immer auf denselben Typ hereinzufallen und stets Schiffbruch mit ihm zu erleiden.

Wenn man sich das vor Augen hält, versteht man Scherfs Deutung des Textes als »Fantasma vom Vaterdämon« ein wenig besser. Blaubart verhält sich wie ein schlechter Vater, der einmal zu viel und einmal zu wenig gibt. Er überschüttet das Mädchen mit materiellen Reichtümern, verreist aber urplötzlich für längere Zeit und lässt es allein. Er verlangt absolute Unterordnung und ist dann mit ihm zufrieden, wenn es seinen Anordnungen gehorcht, doch wenn es seine Verbote übertritt, treffen es seine destruktiven Anteile mit ganzer Härte.

Bis zum Betreten des verbotenen Zimmers ist die junge Frau daher geprägt durch die emotionale Verstrickung mit dem »Vaterdämon«. Sie ist noch ganz das verwöhnte Kind, das von den materiellen Ressourcen Blaubarts beeindruckt und gleichzeitig von ihm, wie von einem Vater, abhängig ist. Sie findet, wie es im Text heißt, den Bart gar nicht mehr so blau, nachdem sie durch seinen Reichtum geblendet worden ist und er so wunderbare Feste für sie und ihre Altersgenossen veranstaltet hat. Damit können wir den Text auch als Kritik am Lebensstil des gehobenen Bürgertums lesen. Das Materielle ist wichtiger als erfüllte Beziehungen, und Blaubart, als Verkörperung des erfolgreichen Bourgeois, blendet die Menschen durch seinen wirtschaftlichen Erfolg, während in seiner Seele Destruktivität vorherrscht, weil er diverse »Leichen im Keller« hat. Von außen betrachtet ist er der feine, kultivierte Herr, von nahem gesehen, sozusagen aus der »Kammerdienerperspektive«[22] ist er von absoluter Unkultur beherrscht. Erst als sich die junge Frau, während der Besichtigung des Hauses, von ihren Freundinnen trennt und sich somit vom oberflächlichen Getue verwöhnter Bürgerkinder distanziert, erwacht sie und erkennt, wohin sie geraten ist, das heißt, sie beginnt über sich nachzudenken. Nun werden auf einmal die persönlichen Beziehungen wichtiger: Sie bittet ihre Schwestern, auf den Turm zu steigen, um nachzuschauen, wann die Brüder kommen, von denen sie Hilfe aus der Todesgefahr erhofft. Und nachdem Blaubart getötet ist, verteilt sie das Erbe gerecht auf ihre Geschwister und heiratet einen »ehrenwerten Mann«, das heißt sie hat nun ihren Egozentrismus überwunden und ist bereit für eine reife Beziehung.

Die Brüder Grimm haben in ihrer Fassung, die nur in der Erstausgabe der KHM[23] enthalten ist, das Märchen in für sie typischer Weise verändert, indem etwa der Titelheld nun ein König ist und die Protagonistin eine zur Gänze positive Figur, welche sich nicht von Blaubarts Reichtümern blenden lässt und in die Heirat nur deswegen einwilligt, weil sie vom Vater dazu gedrängt wird. Vor allem aber intensivieren die Grimms den Beziehungsaspekt. Da die junge Frau Angst vor ihrem Bräutigam hat, bittet sie nämlich ihre Brüder, sofort zu ihr zu kommen, wenn sie in Not geraten sollte. »Liebe Brüder«, sagt sie, »wenn ihr mich schreien hört, wo ihr auch seid, so lasst alles stehen und liegen und kommt mir zu Hülfe.«[24] Tatsächlich hören sie, als sie später »im Wald beim kühlen Wein«[25] sitzen, ihre Schwester um Hilfe rufen, und reiten in Windeseile herbei, um sie aus den Klauen des Unholds zu befreien. Die Verbundenheit zwischen den Geschwistern ist so tief, dass sie gleichsam magische Qualitäten hat, womit diese in einem extremen Kontrast steht zur Beziehung mit Blaubart, die rein äußerlich ist und einzig und allein auf Zwang beruht. Verbundenheit im positiven Sinn ist ein Phänomen, das der Pflege bedarf; insofern ist sie Ausdruck eines aktiven Lebensstils. Und so ist es wohl kein Zufall, dass die Heldin, obwohl sie durch ihren Vater in eine passive Rolle gedrängt wird, von sich aus Vorsichtsmaßnahmen ergreift und später, als sie sich in Lebensgefahr befindet, die Brüder aktiv herbeiruft. Das ist bei Perrault anders, denn in seiner Version haben die Brüder von vornherein vor, ihre Schwester am nämlichen Tag zu besuchen, weswegen ihr nichts anderes übrig bleibt, als darauf zu hoffen, dass sie rechtzeitig eintreffen.

Bemerkenswert ist, dass in KHM 62 a dem jüngsten der drei Brüder die Rolle des Protagonisten zukommt. Er ist es, der die Stimme der Schwester als Erster hört, und er ist auch derjenige, welcher als Erster am Ort des Geschehens eintrifft. Die Bedeutung des jüngsten Kindes als Schrittmacher oder Held wird in auffällig vielen Märchen betont.[26] Im Rahmen unseres Themas kommt dieses Motiv nicht nur in der grimmschen Version des Blaubart vor, sondern auch in »Fitchers Vogel« (KHM 46), dem wir uns nun, als Beispiel für AaTh 311, zuwenden wollen.[27]

Es beginnt mit den folgenden Worten:

> Es war einmal ein Hexenmeister, der nahm die Gestalt eines armen Mannes an, ging vor die Häuser und bettelte, und fing die schönen Mädchen [...]. Nun trat er auch einmal vor die Türe eines Mannes, der drei schöne Töchter hatte, erschien als ein armer, schwacher Bettler, und trug eine Kötze (ma. für »Kietze« = Tragkorb, Anmerkung des Autors) auf dem Rücken, als wollte er die milden Gaben darin sammeln. Er bat um ein bißchen

Essen, und als die älteste herauskam, und ihm ein Stück Brot reichen wollte, rührte er sie nur an, und alsbald mußte sie in seine Kötze springen.[28]

Er bringt sie zu seinem Haus, das einsam in einem finsteren Wald gelegen ist, und verschwindet alsbald wieder – mit der Auflage, einerseits ein Ei, das er ihr gibt, die ganze Zeit bei sich tragen zu müssen, und andererseits das eine Zimmer nicht betreten zu dürfen. Als sie es dennoch tut und in einem Becken zerstückelte Leichen findet, lässt sie vor Schreck das Ei fallen, an dem fortan das Blut klebt. Der Zauberer erkennt daran die Übertretung des Verbotes und zerhackt das Mädchen ebenfalls. Das Gleiche geschieht mit der zweiten Schwester, doch die dritte und jüngste begegnet ihm mit einer List, indem sie das Ei nicht bei sich trägt, sondern an einem sicheren Ort verwahrt und daraufhin die Schwestern wieder zum Leben erweckt.

Im Gegensatz zu Blaubart, der sich nur in einem übertragenen Sinn verkleidet, muss der Hexenmeister ganz real die Gestalt eines armen Mannes annehmen, um sein Ziel zu erreichen. Er gehört zu jenen, die, in der Sprache des Volksglaubens formuliert, »mehr können als andere«, und so braucht er die Mädchen auch nur zu berühren, damit sie in seinen Tragkorb springen und zu willenlosen Objekten werden. Der erste Teil des Märchens ist zur Gänze vom Geist des Patriarchats geprägt, weswegen es auch nicht wunderzunehmen braucht, dass der Magier die jungen Frauen durch die Aktivierung so genannter typisch weiblicher Eigenschaften ködert, denn indem er die Gestalt eines armen, hungrigen Bettlers annimmt, appelliert er an ihr Mitleid und Helferbedürfnis. Magie ist der Versuch, Macht über Natur und Menschen auf übernatürlichem Weg zu erlangen, wenn es auf natürliche Weise nicht möglich erscheint. In gewisser Hinsicht ist sie Ausdruck einer Schwäche, nämlich der Angst, sein Ziel mit normalen Mitteln nicht erreichen zu können.

Diese Schwäche zeigt sich deutlich im zweiten Teil der Erzählung. Nachdem der Zauberer das unbefleckte Ei der jüngsten Schwester erblickt hat und sie daraufhin zu heiraten gedenkt, willigt sie zum Schein ein, befiehlt ihm aber, zuvor einen Korb voller Gold ihren Eltern zu bringen. Sie setzt ihre Schwestern in den Korb, deckt sie mit Gold zu und trägt ihm auf, unterwegs nicht stehen zu bleiben, denn sie werde ihn die ganze Zeit beobachten. Als er sich unterwegs dennoch ausruhen möchte, ermahnt ihn eine der im Korb sitzenden Schwestern, sofort weiterzugehen, was er auch tut, da er irrigerweise annimmt, seine künftige Braut beobachte ihn tatsächlich.

Durch List erreicht sie zweierlei: Zum einen bringt sie ihre Schwestern aus der Gefahrenzone, zum anderen kann sie in der Zwischenzeit Vorkehrungen treffen, um den Magier zu töten. Er wird zum willfährigen Objekt der jüngsten Schwester und bietet damit ein völlig konträres Bild gegenüber der Anfangssituation. In logischer Hinsicht erscheint das widersprüchlich, in *psycho*logischer dagegen konsequent, weil aus der Perspektive der Individualpsychologie Macht stets zu tun hat mit der Kompensation von Minderwertigkeitsgefühlen. Das ist zunächst ein völlig normaler Vorgang, denn jeder Mensch befindet sich zu Beginn seines Lebens in einer Position der Kleinheit und Unbeholfenheit, aus der heraus das Bedürfnis erwächst, sich Ziele zu setzen, um gleichwertiger gegenüber anderen, selbstsicherer und mächtiger zu werden.[29] Problematisch wird dieses Bedürfnis erst dann, wenn statt zu kompensieren überkompensiert wird, das heißt auf Grund eines als besonders drückend empfundenen Minderwertigkeitsgefühls das Streben nach Macht und Überlegenheit ins Krankhafte gesteigert und anderen Schaden zugefügt wird.[30] Das ist in diesem Märchen unzweideutig der Fall, genauso wie die Tatsache, dass die Macht des Hexenmeisters auf tönernen Füßen ruht, denn wäre er wirklich mächtig, würde er sich nicht der dritten Schwester bedingungslos fügen. Er hat Angst vor ihr bekommen und glaubt – ein typischer Fall von Projektion –, dass sie ebenso wie er die Magie beherrscht, während sie ihn in Wirklichkeit »nur« überlistet, damit aber über ein hohes Machtpotential verfügt.

Hält man sich das vor Augen, dann drängt sich die Frage auf, ob auch *ihr* Verhalten mit Kompensation zu tun hat. Ähnlich wie der Hexenmeister weist sie konträre Seiten auf, da sie sowohl die jüngste als auch die listigste der drei Schwestern ist. Das jüngste Kind befindet sich zunächst in einer Minusposition, weil ihm ältere Geschwister vor die Nase gesetzt sind, die allzumal mehr können. Doch unter günstigen familiären und sozialen Bedingungen wird gerade dadurch der Ehrgeiz aktiviert, macht sich die Kompensation ans Werk. Vor allem aber kann dieser Mangel wettgemacht werden, weil das Jüngste im Gegensatz zu den älteren Geschwistern »niemals entthront werden« kann.[31] Das ist der große Unterschied vor allem gegenüber dem Erstgeborenen, der eine Zeit lang in der Position des ersten Kindes steht, aber dann aus dieser Sonderstellung vertrieben wird.[32] Bedenkt man das, dann eröffnet sich ein möglicher Zugang dafür, wieso im Märchen die Jüngsten oftmals gleichzeitig Protagonisten sind.[33] Es handelt sich dabei um einen normalen Charakterzug, nicht um einen pathologischen. Das ist der Unterschied zum Hexenmeister: Er überkompensiert und geht über Leichen, während die junge Frau kompensiert, das heißt zupackt, wo es notwendig ist, und gleichzeitig das Wohl der anderen, in dem Fall der Geschwister, im Auge behält.

Während in den Märchen vom Typus *Mädchenmörder* Mann und Frau als Gegenspieler aufeinandertreffen, sind in *Marienkind* zwei Frauen die Hauptkontrahentinnen. Es handelt von einem jungen Mädchen, das entweder von der Jungfrau Maria in den Himmel aufgenommen oder von einer schwarzen Frau auf ein Schloss gebracht wird mit der Auflage, ein bestimmtes Zimmer nicht betreten zu dürfen. Es übertritt das Verbot, erblickt Gott beziehungsweise verzauberte Wesen, leugnet seine Schuld und wird verbannt. Später heiratet es, aber die Kinder, welche es gebiert, werden ihm weggenommen, wodurch es in den Verdacht gerät, eine Kindsmörderin zu sein. Daher soll die junge Frau getötet werden, doch bevor das geschieht, gesteht sie gegenüber der heiligen Jungfrau ihre einstige Schuld, wofür sie gerettet wird und die Kinder zurückerhält. In den Varianten mit der schwarzen Frau erlöst sie diese hingegen durch ihr beharrliches Schweigen.[34]

Die Variante mit der heiligen Jungfrau ist vor allem in der Fassung der Brüder Grimm (KHM 3) bekannt geworden, und es wurde viel darüber gerätselt, weil es, abgesehen vom märchenhaften Schluss, zwar als ein christliches Lehrstück über Buße, Reue und Rettung verstanden werden kann, aber die Jungfrau »mehr die Züge eines Ungetüms als die einer Heiligen an sich zu haben« scheint.[35] Sie wirft das Mädchen, weil es das Betreten des verbotenen Zimmers leugnet, kurzerhand aus dem Himmel hinaus und beraubt es überdies der Fähigkeit zu sprechen. Es landet in der Wildnis und muss dort lange Zeit zubringen, bis es von einem König gefunden wird, der es heiratet. Die Kinder, die die junge Frau gebiert, werden ihr indes von Maria weggenommen, weil sie weiterhin schweigt. Das klingt nach schwarzer Pädagogik, und auch in der Märchenforschung hat diese Fassung Befremden ausgelöst.[36] Wenn man daher der Erzählung aus tiefenpsychologischer Sicht etwas abgewinnen möchte, dann ist das aus meiner Sicht nur möglich, indem man sie sozusagen gegen den Strich bürstet und die Frage stellt, was das Mädchen durch das Übertreten des Verbotes erreicht. Es ist die Frage nach dem (unbewussten) Sinn und Zweck menschlichen Handelns, die Alfred Adler in die Tiefenpsychologie eingeführt hat[37], eine Frage, welche für Aristoteles und Thomas von Aquin noch der wichtigste Aspekt der *Ursache* war *(causa finalis),* aber im Zuge der neuzeitlichen Wissenschaftsentwicklung durch die Zentrierung auf die Kausalursache *(causa efficiens)* beiseite geschoben wurde.[38] Die Antwort lautet in diesem Fall: Die junge Frau gelangt in die reale Welt mit all ihren Möglichkeiten zurück und findet schließlich Erfüllung in der Liebe sowohl zu ihrem Mann als auch zu ihren Kindern. Im Himmel ist sie zwar materiell und spirituell versorgt, aber das ist zu wenig, wenn man das Leben noch vor sich hat. Dass das »himmlische« Dasein keineswegs ausschließlich positiv zu bewerten ist, zeigt sich auch daran, dass die junge Frau erst in Anbetracht des bevorstehenden Todes ihr Schweigen bricht. Offensichtlich ist ihre Angst vor der heiligen Jungfrau so groß, dass sie sogar den Verlust ihrer Kinder in Kauf nimmt.

Entsprechendes gilt auch für die Varianten mit der schwarzen Frau. Der Unterschied gegenüber der christlichen Fassung besteht allerdings darin, dass sich in der verbotenen Kammer erlösungsbedürftige Gestalten befinden. In einem Märchen aus der Steiermark erhält das Mädchen den Auftrag, jeden Tag eines der 100 Zimmer des Schlosses zu säubern, jedoch nie das hundertste. Nachdem es die 99 Räume geputzt hat, wirft es einen Blick in die verbotene Kammer, ohne sie allerdings zu betreten, und sieht die Frau darin, die nun aber fast zur Gänze weiß ist außer an den Zehenspitzen.[39] Die Reinigung der Zimmer scheint demnach mit dem Erlösungsprozess der schwarzen Frau zusammenzuhängen. Dass sie nicht völlig weiß geworden ist, deutet darauf hin, dass noch etwas fehlt, und das dürfte der Blick in die verbotene Kammer sein. Ein menschenwürdiges Dasein scheint also, wenn wir dieses und die anderen Märchen Revue passieren lassen, mitunter erst dann möglich zu sein, wenn man bereit ist, der Neugier zu folgen und sich nicht von Verboten abschrecken zu lassen.

In diesem Sinn möchte ich abschließend einen kurzen Blick auf den Beitrag Hans-Jörg Uthers über Blaubart werfen[40], in welchem er »eindrücklich vor jeder Ausdeutung« warnt,

> die ein einzelnes Märchen und seine Figuren, herausgelöst aus dem ursprünglichen Kontext, zu einem allgemein gültigen Spiegelbild realer Konflikte und Situationen erheben [will] [...]

> Diese Aussage soll aber keineswegs heißen, dass jeder Ausdeutung nun ein Riegel vorgeschoben ist. Im Gegenteil: Das den Erzählungen zugrunde liegende Weltbild kann nur Normen und Vorstellungen widerspiegeln, die dem Erkenntnisinteresse der jeweiligen Gesellschaft entsprechen.[41]

Als Erläuterung folgt dann der bereits weiter oben zitierte Satz, dass Blaubart einen patriarchalischen Ehemann symbolisiere und die Frau sich aus der Position einer Dulderin befreie, um in einem Akt der Selbstfindung über sich hinauszuwachsen. Meines Erachtens ist es aber die Frage, ob der postulierte Gegensatz zwischen »einem allgemein gültigen Spiegelbild realer Konflikte« und dem Patriarchat als Ausdruck einer »jeweiligen Gesellschaft« in dieser schroffen Form wirklich haltbar ist, denn ein Blick auf die europäische Geschichte und auf eine Vielzahl außereuropäischer Gesellschaften macht meines Erachtens deutlich, dass patriarchalische Strukturen die Regel sind und nicht die Ausnahme, so dass diese weithin »allgemein gültigen« Charakter annehmen. Ich denke, dass zum Beispiel die damit verbundene Machtproblematik, die Dichotomisierung von oben-unten, stark-schwach, männlich-weiblich etc., ein Problem ist, das sich zwar in jeder Gesellschaft neu stellt und auf spezifische Weise beantwortet wird, aber als Grundproblem ubiquitären Charakter hat. Dass Uther »eindrücklich« vor solchen Überlegungen ausgerechnet in einem Aufsatz warnt, welcher einen Märchentyp zum Thema hat, der im Großen und Ganzen die rigorose Befolgung von Verboten problematisiert, entbehrt nicht einer gewissen Ironie.

Anmerkungen

1 Vgl. Bettelheim, Bruno: *Kinder brauchen Märchen.* München 1999[21], S. 351–356; Kast, Verena: »Der Blaubart. Zum Problem des destruktiven Animismus«. In: Jacoby, Maria/Kast, Verena/Riedel, Ingrid (Hrsg.): *Das Böse im Märchen.* Fellbach-Oeffingen 1983[3], S. 90–108; Puchner, Walter: »Mädchenmörder«. In: *EM 8* (1996), Spalten 1407–1413; Scherf, Walter: *Die Herausforderung des Dämons.* Form und Funktion grausiger Kindermärchen. Eine volkskundliche und tiefenpsychologische Darstellung der Struktur, Motivik und Rezeption von

27 untereinander verwandten Erzähltypen. München/New York/London 1987, S. 226–232; Scherf, Walter: *Das Märchenlexikon.* 2 Bde. München 1995, Bd. 1, S. 94–98; Suhrbier, Hartwig (Hrsg.): *Blaubarts Geheimnis.* Märchen und Erzählungen, Gedichte und Stücke. Frankfurt a. M./Berlin 1987, S. 11–79; Tatar, Maria: *Von Blaubärten und Rotkäppchen.* Grimms grimmige Märchen – psychoanalytisch gedeutet. Salzburg/Wien 1990, S. 217–236.

2 Zipes, Jack: »Perrault, Charles«. In: *EM 10* (2002), Spalten 746–753, bes. Spalte 747 f.

3 Perrault, Charles: *Sämtliche Märchen.* Stuttgart 1986, S. 74.

4 Perrault (wie Anm. 3), S. 74.

5 Perrault (wie Anm. 3), S. 74.

6 Perrault (wie Anm. 3), S. 74.

7 Perrault (wie Anm. 3), S. 75.

8 Perrault (wie Anm. 3), S. 81.

9 Perrault (wie Anm. 3), S. 81.

10 Als Beispiel für viele: Margaretha von Arenberg (1527–1599), eine Reichsgräfin, die gegen den Hexenwahn Partei ergriff, empfiehlt Ehemännern, »fleißig jederzeit zu betrachten, dass ein Weibsbild ein schwaches Gefäß sei, an Schwachheit einem Glas vergleichbar, das, sobald es falle, zerbreche, und dass deshalb Gott der Vater das Weib als blöd von Verstand, schwach an körperlichen Kräften dem Mann gegeben habe und ihm befohlen habe, es nicht wie ein Tier oder einen Hund mit Jagen, Schlagen, Schleifen, Rupfen zu behandeln, sondern wie ein Hirt sein Lämmlein, das ihm lieb und wert sei, zu lieben, zu versorgen, zu ernähren, zu verteidigen, zu schützen und zu schirmen, vor allen Dingen, wenn ein Ehegenosse traurig, schwer- und kleinmütig, freundlich zu trösten, zu stärken und zur Standhaftigkeit zu ermahnen und auf Gott zu vertrauen, und wenn sie zornig und rachgierig sei, sie zu ermildern und zu erinnern, des Teufels Anfechtung zur Verführung nicht stattzugeben.« Siehe Joerres, Johann Arnold Clemens: *Die Verordnung Margarethas, gefürsteter Gräfin zu Arenberg, über die Verfolgung und Bestrafung der Zauberei, Hexen, Teufelsfänger, Wahrsager und Wiederherstellung eines religiösen Lebens in der Grafschaft Arenberg vom 30. November 1593.* Diss. Bonn 1950, S. 94.

11 Uther, Hans-Jörg: »Der Frauenmörder Blaubart und seine Artverwandten«. In: *Schweizerisches Archiv für Volkskunde,* 84. Jg., S. 35–54, bes. S. 50.

12 Freud, Sigmund: »Vorlesungen zur Einführung in die Psychoanalyse«. In: Freud, Sigmund: *Studienausgabe,* Frankfurt a. M. 1969 ff., Bd. 1, S. 34–445; bes. S. 157.

13 Bechstein, Ludwig: *Märchen.* Nach der Ausgabe von 1857, textkritisch revidiert und durch Register erschlossen. Herausgegeben von Hans-Jörg Uther. Darmstadt 1997 (MdW), Bd. 1, Nr. 70 »Das Märchen vom Ritter Blaubart«, S. 327.

14 Theweleit, Klaus: *Männerphantasien 1 + 2.* München, Zürich 2002[2], Bd. 1: *Frauen, Fluten, Körper, Geschichte;* vgl. am Beispiel der Spinnensymbolik. In: Rieken, Bernd: *Arachne und ihre Schwestern.* Eine Motivgeschichte der Spinne von den »Naturvölkermärchen« bis zu den »Urban Legends«. Münster u. a .O. 2003 (Internationale Hochschulschriften, Bd. 403).

15 Jung, Carl Gustav: »Die psychologischen Aspekte des Mutterarchetypus«. In: Jung, Carl Gustav: *Gesammelte Werke.* Bd. 9/I. Zürich/Düsseldorf 1996[9], S. 89–123; bes. S. 97.

16 Adler, Alfred: *Menschenkenntnis.* Frankfurt a. M. 1987, S. 77 f.

17 Suhrbier (wie Anm. 1), S. 19.

18 Scherf 1987 (wie Anm. 1), S. 228, Fußnote 162.

19 Scherf 1987 (wie Anm. 1), S. 230.

20 Scherf 1987 (wie Anm. 1), S. 229.

21 Mann, David: *Psychotherapie.* Eine erotische Beziehung. Stuttgart 1999, S. 22.

22 Der Ausdruck stammt von Hegel, der damit aber Kritik an der psychologischen Betrachtungsweise üben möchte »Für einen Kammerdiener gibt es keinen Helden [...], nicht aber darum, weil dieser kein Held, sondern weil jener der Kammerdiener ist«. In: Hegel, Georg Wilhelm Friedrich: *Vorlesungen über die Philosophie der Geschichte.* Bd. 12. Frankfurt a. M. 1970, S. 48.

23 *KHM:* Kinder- und Hausmärchen gesammelt durch die Brüder Grimm. Vollständige Ausgabe auf der Grundlage der dritten Auflage (1837). Herausgegeben von Heinz Rölleke. Darmstadt 1999; KHM 62 a, S. 821–824.

24 KHM (wie Anm. 23), S. 822.

25 KHM (wie Anm. 23), S. 823.

26 Vgl. Horn, Katalin: »Jüngste, Jüngster«. In: *EM 7* (1993), Spalten 801–811.

27 Vgl. Bettelheim (wie Anm. 1), S. 351–354; Freund, Winfried: *Deutsche Märchen.* Eine Einführung. München 1996, S. 117–124; Scherf 1987

(wie Anm. 1), S. 217–225; Scherf 1995 (wie Anm. 1), Bd. 1, S. 317–321; Solms, Wilhelm: *Die Moral von Grimms Märchen.* Darmstadt 1999, S. 163–175.
28 *KHM* (wie Anm. 23), S. 205.
29 Vgl. Adler 1987 (wie Anm. 16), S. 71–76.
30 Vgl. Adler 1987 (wie Anm. 16), S. 77 f.
31 Adler, Alfred: *Lebenskenntnis.* Frankfurt a. M. 1984, S. 107.
32 Adler 1984 (wie Anm. 31), S. 107.
33 Vgl. Rieken, Bernd: »Die Individualpsychologie Alfred Adlers und ihre Bedeutung für die Erzählforschung«. In: *Fabula,* 45. Jg., Heft 1–2 (2004), S. 1–32.
34 Drascek, Daniel: »Marienkind«. In: *EM 9* (1999), Spalten 336–342; Franz, Marie-Luise von: »Bei der schwarzen Frau. Deutungsversuch eines Märchens (1955)«. In: Laiblin, Wilhelm (Hrsg.): *Märchenforschung und Tiefenpsychologie.* Darmstadt 1995[5], S. 299–344; Riedel, Ingrid: *Tabu im Märchen.* Die Rache der eingesperrten Natur. München 1996, S. 10–16 u. ö; Scherf 1995 (wie Anm. 1), Bd. 2, S. 847–853; Solms (wie Anm. 27), S. 178 ff.
35 Tatar (wie Anm. 1), S. 27.
36 Riedel 1996 (wie Anm. 34), S. 11 f.; Scherf 1995 (wie Anm. 1), Bd. 2, S. 850; Solms (wie Anm. 27), S. 180.
37 Adler, Alfred: *Über den nervösen Charakter.* Grundzüge einer vergleichenden Individualpsychologie und Psychotherapie. Kommentierte textkritische Ausgabe. Göttingen 1997, S. 94–144.
38 Vgl. Spaemann, Robert/Löw, Reinhard: *Die Frage Wozu?* Geschichte und Wiederentdeckung des teleologischen Denkens. München 1996; Rieken 2004 (wie Anm. 33), S. 19–23.
39 Zaunert, Paul: *Deutsche Märchen aus dem Donaulande.* Jena 1926 (MdW), S. 93.
40 Uther (wie Anm. 11).
41 Uther (wie Anm. 11), S. 50.

Martin Feltes

»Der Traum vom Raum« – zur Architektur der Anderswelt in Malerei und Baukunst

Traumhaus und Wolkenschloss« – die Erinnerung an Schloss Neuschwanstein (Abb. 1) ist das Ergebnis einer ersten Assoziationskette zu diesem Thema des Märchenkongresses in Potsdam. König Ludwig II. ließ die pseudo-mittelalterliche Ritterburg in den Jahren zwischen 1879 und 1886 erbauen, und bis heute hat dieses Traumschloss nichts von seiner Anziehungskraft verloren.[1] Neuschwanstein befriedigt das Bedürfnis vieler Menschen nach Romantik. Neuschwanstein spiegelt die träumerische Sehnsucht des Publikums nach einer fremden und fernen Welt, nach der Welt des Mittelalters, die einseitig als ein »Goldenes Zeitalter« verklärt wird. Neuschwanstein ist eine Architektur der Anderswelt vor dem realhistorischen Hintergrund der beginnenden Industrialisierung. Als Sehnsuchtsmotiv ist die Architektur dieser Schlossanlage zu bewerten, deren Vorbildfunktion für die Disney-Land-Schlösser und die Legoland-Burgen betont werden muss. Und bei der Illustration von Burgen und Schlössern in vielen Märchenbüchern hat Neuschwanstein direkt oder indirekt Pate gestanden.[2]

Neuschwanstein ist der Stein gewordene Traum eines Königs: Neuschwanstein ein Traumhaus also – oder doch ein Wolkenschloss? Nicht nur bei der näheren Betrachtung dieses Schlosses stellt sich das Gefühl des Unbehagens ein. Denn Schloss Neuschwanstein hat zugleich den Charakter des Glatten, Süßlichen, des Sentimentalen, was natürlich – potenziert – ebenso für die mannigfachen Rezeptionen dieser Burganlage in den Modellnachbildungen und in der Illustrationskunst gilt. Neuschwanstein als indirektes Illustrationsmotiv in den Märchenbüchern wird der symbolischen und verschlüsselten Bedeutung der architektonischen Märchenorte nicht gerecht, Neuschwanstein verschleiert den Blick auf die bösen und dunklen Orte in den Märchen, Neuschwanstein missachtet die Zeitlosigkeit unserer Märchen, wenn die Handlung suggestiv in die Epoche des Mittelalters gelegt wird.

Abb. 1: Schloss Neuschwanstein, 1879–1886.

Weiterhin widersprechen die illustrierenden Schlossdarstellungen nach dem Muster Neuschwansteins dem abstrakten Erzählstil unserer Märchen, wie er von Max Lüthi beschrieben worden ist: »Nur was handlungswichtig ist, wird erwähnt, ... nichts wird ausgemalt.«[3] Lüthi spricht von der epischen Technik der bloßen Benennung, die als Appell an die träumerische Phantasie des Lesers oder Zuhörers einen wesentlichen Reiz unserer Märchen ausmacht. Dies gilt auch für die architektonischen Orte in den europäischen Volksmärchen, weshalb sich detaillierte Architekturillustrationen nach dem Muster Neuschwansteins in den Märchenbüchern verbieten. Und deshalb kann im Folgenden auch nicht eine motivgeschichtliche Untersuchung architektonischer Märchenorte und -räume geleistet werden. Vielmehr gilt es, in Stichproben den Blick auf architektonische Phantasie- und Traumbilder in Malerei und Baukunst zu lenken. Es gilt Beispiele gemalter und gebauter Architektur zusammenzutragen, die in ihrem Charakter des Unwirklichen, Geheimnisvollen und Phantastischen, geträumte Märchenorte, Orte der Anderswelt sein können.

Die Merkmale des Unwirklichen, Geheimnisvollen und Phantastischen lassen sich nun für ein Gemälde aufzeigen, das der große Maler des Surrealismus René Magritte im Jahr 1961 geschaffen hat: »Das Pyrenäenschloss« (Abb. 2). Wir sehen die Vision eines Schlosses auf einem massiven Felsen, der über dem Meer schwebt. »Steinzeit« wird die künstlerische Entwicklungsperiode des Künstlers genannt, in der das Gemälde entstanden ist. Denn das Schloss ist versteinert und bildet mit dem steinernen Felsen eine unauflösbare Einheit. Neben dieser Versteinerungsthematik ist die Aufhebung der Schwerkraftgesetze für die surreale und unwirkliche Atmosphäre dieses Gemäldes verantwortlich, wozu auch der hohe Grad der Wahrscheinlichkeit der künstlerischen Interpretation beiträgt. »Das Pyrenäenschloss« spielt mit seinem Titel auf die französische Redensart »Chateaux en Espagne« an, was gleichbedeutend mit Luftschlössern ist [4], und damit dankbar zum Thema und Titel dieses Märchenkongresses überleitet: Traumhaus und Wolkenschloss. Und übergeleitet werden kann auch zu einem Wesensmerkmal unserer Märchen: Das Prinzip der Verwandlung, der Metamorphose, die Tendenz der Märchen, nicht nur Lebewesen und Pflanzen, sondern auch Architekturen zu metallisieren oder zu mineralisieren.[5] Dies kann am Beispiel des Märchens »Die Bienenkönigin« belegt werden, in dem ein versteinertes Schloss erlöst werden muss.

Nicht das gebaute Schloss Neuschwanstein, sondern das gemalte Pyrenäensschloss in seiner Aura des Geheimnisvollen, des Unwirklichen und des Phantastischen ist also Ausgangspunkt der Suche nach architektonischen Orten der Anderswelt, die natürlich auch in ihrer Gegensätzlichkeit zur Architektur unserer Alltagswelt definiert sind. Unsere Alltagsarchitektur ist geprägt durch die Prioritäten des Nützlichen und Effizienten, des Gemütlichen und Heimeligen, des Bescheidenen oder auch des Protzigen. Unsere Alltagsarchitektur ist eingeschränkt durch administrative, ökonomische, konstruktive sowie funktionale Bedingungen und Zwänge. Diese Zwänge greifen auch,

Abb. 2: René Magritte, Das Pyrenäenschloss, 1961.

wenn Traumvisionen von Architektur realisiert werden und deshalb häufig den Charakter des Unwirklichen und Phantastischen verlieren. Dies gilt mit Sicherheit für das Schloss Neuschwanstein, aber vielleicht auch für die Kirche »Sagrada Familia« des großen katalanischen Architekten Antonio Gaudí (Abb. 3). Der im Jahre 1883 begonnene Kirchenbau, der das Wahrzeichen Barcelonas geworden ist, zeigt vorbildlich die Grundmerkmale der Baukunst Gaudís: Sein unerschöpflicher Erfindungsreichtum, der sich sowohl auf Formen und Farben als auch auf innovative konstruktive Lösungen bezieht, die eindrucksvolle Symbiose von Skulptur und Architektur, die Vorbildfunktion der gotischen und maurischen Baukunst, die organische

Abb. 3: Antonio Gaudí, Sagrada Familia, begonnen 1883.

Formensprache.[6] Die Kirche Sagrada Familia ist zudem ein eindrucksvolles Beispiel für die empirische Vorgehensweise Antonio Gaudís, die das permanente Einfließen neuer Ideen während des Bauprozesses ermöglichte. Statt fester planerischer Vorgaben dominierte bei der beginnenden Realisierung des Bauwerkes die künstlerische Spontaneität, womit ein wichtiger Grund für den Torsocharakter des Kirchenbaus genannt ist: non finito. Aufgrund dieser Vorgehensweise des Architekten unter dem Primat von Phantasie und Kreativität, aufgrund der engsten Verschmelzung dieses Bauwerkes mit der Persön-

Abb. 4: Antonio Gaudí, Skizze der Außenansicht Krypta Colònia Güell.

lichkeit Gaudís und seinen genialen Ideen, ist es Unfug, diese Kirche vollenden zu wollen, was für die nächsten Jahre geplant ist. Eine Vollendung würde bedeuten: Verlust der Authentizität, die Gefahr einer oberflächlichen Gefälligkeit, das Problem der Trivialisierung, der Verrat der Bauidee: eine Schreckensvision – die Kirche Sagrada Familia als spanisches Neuschwanstein? Die Bauidee Gaudís wird in den wenigen zeichnerischen und malerischen Vorentwürfen Gaudis deutlich, wobei eine Skizze für die »Krypta Colònia Güell« (Abb. 4) auch als Vorlage für die beginnende Realisierung der Sagrada Familia in Anspruch genommen werden kann. Besonders die Türme der Sagrada Familia, ihre parabolische Form, ihre Durchfensterung und ihre skulpturalen Bekrönungen sind in dieser Skizze bereits angelegt. Wir betrachten fasziniert eine Architektur der Anderswelt, die in ihrem

Abb. 5: Giovanni Piranesi, Carceri d'Invenzione (Ausschnitt), um 1760.

Grad des Phantastischen und Unwirklichen das realisierte Bauwerk bei weitem übertrifft. Dafür ist der Berg- und Höhlencharakter dieser gemalten Architektur verantwortlich, der von dem bizarren Steingebirge des Montserrat, des heiligen Bergs der Katalanen, inspiriert worden sein kann. Noch sehr viel deutlicher als das gebaute Bauwerk beeindruckt dieser Architekturentwurf in seiner Qualität des Organischen, zumal auf jegliche Assoziationen an ein historistisches Bau- und Formenvokabular verzichtet wird. Kraftlinien der Natur werden in dieser Architektur visualisiert, wodurch sich gerade bei dieser faszinierenden Skizze der Eindruck einer Metamorphose aufdrängt, der eine interessante Analogie zu der beschriebenen Arbeitsweise des Architekten aufweist.

Wenn auch der Grad des Phantastischen der gebauten Kirche im Vergleich zur ersten Entwurfsskizze abnimmt, und dieser Bau die Problematik einer Umsetzung phantastischer Architekturerfindungen in reale Architektur dokumentiert, so ist doch Hans Holländer zuzustimmen: »Wenn jemals reale Architektur das Adjektiv phantastisch verdiente, so ist es diese.« Die Aufhebung der Grenzen von Architektur und Plastik, die schöpferische Phantasie der Formen und Konstruktionen sowie der Torsocharakter dieses Bauwerkes sind die Gründe für diese Einschätzung Holländers, der jedoch zugleich einschränkt: »Indessen ist sie immer noch, wenngleich von hohem Freiheitsgrad, nicht zu messen mit den Carceri und ihren literarischen Nachfolgern.«[7] Mit den »Carceri« bezieht Holländer sich auf einen grafischen Zyklus des italienischen Künstlers Giovanni Piranesis, der in jeder Abhandlung über phantastische Architektur zitiert wird.[8] »Carceri« meint Kerkerbilder, doch mit wirklichen Kerkern haben diese Grafiken nichts zu tun. Es handelt sich um freie künstlerische Gedankenspiele über ein architektonisches Thema (Abb. 5). Diese Architekturphantasien haben den Charakter des Labyrinthischen und Ruinösen. Es sind Orte der unterirdischen Dunkelheit, Orte des Schreckens und des Bösen. Unklar ist das Verhältnis von innen und außen, undeutlich ist die perspektivische Konstruktion, irreal sind die Lichteffekte. Interessant und überzeugend ist Hans Holländers Vergleich dieser graphischen Architekturphantasien Piranesis mit der Beschreibung einer Stadt in Jorge Luis Borges Erzählung »Der Unsterbliche«: »Immer wieder stieß man auf blinde Gänge, auf unerreichbar hoch angebrachte Fenster, auf prunkvolle Türen, hinter denen sich eine Zelle oder ein Verlies auftaten, auf unwahrscheinliche Treppen, die mit Stufen und Geländer umgedreht nach unten hingen.« Und mit dem Hinweis auf Borges und Piranesi folgert Holländer: »Phantastische Architektur ist offenbar eine Sache der Bilder und der Literatur. Reale Bauwerke oder realisierbare Entwürfe sind nicht phantastisch. Sie können unter bestimmten Bedingungen so erscheinen.«[9]

Als herausragendes Beispiel einer Erfindung von Architektur in räumlichen Bildern gilt das »Palais Idéal« des Briefträgers Ferdinand

Abb. 6: Ferdinand Cheval, Palais Idéal, 1879–1922.

Cheval (Abb. 6), das in die Baugeschichte phantastischer Architektur eingegangen ist. Knollige, figurenhaft geformte Steine, die der Landbriefträger auf seinen Postgängen über Land entdeckte und sammelte, waren Inspirationsquelle und Baumaterial für diese Traumarchitektur. Es war das Lebenswerk des Briefträgers, das im gleichen Jahr wie Schloss Neuschwanstein begonnen (1879) und erst im Jahr 1922 vollendet wurde. In einem langsamen und kreativen Prozess entstand eine Architektur, die nicht zum Bewohnen, sondern vor allem zum Betrachten geschaffen wurde, weshalb dieses »Palais imaginaire« als dreidimensionales Architekturbild zu beschreiben ist.[10] Wie bei den Architekturen Gaudìs begegnen wir auch hier den Merkmalen der Metamorphose, des Bizarren und Organischen. Ergänzend sind exotische Motive festzustellen, die durch Ansichtspostkarten aus fernen Kolonien, die der Landbriefträger ausgetragen hat, angeregt sein könnten. Interessant ist der Hinweis Christian W. Thomsens auf einen Aufsatz von Peter Weiss, in dem das Palais Idéal dichterisch nachempfunden und gebaute Architektur in Literatur zurückübersetzt wurde: »Überall drehen, senken sich die Formen, steigen an, breiten sich aus, werden zu Ornamenten, Gewächsen, Früchten, haben Augen, strecken Glieder aus, schieben sich vor, ziehen mich tiefer hinein in Gänge, Schächte Alkoven, Erinnerungen noch an Tropfsteinhöhlen, Gartengrotten ... Ich bin im Innern eines Traums.«[11] Innere Bilder werden in dieser Architektur des Briefträgers zugleich sichtbar gemacht und evoziert. Peter Weiss beschreibt das Palais Idéal als gebauten Seelenausdruck, als Seelenlabyrinth, als Gefühls- und Gedankengrube. Alles ist in Verwandlung begriffen. Und Christian W. Thomsen ergänzt: »Chevals Palais Idéal macht eben auch vieles von dem sichtbar, was an Traumkraft im Märchen steckt.«[12]

Die Traumkraft der Märchen ist nun das Stichwort, um zu den Traumwerken des Hieronymus Bosch überzuleiten. Boschs Traumbilder sind Visionen mit hoher Erfindungskraft als sichtbarer Ausdruck des Unbewussten. Fray Joseph de Siguenza, Bibliothekar im Escorial, notiert 1605: »Meiner Ansicht nach liegt der Unterschied zwischen den Gemälden dieses Malers und denen anderer darin: Die anderen suchen die äußere Erscheinung der Menschen abzubilden; er allein besitzt die Kühnheit, sie abzubilden, wie sie innerlich sind ...«[13] Und dieser Ansatz muss wohl auch für die gemalten Architekturen des Künstlers in Anspruch genommen werden, die nicht als bloße äußere architektonische Kulisse einer Szene zu deuten sind. Boschs Architekturen spielen im Handlungsgeschehen mit, sie sind geheimnisvolle und rätselhafte Bedeutungsträger. Als Beispiel für Boschs phantasierte und inszenierte Orte der Anderswelt ist die Stadtkulisse im Hintergrund des Epiphanie-Triptychons aus der Zeit um 1510 zu erwähnen. Wir beobachten eine Stadt, die sowohl aus zeitgenössischen Architekturmotiven als auch aus Architekturen einer fremden Welt zusammengesetzt sind. Bei den Architekturphantasien handelt es sich um Variationen zum Thema Rundbau, Variationen, die an bekannte Darstellungen des Turmbaus zu Babel erinnern.[14] Besonders das mehrstöckige Gebäude am linken Bildrand, das sich noch im Zustand des Unvollendeten befindet, lässt dieses architektonische Motiv erahnen, wie der Vergleich mit zahlreichen anderen Interpretationen des Themas deutlich macht. Babylon ist also mit dieser Stadt gemeint, eine böse Stadt, eine Stadt der Versuchungen und des Frevels, die Stadt des Antichristen. Mit dieser Deutung der Architektur kann auch die Bedeutung der rätselhaften Figur des vierten Königs in diesem Bild erschlossen werden: eine Verhöhnung des Schmerzensmannes, der Antichrist: »Eben dies ist der Messias, den die Bewohner der Stadt erwarten, und statt seiner kam zu ihrer Enttäuschung ein anderer, der falsche Messias aber bleibt der wahre Herrscher der Stadt«, interpretiert Hans Holländer.[15]

Der babylonische Turm zählt zu den Archetypen menschlicher Architekturvorstellungen. Er gilt als Prototyp aller Architekturphantasien, womit die so umfangreiche und spannende Rezeptionsgeschichte dieses Motivs in der bildenden Kunst erklärt werden kann. Eine kleine Auswahl ist in der Nürnberger Ausstellung »Der Traum vom Raum« aus dem Jahre 1986 zusammengestellt und die vielschichtige Symbolik dieses biblischen Motivs interpretiert worden.[16] Berühmtestes Beispiel in der langen Tradition der Darstellungen ist mit Sicherheit Pieter Bruegels Gemälde »Der Turmbau zu Babel« aus dem Jahre 1563. Nach dem archäologischen Vorbild des römischen Kolosseum hat Bruegel diesen Turm, der bis in die Wolken reicht, als Sinnbild menschlicher Hybris entwickelt. Es wird gebaut und gebaut, doch an einigen Stellen sind schon Spuren des beginnenden Zerfalls zu beobachten. Das ehrgeizige Projekt ist zum Scheitern verurteilt. Durch eine raffinierte perspektivische Konstruktion scheint der Turm nach links zu kippen, um die flandrische Stadt in naher Zukunft unter sich zu begraben. Eine bewusste Aktualisierung des Themas ist mit dieser Darstellung einer zeitgenössischen und vertrauten Stadtanlage beabsichtigt, womit ein Leitthema in der Bildersprache des Pieter Bruegel angedeutet ist. Immer geht es Bruegel um die Deutung der Welt vor dem Hintergrund des Zeitgeistes, wie auch in seiner grafischen Bilderfolge der »Sieben Tugenden« und der »Sieben Laster« deutlich aufgezeigt werden kann. Als Beispiel sei die Allegorie der »Superbia«, die Hoffart, als die übelste aller Todsünden angeführt (Abb. 7). Traditionell ist die Darstellung der personifizierten Superbia als prächtig gekleideter Dame mit einem Spiegel, in dem sie eitel ihr Antlitz betrachtet. Traditionell ist das Attribut des Pfaus als Sinnbild des Hochmuts.[17] In-

Abb. 7: Pieter Bruegel d. Ä., Superbia (Ausschnitt), 1557.

novativ an diesem Blatt sind dagegen die skurrilen Architekturphantasien des Hintergrundes, die aus dem Motivvokabular des Hieronymus Bosch entnommen und weiterentwickelt wurden und eine Welt der Versuchungen und des Bösen inszenieren. Wie Bosch zeigt sich auch Bruegel in der Darstellung dieser Architekturphantasien als ein Meister der Kombinationen und Transformationen. Die Architekturen verwandeln sich genauso wie die Menschen zu Dämonen und Monstern. Bauchige, fruchtähnliche Gebilde sind ebenso zu erkennen wie abenteuerliche Motiv- und Materialkombinationen, die schon moderne Science-Fiction-Architektur vorwegzunehmen scheinen. Einige Architekturen haben böse Augen und gefräßige Mäuler, um die sündige Welt zu verschlingen, während andere in ihrem verführerischen Reiz auf das Leitthema dieser Darstellung antworten. Und wieder andere Bauten blähen sich auf wie der Pfau, der als Attribut der Superbia zugeordnet wurde. Es wird deutlich: Die architektonische Traumwelt des Pieter

Bruegel ist nicht Beiwerk oder bloße Kulisse, sondern spielt im Handlungsgeschehen mit, was auch durch den Gefängnischarakter vieler Bauwerke bestätigt wird. Der Mensch ist gefangen in einer Welt der Versuchungen, in einer Welt der Todsünden, aus der es kein Entrinnen gibt: der Traum vom Raum als Alptraum!

Mit diesem Gedanken sei ein Sprung in die Kunst des 20. Jahrhunderts erlaubt, in die Malerei des Surrealismus. Denn als der Alptraum einer Architektur kann auch ein Gemälde aus den Jahren 1924/25 gedeutet werden, das Max Ernst geschaffen hat, und dessen Titel »Paris-Traum« (Yale University Art Gallery) wohl bewusst in die Irre führen soll. Denn der Traum von Paris als Stadt des pulsierenden Lebens wird zu einem Alptraum von einer Stadt, aus der das Leben entweicht: eine Stadt ohne Menschen. Aus geometrischen Formen ist das Gerüst dieser Stadt zusammengesetzt, die sich in einem Prozess des Zerfalls und der Auflösung befindet. Von links nach rechts zerbröckeln und zerfasern die festen architektonischen Strukturen. Die Farben nehmen ab und münden in das Schwarz des Todes. Geträumt wird eine Stadt des Todes, die die Menschen begräbt wie das steinerne Massiv der Pyramide, die im Hintergrund der Architektursilhouette angedeutet ist. Die kalte und starre Darstellung der Sonne, von der keine lebensspendende Kraft ausgeht, unterstreicht diesen Gedanken.[18] Zehn Jahre später sollte Max Ernst dieses Thema noch einmal in einem Gemälde aufgreifen: »Die ganze Stadt« aus den Jahren 1935/36 (Abb. 8). Gleichsam einer Akropolis hat der Künstler seine Stadtvision entwickelt, die vor allem durch das endlose Band eines verschachtelten Mauergürtels definiert ist. Die Stadt ist versteinert, mineralisiert, zu einem monumentalen Sarkophag geworden, zu einem Ort des Todes. »Es war einmal ein arm Kind und hatt' kein Vater und keine Mutter, war alles tot, und war niemand mehr auf der Welt ...« An dieses Antimärchen »Vom armen Kind« in Büchners Woyzeck wird der Betrachter des Gemäldes erinnert. Unheimlich ist das kalte Licht der Sonne, unheimlich ist das Fehlen der Menschen, unheimlich sind die Pflanzen des Vordergrundes, die als bizarre Blumen, Gräser und Halme mit gierigen Fingern von dieser Stadt Besitz ergreifen.[19] Die Natur siegt über eine Architektur, die in dem treppenförmigen Aufstieg zur schwindelnden Höhe wiederum das Urmotiv des babylonischen Turmes assoziieren lässt.

Vielleicht sind diese Schreckensvisionen einer Stadt vor dem Hintergrund erlebter Großstadterfahrungen künstlerisch inspiriert worden,

Abb. 8: Max Ernst, Die ganze Stadt, 1935/36.

vor dem Hintergrund der Erfahrungen von Unübersichtlichkeit, sozialen Problemen und Verwahrlosung, auf die seit dem 19. Jahrhundert auch eine Vielzahl utopischer Architektur- und Stadtmodelle reagierten. Krisenzeiten sind utopieverdächtig. Dabei handelt es sich jedoch nicht um geträumte und phantasierte, sondern vielmehr um geplante und kalkulierte Orte der Anderswelt, wobei die Beschreibung der Stadt Amaurotum in Thomas Morus' Roman »Utopia« aus dem Jahre 1516 als unumstrittener Präzedenzfall zu zitieren ist. Thomas Morus beschreibt eine Stadt mit quadratischem Grundriss, regelmäßigen Straßenzügen sowie mit einer uniformen und funktionalen Bebauung. Diese Beschreibung einer idealen Stadt als architektonischen Schauplatz der vollkommenen menschlichen Gesellschaft bildet die Grundlage sowohl für die utopischen Stadtmodelle der Sozialutopisten des 19. Jahrhunderts (Charles Fourier und Robert Owen) als auch für die Idee der Gartenstadt, wie sie von Ebenezer Howard (1850–1928) in England entwickelt worden ist. Allgemeine Grundmerkmale dieser utopischen Stadtmodelle sind das Geordnete, das Geometrische und Funktionale, Merkmale, die in Le Corbusiers utopischem Modell einer Stadt für drei

Millionen Einwohner aus dem Jahre 1922 ins Extreme gesteigert wurde. Diese Stadtutopie antwortet in ihrem radikalen Funktionalismus auf die Anforderungen von Verkehr, Wirtschaftlichkeit und Hygiene zu Beginn der Moderne und feiert das Primat einer gnadenlosen Effizienz: die Stadt als Fabrik, das Wohnhaus als Maschine!

Im Widerspruch zu diesem funktionalistischen Ansatz von Architektur und Stadtplanung stehen die Architekturvisionen in der Malerei und Baukunst des deutschen Expressionismus. Diese Stadtutopien müssen zudem als Reaktion auf die Ereignisse und Folgen des ersten Weltkrieges begriffen werden. Vor allem in den ersten Nachkriegsjahren entstanden Visionen einer neuen Architektur, einer neuen Stadt, einer neuen Welt. »Bau einer neuen Welt« ist demnach ein treffender Titel einer Ausstellung, die im Jahr 2003 in Bremen gezeigt wurde und die unterschiedlichen Aspekte expressionistischer Architekturvisionen zur Diskussion stellte.[20]

Ein Aspekt der ausführlichen und differenzierten Betrachtung dieses Themas war die Idee und Bildersprache der märchenhaften Stadtvisionen des Grafikers und Dichters Uriel Birnbaum, der von 1894–1956 lebte. Birnbaums Kunstmärchen »Der Kaiser und der Architekt« aus den Jahren 1921/22 wird durch eine Grafikfolge begleitet, die das Geschehen nicht nur illustriert, sondern auch interpretiert: Dem Kaiser erscheint in der Nacht der Traum einer vielfarbigen Vision einer himmlischen Stadt, die Vision des Himmlischen Jerusalem, und er beauftragt seinen Architekten diese Stadt zu erbauen. In immer neuen Anläufen entwirft der Architekt mehrere Städte, doch: »Eine schöne irdische Stadt war's, aber nicht die himmlische Stadt nach der der Kaiser sich sehnte.« Hier greift das uralte Bild vom Himmlischen Jerusalem als idealer Stadtvision, die antithetisch dem Urbild von Babylon als Stadt des Bösen, der Sprachverwirrung und der menschlichen Hybris gegenübergestellt wird. »Die erste Stadt« (Abb. 9), »Die Inselstadt«, »Die gläserne Stadt« sind Beispiele dieser Entwurfsparade. In ihrer schwarzen Konturierung und in den leuchtenden Farbfeldern erinnern diese Bilder an sakrale Glasmalerei.[21] Damit sind zugleich Grundmerkmale expressionistischer Malerei angedeutet, wobei die Übertragung dieser Stilmerkmale in das Medium der Architektur schwer fällt. Unscharf und widersprüchlich sind die Definitionsversuche einer expressionistischen Architektur. Hier kann der Blick auf eine Architekturutopie des Archi-

Abb. 9: Uriel Birnbaum, Die erste Stadt, 1921/22.

tekten und Utopisten Bruno Taut Hilfestellung leisten. Für Tauts Vision einer »Alpinen Architektur« aus den Jahren 1918–19 greift das Wort des Berliner Kritikers Adolf Behne. Tauts Häuser entstehen von innen heraus, wie eine wachsende Pflanze: »Man darf demnach die Architektur Tauts als dem innersten Sinne nach expressionistisch bezeichnen.«[22] Bruno Taut war Mitglied der Architekten- und Malergruppe der »Gläsernen Kette«, die – abgeleitet von den Zukunftsphantasien des Schriftstellers Paul Scheerbart – Glas zum Baustoff der Zukunft erklärte. Dabei stand neben dem ästhetischen Interesse an diesem Material, welches das Licht der Sonne spiegelt, vor allem auch die Symbolkraft von Glas und Kristall im Mittelpunkt des Interesses. Die Materialien standen für Transparenz als Voraussetzung einer demokratischen Gesellschaft, waren Symbol des Lichtes, der Reinheit und der Ewigkeit. Bei der häufigen Kombination eines Berges mit einer gläsernen Überkuppelung (Abb. 10) darf vielleicht an das Märchenmotiv des Glasberges gedacht werden, der auf der Reise in die Anderswelt erklommen werden muss. Als Orte des Jenseits werden die Märchenmotive des Glasberges und des Kristallschlosses von Lutz Röhrich gedeutet: »Diese Orte bergen die Quellen des Lebens, der ewigen Jugend und Schönheit oder gewahren dem dort lebenden Menschen während seines Aufenthaltes die ewige Jugend.«[23]

Neben dem Baumaterial des Glases in seiner symbolischen Qualität wird in den expressionistischen Stadtutopien auch eine Symbiose von Architektur und Natur gefordert, denn: »Die Erde ist eine gute Wohnung« (Bruno Taut). Auch Hermann Finsterlin war kreatives und Impulse gebendes Mitglied der »Gläsernen Kette«. »Die Stadt« ist der Titel einer Stadtutopie aus dem Jahre 1916, die eine Gebirgslandschaft zeigt. Der Künstler Hermann Finsterlin interpretiert: »Im Innenraum des neuen Hauses wird man sich nicht nur als Insasse einer märchenhaften Kristalldruse fühlen, sondern als interner Bewohner eines Organismus, wandernd von Organ zu Organ ...«[24] Die Sehnsucht nach der Höhle, nach dem Bauch der Erde, die Sehnsucht nach dem Mutterschoß spiegelt sich in dieser Architekturlandschaft: »Die Themen von zeugendem Eindringen und gebärendem Heraustreiben zeichnen sich ab.«[25] Einen visionären Einblick in das Innere eines solchen Berges vermittelt ein Gemälde von Wenzel Hablik aus dem Jahre 1924. Als kosmische Kristallgrotte ist dieser unterirdische Ort interpretiert, wobei sich zugleich die Erinnerung an die Glasarchitektur der gotischen Kathedrale aufdrängt: ein sakraler Ort, ein mythischer Ort, ein Ort, der in einem leuchtenden Farbenspiel erstrahlt. Die Farben spiegeln sich zauberhaft auf dem Wasser des Kanals, auf dem Gondeln fahren, um die geheimnisvollen Gänge und Wasserstraßen dieses märchenhaften Ortes erkunden zu können. Piranesis »Carceri« als unterirdische Orte des Schreckens, des Bösen und des Todes werden in einen paradiesischen Ort verwandelt.

In ihrer Sehnsucht nach einer Architektur der neuen Welt flüchteten sich die Künstler der »Gläsernen Kette« also nicht in die Verklärung vergangener Geschichtsepochen, sondern entwarfen Architektur- und Stadtmodelle, die in ihrem kosmisch-visionären Charakter das eindringliche Verlangen einer Imagination des Unsichtbaren ausdrücken. Es ging um eine Visualisierung der göttlichen Ordnung und geistiger Prinzipien.

Abb. 10: Wenzel Hablik, Freitragende Kuppel mit fünf Bergspitzen als Basis, 1924.

An dieser Stelle ist nahtlos zu der anthroposophischen Architektur überzuleiten, wie sie programmatisch von Rudolf Steiner entworfen wurde. 1923 charakterisierte Steiner die Anthroposophie als »einen Erkenntnisweg, der das Geistige im Menschenwesen zum Geistigen im Weltenall führen möchte«. Und unter dieser Prämisse ist auch das erste Goetheanum entstanden: »Das Wesentliche wird sein …, dass unser neuer ten offen sind, allerdings nicht nach dem Materiellen, sondern offen sind hin nach dem Geistigen ...«[26] Architektur wird von Steiner als Gesamtkunstwerk begriffen. In dem Zusammenspiel von Plastik, Architektur und Malerei, von Musik und Theater wird der anagogische Charakter der anthroposophischen Baukunst deutlich. Über die sinnliche Wahrnehmung des künstlerischen Erlebens soll Übersinnliches ahnbar werden. Dabei bezieht das Prinzip der Metamorphose eine Schlüsselrolle, weil es die Brücke zwischen der sinnlich wahrnehmbaren und der geistigen Wirklichkeit darstellt. Auch in der organisch-plastischen Formensprache der anthroposophischen Architektur lässt sich eine deutliche Verbindung zu der expressionistischen Architektur aufzeigen, wobei der Einsteinturm in Potsdam als Fallbeispiel zitiert werden soll. Erich Mendelsohn hat dieses Gebäude in den Jahren von 1920–1924 geschaffen. Wir bewundern die expressive Plastizität dieser Architektur, ihre kraftvollen Rundungen, wir spüren den Eindruck des Gewachsenen und des Dynamischen.

Die Bauten Antonio Gaudís in Barcelona, die expressionistische Architektur in Deutschland und die anthroposophische Bauidee Rudolf Steiners sind die fast zeitgleich entstandenen Keimzellen einer organischen Architektur, die mit den gebauten und entworfenen Architekturen des Friedensreich Hundertwasser mit Sicherheit den bekanntesten und populärsten Höhepunkt feierte. Für Hundertwasser ist »der Maulwurf Vater aller Architekten«[27], womit sich die Vielzahl seiner archaischen Erdhausmodelle erklärt. Hundertwasser forderte eine individuelle, organische, farbige und naturbezogene Architektur. Leidenschaftlich, polemisch und provokativ wurde der Kampf gegen die gerade Linie und den rechten Winkel geführt. Als Reaktion auf den einseitigen Funktionalismus der 1950er und 1960er Jahre, als Reaktion auf die »Unwirtlichkeit unserer Städte« (Alexander Mitscherlich) hat Friedensreich Hundertwasser seine Architekturphilosophie entwickelt, die in Ansätzen verwirklicht werden konnte. Touristischer Anziehungspunkt ist das Hundertwasser-Haus in Wien, das jedoch durch die hemmungslose Vermarktung in unserer Kalender- und Postkartenkultur die Aura des Einzigartigen und Besonderen verloren hat. Doch in der großen Akzeptanz und Popularität seines Werkes spiegelt sich der Traum des Menschen nach einer Architektur als Alternative zu den grauen Bauten unserer Alltagswelt mit den beschriebenen Prioritäten des Nützlichen und Effizienten. Als Voraussetzung für eine neue

Qualität von Architektur sieht Hundertwasser die künstlerische Phantasie, wenn er formuliert: »Früher haben Maler Häuser abgemalt. Heute müssen die Maler Häuser erfinden, und es müssen die Architekten die Häuser den Bildern nachbauen. Denn die schönen Häuser gibt es nicht mehr.«[28] Hundertwasser träumt Architektur. Als Beispiel für ein gemaltes Architekturbild des populären Künstlers und Architekten ist das Gemälde »Tropfen im Raster« aus dem Jahre 1990 anzuführen. Grundlage der Bildkomposition ist ein Rastersystem gerader Linien, in das runde und organische Formen eindringen. Diese Tropfenformen strömen aus einem blauen Wellenband, das als rahmende und schützende Hülle eine Hausansicht umfasst. Tür und Fenster dieses Hauses sind ebenso als Ausgeburten des blauen Wellenbandes interpretiert, wobei ihre Verwandlung in menschliche Gesichter auffällt. Auf die Bedeutung von Architektur als dritte Haut des Menschen wird mit dieser Personifizierung architektonischer Elemente angespielt und zugleich das geträumte Haus als lebendiger Organismus begriffen. Seine Bilder sind für Hundertwasser Fenster in eine andere Welt, in eine Anderswelt, in eine Welt des Paradieses, die der sichtbaren Alltagswelt entgegengesetzt ist: »Ich habe es geschafft, einige Fenster zu dieser Welt aufzustoßen.«

Als Fenster in eine andere Welt können auch die beschriebenen Architekturutopien der »Gläsernen Kette« gedeutet werden, die sich in radikaler Imagination des Ideals über alle Grenzen des Möglichen hinwegsetzen. Ein gebautes Fenster in eine andere Welt ist mit Sicherheit auch das Palais Idéal des Briefträgers Ferdinand Cheval. Und ebenso sind die Architekturphantasien Piranesis, Boschs und Bruegels sowie der Surrealisten als gemalte Fenster in eine andere Welt zu verstehen. Diese in Stichproben zusammengeführten Traumbilder architektonischer Orte einer Anderswelt lassen in ihrem Charakter des Geheimnisvollen, des Feierlichen und Prächtigen, aber auch des Bösen und Unheimlichen eine Verbindung zu den Räumen und Orten unserer Märchen erahnen. Innere Bilder werden in diesen Kunstwerken visualisiert, wie sie auch im Märchen beschworen werden: Träume und Alpträume von Architektur als Spiegel unserer Ängste und Sehnsüchte, als Spiegel unserer Seele. Wir brauchen solche Träume einer Anderswelt, die die Grenzen des Sichtbaren und Beweisbaren sprengen. Aber der Traum vom Raum darf nicht zur Flucht werden, wie der Traum eines Königs: Neuschwanstein.

Anmerkungen

1 Als Traumarchitektur eines Königs wird Neuschwanstein besprochen von Thomsen, Christian W.: *Architekturphantasien.* Von Babylon bis zur virtuellen Architektur. München 1994, S. 73 f.

2 Als ein Illustrationsbeispiel aus vielen sei verwiesen auf die Darstellung eines Märchenschlosses in Stich, Christian (Hrsg.): *Das große Märchenbuch.* Zürich 1987 (Innenumschlag).

3 Lüthi, Max: *Das Europäische Volksmärchen.* Tübingen, 8. Aufl., 1985, S. 26.

4 Hammacher, Abraham M.: *René Magritte.* Köln 1992, S. 117.

5 Lüthi (wie Anm. 3), S. 27.

6 Ausführlich wird die Kirche u. a. besprochen von Zerbst, Rainer: *Antonio Gaudí.* Köln 1985, S. 190 ff.

7 Holländer, Hans: »Zur Phantastischen Architektur«. In: Thomsen, Christian W./Fischer, Jens Malte (Hrsg.): *Phantastik in Literatur und Kunst.* Darmstadt 1980, S. 420.

8 Ausstellungskatalog: *Der Traum vom Raum.* Gemalte Architektur aus sieben Jahrhunderten. Marburg 1986, S. 410 f.

9 Holländer, Hans: »Fremde Welten – Phantastische Architektur«. In: *Der Traum vom Raum* (wie Anm. 8), S. 154.

10 Holländer (wie Anm. 7), S. 423.

11 Thomsen (wie Anm. 1), S. 76.

12 Thomsen (wie Anm. 1), S. 77.

13 Zitiert bei Fritsche, Ulrich: *Jheronimus Bosch.* Das ausgewogene Weltbild. Schmallenberg 1996, S. 10.

14 Holländer, Hans: *Hieronymus Bosch.* Weltbilder und Traumwerk. Köln 1976, S. 62.

15 Holländer (wie Anm. 14), S. 64.

16 *Der Traum vom Raum* (wie Anm. 8), S. 123 ff.

17 Ausführlich besprochen wird die Grafikserie von: Stridbeck, Carl Gustaf: *Bruegelstudien.* Soest (Holland) 1977, S. 74 f.; Holländer (wie Anm. 9), S. 156 f., S. 406.

18 In diesem Sinne wird das Gemälde gedeutet von Zink, Jörg: *DiaBücherei Christliche Kunst. Betrachtung und Deutung,* Bd. 24: *Visionen.* Eschbach/Markgräflerland 1988, S. 92.

19 Zink (wie Anm. 18), S. 94.

20 Ausstellungskatalog: *Bau einer neuen Welt.* Architektonische Visionen des Expressionismus. Bremen 2003.

21 Jaeger, Roland: »Die märchenhaften Stadtvisionen des Uriel Birnbaum.« In: *Bau einer neuen Welt* (wie Anm. 20), S. 140 ff.
22 Zitiert in: *Bau einer neuen Welt* (wie Anm. 20), S. 8.
23 Röhrich, Lutz: *»und weil sie nicht gestorben sind …«*. Anthropologie, Kulturgeschichte und Deutung von Märchen. Wien 2002, S. 108.
24 Zitiert von Langner, Johannes: »Bauten in Bildern – Bilder der Zukunft – utopische Architektur.« In: Der Traum vom Raum (wie Anm. 8), S. 430.
25 Langner (wie Anm. 24).
26 Zitiert von Ree, Pieter van der: Organische Architektur. Der Bauimpuls Rudolf Steiners und die organische Architektur im 20. Jahrhundert. Stuttgart, 2001, S. 41 f.
27 Schmied, Wieland: »Der Maulwurf – Vater aller Architekten«. In: Hundertwasser, Friedensreich: *Für ein natur- und menschgerechteres Bauen.* Hundertwasser. Architektur. Köln 1997, S. 6.
28 Zitiert in: Schmied (wie Anm. 27), S. 8.

Abbildungsverzeichnis

Margarete Möckel

Wenn aus einer Hütte ein Schloss wird – Wandlung der Innenräume

Wenn in den Zaubermärchen aus einer Hütte ein Schloss wird, aus einem kleinen Haus ein prächtiger Palast, dann sind in jedem Fall ungeheure Kräfte der Wandlung im Spiel. Sie können positiv oder negativ geladen sein, die Entwicklung kann zum Guten wie auch zum Unheil führen. Entscheidend sind die Ausgangssituation und der Anstoß wie auch die Richtung, in der die Entwicklungsbewegung verläuft.

Ein böses Musterbeispiel gibt uns das Märchen vom Butt, vom sprechenden goldenen Fisch, der dem armen Fischer ins Netz geht und sich als verwünschter Prinz erklärt, worauf ihn der Fischer freigibt. Der Butt schwimmt davon, nicht ohne eine Blutspur im Wasser hinter sich herzuziehen: Zeichen seiner Verletzlichkeit, seines Leidens, seiner Erlösungsbedürftigkeit. Aber das begreift der Fischer nicht; es gibt nichts als Staunen über diesen Fisch, der sprechen kann. Ganz anders seine Frau, die sofort die außergewöhnlichen Möglichkeiten wittert, über die so ein verwünschtes Wesen verfügt. Ihre Gier lag wohl schon immer auf der Lauer wie die Spinne im Netz, raus aus dem Pisspott will sie schon lange, aber nicht durch eigenes Dazutun. Die rasche Erfüllung des ersten Wunsches weckt ihre Begehrlichkeit: Hier bietet sich die Gelegenheit, schamlos an die Dankbarkeit für die Freilassung zu appellieren und eine Gegenleistung nach der anderen zu verlangen, die allesamt nur ihr und ihrem Egoismus zugute kommen sollen. Also schickt sie den Mann ein ums andere Mal zum Fisch, der ihre unverschämten Wünsche auch noch erfüllt. Der Anstoß zu dieser haarsträubenden Entwicklung kommt aus niederen Beweggründen, die Bewegung ist klar nach außen gerichtet, auf Macht, Geld, Ansehen.

Die wachsende Maßlosigkeit des Verlangens, immer höher zu steigen, drückt sich vor allem in der wachsenden Größe und Pracht der Behausung aus – vom Pisspott zur kleinen Hütte, von da zum steinernen

Schloss, von da zum Königspalast, dann zur marmornen Kaiserresidenz, endlich zu den Papstpalästen rund um eine große Kirche. Und von da – wir wissen es – wieder zurück in den Pisspott, denn zuletzt wollte sie werden »wie der liebe Gott«, wollte Sonne und Mond aufgehen lassen, also über den Kosmos, die große Weltordnung, gebieten. Das ist der Gipfel der Hybris gegenüber dem schöpferischen Geist des Weltalls, gegenüber der Natur und ihrer Ordnung, der sich auch die so genannte »Krone der Schöpfung« nicht entziehen kann. So nimmt das Unheil seinen Lauf, großartig in der farbigen Bildsprache seiner pommerschen Mundart dargestellt vom Erzähler dieses Märchens, dem Maler Philipp Otto Runge.

Uns interessiert hier besonders die Frage, wie es wohl im Inneren eines Menschen aussehen mag, der solche größenwahnsinnigen Phantasien auf Kosten der Energie anderer entwickelt. Wir entdecken Respektlosigkeit und selbstsüchtige Gier, Undankbarkeit und wachsende Herrschsucht. Je größer der umgebene Raum wird – Schloss, Palast, Papstkirche –, desto schneller wachsen Gier, Bosheit und Rücksichtslosigkeit im Inneren, es ist gerade so, als ob der Seelenraum sich durch die inflationäre Besessenheit ins unermesslich, unvorstellbar Negative ausdehnte wie ein aufgepumpter Luftballon, und den Zuhörern graut es zu Recht bei der Vorstellung, wie die Sache enden wird.

Die schenkende schöpferische Kraft der Natur, die sich im Butt verkörpert, wird auf schamlose Weise missbraucht, bis sie erschöpft ist. Und damit sind auch alle ihre früheren Gaben hinfällig: Am Ende steht der ausbeuterische Mensch wieder dort, wo er hergekommen ist, wo er wieder und für immer hingehört, weil er sein Bewusstsein nicht weiterentwickelt hat. Der verwünschte Prinz aber, der königliche menschliche Aspekt dieser wunderbaren kreativen Kraft, wird nicht erlöst, alle Anstrengungen waren umsonst, alle Energien sind vergeudet. Zukunft ist nicht in Sicht.

Mit dieser tragischen Geschichte im Hintergrund wollen wir uns nun nach positiven Beispielen umschauen, in denen die innere Entwicklung eines Märchenmenschen durch verwandelte, erweiterte Lebensräume sichtbar gemacht wird. Es sind nicht viele unter den Zaubermärchen, uns kommen vor allem zwei aus der grimmschen Sammlung in den Sinn: einmal, für die weibliche Entwicklung, »Die Gänsehirtin am Brunnen«, zum anderen, für den männlichen Reifungsprozess, »Der arme Müllerbursch und das Kätzchen«. Beide Märchen sind mir seit vielen Jahren immer mehr ans Herz gewachsen, sind mir immer vertrauter und wichtiger geworden. Ich weiß, dass viele Erzählerinnen unter meinen Zuhörern diesen Prozess kennen. Am liebsten sind uns ja die Märchen, mit denen wir lange Zeit umgehen, in denen wir immer wieder eine neue Besonderheit entdecken, ein Detail besser verstehen, Zusammenhänge mit unserem eigenen Entwicklungsweg erkennen. Das sind die Märchen, die unser Leben lang »bei uns bleiben«, während andere uns wieder verlassen, wie Rudolf Geiger das einmal charakterisiert hat, und sie sind es auch, die wir am liebsten erzählen, weil wir sie uns wirklich einverleibt haben.

»Der arme Müllerbursch und das Kätzchen« ist ein Märchen ohne große Gesten oder Dramatik, die Handlung scheint in kleinen Wellen dahinzuplätschern, eine fast tänzerische Beiläufigkeit ist Trumpf, Alltägliches scheint vorzuherrschen. Und doch erzählt uns das Märchen die ganze Entwicklungsgeschichte eines jungen Mannes vom Dummling bis zum Gemahl der Königin.

Anfangs lebt der Junge in einem einseitig männlichen System, in einer Mühle mit dem alten Müller und zwei anderen Mahlburschen, die den Jüngsten für albern halten. Nach der Aussendung durch den alten Müller – »Wer mir das beste Pferd bringt, dem will ich die Mühle geben, und er soll mich dafür bis an mein Lebensende verpflegen« – macht sich auch Hans auf den Weg, geht einfach mit, obwohl ihn die anderen nicht dabeihaben wollen. Er ist kein Einzelgänger, kein Aschenhocker, sondern der typische Jüngste, der überall mitläuft und sich nichts daraus macht, wenn die anderen ihn auslachen. Natürlich merkt er's nicht, dass sie ihn später in der Höhle allein lassen, wo sie zusammen übernachten wollten. Als er am nächsten Morgen aufwacht, kann er sich nur mühsam zurechtfinden in der dunklen Höhle (es ist anzunehmen, dass es sich um eine Initiationshöhle handelt, wo der Initiand, ganz auf sich gestellt, eine erste emotionale Erschütterung erfährt). Später, als er sich wieder hinausgefunden hat, empfindet er dies ganz deutlich: »Ich bin hier ganz allein und verlassen, wie soll ich nun zu einem Pferd kommen!« Niemand ist da, dem er's abgucken könnte, kein älterer Bruder oder Arbeitsgesell, wie er es bisher gewöhnt war. Aber die Situation wird nicht dramatisiert, nicht einmal Tränen vergießt unser Hans. Dafür aber hat er sein Ziel fest im Blick: das Pferd, das er sich verdienen soll und will. Just in diesem Augenblick kommt ihm ein kleines buntes Kätzchen entgegen, das erste weibliche Wesen, das ihm (und auch uns in diesem Märchen) begegnet, und spricht ihn freundlich an, ist ganz auf Hans bezogen: »Was dein Begehren ist, weiß ich wohl, (...), du willst einen hübschen Gaul haben. Komm mit mir und sei sieben Jahre mein treuer Knecht, so will ich dir einen geben, schöner als du dein Lebtag einen gesehen hast.« – »Nun, das ist eine wunderliche Katze«, denkt Hans, »aber sehen will ich doch, ob das wahr ist, was sie sagt.« Diese leicht skeptische Neugier, diese Offenheit auch gegenüber dem Ungewöhnlichen ist ein Merkmal unseres Helden. Er hat keine Angst – das wäre ja auch noch schöner bei solch einem kleinen freundlichen Tier! –, sondern lässt sich auf das Angebot ein. Sie nimmt ihn mit in ihr kleines verwünschtes Schlösschen, wo überall vergnügte Kätzchen herumspringen, die machen abends nach dem Essen auch Musik: Eins spielt den Bass, eins die Geige und eins die Trompete. Von Fuß bis Kopf schwingen die Töne, aber als das bunte Kätzchen ihn zum Tanz auffordert, distanziert sich Hans, wahrt seine Würde, ohne grob zu werden: »Nein, (...), mit einer Miezekatze tanze ich nicht, das habe ich noch niemals getan.« Er bleibt ohne Vorwurf ganz bei sich und seinem Standpunkt. Und die Herrin Katze ist auch gar nicht beleidigt, sondern sagt zu den Kätzchen: »So bringt ihn ins Bett, (...).« Und wir erleben amüsiert, wie sorgfältig und zärtlich er von ihren Dienerinnen betreut wird.

In dem Katzenschlösschen geht es fröhlich und unbeschwert zu, niemand scheint unter der Verwünschung zu leiden, Leichtigkeit heißt die Devise in diesem Katzenhaushalt, aber alle sind offensichtlich froh, dass mit Hans nun ein männliches Wesen bei ihnen lebt. Dafür tun sie ihm alles zuliebe. Diese ungewohnten Annehmlichkeiten in einem rein weiblichen System quittiert Hans mit Behagen: »Das tut recht sanft«, sagt er, wenn eins der Kätzchen ihm mit dem Schwanz das Gesicht abtrocknet. Aber dafür muss er auch der Herrin Katze dienen und alle Tage Holz klein machen – sprich: für Wärme sorgen –, damit sich dieses gedeihliche Klima immer aufs Neue entwickeln kann. Das Werkzeug, das er zum Holzhacken und später zum Grasmähen bekommt, liefert uns wie nebenbei einen Hinweis auf tiefere Bedeutung: Es sind dies eine silberne Axt und eine silberne Sense, absolut untauglich in der Alltagsrealität. Aber wir haben zu bedenken, dass das weiche Silber symbolisch dem Mond zugeordnet ist, dem weiblichen Gestirn, und so dürfen wir schlussfolgern, dass Hans bei der Herrin Katze lernt, mit weiblichen Mitteln umzugehen, auf weibliche Art und Weise zu hantieren, vielleicht nach und nach auch das Leben auf eine andere Art zu empfinden. Das ist gewiss ein großer Unterschied zu der schweren männlichen Arbeit in der Mühle, zu dem Umgangston auch, der aus solch grober Plackerei entsteht. Im Katzenschlösschen lernt Hans, seine eigenen weiblichen Wesensanteile zu entwickeln, er lernt, sensibel zu werden für die Bedürfnisse seiner Mitbewohnerinnen: Neben dem Holz fürs Feuer muss er auch für die Wintervorräte Sorge tragen. Endlich fragt Hans die Herrin Katze, ob sie ihm noch nicht seinen Lohn geben wolle. »Nein«, sagte die Katze, »du sollst mir erst noch einerlei tun, da ist Bauholz von Silber, Zimmeraxt, Winkeleisen und was nötig ist, alles von Silber, daraus baue mir erst ein kleines Häuschen.« Da baute Hans das Häuschen fertig und sagte, er hätte nun alles getan und hätte noch kein Pferd. Doch waren ihm die sieben Jahre herumgegangen wie ein halbes.

Dieses Häuschen aus silbernem Baumaterial, mit silbernem Werkzeug hergestellt, ist sein Meisterstück am Ende der Lehre. Seine weibliche Wesensseite ist nun so gut entwickelt, wie es einem Manne nur zu wünschen ist, er ist ein ganzer Mann geworden durch die Ergänzung, Erweiterung und Vertiefung, die er in der »Schule der Katzenfrauen« erfahren hat. So baut er ein Modell für die Zukunft: Er baut es für die Herrin, aber es wird auch die Behausung seiner Zukunft sein, wenn ihm erst einmal die Augen aufgegangen sind, wenn ihm seine Entwicklung bewusst wird.

Vorher aber muss Hans noch einmal zurück in die Enge der Mühle, muss sogar im Gänsestall schlafen, wird verhöhnt und verlacht, weil er in seinem alten Kittel daherkommt. Niemand glaubt ihm, dass er eins der zwölf herrlichen Pferde bekommen wird, die ihm die Herrin Katze gezeigt hat – erstaunlicherweise haben sie alle Platz in dem silbernen Häuschen! –, und dass es ihm sogar gebracht werden soll. Das Märchen erzählt von diesen negativen Erfahrungen in der Mühle zwar in leicht vorwurfsvollem Ton, aber wir gewinnen doch den Eindruck, dass Hans nicht allzu sehr darunter leidet. Vielmehr hat er ja nun Gelegenheit, seinen Entwicklungsweg von der Mühle damals bis zum Ende seiner Lehrzeit zu ermessen. Was die beiden anderen Mahlburschen und der Müller meinen, ficht Hans nicht an, er hat seinen Erfahrungsschatz gewonnen und zweifelt keinen Augenblick daran, dass die Herrin Katze ihm sein Pferd bringen wird. Und als sie dann, in eine prächtige Königstochter verwandelt, aus der sechsspännigen Kutsche steigt und dem

Müller Hansens Pferd vorführt, als Hans von ihrem Diener königlich gekleidet wird, ist der Augenblick der Offenbarung da. Alle müssen erkennen, dass Hans sich zum ebenbürtigen Partner der schönen Königstochter entwickelt hat. Sein ursprüngliches Ziel, die Mühle, lässt er nun weit hinter sich, als er mit ihr in der Kutsche davonfährt. »Sie fahren zuerst nach dem kleinen Häuschen, das er mit dem silbernen Werkzeug gebaut hat, da ist es ein großes Schloss, und ist alles darin von Silber und Gold; und da hat sie ihn geheiratet, und war er reich, so reich, dass er für sein Lebtag genug hatte.«

Nachdem die kleine bunte Katze in ihrer wahren, erlösten Gestalt als Königstochter erscheint, recht eigentlich als Herrin seiner Seele auftritt und ihn mit sich nimmt, wundert uns die Verwandlung des silbernen Häuschens in ein großes Schloss nicht mehr: Dieses symbolische Bild ist die Bestätigung für Hansens Entwicklung. Er hat im Dienst bei der Herrin für beide den adäquaten inneren und damit auch den äußeren Lebensraum geschaffen, in dem sie ein geglücktes Leben führen können.

Unser nächstes Beispiel, das Märchen von der jüngsten Königstochter, die nach den beiden älteren Schwestern von ihrem Vater gefragt wird: »Und du, mein liebstes Kind, wie lieb hast du mich?«, beschreibt meisterlich eine Konstellation zwischen Eltern und Kindern, wie sie heute noch alle Tage vorkommen kann. Der Vater findet es ganz natürlich, dass die Jüngste sein Liebling ist. Aber er erschrickt zutiefst, als sie nach langem Drängen ihre Liebe zu ihm mit der Liebe zum Salz vergleicht. »Die beste Speise schmeckt mir nicht ohne Salz, (...)« – ob der Vater diese Begründung überhaupt hört, wirklich wahrnimmt und begreift, was seine Jüngste ihm da gesteht, dass er nämlich für sie so notwendig ist wie das Salz in der Suppe, dass ihr das ganze Leben nicht schmeckt ohne den Vater, das ist die Frage. Wahrscheinlich ist er in der Tiefe entsprechend betroffen von dieser Liebeserklärung, aber er reagiert völlig unbewusst und damit ganz und gar unangemessen: Seine Emotion signalisiert, »das ist unerträglich!«, und flieht schleunigst aus dem zuständigen Gefühlsbereich, steigt an die Oberfläche und tobt sich vordergründig aus in banalem Zorn über die scheinbare Missachtung. Er will die Tochter nicht mehr sehen, verstößt sie, verdrängt sie aus seinem Gesichtskreis, auch wenn die Königin unter Tränen für das Kind bittet. Später reut ihn seine Härte, aber die liebste Jüngste ist im Wald verschwunden, für ihn nicht mehr greifbar, verloren scheinbar für beide Eltern. Das ist der Moment der völligen Ablösung, in dem es so aussieht, als ob Eltern und Kind nie mehr zueinander finden könnten. Je fester und unbewusster die Bindung vorher war, desto rigoroser vollzieht sich dieser Schritt.

Für die Königstochter ist der Wald der unbekannte, gefährliche Bereich, in dem sie sich zum ersten Mal im Leben ganz allein zurechtfinden muss. Er entspricht dem Unbewussten, diesem riesigen dunklen Raum, dessen Bedeutung und Ausdehnung sie nur ahnen kann. Sie ist aus der sicheren Geborgenheit des Elternhauses geworfen, sie hat erfahren, dass der geliebte Vater König ungerecht und grausam auf ihre Aufrichtigkeit reagiert, dass er ihr alle standesgemäßen Zukunftsaussichten nimmt, indem er sie für immer fortschickt und das Reich zwischen den beiden älteren Schwestern aufteilt. Ihre Mutter kann ihr nicht helfen, niemand Vertrautes darf sie begleiten auf diesem Weg in den großen dunklen Wald. Und der Sack mit Salz auf ihrem Rücken ist eine drückende Last, Synonym für das Schuldgefühl, das ihr der Vater aufgebürdet hat.

Vor den Gefahren dieses fast unbegrenzten, unheimlichen Raumes hat sie gewiss Angst, die neuen Möglichkeiten darin sind vorläufig überhaupt nicht zu erkennen. Wir können es uns vorstellen – im Märchen wird es nicht erzählt –, wie das Mädchen den steilen Weg bergauf zum Häuschen der Alten bewältigt, so wie es später der junge Graf unter der Fuchtel der Schicksalsfrau erlebt; wie sie um Aufnahme bittet und wie diese ihr gewährt wird. Welch ein Glück! Nun hat sie ein Dach über dem Kopf und einen begrenzten überschaubaren Umkreis, in dem sie sich zurechtfinden und ihre täglichen Aufgaben erfüllen kann: tagsüber draußen die Gänse hüten und abends spinnen im Haus. Wir dürfen getrost annehmen, dass es hier darum geht, den Lebensfaden geduldig weiter zu spinnen in dieser schwierigen Zeit zwischen Kindheit und Erwachsensein, wenn bei fast allen jungen Menschen Kontinuität und Gleichmaß des Lebenslaufs leicht aus dem Gleichgewicht geraten. Und wenn noch dazu ein schmerzhafter Einschnitt wie die Vertreibung aus dem Elternhaus verarbeitet werden soll, ist tägliche Pflichterfüllung gewiss eine feste Stütze für die verletzte, unsicher gewordene Seele. Die Alte ist da eine gute Lehrmeisterin; sie erinnert in ihrer Haltung an die Initiationslehrer, die ihren Schützlingen einiges abverlangten während der Zeit der Übergangsriten. Zur Initiation gehört natürlich auch die Haut, die das Mädchen während der Übergangszeit wie eine Maske über das Gesicht legt: Sie erinnert uns an das rußgeschwärzte Gesicht, hinter dem Allerleirauh, jene verwandte Königstochter, ihre Entwicklung durchlebt. Allerleirauhs Erscheinen bei den drei Tanzfesten, wo sie sich in ihrer wahren Schönheit zeigt, hat seine Entsprechung bei der Gänsehirtin in den Vollmondnächten, wenn sie die Haut mit dem grauen Zopf ablegt, wäscht und im Mondschein bleicht, während sie selbst im Mantel ihrer goldenen Haare am Brunnenrand sitzt und trauert. Gerade dies wird kategorisch von der Schicksalsfrau gefordert: »Jetzt ist's Zeit, Töchterchen, dass du hinausgehst, tu deine Arbeit.« Der Wechsel zwischen fleißiger Alltagsarbeit und trauernder Reflexion im Rhythmus der Mondphasen bereitet die Königstochter auf ihr Leben als erwachsene Frau vor. Indem sie von Vollmond zu Vollmond an ihrem Lebensfaden spinnt, entwickelt sie ein Gefühl für die Gesetzmäßigkeit der weiblichen Rhythmen und lernt, sich in diese Rhythmen einzuschwingen.

Und für uns ist es jetzt gewiss Zeit für die Frage: Wer ist wohl diese Alte, die mit ihren Gänsen in einer Einöde zwischen Bergen lebt und da ein kleines Haus hat? Als steinalt wird sie beschrieben, aber wir wissen auch, dass sie in der Episode mit dem jungen Grafen eine beachtliche Munterkeit und Behändigkeit an den Tag legt und mühelos an ihrer Krücke bergauf vor ihm herwackelt, ja, ihm zuletzt sogar auf den Rücken springt. Sie schneidet jeden Tag Gras für die Gänse und pflückt sich das wilde Obst ab, so weit die Hände reichen, wilde Äpfel und Birnen, die gerade reif sind, während auf der Wiese bei ihrem Haus Himmelsschlüssel und Thymian blühen – ja, das vernehmen wir mit Staunen, dass gleichzeitig Frühlings- und Hochsommerblumen blühen, und noch dazu ist auch schon das herbstliche Obst reif! Dieses Nebeneinander der Jahreszeiten, diese immerwährende Gegenwart deutet darauf hin, dass im Bereich der Alten ein Zeitkontinuum herrscht, das außerhalb der menschlich vorgestellten und dimensionierten Zeit liegt. Wir dürfen vermuten, dass sie die Herrin dieser Zeit ist, dass sie über die Jahreszeiten wie über die Lebenszeiten gebietet – ähnlich der Frau Holle. Dort gibt es auch eine Wiese mit tausend Blumen, es gibt reife Äpfel und daneben Schneeflocken, die aus Frau Holles Betten geschüttelt werden. Die große russische Hexe Baba Jaga, bei der Wassilissa die Wunderschöne ihre Initiationsprüfung ablegt, ist als Herrin der Zeit besonders deutlich ausgewiesen: Ihre drei Reiter, der lichte Tag, die rote Sonne und die dunkle Nacht, sind ihre »treuen Diener, ihre liebwerten Helfer«. Es fällt nicht schwer, die Zusammengehörigkeit dieser drei archaischen weiblichen Märchenfiguren in der übermenschlichen Gestalt der Magna Mater zu erkennen.

Als Lehrerin der verstoßenen Königstochter zeigt sich die Schicksalsfrau mütterlich und tröstend, aber auch fordernd: Um einen gleichmäßigen Faden zu spinnen, muss man dranbleiben, Ausdauer zeigen, taktile Fähigkeiten entwickeln. Die Finger werden in der Feinmotorik geübt, die Wahrnehmung sensibilisiert, Konzentration gefordert. Und auch das Gänsehüten ist beileibe nicht ohne Schwierigkeit, Gänse sind wachsam und sehr aggressiv. Nicht umsonst hat die Hirtin ihre Rute zur Hand. Die Alte verlangt, dass die gekränkte Tochter ihre Arbeit tut, nicht nur ihren Lebensfaden weiterspinnt, sondern vor allem ihre Aggressionen gegenüber dem Vater abbaut, »ihre Gänse hütet«; das entzückende Bild gegen Ende des Märchens zeigt, dass dies in den drei Lehrjahren bei der Schicksalsfrau geglückt ist: Die Gänse sitzen des Nachts rings um das Häuschen herum und haben »den Kopf in die Flügel gesteckt und schliefen, und keine regte sich nicht«, obwohl drei fremde Menschen – Königin und König und der junge Graf – sich nähern. Ein friedlicheres Bild lässt sich kaum denken, wenn wir uns der Alarm schlagenden Wachsamkeit der kapitolinischen Gänse erinnern.

Vielleicht ist in diesem Zusammenhang interessant, dass die Gans mythologisch zur Aphrodite gehört, wie wir es auf einem griechischen Vasenbild sehen, auf dem die Göttin eine Gans zum Reittier gewählt hat. Wir dürfen wohl annehmen, dass in der Entwicklung der Königstochter im Laufe der Zeit die absolute Gefühlsbindung an den Vater abgebaut worden ist, ob sie sich nun in Liebe oder Enttäuschung oder Aggression äußerte. Jetzt kann sie sich davon distanzieren und für eine echte partnerschaftliche Liebesbeziehung öffnen.

Der Schluss des Märchens: »Der Graf erzählte ihnen (das heißt dem König und der Königin, Anmerkung der Autorin), was er für Wunderdinge bei dem Brunnen gesehen hätte, und sie zweifelten nicht, dass das ihre verlorene Tochter gewesen wäre. Voll Freude gingen sie weiter und kamen bald bei dem Häuschen an; (…)«; und hier folgt das Bild von den friedlich schlafenden Gänsen.

> Sie schauten zum Fenster hinein, da saß die Alte ganz still und spann, nickte mit dem Kopf und sah sich nicht um. Es war ganz sauber in der Stube, als wenn da die kleinen Nebelmännlein

wohnten, die keinen Staub auf den Füßen tragen. Ihre Tochter aber sahen sie nicht. Sie schauten das alles eine Zeitlang an, endlich fassten sie ein Herz und klopften leise ans Fenster. Die Alte schien sie erwartet zu haben, sie stand auf und rief ganz freundlich: »Nur herein, ich kenne euch schon.« Als sie in die Stube eingetreten waren, sprach die Alte: »Den weiten Weg hättet Ihr Euch sparen können, wenn Ihr Euer Kind, das so gut und liebreich ist, nicht vor drei Jahren ungerechterweise verstoßen hättet. Ihr hat's nichts geschadet, sie hat drei Jahre lang die Gänse hüten müssen: Sie hat nichts Böses dabei gelernt, sondern ihr reines Herz behalten. Ihr aber seid durch die Angst, in der Ihr gelebt habt, hinlänglich gestraft.« Dann ging sie an die Kammer und rief: »Komm heraus, mein Töchterchen.« Da ging die Türe auf, und die Königstochter trat heraus in ihrem seidenen Gewand mit ihren goldenen Haaren und ihren leuchtenden Augen, und es war, als ob ein Engel vom Himmel käme. Sie ging auf ihren Vater und ihre Mutter zu, fiel ihnen um den Hals und küsste sie; es war nicht anders, sie mussten alle vor Freude weinen. Der junge Graf stand neben ihnen, und als sie ihn erblickte, ward sie so rot im Gesicht wie eine Moosrose; sie wusste selbst nicht warum. Der König sprach: »Liebes Kind, mein Königreich habe ich verschenkt, was soll ich dir geben?« »Sie braucht nichts«, sagte die Alte, »ich schenke ihr die Tränen, die sie um Euch geweint hat, das sind lauter Perlen, schöner, als sie im Meer gefunden werden, und sind mehr wert als Euer ganzes Königreich. Und zum Lohn für ihre Dienste gebe ich ihr mein Häuschen.« Als die Alte das gesagt hatte, verschwand sie vor ihren Augen. Es knatterte ein wenig in den Wänden, und als sie sich umsahen, war das Häuschen in einen prächtigen Palast verwandelt, und eine königliche Tafel war gedeckt, und die Bedienten liefen hin und her.

Hier möchte ich innehalten, um die Weisheit des Märchens einmal mehr zu würdigen. Vor einer Aussöhnung muss zuerst reiner Tisch gemacht werden; deshalb hält die Alte den Eltern den Spiegel vor: »Den weiten Weg hättet Ihr Euch sparen können, wenn Ihr Euer Kind … nicht ungerechterweise verstoßen hättet …« Und dann: »Ihr seid durch die Angst, in der ihr gelebt habt, hinlänglich gestraft.« Und weiter: »Sie hat nichts Böses dabei gelernt, sondern ihr reines Herz behalten.« Nun ist der Stand der Dinge klar benannt, nun können Eltern und Kind ruhig und besonnen miteinander sprechen. Erst jetzt holt die Alte das Töchterchen aus der Kammer – und in der reinen Wiedersehensfreude erkennen wir die Entwicklung, die Eltern und Kind durchlaufen haben, erkennen auch, dass aus dem kindlichen Mädchen eine junge Frau geworden ist, die als Antwort auf Amors Flügelschlag wie eine Moosrose errötet. Und allen, die da versammelt sind, auch dem jungen Mann, erklärt die Alte den Wert der Perlentränen, die das Mädchen vergossen hat: Sie sind ja das Symbol für die nicht mehr zu verlierende Erfahrung, die das bewältigte Leid, die beharrliche Pflege der Gefühle und endlich den freien Fluss der Liebe einschließt. So wie die Perle aus einer irritierenden Verletzung entsteht, nämlich durch das Eindringen eines Sandkorns in die Muschel, welches dann aber Schicht um Schicht mit Perlmutt umkleidet und, gerundet, in die Muschelwand integriert wird, so hat die junge Frau ihr Leid in kostbare Erfahrung umgewandelt.

Und wen wundert's, dass die Alte »vor ihren Augen« verschwindet, während das Häuschen in einen prächtigen Palast verwandelt wird, der nun der jungen Frau gehört. Es ist der ihrem Wesen gemäße Lebensraum, den sie sich trauernd und dienend in der Obhut der Mutter Natur erarbeitet hat. Von dieser aber heißt es, dass sie es »wahrscheinlich (...) auch gewesen (...) ist, die der Königstochter schon bei der Geburt die Gabe verliehen hat, Perlen zu weinen statt der Tränen«.

Mit Bedacht habe ich die drei Märchen für diesen Vortrag aus der grimmschen Sammlung ausgewählt und behandelt. Sie sind sehr verschieden in ihrem Charakter: Das hochdramatische Märchen »Von dem Fischer un syner Fru« (KHM 19) legt beispielhaft Zeugnis davon ab, dass die Brüder Grimm sehr wohl Beiträge aus verschiedenen deutschen Mundarten so belassen haben, wie sie ihnen überliefert wurden; »Der arme Müllerbursch und das Kätzchen« (KHM 106) wurde von Dorothea Viehmann beigesteuert, in den Anmerkungen von den Grimms in seiner »eigenen Zierlichkeit« ausdrücklich gewürdigt, und erst später hat Wilhelm Grimm eine Variante aus Göttingen in den Anfang des Märchens eingearbeitet. »Die Gänsehirtin am Brunnen« (KHM 179) stammt aus Wien; leider ist die steiermärkische Mundartfassung verloren. Aber der großartige und doch innige Charakter dieses Zaubermärchens kommt in der Bildsprache Wilhelm Grimms vorzüglich zur Geltung. Es gehört in die lange Reihe der Kinder- und Hausmärchen, die unsere Vorstellung vom deutschen Märchen und unser Sprachgefühl geprägt haben. Schöner als in der grimmschen Fassung können wir unsere Märchen gewiss nicht erzählen! Und so möchte ich am Ende meiner Ausführungen Jacob und Wilhelm Grimm meine Reverenz erweisen in Verehrung und Dankbarkeit.

Anmerkungen

Alle Zitate aus der Sammlung Grimm sind der in Stuttgart erschienenen, von Heinz Rölleke herausgegebenen Ausgabe letzter Hand mit den Originalanmerkungen der Brüder Grimm entnommen: Bd. 1, 1995; Bd. 2, 1991; Bd. 3, 1994.

Kristin Wardetzky

Das Ehegemach – Ort der Sehnsucht, Ort des Schreckens

Zwanzig Jahre hat Penelope auf ihn gewartet – 20 Jahre des Hoffens, der Verzweiflung, des Zorns, der Verzagtheit. Die berühmten Helden Griechenlands, die das trojanische Inferno oder die mörderische Intrige überlebten, sitzen längst wieder am heimatlichen Herd und ihre Taten werden zu Legenden. Nur einer fehlt: Odysseus. Zehn Jahre hat ihn der Krieg festgehalten, wer oder was aber in den darauf folgenden endlosen Tagen und Nächten? 20 Jahre nach seiner Abreise landet er auf Ithaka. Aber nicht, wie zu erwarten wäre, sucht er als Erstes das Gesicht, die Arme, den Schoß der Gattin. Der Listenreiche erscheint in fremder Gestalt: Unerkannt als Bettler betritt er sein Haus, dann, die Lumpen ablegend, wirft er über die Freier, die den Reichtum der Insel aufgezehrt, »mit Gewalt die dienenden Weiber beschlafen« (XXII, 37)[1] und Penelope umwerben, »ohne die Götter zu scheun, ... noch die Rache der Menschen« (XXII, 39–40), über diese Freier also wirft er »das Netz des Verderbens« (XXII, 41). Inmitten der Erschlagenen stehend, »ganz mit Blut und Schmutz besudelt, gleich einem Löwen« (XXII, 402), ruft er – wiederum zu unserem Erstaunen – nicht nach der Gattin, sondern nach Eurykleia, der Amme. Sie, die um das Geheimnis seiner Identität weiß, lässt er die geilen Mägde zusammentreiben. Nachdem sie Throne, Tische und Estrich vom Blut gereinigt haben, werden sie erhängt. Nun erst, nachdem »im ganzen Hause Ordnung geschaffen« (XXII, 440) und mit Schwefel das Übel ausgeräuchert ist – ein wahrhaft infernalisches Szenario –, nun erst erleben wir Schritt für Schritt – in äußerster, kaum erträglicher Verzögerung – die Wiederbegegnung der Gatten. Bei all dem Getöse, Schwerterklirren und Todesgeschrei schlief Penelope so tief und fest wie »nie ..., seitdem sich Odysseus / Aufgemacht, um das Unglückstroja zu schaun, das verhaßte« (XXIII, 18–19). Die Amme muss sie wecken und die Nachricht von der Rückkehr des Gatten bringen. Viel ist gerätselt worden über diesen Heilschlaf der Penelope, wie auch über ihre Weigerung, der Botschaft Eurykleias Glauben zu schenken. Hat ihr der Schlaf nicht unmissverständlich zu wissen gegeben, dass in der Halle kein anderer auf sie wartet als der Langvermisste? Sollte ihr Zögern eine Vergeltung für ein unerträgliches, 20-jähriges Warten sein? Kann man dieser reifen, vom Schicksal gezeichneten Frau solch töricht-infantilen Trotz unterstellen? Richtet sich ihr Misstrauen nicht eher gegen sich selbst als gegen den Fremdling, der vorgibt, Odysseus zu sein? Muss sie nicht vielmehr ganz sicher sein, unter keinen Umständen einer wunschgesteuerten Wahrnehmungstäuschung zu erliegen, oder, mythologisch gesprochen, der Epiphanie eines Gottes, den der Frevel der Freier und ihre »schlechten, kränkenden Werke« erzürnt und der die Gestalt des Odysseus angenommen hat? Wie aber kann sie letzte Gewissheit, letzte Klarheit erlangen?

Damit sind wir – nach narrativem Präludium – beim Thema des Aufsatzes angekommen: Penelope prüft Odysseus mit einem Geheimnis, das nur sie beide teilen. »... denn wir besitzen / Zeichen, die nur wir beiden, geheim vor den anderen, wissen« (XXIII, 109–110). So weist sie Telemachs Vorwurf zurück, sie habe ein Herz von Stein, weil sie sich nicht dem Vater, dem Gatten in die Arme wirft, sondern weit entfernt von ihm, am anderen Ende der Halle, Platz nimmt und den Zerlumpten, von Blut Besudelten stumm und zweifelnd mustert. Das Geheimnis, mit dem sie ihn prüft, ist die Kenntnis des Ehegemachs, der »festgründete(n) Kammer, die selbst er gebaut« rings um einen breitblättrigen Ölbaum, den er kunstvoll mit dem Erz bearbeitete, mit Gold, Elfenbein und Silber zierte. Als Odysseus ihr den verschwiegenen Ort in allen Details beschreiben kann, »da lösten sich ihr auf der Stelle das Herz und die Knie ...« (XXIII, 178–205).

Hier haben wir die ersten Beschreibungen eines irdischen Ehegemachs in unserer Kulturgeschichte[2], das bereits die wesentlichen Zeichen des Auratischen in sich birgt, denen wir später in märchenhaften Dichtungen begegnen: Es ist der Ort des höchsten Glücks, des Einander-(Wieder-)Findens, eine Festung der Zweisamkeit, in die kein Blick eines Dritten dringen darf, und/oder Ort der Prüfung; aber auch ein Ort der Verzweiflung, der äußersten Einsamkeit, wenn der Platz des Geliebten verwaist. All diese Zuschreibungen nun finden wir im Märchen, genauer: im (zweiteiligen) Zaubermärchen, deren Kern – nach Scherf – das Motiv der Partnersuche ausmacht – ebenso radikal zugespitzt wie phantasievoll variiert.

Es muss allerdings erstaunen, dass im Zaubermärchen, das doch als Liebesdichtung schlechthin gelten kann, das Ehegemach verhältnismäßig selten Erwähnung findet. So viel da von Liebe geredet und um der Liebe willen gehandelt wird, so wenig wird von einem konkreten Ort als Refugium der Eheleute berichtet. Ist etwa Liebe und Ehegemach ein Widerspruch in sich? Schließen Ehe und Liebe einander aus?[3]

Wir wollen im Folgenden solche Konstellationstypen genauer betrachten, in denen ein Ehegemach Zielvorstellung oder Umschlagpunkt der Handlung darstellt. Ersteres ist in seinem Vorkommen universell, Letzteres begegnet uns am häufigsten in AaTh 400 und 425 – »Mann auf der Suche nach seiner Frau« und »Frau auf der Suche nach dem verlorenen Gatten«, den Tierbräutigam- und Schwanenjungfraumärchen – und in den Märchen von der unterschobenen/falschen Braut (AaTh 403, 450, 313 C, 533). Ich will versuchen, die mir bekannten Fundstücke aus europäischen Sammlungen[4] zunächst unter drei Aspekten zu ordnen[5], um am Ende das Märchen als Glücksdichtung zu verlassen und auf den Mythos, dann allerdings als tragische Dichtung, zurückzukommen.

1. *Glückseligkeit*

Penelope und Odysseus finden nach Trennung und Prüfung an einem Ort zueinander, den kein fremdes Auge je erblickt hat. Zugang zu diesem Ort haben nur die füreinander Bestimmten: die Gatten. Odysseus *enthüllt* mit seiner Beschreibung ein Geheimnis, dessen *Verhüllung* unabdingbare Voraussetzung seiner *Erfüllung* ist. Hülle und Fülle – wie sie uns in dieser Redewendung entgegenkommen – scheinen substantiell aufeinander bezogen. Eins existiert nicht ohne das andere – Verhülllung durch Schweigen und Verhüllung vor fremdem Blick einerseits und Fülle des Daseins andererseits. Ihr Zusammenspiel ist nirgends so kreatürlich, so vollkommen und kulturell (beinahe) voraussetzungslos erfahrbar wie im Gemach um den Ölbaum, um diese mythische Ikone des Lebens.

Das Märchen, das ja auf die Fülle des Daseins im Zueinanderfinden zielt, treibt die Verhüllung ins Extrem: Das Ehegemach als Zielvorstellung ist eine der berühmten Leerstellen der Erzählung, deren Ausfüllung der Phantasie des Zuhörers/Lesers überlassen bleibt. Machen Sie die Probe aufs Exempel, nehmen Sie eine beliebige Märchensammlung des europäischen Kulturkreises (für andere Kulturkreise mag ich mich nicht verbürgen) und lesen Sie die jeweiligen Schlussrepliken. Den glücklich Zueinandergekommenen, die dieses Zueinanderfinden mit harten Prüfungen und Drangsalen, mit Entbehrung und Not erkämpft haben, öffnet sich nicht das Ehegemach. Diesen Ort können wir nur imaginieren, erwähnt oder gar beschrieben wird er nicht. Das letzte Glück zwischen den füreinander Bestimmten ist ortlos. Der Ort der erfüllten Sehnsucht ist ein *ou-topos*, ein Nirgendort, eine Utopie, die sich jeder sinnlichen Vergegenwärtigung entzieht. Dieser Ort liegt außerhalb der Welt und außerhalb der Zeit.

Warum, so müssen wir uns fragen, weigerte sich die Phantasie der Märchenerzähler und -erzählerinnen über Jahrhunderte hinweg, den Ort der letzten Glückseligkeit vor unseren Augen zu öffnen und die Liebenden hineinzubegleiten? Hält sie die Scheu, der Respekt vor dem neben dem Tod größten Geheimnis des Menschen zurück? Wussten oder ahnten sie, dass die höchste Aufgipfelung des Glücks, diese nur für Sekunden erfahrbare Transzendenz alles Irdischen sich nicht in den festgefügten Mauern eines von Menschenhand errichteten Gemachs erfüllen kann, dass dieser Ort nicht räumlich zu denken ist, dass das Nirgendwo seinen Platz vielmehr im Inneren des Menschen, in der unausdeutbaren Liebes-Kammer des Herzens hat? Indem es ortlos bleibt, übersteigt das Glück das Maß alles Irdischen. Jede räumliche Zuschreibung wäre nur um den Preis der imaginierten Vollkommenheit zu haben.

Nun gibt es allerdings im Märchen eine Vielzahl von Ehegemächern, in die uns der Erzähler hineinführt – reale Orte mit realem Interieur. Wenn das streng gehütete Geheimnis gelüftet, das Umhüllte enthüllt wird, dann hat es seinen Charakter radikal verändert, ja in sein Gegenteil verkehrt: Aus dem Ort der Glückseligkeit ist der Ort des Schrekkens geworden. Nicht Ehegemach und Glückseligkeit sind, wie man meinen möchte, für das Märchen geltende Synonyme, sondern Ehegemach und Unglück, und das in vielfältiger Gestalt.

Das Ehegemach kommt in der Regel in zwei Standardmodellen vor, diese wiederum sind von kaum überschaubarer Variabilität. Im ersten Modell wird das Ehegemach zum Ort der Prüfung, im zweiten zu einem Ort, in dem eine – jeweils unterschiedlich geartete – Dreierkonstellation das Glück des Paares zerstört. In allen Fällen ist das Ehegemach nicht mehr utopische Zielvorstellung, sondern Peripetie, also Umschlagpunkt der Handlung; Ort des radikalen Wandels von Glück in Unglück.

2. *Prüfung*

Im ersten, schriftlich überlieferten Märchen unseres Kulturkreises, in der Geschichte von Amor und Psyche des Apuleius, lässt uns der Erzähler einen solchen Ort des Wechsels von Glück in Unglück betreten. Er gewährt uns einen Blick aufs Liebeslager[6] der erlesen schönen Kaufmannstochter und ihres göttlichen Liebhabers. Bedingung ihrer Glückseligkeit ist die Verhüllung in gesteigertem Sinne: Nur im Dunkel der Nacht erlebt Psyche die Wonnen der Liebe. Kein Blick kann ihr verraten, was sie tastend und fühlend in innigster Verschmelzung genießt. Das Versprechen, niemals der Identität des Geliebten nachzuforschen, muss – wir wissen es – gebrochen werden, um die Handlung zu dramatisieren. Den Einflüsterungen der neidischen Schwestern folgend, entzündet Psyche des Nachts eine Öllampe; ein heißer Tropfen fällt auf die Schulter des Gottes, und damit ist – vorerst – das Liebesglück zerstört. Die Fallhöhe kann größer nicht sein. Aus göttlicher Umarmung stürzt Psyche in die Knechtung eines entbehrungsreichen und demütigenden Alltags. Dieses Motiv, das uns aus den unterschiedlichsten Tierbräutigammärchen vertraut ist, erfährt in diesem Märchentyp eine zwingende Veränderung. Es kommt – zusätzlich zum Sichttabu – die Fristsetzung hinzu. Der Geliebte/die Geliebte bemächtigt sich vor Ablauf des durch Zauber bestimmten Zeitpunkts der Tierhaut und entwendet oder vernichtet sie. Wenn der Geliebte/die Geliebte um die Doppelgestalt des Partners/der Partnerin weiß, dann ist nicht mehr Neugier das treibende Motiv, sondern die (unheilvolle) Hoffnung, befreiend, also schicksalsmächtig handeln zu können.

Warum, so müssen wir fragen, packt uns hier nicht der helle Zorn über die Hast, die Übereilung, mit der die Protagonisten ins Schicksal eingreifen? Warum empfinden wir vielmehr Mitleid ob solcher Verfehlung? Penelope, wir erinnern uns, ist frei von Übereilung. Sie bewahrt die von den Griechen so über alles geschätzte Besonnenheit, *sophrosyne*. Sie prüft wohlkalkuliert, um keiner Täuschung zu erliegen. Das Entwenden/Vernichten der Tierhaut oder das Durchbrechen des Sichttabus hingegen ist Übereilung. Aber wir sind wenig geneigt, den Helden diese Verfehlung subjektiv anzurechnen, weil sie nicht durch

Intrige oder Neid verursacht ist, nicht auf einem moralischen Defekt der Helden beruht, sondern auf dem unschuldigen und zutiefst menschlichen Verlangen, dem Glück Dauer verleihen zu wollen. Wir erleben den Absturz aus der (Schein-)Welt des Glücks und der Sicherheit in die Tiefe der Not als unverdientes Unglück.

Das Ehegemach wird in diesem Modell zum Ort der Prüfung: zur Prüfung der Besonnenheit, der Geduld, des Wartenkönnens des Partners/der Partnerin. Das biblische »und sie erkannten einander« hat, wenn es denn an einen realen Ort wie das Ehegemach gebunden ist, jede Art von Plötzlichkeit und Überwältigtsein verloren. Im Gegenteil: In diesem Ehegemach kulminiert das Ambivalente einer Beziehung, die in den Abgrund gestürzt und damit auf ihre Tragfähigkeit geprüft wird. Den anderen in seiner wirklichen Wesensgestalt »sehen« und annehmen zu können, braucht *sophrosyne,* Langmut, schmerzlichen, langwierigen Abschied von Illusionen. Wird dieses Mühen übereilt, ungeduldig durchbrochen, so wird das Ehegemach zum Ort der Peripetie – Glück schlägt um in Unglück, Wonne in Leid, Verschmelzung in unaufhebbar scheinende Trennung. Ein neuer Handlungsstrang beginnt, und beide Partner müssen nun separiert einen langen Weg gehen, bis sie in ein anderes, in das imaginäre Ehegemach eintreten können. Im Unterschied zum tragischen Mythos gibt es im Märchen diesen zweiten Umschlagpunkt, in dem die Fallhöhe zur Steighöhe wird. Das Märchen hält eine zweite Chance bereit – welch ein Trost! Die Unaufhebbarkeit des Konflikts, wie er konstitutierend für den tragischen Mythos ist, trennt diesen radikal vom Märchen: Das Märchen ist (von den Antimärchen (Lüthi) abgesehen) Glücksdichtung und hält die Versöhnung mit dem Schicksal am Ende bereit.

3. *Eindringlinge*

Neben dem Gesetz der Verhüllung und Verschwiegenheit gibt es eine weitere Voraussetzung, die erfüllt sein muss, um das Ehegemach als Ort der Glückseligkeit imaginieren zu können: Niemals darf ein Dritter diesen Raum betreten. Auch dieses ist, wie eingangs erläutert, bereits in der Odyssee vorgeformt. Nur Penelope und Odysseus kennen diesen Ort. Aus einer Vielzahl von Märchen sind uns diese Verletzungen vertraut: Die Eltern, der Vater, die (Stief-)Mutter[7], Nebenbuhler[8], die unterschobene Braut[9] dringen ins Ehegemach ein und begehen – ob in gutem Glauben oder aus Missgunst – Eingriffe, die von den Protagonisten teuer bezahlt werden müssen.[10]

In »Die Schlange«[11] sind die Eltern der Braut davon überzeugt, dass der Bräutigam – eine Schlange – ihre Tochter »gewiß wie ein Eidotter verschlungen« hat. Der Vater »spähte durch das Schlüsselloch und wollte sehen, was sie trieben. Kaum aber hatte er die ungemeine Anmut des Jünglings und die Schlangenhaut, die er am Boden hatte liegen lassen, erblickt, stieß er die Tür mit einem Faustschlag auf, drang zusammen mit seiner Frau in das Zimmer ein, nahm die Haut und warf sie ins Feuer, wo sie verbrannte.« Daraufhin verwandelt sich der Jüngling in eine Taube und entflieht.

In KHM 144 »Das Eselein« dringt der Vater der Braut ins Gemach der Neuvermählten und »nahm [die Eselshaut] weg und ließ draußen ein gewaltiges Feuer anmachen und die Haut hineinwerfen und blieb selber dabei, bis sie ganz zu Asche war«.

In dem ukrainischen Märchen »Iwan Findelkind«[12] – ein Schwanenjungfraumärchen – entwendet Iwan der Braut das Federkleid, schneidet die Flügelchen ab und befestigt sie unter seiner linken Achselhöhle. Als beide zur Mutter Iwans reisen, dringt diese in das Ehegemach ein und entwendet ihrem schlafenden Sohn die Flügelchen, gibt sie ihrer Schwiegertochter zurück und diese entschwindet. Erst nach langer Suchwanderung kann er sie wiedererlangen.

In einem sizilianischen Märchen[13] schleicht sich der Riese Ohimè, der die schöne Maruzza begehrt, unerkannt ins königliche Ehegemach, um sie zu rauben, in die Küche zu schleppen und »in einen Kessel mit siedendem Öl zu werfen«. Ein Zufall kommt ihr zu Hilfe, und statt ihrer wird Ohimè in den Kessel geworfen »und mußte elendiglich verbrennen«.

Die hier knapp skizzierten Märchen repräsentieren unterschiedliche Typen und konnotieren das Ehegemach in jeweils spezifischer Weise.

In dem zuletzt zitierten Märchen agiert ein klassischer Nebenbuhler. Inszeniert wird ein Dreieckskonflikt, wie er in allen literarischen Gattungen über die Jahrhunderte traktiert wird. In diesem Märchentyp drängt sich die Frage auf, ob wir es hier mit einer kulturkreisabhängigen, historisch fixierbaren Vorstellung zu tun haben, die das Ehetabu zur Voraussetzung hat. Man könnte annehmen, Märchen dieses Typs insistieren mit derartigem Nachdruck auf der Unverletzlichkeit des Ehegemachs, weil die monogame Ehe eine historisch relativ junge Institution ist und permanent gegen die feindlichen Mächte unserer »Triebnatur« verteidigt werden muss. Die Schwelle zum Ehegemach also eine kulturell bedingte Tabuschranke? Gewiss sind solche sozialhistorischen Einflüsse nicht auszuschließen[14], die auf die eher banale Warnung zielen: Wenn in eine Zweierbeziehung ein Fremder hinzukommt, dann ist sie zunächst aufs Höchste gefährdet. Eindringlinge bringen Unheil und Verderben.

Anders verhält es sich mit jenen Märchen, in denen sich die Eltern eines Übergriffs schuldig machen, indem sie ins Ehegemach der Neuvermählten eindringen. Hier wird eine sehr viel subtilere Gefährdung einer Paarbeziehung thematisiert. Die Eltern werden zu Tätern – und dies in bestem Glauben! –, weil sie die Autonomie ihrer Kinder nicht respektieren. Sie agieren im Muster einer asymmetrischen Beziehung, die das Kind in infantiler Abhängigkeit hält und ihm autonomes Handeln nicht zugesteht. Hier steht das Ehegemach für eine nicht stattgefundene Abnabelung der Eltern (nicht des Kindes!), für die Gefährdung einer Beziehung, die sich nicht aus elterlicher Obhut und Fürsorge gelöst hat und ihre Autarkie erst in einem qualvollen Reifungsprozess erlagen muss.

Umgekehrt stehen Märchen mit dem Motiv der falschen Braut für die unaufgelöste, unausgereifte, unabgeschlossene Beziehung des Helden zu den Eltern, meist zur Mutter. In diesem Märchentyp erweist sich das Ehegemach in der Regel als Unglücksort, und die Schrecken, die in ihm inszeniert werden, lassen uns mitunter die Haare zu Berge stehen. Diese Inszenierungen sind nichts anderes als Liebes-Prüfungen – auf Tod und Leben, Prüfung eines Verblendeten, eines in falschen Bindungen Verstrickten.

Eine besonders drastische Variante finden wir wiederum im Pentamerone. In »Viso«[15] ist Renza dem ungetreuen Gatten verkleidet gefolgt. Dieser, Prinz Cecio, hat, dem Ruf seiner Mutter folgend, eine andere zur Frau genommen (eine von der Mutter eingefädelte Ehe). Renza kommt in Männerkleidern zum Schloss der Neuvermählten, muss mit beiden speisen und sie unterhalten. Renzas Nachtlager wird im Ehegemach der Neuvermählten aufgeschlagen, und sie muss, auf das drängende Verlangen des Prinzen hin, immer wieder ihr Verslein singen: »Ich komm' von einem Ort, wo eine Frau beklommen / viel Tränen weint«, und klagt: »O blaß Gesicht, / ach sag, wer hat dich von mir fortgenommen?« Eines Nachts wird dies der falschen Braut zu viel, und mit unflätigen Worten beschimpft sie die sich in Schmerz verzehrende Renza. Als der Prinz der falschen Braut daraufhin mit einem dicken Kuss, dessen »Schmatzen man noch in einer Meile Entfernung hören konnte« den Mund verschloss, bricht Renza das Herz. Über die Tote gebeugt, begreift der Prinz, wen er da in seinem Ehegemach beherbergte und wessen sehnsüchtiges Lied ihn so seltsam berührt hatte. Er folgt Renza in den Tod.

Hier muss der Held – für das Zaubermärchen untypisch – seine infantile Mutterbindung sogar mit dem Leben bezahlen. In den meisten Varianten bringt sich die rechte Braut durch Zaubergaben in Erinnerung und erlöst so den Helden aus regressiver Verstrickung. Damit steht das Ehegemach in diesem Märchentyp für die Erfahrung, wie fragil, verletzlich, instabil eine Zweierkonstellation ist, wenn in ihr noch immer frühe symbiotische Bindungen virulent (wörtlich: krankheitserregend) sind. Das für den Zuhörer/den Leser geöffnete Ehegemach ist hier sinnfälligster Ausdruck der Brüchigkeit einer unreifen Liebesbeziehung, die sich noch nicht aus den Fesseln emotionaler familiärer Abhängigkeiten befreien konnte.

In einem dritten Typ trennt die Schwelle des Ehegemachs den Bereich des vielbevölkerten profanen Raums von dem des sakralen Liebesvollzugs. Auch hier steht die Verlässlichkeit, die Belastbarkeit der Liebe auf dem Prüfstand. In KHM 11 »Brüderchen und Schwesterchen« soll die junge Gemahlin des Königs in der Badstube »verdampft« werden, und ihren Platz im Ehegemach nimmt die Tochter der hexenhaften Stiefmutter ein. Damit setzt diese Stiefmutter mit brutalsten Mitteln und absolut skrupellos ihre egoistischen Interessen durch. In den Märchen diesen Typs kommt in der Metapher vom Ehegemach eine wesentliche Erfahrungsdimension hinzu, dass nämlich eheliche Liebe nicht außerhalb von Raum und Zeit existiert, sondern sich im Irdischen, Banalen, Profanen zu verteidigen hat und – quasi geerdet – Wurzeln schlagen muss. Das Ehegemach in diesem Sinne ist ein solcher profaner Raum, hinter dessen Türen, Fenstern und Wänden die Gefährdungen durch irdische Laster lauern: Die Eindringlinge, die in diesem Märchentyp vorführgeführt werden, sind getrieben von durchaus irdischen Interessen: von Missgunst und Neid, und sie scheuen in der Durchsetzung ihrer Interessen selbst vor Mord nicht zurück. Die sakrale Dimension dessen, was sich in unserer Einbildung hinter den verschlossenen Türen des Ehegemachs im Verborgenen vollzieht, bleibt ihnen fremd.

So wird das Ehegemach zur Metapher für die Bewährung dessen, was Liebenden nicht geschenkt, sondern aufgegeben ist: nämlich ihre Liebe, die ums Göttliche weiß, von den Wänden des Irdischen nicht erdrücken zu lassen.

4. Einsamkeit und Tod

Kehren wir noch einmal zum Mythos zurück, diesmal nicht in seiner epischen Ausformung, sondern als Tragödie, zu den »Trachinierinnen« des Sophokles. Wie in der »Odyssee« wartet auch hier eine Frau auf den verschollenen Gatten. Auch hier kehrt dieser nach langer Abwesenheit zurück. Auch hier werden wir mit einem Ehegemach konfrontiert. Der Gegensatz zwischen beiden Gemächern aber könnte größer nicht sein. In der »Odyssee« bildet die Frage nach eben diesem Ort fast das Ende der Handlung, es ist der Prüfstein, mit dem Penelope letzte Gewissheit erlangt. Mit ihm schlägt Unglück in Glück um – alles Kennzeichnungen, die – neben vielem anderen – dazu berechtigen, dieses Epos zwischen Märchen und Roman anzusiedeln.[16]

Bei Sophokles hingegen rückt das Ehegemach ins Zentrum der Handlung, es wird zum Ort der äußersten Einsamkeit, zum Ort des Todes. Das Ehegemach als Ort des Schreckens, aus dem sich jede Hoffnung verflüchtigt hat. Ein Ehegemach, in dem Liebe und Tod in existentieller Weise aufeinander bezogen sind.

Deianeira, die Heldin des Stückes und letzte Gattin des Herakles, erfährt, dass eben dieser von einem Feldzug aus Euboia zurückgekehrt ist, die schöne Königstochter Iole als Beutefrau mit sich führt und von Deianeira erwartet, künftig das Ehelager mit beiden Frauen teilen zu können. Deianeira, die aufblühende Schönheit der jungen Konkurrentin fürchtend, erinnert sich an ein Zaubermittel, das ihr einst der Pferdemensch Nessos, vom vergifteten Pfeil des Herakles tödlich getroffen, empfahl: »Wenn aus der Todeswunde du von meinem Blut / Dir ein Gerinsel abnimmst, … / Gewinnst du dir ein Zaubermittel für das Herz / Des Herakles, so daß er keine andre Frau, / die ihm vor Augen kommt, mehr lieben wird als dich.«[17] Deianeira zögert, das Mittel anzuwenden, da sie sich seiner Wirkung nicht gänzlich sicher ist. Schließlich aber bestreicht sie damit ein Festgewand für Herakles, und als dieser es über die Schultern streift, wird er unter den grässlichsten Schmerzen vom Gift verzehrt, ohne dass er sterben kann. Er zwingt seinen Sohn, ihm einen Scheiterhaufen zu errichten, um damit seiner Marter ein Ende zu setzen. So hat sich ein Orakel erfüllt, das Herakles mit sich trug: »Kein atmend Wesen führ' einst meinen Tod herbei, / Nein, ein Verstorbener, der die Unterwelt bewohnt.« Durch einen Toten, durch Nessos, hat er den Tod gefunden; das Gift, mit dem er diesen einst infizierte, ist nun zu ihm zurückgekehrt und tötet ihn.

Der Liebeszauber, der ihn an die Gattin binden sollte, hat ihn für immer von ihr getrennt. Deianeira zieht sich ins Ehegemach zurück und gibt sich dort den Tod durch das Schwert. Kann unsere Phantasie, unsere Ratio, unser Herz diese Schrecknisse, das unerbittliche Fatum, mit dem hier der Götterspruch ins Leben der Menschen greift, tatsächlich erfassen? Stehen wir nicht vielmehr vor Unfassbarem?

Deianeira hat getan, was einer liebenden, um ihre Liebe bangenden Frau nicht anzulasten ist: Sie hat sich eines Zaubermittels bedient, und im Märchen wäre ihr dies auch zum Glück ausgeschlagen.[18] Hier aber erleben wir, was tragischen Mythos und Märchen grundsätzlich voneinander trennt: Motive, die in beiden Dichtungen ihren Platz finden, zeitigen gegensätzliche Folgen. Was im Märchen den Weg zum Glück öffnet, führt im Mythos unweigerlich in den Abgrund. Einige Beispiele: Die Hilfe der zauberkundigen Königstochter Medea (sie schläfert den Drachen, der das goldene Vlies bewacht, ein, vernichtet den Riesen Talos usw.) wird Jason letztendlich zum Verhängnis; der Liebesopfertod der Alkestis wird zum Unheil für beide Gatten, und ihre Rückkehr aus dem Totenreich wird zum Anfang einer wirklichen Tragödie[19]; die Verwandlung des Göttervaters in Tiergestalt hat in der Regel für die von ihm Begehrten erschreckende Folgen; so muss Semele ihr Verlangen, den Geliebten, Zeus, in seiner wahren Gestalt zu sehen, mit dem Tod bezahlen.

Das Ehegemach – im Märchen Ort der Prüfung und der Wiedervereinigung der Gatten – wird zum Ort der endgültigen Trennung, des endgültigen Verlustes, zum Ort des Todes.

So beweist die von Sophokles modellierte Handlung im Sinne unserer Überlegungen eine geradezu unheimliche Konsequenz: Deianeira muss dort sterben, wo sich ihr Glück endgültig erfüllen sollte – im Ehegemach. Wo sie auf dauerhafte Bindung hoffte, schneidet sie den Lebensfaden ab: »Oh, für alle Zukunft lebet wohl, / Mein hochzeitlich Gemach und Bett, ihr werdet mich / Nie wieder zur Liebesfeier sehn.«

Diese ihre letzten Worte treffen ins Zentrum ihrer größten Sehnsucht und ihres größten Schmerzes: Die Liebesfeier mit dem Gatten als Zielbestimmung ihres Daseins, vollzogen im gemeinsamen Gemach, wird mit dem Tod auch als Erinnerung ausgelöscht.

Der unerbittliche Mythos steht auch hier wie ein sphinxhaft verdunkeltes, verrätseltes Spiegelbild dem versöhnenden Märchen gegenüber. Die Heldinnen und Helden des Märchens handeln unangefochten von jedem (moralischen) Zweifel, zielsicher steuern sie auf das Tor des Glückes zu, gelenkt von einem Gesetz, das ebenso weltenfern wie sehnsuchtsvoll aufgeladen ist: das Gesetz der Glückserfüllung. Kontrapunktisch dazu pocht der Mythos, wie ihn uns die Tragiker überliefert haben, auf die unauflösbare Verkettung von subjektiver Verantwortung und göttlichem Willen. Deianeira ist durchaus nicht (nur) das blinde Opfer göttlicher Willkür. Sie führt nicht bewusstlos aus, was im Orakelspruch vorherbestimmt ist. Im Gegenteil: Ihre Tragik liegt ja eben darin, dass sie volle Klarheit über ihre Verfehlung gewinnt. Sie wird – zu spät – inne, dass sie übereilt gehandelt hat, dass sie – hätte sie sich von *sophrosyne* lenken lassen –, hätte wissen müssen: Ein von Herakles getöteter Tiermensch, dieses Sinnbild des Animalisch-Affektiven, kann nicht das Glück dessen wollen, der ihn vernichtet hat. Mit dem Zaubermittel, das im Märchen doch stets als sicherstes Instrument, dem Glück auf die Sprünge zu helfen, eingesetzt wird, hat Deianeira in die göttliche Ordnung eingegriffen – eine Selbstverständlichkeit im Märchen, tragische Schuld im Mythos. Deianeira hat Über-Menschliches gewollt, nämlich Macht zu gewinnen über das Schicksal. Schicksalswendend wollte sie sein und hat damit die dem Menschen gesetzten Grenzen verletzt . Und doch erfüllt sich mit eben diesem Tun, mit ihrem durch Übereilung und Hybris unschuldigen (?) Schuldigwerden das von den Göttern Verfügte. Der Chor beendet die »Trachinierinnen« mit dem Worten »… du sahst / den Tod in gewaltiger, neuer Gestalt, / Sahst Leiden mannigfach, niegekannt, / Und Zeus ist wirkend in allem«. Die Verstrickung in die Eigenverantwortlichkeit des Handelns und gleichzeitig in dessen Lenkung durch die Götter – der tragische Mythos macht eben dieses Paradoxon zum Agens und Movens des Geschehens und entlässt uns mit einem Rätsel, das hinter aller Sinndeutung unseres Daseins unauflösbar bleiben wird.

Zusammenfassung

Schauen wir zum Schluss noch einmal zurück auf die märchenhaft-mythologische Geschichte um Penelope, auf das (beinahe) Ende der (allein vom Umfang) gewaltigen »Odyssee«. Hier konnten wir das Ehegemach nicht nur als Ort der Prüfung erleben, sondern als Prüfstein, als sichersten, verschwiegensten Zeugen eines Geheimnisses, dessen Kenntnis nur die besitzen, von denen es und für die es ersonnen wurde. Allein damit wird es aller prosaischen Funktionalität und Zweckgebundenheit enthoben und zu einem mythischen Ort, der als Glücksort das vorwegnimmt, was im Märchen zum Gesetz wird: Stets nur haben zwei Zugang zu dem, was verhüllt und ungesagt bleiben will. Das spähende Auge oder die zupackende Hand eines Dritten verwandelt den Ort der Sehnsucht in einen Ort des Schreckens.

Im tragischen Mythos schwindet jede Hoffnung aus diesem Schicksalsraum. Er ist Höhepunkt im dramaturgischen Handlungsaufbau und Kulminationspunkt tragischer Verstrickung. Die Erkenntnis, das Richtige verfehlt zu haben und gleichzeitig dem Götterwillen unterworfen zu sein, diese Einsicht wird mit dem Tode bezahlt, der sich an jenem Ort ereignet, wo menschliches Dasein zu seiner innigsten Erfüllung kam oder diese Erfüllung am innigsten ersehnt wurde.

Im Märchen wird das Ehegemach, wenn es als konkreter Ort vorkommt, zum Umschlagpunkt der Handlung: Der Glückstaumel endet hier jäh und grässlich. Die sich in sicherer Umschlingung Wiegenden werden getrennt. Erst vielfältige und vielgestaltige Prüfungen müssen folgen, ehe die Getrennten wieder zueinander finden, ehe die Liebe ihren imaginären Ort für die zwei füreinander Bestimmten öffnet. So wird das Ehegemach im Märchen auch zum Ort des Erkennens, des Erwachens aus böser Betäubung, aus Umgarnung durch eigennützige oder infantile Bindungen. Es ist damit kein zeit- und weltenthobener Ort, sondern leidbeschwert, fest gefügt in den Gefährdungen des Alltags, in denen Liebe ihre Tragfähigkeit beweisen muss.

Anmerkungen

1 Die Odyssee-Zitate folgen der Übersetzung von Roland Hampe. Stuttgart 1992.

2 In der *Ilias* wird im 3. Buch vom Zimmer des Paris und der Helena gesprochen. Dies aber ist kein Ehegemach, sondern ein Liebeslager, auf dem sich Paris nach der von Aphrodite heftig gescholtenen Helena verzehrt. Von einem göttlichen Ehegemach wird uns in der *Odyssee* in der Geschichte vom Ehebruch der Aphrodite erzählt. Sie teilt mit Ares das Liebeslager, und Hephaistos, der Gatte, umspannt es mit unsichtbaren Ketten. Dann holt er die Götter (nicht die Göttinnen!) herbei, die die Überlisteten mit hellem – dem berühmten homerischen – Gelächter aus ihrer Umarmung reißen.

3 Lutz Röhrich merkt unter dem Stichwort »Ehe« an: »Die glückliche E. des Helden oder der Heldin bildet den Schluß oder Höhepunkt fast aller Zauber- und Novellenmärchen (Mot. T 100–200; *Marriage*). Mit der Hochzeit des Helden oder der Heldin bricht die Handlung meist ab. So viel das Märchen über Brautwerbung (cf. → Braut, Bräutigam) und Hochzeit zu berichten weiß, so wenig erzählt es im allg. vom Dauerzustand der Verbindung zweier Menschen. Werbung ist dem Märchen wichtiger als E., die nur insoweit schildernswert erscheint, als sie das Ziel einer Abenteuer-Serie oder Ausgangspunkt von → Konflikten und damit neuer Abenteuer-Serien ist, oder soweit E. durch → E.bruch etc. in Frage gestellt wird, so wenn z. B. der → Mann auf der Suche nach der verlorenen Frau (AaTh 400) ist oder wenn sich umgekehrt die Frau zu einer Suchwanderung nach ihrem entschwundenen E.-partner aufmachen muß (AaTh 425: → *Amor und Psyche*)«. In: *EM 3* (1981), Spalte 1025.

4 Aus der Vielzahl der zu Rate gezogenen Sammlungen seien lediglich erwähnt: *Die Kinder- und Hausmärchen der Brüder Grimm.* Herausgegeben von Heinz Rölleke. Stuttgart 1984; Basile, Giambattista: *Das Pentamerone.* Herausgegeben von Rudolf Schenda. München 2000; *Italienische Märchen.* Herausgegeben und übersetzt von Felix Karlinger. Reinbek bei Hamburg 1992; *Märchen griechischer Inseln und Märchen aus Malta.* Herausgegeben und übersetzt von Felix Karlinger. Reinbek bei Hamburg 1993; *Griechische Märchen. Neugriechische Märchen.* Herausgegeben von Paul Kretschmer. Jena 1917; *Don Giovanni und der Teufel.* Märchen aus Sizilien. Gesammelt von Laura Gonzenbach. Ausgewählt von Laurenz Bollinger. Berlin 2003; *Die Sonnenrose.* Ukrainische Märchen. Berlin 1966.

5 Die in den Endnoten zitierten Märchen sind nur wenige ausgesuchte Beispiele, um das im Text Dargestellte zu illustrieren. Sie ließen sich gewiss durch eine Fülle anderer Beispiele ergänzen oder ersetzen.

6 Wir haben es in dieser Dichtung nicht mit einem Ehegemach im engeren Sinne zu tun, vielmehr mit einem Liebeslager. Dieses kann allerdings als Vorform des Ehegemachs in den Tierbräutigammärchen angenommen werden.

7 Vgl. KHM 11 »Brüderchen und Schwesterchen«.

8 In einem neugriechischen Märchen (vgl. Anm. 4) hat eine Königstochter 39 Drachenbrüder getötet. Dem 40. hat sie lediglich die Nase abgeschlagen. Er lässt sich daraufhin das Haupt vergolden. Sie heiratet ihn, er aber will sie nach der Heirat umbringen. Ein Prinz rettet sie, heiratet sie ebenfalls und baut, als Schutz vor dem Nebenbuhler, einen Palast mitten im Meer. Der Drache dringt durchs Fenster ins Ehegemach und will seine Gattin töten. Sie überlistet ihn und kann ihn vernichten, indem sie ihn in siedendes Pech stößt.

9 Vgl.: *EM 1* (1977), Spalte 717.

10 In einem vermutlich sehr alten, von Felix Karlinger mitgeteilten Märchen aus Zypern (Walter Scherf verweist in seinem *Märchenlexikon* [Bd. 1, S. 133] auf eine ältere, sehr ähnlich lautende Quelle), in dem der Ödipus-Mythos ins Märchen transponiert erscheint, wird das Gesetz der Verhüllung dreimal durchbrochen. Dreimal werden wir in ein Ehegemach geführt. Im ersten, dem Gemach der Neuvermählten, öffnet sich in der Hochzeitsnacht die Wand, ein Gespenst tritt heraus und verkündet dem Ehemann, dass seine Frau sich mit ihrem Vater vermählen und einen Knaben gebären wird, mit dem sie sich ebenfalls vermählen wird. Siehe Karlinger 1993 (wie Anm. 4). Von diesem Unheil erfährt die Heldin, auf die das Orakel zielt, nichts, denn sie war bereits eingeschlafen. Der Bräutigam verlässt sie umgehend und heiratet stattdessen die älteste Schwester der Braut. Ein zweiter Bräutigam, dem das Gleiche wiederfährt, heiratet die mittlere Schwester, Rosa aber, die Protagonistin, bleibt unvermählt, obwohl sie zweimal verheiratet wurde. Dieses Märchen endet nicht, sondern beginnt mit dem »Brautgemach«, und mit diesem Positionswechsel wird ein unheilschwangeres Geschehen in Gang gesetzt. Dieses für unsere Blicke und Ohren geöffnete Ehegemach am Anfang der Geschichte ist wie ein Signal, das auf Schauerliches verweist. Und tatsächlich, was wir hier erleben müssen, übersteigt in seiner Radikalität den Ödipus-Mythos bei weitem: Rosa will herausfinden, warum ihre beiden Ehemänner sie in der Brautnacht verlassen und stattdessen ihre Schwestern geheiratet haben. Sie sucht die Schwestern auf, legt sich nachts mit deren Billigung zu dem jewei-

ligen Ehemann unerkannt ins Ehebett und fragt sie nach dem, was in der Brautnacht stattgefunden hat. Als sie so von dem schrecklichen Orakel hört, lässt sie den Vater von gedungenen Mördern erschlagen und vor der Stadt begraben (Ödipus erschlägt seinen Vater unwissentlich). Aus dem Grab wächst ein Apfelbaum, von dessen Früchten sie unwissentlich isst und schwanger wird (Ödipus ist nicht das Kind eines Inzest). Sie tötet das Neugeborene (Ödipus wird »nur« ausgesetzt) und wirft das Kästchen mit dem blutigen Leichnam ins Meer, das Kind wird auf wundersame Weise gerettet und später zum Gatten der Mutter. Erst nachdem sie Kinder miteinander gezeugt haben, entdeckt Rosa – wiederum im Ehegemach – die Narben auf dem Leib ihres Sohnes/Gatten und stürzt sich vom Dache in den Tod.
Drei prototypische Merkmale (die in vielen Variationen uns bekannter Märchen regelhaft wiederkehren) machen in diesem Antimärchen das Ehegemach zu einem Ort, in dem Geheimnisse enthüllt werden und damit tragische Verstrickungen ihren Anfang nehmen: a) Der Positionswechsel von einer nicht ausgeführten Zielvorstellung am Ende der Geschichte zu deren Anfang (in den Märchen um die Suchwanderung der Frau oder des Mannes nach dem verlorenen Partner und den Märchen von der unterschobenen/falschen Braut rückt das Ehegemach in der Regel in dessen Mitte); b) ein Dritter (hier das Gespenst) betritt den Raum, und c) die Protagonistin legt sich unerkannt in das Ehebett ihrer zwei älteren Schwestern – eine Variation des Motivs der unterschobenen Braut.

11 Basile (wie Anm. 4), 2, 5.

12 Vgl. *Die Sonnenrose* (wie Anm. 4).

13 »Die Geschichte von Ohimè«. In: *Gonzenbach* (wie Anm. 4).

14 Im EM-Artikel zum Stichwort »Ehe« meint Lutz Röhrich: »Insgesamt ergibt sich ... aus den Formen der E.schließung im Märchen mit Sicherheit kein einheitliches Bild, das generell Gesellschaftsverhältnisse der Frühzeit reflektieren würde.« In: *EM 3* (1981), Spalte 1039.

15 Basile (wie Anm. 4), 3, 3.

16 Vgl. Hölscher, Uwe: *Die Odyssee.* Epos zwischen Märchen und Roman. München 2000.

17 Alle Zitate folgen der Übersetzung durch Rudolf Schottlaender: *Sophokles.* Werke in einem Band. Berlin/Weimar 1982.

18 In KHM 6 »Der treue Johannes« wird von einem Hemd mit ähnlicher Wirkung gesprochen: »... dort liegt ein gemachtes Brauthemd in einer

Schüssel und sieht aus, als wär's aus Gold und Silber gewebt, ist aber nichts als Schwefel und Pech; wenn er's antut, verbrennt es ihn bis auf Mark und Knochen.«

In dem ukrainischen Märchen »Das Zauberhemd« erhält Gryzko von einer zauberbegabten Jungfrau, mit der er Blutsbrüderschaft geschlossen hat, ein Hemd, das ihm übernatürliche Kräfte verleiht. Diese Kräfte entschwinden, sobald er das Hemd ablegt. Es verhilft ihm zur rechten Braut und zum immerwährenden Glück. Vgl. *Die Sonnenrose* (wie Anm. 4).

19 Vgl. Fritz, Kurt von: *Antike und moderne Tragödie*. Berlin 1962.

Abkürzungen und Literaturangaben

AaTh — Aarne, Antti/Thompson, Stith: *The Types of the Folktale.* A Classification and Bibliography. Helsinki 3. Aufl. 1973.

BP — Bolte, Johannes/Polívka, Georg: *Anmerkungen zu den Kinder- und Hausmärchen der Brüder Grimm.* Bd. I–V. Leipzig 1913–1932. Nachdruck Hildesheim 1963.

EM — *Enzyklopädie des Märchens.* Handwörterbuch zur historischen und vergleichenden Erzählforschung. Herausgegeben von Kurt Ranke u. a. Berlin/New York 1977 ff.

FFC — *Folklore Fellows Communications* (Schriftenreihe). Helsinki 1907 ff.

HDA — Hoffmann-Krayer, Eduard/Stäubli, Hanns: *Handwörterbuch des deutschen Aberglaubens.* Bd. 1-10. Berlin/Leipzig 1927–1942. Nachdruck Berlin 1986.

HDM — *Handwörterbuch des deutschen Märchens.* Bd. 1–2. Herausgegeben von Lutz Mackensen. Berlin/Leipzig 1930–1940.

KHM — Brüder Grimm: *Kinder- und Hausmärchen.* Zitiert nach der Großen Ausgabe von 1857; verschiedene Ausgaben sind genannt.

Mot. — Thompson, Stith: *Motif-Index of Folk-Literature.* A Classification of Narrative Elements in Folktales, Ballads, Myths, Fables, Mediaeval Romances, Exempla, Fabliaux, Jest-Books and Local Legends. Copenhagen 1955.

MSP — *Märchenspiegel.* Zeitschrift für internationale Märchenforschung und Märchenpflege. Herausgegeben von der Märchen-Stiftung Walter Kahn. München 1990 ff.

VEMG — *Veröffentlichungen der Europäischen Märchengesellschaft.* Kassel 1980 ff., 1998–2003 München (Diederichs), ab 2004 Krummwisch (Königsfurt).

Zu den Autoren und Herausgebern

Prof. Dr. David Blamires

Bis zur Emeritierung im Juli 2001 Professor für Ältere Germanistik, Universität Manchester, England – Studium der Germanistik und Romanistik in Cambridge, England und an der FU Berlin.
Wichtige Publikationen und aktuelle Forschungsschwerpunkte: Mittelhochdeutsche Literatur, Mystik, Volksliteratur; europäische Märchen, Kinderliteratur. Zahlreiche Veröffentlichungen über mittelalterliche Literatur, besonders Wolframs Parzival, Herzog Ernst, mystische Texte, Märendichtung, Eulenspiegel, ältere Kinderliteratur. Ausstellungskataloge zu Märchen, Robin Hood, ABC-Bücher.

Prof. Dr. Helga Bleckwenn

Germanistin, Studium der Germanistik, Geschichte und Evangelischen Theologie in Heidelberg, Zürich und Hamburg; 1975–1980 Studienrätin in Wedel/Holstein, 1980–1984 Studienrätin i. H. an der Universität Köln, 1984–1994 Assistentin/Oberassistentin an der Universität Erlangen-Nürnberg, seit 1994 Professorin an der Universität Flensburg. Lehrgebiet: Neuere deutsche Literatur und Literaturdidaktik.
Wichtige Publikationen und aktuelle Forschungsschwerpunkte: Promotion über Adalbert Stifters Beziehungen zu Goethe (1975); Habilitation über den Deutschunterricht im Rahmen der Kulturbewegung um 1900 (1989). Forschungen zur neueren deutschen Literatur (19. und 20. Jahrhundert), Literaturgeschichte der kleinen Formen (Märchen, Sage, Legende), Geschichte der Kinder- und Jugendliteratur, Fachgeschichte des Deutschunterrichts, derzeit besonders: Märchenstrukturen und -motive in der Kinder- und Jugendliteratur.

Dr. Heinrich Dickerhoff

Akademiedozent – Studium der katholischen Theologie und Geschichte; Märchenerzähler und Autor.
Wichtige Publikationen und aktuelle Forschungsschwerpunkte: »... und webte etwas, das niemals stirbt. Keltische Märchen zum Erzählen und Vorlesen« (Krummwisch 2004); »Trau deiner Sehnsucht mehr als deiner Verzweiflung« (Mainz 2001); »Daß wir Zärtlichkeit nicht gottlos nennen. Zur Versöhnung von Christentum und Sexualität« (Würzburg 1992); »Bibli-

sche Lebenskunde« (Würzburg 1986). Forschungen zu keltischen Märchen und Erzähltraditionen, Märchen und Religion.
Herausgebertätigkeiten und Kongressausrichtungen: Mitherausgeber des Kongressbandes »Märchenkinder – Kindermärchen« (1999); Märchenband »Traumhaus und Wolkenschloss« zum Internationalen Kongress der Europäischen Märchengesellschaft 2003 in Potsdam.
Ausrichtung von zwei Frühjahrstagungen (mit Dr. Ursula Heindrichs): »Verwünschung und Erlösung im Märchen« (1994); »Märchen aus dem Land der Mitternachtssonne« (1998); Ausrichtung von zwei Internationalen Kongressen der Europäischen Märchengesellschaft (mit Thomas Bücksteeg): »Märchenkinder – Kindermärchen« (1998); »Der Wunsch im Märchen – Heimat und Fremde im Märchen« (2002); Herbsttagung »Märchen und Mittelalter« (2000).

Dr. Martin Feltes

Kunsthistoriker – Studium der Fächer Kunstgeschichte, Baugeschichte und Philosophie; Dozent an der kath. Akademie Kardinal-von-Galen-Haus in Stapelfeld bei Cloppenburg.
Seit 1995 mehrere Vorträge und Seminare im Auftrag der Europäischen Märchengesellschaft zum Themenfeld der stilistischen und thematischen Verbindungen der Märchen zur bildenden Kunst aus Geschichte und Gegenwart.

Dr. Susanne Galley

Dozentin an der Universität Potsdam – Studium 1984–1990 evangelische Theologie in Berlin; 1990–1994 Promotionsstipendiatin; 1996 Abschluss der Promotion (»Mosche ha-Navi. Studien zu Überlieferung und Wirkungsgeschichte der Deutung Moses als Prophet«); 2002 Abschluss der Habilitation (»Zaddik Jessod Olam. Untersuchungen zur osteuropäisch-jüdischen Hagiographie des 18. und 19. Jahrhunderts aufgrund von Erzählungen aus dem Umfeld des Chassidismus«). Von 1994–1997 Religionslehrerin am Herder-Gymnasium in Berlin. Seit 1997 wissenschaftliche Mitarbeiterin an der Universität Potsdam.
Wichtige Publikationen und aktuelle Forschungsschwerpunkte: Geschichte der Bibelexegese sowie Hagiographie(n) im Judentum und Christentum.

Dr. Barbara Gobrecht

Erzählforscherin – Studium der Romanistik und Slavistik in Berlin und Zürich; Autorin und Lehrbeauftragte an der Universität St. Gallen.
Wichtige Publikationen und aktuelle Forschungsschwerpunkte: »Märchenfrauen« (Freiburg, Basel, Wien 1996, vergriffen); »Hexen im Märchen« (in »Jahrbuch der Brüder Grimm-Gesellschaft« VIII); »Kleid und Schuh im Aschenputtel-Märchen« (in »Kleider und Textilien im Märchen«, Publikation der Schweizerischen Märchengesellschaft 2002).
Forschungen zu den Themen Mann und Frau im Märchen, Märchen und Musik, Bären im Märchen, Erzähltyp »Die kluge Bauerntochter«.
Herausgebertätigkeiten und Kongressausrichtungen: »Der Wunsch im Märchen – Heimat und Fremde im Märchen. Forschungsberichte aus der Welt der Märchen«. Im Auftrag der Europäischen Märchengesellschaft herausgegeben von Barbara Gobrecht, Thomas Bücksteeg und Harlinda Lox (München 2003); Herausgeberin von Publikationen der Schweizerischen Märchengesellschaft.
2000 in St. Gallen Ausrichtung der Herbsttagung »Kunstmärchen – Volksmärchen« für die Schweizerische Märchengesellschaft; 2002 in Baden/Schweiz Ausrichtung des Kongresses »Der Wunsch im Märchen« für die Europäische Märchengesellschaft.

Dr. Ursula Heindrichs

Germanistin, Märchenforscherin – Studium der Germanistik, Geschichte, Philosophie und Pädagogik in Freiburg i. Br., Innsbruck und Bonn; bis 1991 Studiendirektorin an einem Unesco-Gymnasium. 1982–89 Vizepräsidentin, seit 1989 Präsidentin, seit 2001 Ehrenpräsidentin der Europäischen Märchengesellschaft.
Wichtige Publikationen und aktuelle Forschungsschwerpunkte: »Der Brunnen in der deutschen Dichtung« (Bonn 1957); »Es war einmal, es wird eines Tages sein« (Baltmannsweiler 2001).
Nachweis der Aktualität des Märchens; Das Märchen in den Schulen; Die Anwesenheit des Märchens in der neueren Literatur.
Herausgebertätigkeiten und Kongressausrichtungen: Herausgabe von sechs Kongressbänden der Europäischen Märchengesellschaft (mit Heinz-Albert Heindrichs): »Die Zeit im Märchen« (1989); »Tod und Wandel im Märchen« (1991); »Märchen und Schöpfung« (1993); »Das Märchen und die Künste« (1996); »Zauber Märchen« (1998); »Alter und Weisheit im Märchen« (2000).

Ausrichtung von sechs Internationalen Herbstkongressen der Europäischen Märchengesellschaft zu o. g. Themen zwischen 1987 und 1999. Ausrichtung von fünf Internationalen Frühjahrstagungen: »Volksmärchen und Volkslied« (1991); »Märchen als Brücke für Menschen und Völker« (1992); »Verwünschung und Erlösung« (1994); »Deutsche und italienische Märchen im Vergleich« (1995); »Märchen aus den Ländern der Mitternachtssonne« (1998).
1992 Bürgerpreis Gelsenkirchen; 1992 Verdienstorden des Landes Nordrhein-Westfalen; 1998 Bundesverdienstkreuz I. Klasse; 2001 Europäischer Märchenpreis (zusammen mit Heinz-Albert Heindrichs).

Prof. Heinz-Albert Heindrichs

Studium in Köln und Bonn: Komposition, Dirigieren, Germanistik, Musik- und Kunstwissenschaft. Seit 1955 Dirigent und Komponist an verschiedenen Theatern. 1970–96 Professor für Musik und ihre Komposition an der Universität Essen und zugleich an der Folkwang-Hochschule Essen sowie dort Dekan des Fachbereichs »Kunst, Design, Musik«.
Wichtige Publikationen und aktuelle Forschungsschwerpunkte: Musik im 20. Jh., Interpretation und Analyse, Synästhesie. Künstlerische Schwerpunkte: Komposition, Bilder, Gedichte. Beiträge zur Märchenforschung seit 1987.
Herausgebertätigkeiten und Kongressausrichtungen: Mitausrichtung von fünf Kongressen und Mitherausgabe von sieben Kongressbänden der Europäischen Märchengesellschaft.
2001 Europäischer Märchenpreis (zusammen mit Ursula Heindrichs)

Katalin Horn

Erzählforscherin – Studium der Bibliothekswissenschaft in Budapest und London – Bibliothekarin i. R.
Wichtige Publikationen und aktuelle Forschungsschwerpunkte: »Der aktive und der passive Märchenheld« (Basel 1983); »Über das Weiterleben der Märchen in unserer Zeit« (in: »Die Volksmärchen in unserer Kultur«, Frankfurt a. M. 1993); seit 1983 freie Mitarbeiterin an der Enzyklopädie des Märchens; Aufsätze, Beiträge und Rezensionen in Fachzeitschriften, Kongressbänden der Europäischen Märchengesellschaft. Motiv- und Themenforschung.
1998 Preisträgerin der Märchen-Stiftung Walter Kahn.

Ingrid Jacobsen

Märchenerzählerin und Seminarleiterin – Studium für das Lehramt an Grund- und Hauptschulen in Kiel.

Seminartätigkeit in verschiedenen Bildungseinrichtungen im In- und Ausland; 2003/2004 Lehrauftrag an der Universität Flensburg; seit 2001 Vizepräsidentin der Europäischen Märchengesellschaft, verantwortlich insbesondere für die Erzählförderung.

Wichtige Publikationen und aktuelle Forschungsschwerpunkte: »La Colonia Tovar« (Caracas 1992); »Von noch einem, der auszog das Fürchten zu lernen – Brasilianische Zaubermärchen« (São Paulo 1999); verschiedene Aufsätze zu kulturwissenschaftlichen Themen in Lateinamerika.

Herausgebertätigkeiten und Kongressausrichtungen: Mitherausgeberin des Kongressbandes »Sprachmagie und Wortzauber – Traumhaus und Wolkenschloss« (2004) im Rahmen der Europäischen Märchengesellschaft.

Ausrichterin des Internationalen Frühjahrskongresses der Europäischen Märchengesellschaft 2003 in Flensburg »Sprachmagie und Wortzauber – Die Sprache im Märchen«

Dr. Harlinda Lox

Germanistin, Erzählforscherin – Forschungstätigkeit an der Universität Gent.

Vortragstätigkeit an der Universiteit Vrije Tijd; seit 2001 Vizepräsidentin der Europäischen Märchengesellschaft.

Wichtige Publikationen und aktuelle Forschungsschwerpunkte: »Flämische Märchen« (München 1999); »Van stropdagers en de pot van Olen. Verhalen over Keizer Karel« (Leuven 1999). Das Motiv des Todes in der europäischen Erzählkultur; populäre Kristallisationsgestalten in der europäischen Erzählkultur; ätiologische Geschichten in der flämischen Erzählkultur; Motiv- und Erzähltypenanalysen für die Enzyklopädie des Märchens.

Herausgebertätigkeiten und Kongressausrichtungen: Mitherausgeberin der Kongressbände der Europäischen Märchengesellschaft: »Als es noch Könige gab« (2001); »Mann und Frau im Märchen« (2002); »Der Wunsch im Märchen – Heimat und Fremde im Märchen« (2003); »Sprachmagie und Wortzauber – Traumhaus und Wolkenschloss« (2004).

Ausrichterin des Internationalen Kongresses »Von Königen und Kaisern im Märchen« (Gent 2000, in Kooperation mit der Universität Gent).

Sabine Lutkat (M. A.)

Erziehungswissenschaftlerin, Märchenerzählerin – Studium der Erziehungswissenschaft, Psychologie und Germanistik an der Freien Universität Berlin; Magister-Arbeit zu dem Thema »Das Märchen im Leben von Kindergartenkindern. Eine Befragung von Erzieherinnen und Müttern«. Freiberuflich tätig in der Erwachsenenbildung mit Seminaren und Vorträgen zu Märchenthemen, der Leitung von Märchenreisen, insbesondere nach Irland, sowie als Märchenerzählerin. Seit 2000 Arbeit an der Dissertation zu dem Thema »Märchen an Fachschulen für Sozialpädagogik«.
Kongressausrichtungen: Mitausrichterin des Internationalen Kongresses »Traumhaus und Wolkenschloss – Das Märchen und seine Räume« (2003) in Potsdam.

Margarete Möckel

Märchenerzählerin und Seminarleiterin.
Seit über 30 Jahren Beschäftigung mit Märchen und ihren symbolischen Hintergründen. Seit 1980 Märchenerzählerin; leitet seit 1994 Märchenseminare zur Lehrerfortbildung. 1989–1995 Vizepräsidentin der Europäischen Märchengesellschaft.
Wichtige Publikationen und aktuelle Forschungsschwerpunkte: Seminare zu wissenschaftlichen Märchenthemen (Schwerpunkte: weibliche und männliche Entwicklungsprozesse, Symbole, Strukturen und Varianten) und praktische Übungen für Erzählerinnen und Erzähler.
Herausgebertätigkeiten und Kongressausrichtungen: Mitherausgeberin der Reihe VEMG. 1993 Ausrichterin des Erlanger Kongresses »Spiel, Tanz und Märchen«. 1994 Gründung des »Fränkischen Sagen- und Märchenkreises«.

Dr. Johan de Mylius

Dozent, Dr. phil. habil. an der Syddansk Universitet in Odense und Leiter des Hans Christian Andersen-Forschungszentrums – Studium der Skandinavistik und Germanistik in Kopenhagen.
Wichtige Publikationen und aktuelle Forschungsschwerpunkte: auf Deutsch: »Hans Christian Andersen. Märchen, Geschichten, Briefe« (Frankfurt a. M. 1999); »Kierkegaard für Gestresste« (Frankfurt a. M. 2000); »Dänisch-deutsche Doppelgänger« (u. a. mit Heinrich Detering, Göttingen 2001).
Verfasser von zahlreichen Büchern und Aufsätzen zum Thema Andersen und zu anderen Themen der dänischen Literaturgeschichte, zuletzt: For-

vandlingens pris. H. C. Anderssen og hans eventyr (Kopenhagen 2004); Vorlesungen und Vorträge im In-und Ausland, öfter auch in Deutschland.

Dr. Dr. Bernd Rieken

Volkskundler und Psychoanalytiker (IP), Wien.
Geboren in Ostfriesland, Studium an den Universitäten Mannheim und Wien. Freiberuflicher Psychotherapeut, Generalsekretär des Österreichischen Vereins für Individualpsychologie, Lehrbeauftragter für Volkskunde, Habilitationsschrift zur Mentalitätsgeschichte der Friesen derzeit in Begutachtung.

Prof. Dr. Heinz Rölleke

Universitätsprofessor em. für Germanistik und Volkskunde – Studium der Germanistik, Geschichte und Philosophie.
Wichtige Publikationen und aktuelle Forschungsschwerpunkte: »Die Märchen der Brüder Grimm. Quellen und Studien« (Trier 2000); »Grimms Märchen und ihre Quellen« (Trier 1998); »Brüder Grimm: KMH. Faksimile der Erstauflage mit den handschriftlichen. Nachträgen der Brüder Grimm« (Göttingen 1996).
Kommentierte Editionen der grimmschen Märchen und Sagen; Interpretation einzelner Märchen.
Herausgebertätigkeiten und Kongressausrichtungen: Hofmannsthal-Gesamtausgabe; Else Lasker-Schüler-Gesamtausgabe; Briefwechsel der Brüder Grimm (Einzelausgaben); Wissenschaftliche Zeitschrift »Wirkendes Wort«; Buchreihe »Literaturwissenschaft« (im Wissenschaftlichen Verlag Trier);
Tagungen der Hofmannsthal-Gesellschaft.
1985 Hessischer Staatspreis; 1985 Großer Preis der Akademie für Kinder- und Jugendliteratur; 1999 Brüder Grimm-Preis der Universität Marburg.

Helga Volkmann

Autorin – Studium der Germanistik, Anglistik, Romanistik. Präsidiumsmitglied der Europäischen Märchengesellschaft seit 1992.
Wichtige Publikationen und aktuelle Forschungsschwerpunkte: Vorträge; Essays, Artikel in verschiedenen Zeitungen, Zeitschriften, Sammelbänden und beim Hörfunk; Themenschwerpunkt »Gärten« und »Märchen«. Regelmäßige freie Mitarbeit beim Bayerischen Rundfunk. Letzte Buchveröffentlichungen: »Unterwegs nach Eden – von Gärtnern und Garten in der

Literatur« (Göttingen 2000); »Märchenpflanzen, Mythenfrüchte, Zauberkräuter« (Göttingen 2002); »Mit goldenen Lettern. Leben und Lieben in ›1001 Nacht‹« (Göttingen 2004).

Prof. Dr. Kristin Wardetzky

Professorin für Theaterpädagogik an der Universität der Künste, Berlin – Studium der Germanistik, Anglistik und Pädagogischen Psychologie in Jena und Leipzig; Humboldt-Universität Berlin: Promotion A 1984, Promotion B 1990. 1970–1991 Theaterpädagogin am Theater der Freundschaft Berlin (Ost). 1992–1993 Professorin für Theaterpädagogik an der Fachhochschule Darmstadt, seit 1993 an der Universität der Künste, Berlin.

Prof. Dr. Sc. Dieter Wiedemann

Präsident der Hochschule für Film und Fernsehen »Konrad Wolf« Potsdam – 1967–1975 Studium der Dramaturgie und Theaterwissenschaft, der Filmwissenschaft und der pädagogischen Psychologie in Leipzig und Potsdam (Diplome in Dramaturgie und Pädagogik). Von 1971–1989 folgte eine Tätigkeit am Zentralinstitut für Jugendforschung in Leipzig. Der Promotion zum Dr. sc. phil. im Jahr 1980 folgte 1988 die Habilitation (jeweils zu Themen der Film- bzw. Kunstwirkungsforschung). Arbeitet seit 1990 an der Hochschule für Film und Fernsehen »Konrad Wolf« (HFF). Bis 1992 war er Direktor des Instituts für Medienforschung. Seit 1993 ist er Gründungsbeauftragter des Studiengangs AV Medienwissenschaft. Im April 1995 wurde er zum Professor für AV Medienwissenschaft an die HFF berufen. Von Oktober 1995 bis September 1999 war er als Rektor der HFF tätig. Seit Mai 2000 ist er Präsident der HFF.
Wichtige Publikationen und aktuelle Forschungsschwerpunkte: Mitherausgeber/-autor zahlreicher Publikationen zu Film und Fernsehen, insbesondere zu Rezeption und Wirkung, mit dem Schwerpunkt Kinder und Jugendliche.

Prof. Dr. Sabine Wienker-Piepho

Professorin für Volkskunde an der Universität Augsburg – Promotion in Freiburg (bei Lutz Röhrich), Habilitation in Göttingen mit einer Arbeit zur Kulturgeschichte der Intellektuellen. In Augsburg und in Bayreuth hatte sie die Professuren für Europäische Kulturgeschichte und Volkskunde in Vertretung inne. Sie lehrte an etlichen ausländischen Universitäten, u. a. in Minsk, zuletzt in Innsbruck und schließlich in Finnland (Jyväskylä).

Wichtige Publikationen und aktuelle Forschungsschwerpunkte: Ihr Spezialgebiet ist die Volkserzählforschung mit Schwerpunkt Märchen, Sage, Witz und Ballade.

Prof. Dr. Gloria Zagami

Professorin für deutsche Sprache und Literatur an der Philosophischen Fakultät der Universität Messina, Sizilien, Italien.
Wichtige Publikationen und aktuelle Forschungsschwerpunkte: Ihre Forschungen beziehen sich sowohl auf den Bereich der deutschen Sprache und besonders der Südtiroler Mundart in synchronischer und diachronischer Sicht als auch auf den Bereich der deutschen Literatur. Schwerpunkte sind u. a. Novellen (Hoffmannsthal, Gotthelf, Walser), Volkskalender und Lyrik (Hymnen und Balladen Goethes, moderne deutsche Naturlyrik). Das Hauptinteresse gilt den Märchen, Fabeln, Legenden, Sagen und Mythen, insbesondere den Märchen der Brüder Grimm, Hauffs und Laura von Gonzenbachs.

Märchenbände der Europäischen Märchengesellschaft

Traumhaus und Wolkenschloss
Märchen zum Erzählen und Vorlesen

Gebunden, 128 Seiten, mit Lesebändchen
ISBN 3-89875-098-1 (Sonderausgabe für EMG-Mitglieder)
ISBN 3-898758-086-8 (Buchhandelsausgabe)

Diese Märchen erzählen von der Suche nach dem richtigen Platz im Leben. Das Traumhaus birgt eine verborgene, aber tatsächliche Lebenschance, während das Wolkenschloss eine Illusion, eine Wunschphantasie ist, die in die Irre führt. Und manchmal ist es nicht so leicht zu erkennen, welchen Raum wir gerade betreten ...

Verlorene Paradiese – Gewonnene Königreiche
Märchen

Gebunden, 128 Seiten, mit Lesebändchen
ISBN 3-89875-133-3 (Sonderausgabe für EMG-Mitglieder)
ISBN 3-89875-131-7 (Buchhandelsausgabe)

Diese Märchen und Mythen aus aller Welt spiegeln urmenschliche Erfahrungen und Sehnsüchte im Bild des verlorenen Paradieses wider. Sie erzählen aber auch davon, wie Menschen Herausforderungen annehmen, wie sie mit Selbstvertrauen, mit unbedingtem Einsatz, zuweilen auch mit Witz lebensgefährliche Situationen bestehen und schließlich ihr Glück finden – ihr Königreich gewinnen.

Sonderausgaben für EMG-Mitglieder **nur** bei der Geschäftsstelle der Europäischen Märchengesellschaft e. V., Postfach 1322, D-48403 Rheine

Die Buchhandelsausgaben sind in jeder Buchhandlung erhältlich.